LUCIANA BENASSI GOMES CARVALHO

MEDIDAS EXECUTIVAS ATÍPICAS

UMA LEITURA CONSTITUCIONAL A PARTIR DO DEBATE ENTRE PUBLICISTAS E GARANTISTAS

coleção
devido processo legal

coordenação
ANTÔNIO CARVALHO FILHO
EDUARDO JOSÉ DA FONSECA COSTA

Copyright © 2021 by Editora Letramento
Copyright © 2021 by Luciana Benassi Gomes Carvalho

Diretor Editorial | Gustavo Abreu
Diretor Administrativo | Júnior Gaudereto
Diretor Financeiro | Cláudio Macedo
Logística | Vinícius Santiago
Comunicação e marketing | Giulia Staar
Editora | Laura Brand
Assistente Editorial | Carolina Fonseca
Designer Editorial | Gustavo Zeferino e Luís Otávio Ferreira
Conselho Editorial | Alessandra Mara de Freitas Silva; Alexandre Morais da Rosa; Bruno Miragem; Carlos María Cárcova; Cássio Augusto de Barros Brant; Cristian Kiefer da Silva; Cristiane Dupret; Edson Nakata Jr; Georges Abboud; Henderson Fürst; Henrique Garbellini Carnio; Henrique Júdice Magalhães; Leonardo Isaac Yarochewsky; Lucas Moraes Martins; Luiz Fernando do Vale de Almeida Guilherme; Nuno Miguel Branco de Sá Viana Rebelo; Renata de Lima Rodrigues; Rubens Casara; Salah H. Khaled Jr; Willis Santiago Guerra Filho.

Todos os direitos reservados.
Não é permitida a reprodução desta obra sem
aprovação do Grupo Editorial Letramento.

Dados Internacionais de Catalogação na Publicação (CIP) de acordo com ISBD

M489	Medidas executivas atípicas: uma leitura constitucional a partir do debate entre publicistas e garantistas / coordenado por Antônio Carvalho Filho, Eduardo José da Fonseca Costa. - Belo Horizonte : Letramento ; Casa do Direito, 2021.
	322 p. ; 15,5cm x 22,5cm. – (Devido Processo Legal)
	Inclui bibliografia.
	ISBN: 978-65-5932-025-7
	1. Direito. I. Carvalho Filho, Antônio. II. Costa, Eduardo José da Fonseca. III. Título. IV. Série.
2021-1444	CDD 340
	CDU 34

Elaborado por Vagner Rodolfo da Silva - CRB-8/9410

Índice para catálogo sistemático:
1. Direito 340
2. Direito 34

Belo Horizonte - MG
Rua Magnólia, 1086
Bairro Caiçara
CEP 30770-020
Fone 31 3327-5771
contato@editoraletramento.com.br
editoraletramento.com.br
casadodireito.com

Casa do Direito é o selo jurídico do
Grupo Editorial Letramento

"El momento actual requiere ejercitar «la funesta manía de pensar» y, obviamente, de pensar por cuenta propia, hasta lograr que la vieja fe deje de ser uma mera creencia para ser conocimiento científico."

Juan Montero Aroca.

Dedico esta obra ao Toni, meu esteio e parceiro de toda a vida, e aos frutos de nosso amor, Helô e Edu, minhas luzes.

AGRADECIMENTOS

Todos aqueles que passam por nossas vidas em uma jornada como a de um Mestrado (período no qual esta obra foi produzida) indubitavelmente contribuem para a pavimentação do caminho, que não se trilha só.

Trata-se de um construir algo, que apenas se torna possível com o auxílio, o suporte e a compreensão de mestres, familiares, amigos, outros tantos companheiros de jornada, aos quais serei eternamente grata. Nada mais representativo dessa gratidão do que nominá-los aqui.

Ao Professor Doutor Daniel Ferreira, meu orientador, por me aceitar como orientanda, por acreditar e confiar em mim e em meu trabalho, me concedendo a oportunidade da pesquisa no tema que me propus a desenvolver. Mais do que isso, por ter me incentivado a seguir quando circunstâncias da vida me causavam dúvidas.

Aos integrantes do PPGD da Uninter, aqui homenageados nas pessoas dos mestres de quem tive inestimável oportunidade de ser aprendiz, aos quais externo admiração e agradeço pelos ensinamentos: Dr. Alexandre Coutinho Pagliarini, Dr. André Peixoto de Souza, Dra. Andreza Cristina Baggio, Dr. Daniel Ferreira, Dr. Doacir Gonçalves de Quadros, Dra. Estefânia Maria de Queiroz Barboza, Dr. Martinho Martins Botelho e Dr. Rui Carlo Dissenha.

Aos meus colegas da Turma 2018, companheiros de caminhada, por tantos bons momentos vividos, pelo crescimento proporcionado, pelo compartilhamento de ideias, alegrias e dificuldades: Anderson Ricardo Fogaça, Bryan Bueno Lechenakoski, Cintia Maria Leal da Silva, David Musso e Jefferson Holliver Motta. E, dentre todos eles, especialmente àqueles que se tornaram grandes amigos, que fizeram o desafio mais leve, divertido e emocionante: Carol (Carolina Heloise Guchel Berri), Gu (Gustavo Marques Krelling), Hellen (Hellen Caroline Pereira Fernandes) e Rê (Renata Brindaroli Zelinski). Agradeço igualmente ao Bruno Thiago Krieger, que se tornou um amigo e, assim como a Carol, um irmão de ABDPro.

Aos meus amigos do Garantismo Processual, que, pelo seu brilhantismo, generosidade e parceria, me incentivam diariamente e são fontes de inspiração para a pesquisa desenvolvida e para a vontade que em mim se mantém viva de contribuir para a ciência do processo: Antônio Carvalho Filho, Diego Crevelin de Sousa, Eduardo José da Fonseca Costa, Glauco Gumerato Ramos, Igor Raatz, Júlio César Rossi, Lúcio Delfino, Mateus Costa Pereira, Natascha Anchieta e William Galle Dietrich.

À ABDPro, por me acolher e me conceder a chance de conhecer tantos estudiosos, tantas pessoas fantásticas que muito contribuem para o meu crescimento pessoal e intelectual.

À minha equipe de assessoria na magistratura, agradecimento que faço na pessoa da Daphne Paebano.

E àqueles que preenchem meu coração:

Ao Toni, meu grande amor, companheiro de vida, por ser o maior responsável e incentivador do meu ingresso no Mestrado e do desenvolvimento da pesquisa. Agradeço pelos inúmeros diálogos enriquecedores, pelas infindáveis conversas instigantes e provocadoras, pelos direcionamentos sempre precisos, pela leitura atenta e crítica deste trabalho, pela paciência inesgotável e, acima de tudo, por sempre ter acreditado em mim, quando eu mesma não acreditava. Aos meus filhos, Helô e Edu, porque, por eles, me obrigo a ser a minha melhor versão, porque, com eles, desempenho o meu grande, mais especial, gratificante e abençoado papel, o de Mãe.

À minha família, meu porto seguro: Pa (Gilberto Gomes), meu herói, por ter sempre exigido o melhor de mim; Mã (Sandra Benassi), minha rocha, por sempre me dar o maior amor e o melhor aconchego do mundo; Gil, meu irmão, por ser meu amigo e parceiro; e Aninha, minha cunhada, verdadeira irmã e uma grande incentivadora, que, juntos, me deram meus sobrinhos lindos, Caio (meu afilhado) e Alice. À minha sogra, Cida, uma fortaleza, exemplo de garra, que me acolhe como filha. Ao Kaká, Andrea, Isabela e Nana (minha afilhada adolescente favorita). Ao meu sogro amado, Toninho (*in memoriam*): tio, o senhor está sempre comigo e faz muita falta. Ao "seu" Nívio e à tia Moema, pelo carinho de sempre.

Às minhas melhores amigas, presentes de Deus há mais de duas décadas, desde a Faculdade de Direito da UFMT, que, mesmo à distância, são minhas grandes confidentes, meu apoio e me incentivam sempre. Muitas vezes, foi delas que me socorri nessa jornada para buscar o ombro amigo, para despejar as angústias e encontrar forças: Je, Tatai e Tella. Para e entre nós – Qu4trilho.

A Aurora e a Dani, por terem cuidado da minha família, principalmente dos meus filhos, meus mais preciosos bens, com tanto amor e carinho, nos momentos em que eu não podia fazê-lo, por estar dedicando meu tempo e/ou minha presença a esta empreitada.

Finalmente, a Deus, Àquele a quem devo tudo o que fui, sou e serei, fonte inesgotável da minha Fé.

13	APRESENTAÇÃO DA COLEÇÃO
15	APRESENTAÇÃO
18	PREFÁCIO
23	INTRODUÇÃO
27	**1. ARQUEOLOGIA DO INSTRUMENTALISMO PROCESSUAL**
27	1.1. A GÊNESE DA INSTRUMENTALIDADE DO PROCESSO NO BRASIL E SUAS INFLUÊNCIAS NA DOUTRINA
56	1.2. O FORMALISMO-VALORATIVO E O COOPERATIVISMO PROCESSUAIS
86	1.3. O IMPÉRIO DO "PROCESSO JUSTO" E AS PREMISSAS PARA A EXECUÇÃO CIVIL PELOS INSTRUMENTALISTAS
105	**2. GARANTISMO PROCESSUAL: SUA ORIGEM E SEU DESENVOLVIMENTO TEÓRICO NO BRASIL**
105	2.1. AS CRÍTICAS DOS DIVERGENTES À INSTRUMENTALIDADE PROCESSUAL
121	2.2. PROCESSO COMO GARANTIA DE LIBERDADE CONTRAJURISDICIONAL
152	2.3. A EXECUÇÃO CIVIL VISTA A PARTIR DO GARANTISMO PROCESSUAL: O DEVIDO PROCESSO LEGAL E SEU CONTEÚDO NA ESFERA EXECUTIVA
171	**3. MEDIDAS ATÍPICAS DE EXECUÇÃO DAS OBRIGAÇÕES PECUNIÁRIAS**
171	3.1. O AUMENTO DOS PODERES EXECUTIVOS DO JUIZ NAS OBRIGAÇÕES PECUNIÁRIAS – ART. 139, IV, DO CPC/2015 – E A SOLUÇÃO DOS INSTRUMENTALISTAS E DOS COOPERATIVISTAS
182	3.1.1. Subsidiariedade das medidas executivas atípicas nas obrigações pecuniárias (ou esgotamento dos meios típicos)
184	3.1.2. O alegado caráter não sancionatório das medidas executivas atípicas
186	3.1.3. As medidas executivas atípicas e o *"devedor ostentação"*

187	3.1.4. Adequação, necessidade e proporcionalidade como limites às medidas executivas atípicas nas obrigações pecuniárias
197	3.1.5. Fundamentação da decisão e contraditório como limites ao possível arbítrio
199	**3.2. A PERSPECTIVA DO GARANTISMO PROCESSUAL SOBRE AS MEDIDAS ATÍPICAS NAS OBRIGAÇÕES PECUNIÁRIAS**
199	3.2.1. Diferenças fundamentais entre os hiperpublicistas e os garantistas
225	3.2.2. A responsabilidade executiva pessoal e patrimonial
236	3.2.3. A retórica do esgotamento dos meios típicos
247	3.2.4. A caracterização das medidas atípicas como sanção retributiva
253	3.2.5. Utilização concorrente das medidas típicas e atípicas: impossibilidade
257	3.2.6. Âmbito de aplicação das medidas executivas atípicas nas obrigações pecuniárias
261	**3.3. AS MEDIDAS EXECUTIVAS ATÍPICAS NA PRÁTICA: EXAME SOBRE SUAS ILEGALIDADES E INCONSTITUCIONALIDADES**
262	3.3.1. Apreensão de passaporte
272	3.3.2. Suspensão de carteira nacional de habilitação (CNH)
275	3.3.3. Outras suspensões de direitos
278	**CONCLUSÃO**
290	**POSFÁCIO**
290	I.
292	II.
294	III.
295	IV.
298	**REFERÊNCIAS BIBLIOGRÁFICAS**

APRESENTAÇÃO DA COLEÇÃO

Nenhuma cláusula constitucional foi tão falsificada quanto o «devido processo legal» [CF/1988, art. 5º, LIV]. Pudera: ela é «o» fundamento do direito processual; logo, adulterando-a, adultera-se toda a disciplina. Em última instância, a desnaturação do processo de garantia-de-liberdade em instrumento-de-poder parte fundamentalmente da corrupção do «devido processo legal».

Se «ninguém pode ser privado da liberdade ou de seus bens sem o devido processo legal» [texto], se esse dispositivo está inserto no rol de direitos individuais [contexto], então ao menos quatro conclusões são inevitáveis: i) o processo é devido (ou seja, é elo de comunicação obrigatório entre a jurisdição e os jurisdicionados); ii) o processo é legal (ou seja, é regulado exclusivamente em lei); iii) o processo limita a jurisdição (ou seja, institui ao jurisdicionado uma garantia de liberdade); iv) o processo não tem adjetivo (ou seja, é garantia de liberdade tanto no âmbito penal quanto no âmbito civil). Dessas quatro conclusões primárias se podem extrair várias conclusões secundárias. Exemplos: a) o juiz não pode conceder tutela jurisdicional sem processo; b) o juiz não pode conceder tutela jurisdicional de ofício; c) o juiz não pode flexibilizar nem substituir o procedimento fixado pela lei; d) não se pode inovar em matéria procedimental nem por ato do Poder Judiciário [ex.: regimento interno de tribunal], nem por ato do Poder Executivo [ex.: decreto, resolução, portaria]; e) o processo não é instrumento da jurisdição à realização do direito material, mas garantia do jurisdicionado para que essa realização não seja arbitrária; f) a ciência do processo se faz *ex parte civium*, não *ex parte principis*; g) garantir liberdade significa garantir às partes a autonomia de manejar fatos, fundamentos jurídicos, argumentos, pedidos e provas [*freedom*], e garantir-lhes a não interferência pelo juiz no exercício dessa autonomia [*liberty*]; h) embora seja uma unidade constitucional de garantia, o processo se desdobra em múltiplos procedimentos instituídos infraconstitucionalmente em função dos diferentes ramos do direito material aplicável [procedimentos civil, penal comum, penal militar, trabalhista, eleitoral, administrativo, tributário etc.]; i) não pode haver distinção metodológica entre o direito procedimental penal e o direito procedimental cível ou extrapenal; j) a Constituição é o autêntico código de processo; diplomas como o CPC e o CPP são, na verdade, códigos de procedimentos; k) códigos procedimentais são estatutos de proteção e defesa do cidadão em juízo.

Como se vê, esses raciocínios simples destruiriam por completo a quase totalidade da processualística brasileira. Todavia, uma carapaça ideológica foi lançada sobre o inciso LIV do artigo 5º da CF/1988. Bloqueando-se as conclusões acima explanadas, implantou-se o conseguinte primado da autoridade sobre a liberdade, do Estado sobre o cidadão, da jurisdição sobre o jurisdicionado, da ciência jurisdicional sobre a ciência processual.

Paulatinamente, porém, tem se formado no Brasil um grupo de juristas que, libertos da carapaça, tem ajudado outros a também se libertarem. A esses juristas - os garantistas - é reservada pela Casa do Direito a Coleção Devido Processo Legal. Melhor conjugação não haveria.

Por meio dela se pretende divulgar o pensamento garantista e, assim, refundar a processualística brasileira sobre «novas» bases, as quais desde sempre estiveram - tão claras quanto ignoradas - na Constituição Cidadã. Porque processo é isto: garantia de cidadania ativa em juízo.

EDUARDO JOSÉ DA FONSECA COSTA

Pós-doutor em Direito pela Unisinos, Doutor e Mestre em Direito pela PUC-SP, membro fundador e ex-presidente da ABDPro (2016-2019), Juiz Federal (TRF 3ª Região) e Coordenador da Coleção Devido Processo Legal.

ANTÔNIO CARVALHO FILHO

Doutorando em Direito pela PUC-SP, Mestre em Direito pela Universidade de Coimbra, membro fundador e vice-presidente da ABDPro (2019-2022), Juiz de Direito (TJPR) e Coordenador da Coleção Devido Processo Legal.

APRESENTAÇÃO

No ambiente republicano, não há poder incontrastável. Logo, onde há o poder do Estado, ali há de haver as respectivas garantias do cidadão, que o limitam. Isso significa que ao poder jurisdicional correspondem as garantias contrajurisdicionais. *A fortiori*, contra a jurisdição executiva se armam todas essas garantias em favor tanto do exequente quanto do executado. Como cediço, duas são as garantias contrajurisdicionais arquifundamentais: a *imparcialidade* e a *não criatividade*. Afinal, agindo com deliberada parcialidade, a jurisdição se desnatura em atividade administrativa; agindo com criatividade, em atividade legislativa. A jurisdicionalidade da atividade executiva não permite, por conseguinte, que o juiz aja interessadamente como um operador privado de cobrança contratado pelo exequente. Tampouco permite que, sem legitimidade democrática, o juiz invente ao léu medidas executivas, como se fosse um microlegislador indômito e desparametrizado. Não sem razão, a mais importante densificação da garantia arquifundamental da não-criatividade é a *garantia fundamental da legalidade processual* [CF/1988, art. 5º, II e LIV; art. 22, I]. Processo é procedimento em contraditório *always under law*. A atividade executiva não tem qualquer *quid* específico, constitucionalmente qualificado, que a liberte do reduto tedioso da legalidade. Aprovada por representantes eleitos democraticamente pelo povo, a lei é o limite normativo do movimento executivo do juiz. Lembre-se: o devido processo é *legal, da lei, legicêntrico*, não «judicial», «do juiz», «judiciocêntrico». Assim sendo, não pode haver medidas executivas *extra legem* concebidas imaginativamente pelo juiz, tais como a apreensão de passaporte, a suspensão de carteira nacional de habilitação, o bloqueio de cartão de crédito, a proibição de participação em concursos públicos e licitações, o corte de fornecimento de água, luz ou gás, etc. Daí a inconstitucionalidade do inciso IV do artigo 139 do CPC/2015, que concede ao juiz um «cheque em branco», incumbindo-lhe de «determinar todas as medidas indutivas, coercitivas, mandamentais ou sub-rogatórias necessárias para assegurar o cumprimento de ordem judicial, inclusive nas ações que tenham por objeto prestação pecuniária». Na prática, não raro essas medidas executivas atípicas têm se consubstanciado em *sanções punitivas por dívida*: *penas restritivas de direitos* mediante *interdição temporária de direitos* [CP, art. 43, V]. Pois toda essa problemática é enfrentada por LUCIANA BENASSI GOMES CARVALHO neste seu notável livro. *Todos* os argumentos favoráveis («atipicistas») e desfavoráveis («tipicistas») às medidas executivas atípicas são reunidos e analisados detidamente. Mas a riqueza do trabalho não se cinge a esse reunir-e-analisar. Na verdade, está-se diante de um livro cindível em dois sublivros, cada um deles notável em si mesmo. Os capítulos 1 e 2 constituem uma das mais bem-sucedidas apresentações ao pensamento garantista de que tenho conhecimento. Por seu turno, o capítulo 3 seria publicável sozinho como um excelente estudo crítico sobre as medidas judiciais atípicas na execução pecuniária. Todavia, a junção dos dois sublivros os ilumina reciprocamente. O primeiro explicita a base metodológico-conceitual subjacente ao segundo; o segundo usa o problema das medidas judiciais atípicas como pretexto para exemplificar o primeiro. Nesse sentido, LUCIANA escreveu um livro, em essência, sobre o próprio *Garantismo Processual*. E é assim que deve ser lido. Mas, para além da unidade metodológico-conceitual, há um interessante fio condutor que atravessa todas as partes: um *ar de desencantamento*. Há no livro o tom cético-pessimista de quem desconfia de megaprojetos legislativos intestados e que, assim, não oferece alternativas épicas, senão aquelas que sempre varreram os séculos transmitindo-se de geração a geração. Não sem motivo, as medidas judicias atípicas *jamais* integraram a antiga tradição luso-brasileira de execução monetária: elas atendem mais a conteúdos amorfos de moralidade do que a estruturas consagradas de juridicidade; por isso, ferem o senso de adequação que sempre permeou os impulsos naturalmente espontâneos do quotidiano forense. Nesse sentido, o texto de LUCIANA é uma cartilha valiosa de cautela, precaução, moderação, bom senso, responsabilidade, equilíbrio. É uma cartilha *anti-iluminista*, que nutre uma aversão educada a princípios aplicáveis *per saltum* como «eficiência», «boa-fé», «cooperação», «justiça», «moralidade». Importante frisar que essa constância de ideias prudentes se reflete numa escrita vitoriana e, portanto, elegante. Frases longas, mas sob esmerada articulação sintática, exprimem raciocínios sofisticados com clareza e linearidade, aconchegando o leitor. E essa sensação de aconchego, que em nós é gerada, só pode vir de um extraordinário instinto maternal. De uma mulher sábia e forte, que - a um só tempo - enfrentou o mestrado, a dissertação, a judicatura e uma grave doença familiar, sem nunca ter descuidado os seus três grandes amores: o *Edu*, a *Helô* e o *Toni*. Que este livro resplandeça como a alma de quem o escreveu...

Ribeirão Preto, 18 de novembro de 2020.

EDUARDO JOSÉ DA FONSECA COSTA

PREFÁCIO

Com imensa alegria, recebi o convite para prefaciar o primeiro livro da Luciana. Trata-se de publicação advinda de sua dissertação de mestrado, defendida de forma brilhante.

A Autora é uma daquelas juristas que dignificam a magistratura e agora a academia com publicação de tão qualificado livro.

De fato, ao receber o convite para participar da sua defesa de dissertação, imaginei que enfrentaria mais um trabalho acerca do polêmico CPC 139 IV. Contudo, logo ao iniciar a leitura, imediatamente notei que a obra ia muito além de um debate dogmático a respeito dos poderes coercitivos do julgador.

Na realidade, Luciana promove uma empreitada teórico-hermenêutica acerca das epistemologias subjacentes à dogmática processual civil brasileira, culminando em um claro exame acerca do embate entre instrumentalistas e garantistas.

De fato, não posso esconder a satisfação intelectual em verificar o desenvolvimento de algumas das críticas que lancei à instrumentalidade há mais de uma década.[1] Atualmente, parte da defesa que ainda existe da instrumentalidade[2] é, na realidade, uma defesa do poder dos juízes sem qualquer critério de *accountability*. Daí a defesa intransigente pela

---

[1] Georges Abboud e Rafael Tomaz de Oliveira. O dito e o não dito sobre a instrumentalidade do processo: críticas e projeções a partir de uma exploração hermenêutica da teoria processual. *Revista de Processo*, v. 166, p-47-59, São Paulo, 2008. Georges Abboud e Guilherme Lunelli. Ativismo judicial e instrumentalidade do processo: diálogos entre discricionariedade e democracia. *Revista de Processo,* n.242, abr. 2015. Para exame mais atualizado ver: Georges Abboud. *Processo Constitucional Brasileiro*, 4.ed. São Paulo: Revista dos Tribunais, 2020, p. 276 *et seq.*

[2] José Roberto dos Santos Bedaque. Instrumentalismo e garantismo: visões opostas do fenômeno processual? In: *Garantismo processual.* Garantias constitucionais aplicadas ao processo, Brasília: Gazeta Jurídica, 2016. p. 1-39

ponderação de valores e do ativismo judicial frequentemente exercida por parcela dos defensores da instrumentalidade.[3]

Ocorre que o constitucionalismo já nos convenceu de que não se deve pura e simplesmente confiar em Poder. Pelo contrário, devemos efetivamente traçar os limites de atuação de cada um dos Poderes, inclusive o judicial. Nesse sentido, corroboramos o texto de Antonio Carvalho que constrói forte crítica à instrumentalidade do processo.[4]

---

[3] Ibidem., p. 35.

[4] Antonio Carvalho Filho. *Precisamos falar sobre instrumentalismo processual*. Disponível em: [https://emporiododireito.com.br/leitura/abdpro-2-precisamos-falar-sobre-o-instrumentalismo-processual-por-antonio-carvalho-filho]. Acesso realizado em: 11.03.2020.

"Vivemos o momento do império-do-instrumentalismo. Há, praticamente, um consenso sobre a visão publicista-instrumentalista do processo, essencialmente como utensílio do poder jurisdicional pelo agigantamento dos poderes judiciais. Mas é necessário advertir: Direito não é consenso. A instrumentalidade do processo e seu "publicismo-estatólatra" demonstrou-se uma ilusão (prestidigitação). Mas todo espetáculo de 'magia' tem um tempo de duração e a hora do desencantamento.

O desencantamento chegou! Estamos no raiar de uma reviravolta (de 180º) no processo. É tempo de vê-lo, definitivamente, como uma 'instituição de garantia', verdadeiro 'DNA do processo', que impõe limites (e não apenas controle) ao exercício do poder jurisdicional e consequentemente ao juiz em favor das partes.

O devido processo legal (*procedural due process*) deve ser relido e densificado a partir das garantias constitucionais do processo. Precisamos responder a quem serve o processo. E digo, com toda convicção de certeza, que ele serve às partes! Processo não está a serviço da jurisdição. O processo tem sua dimensão essencialmente desenhada no plano jurídico-normativo e tem por função garantir a liberdade das partes durante o debate na jurisdição. É essa macro-garantia do processo que dirige a atividade legislativa para a criação de micro-garantias no procedimento como forma de preencher a cláusula do devido processo legal – ou do processo devido que decorre da lei.

Essa releitura força o juiz – pessoa natural exercente do poder – a compreender que o personagem Estado-Juiz está limitado (= Estado Liberal) a partir de balizas constitucionais e legais instransponíveis (*under the rule of law*), devendo julgar os conflitos a ele submetidos a partir do direito, evitando-se a discricionariedade judicial. É necessário, portanto, que o juiz recupere o seu estado de serenidade republicano-democrática. O juiz não é super-herói, não é antena da sociedade, não julga a partir da maioria ou dos anseios sociais. A sua referência é o Direito! Isso é aplicar ao processo uma visão constitucionalizada e constitucionalizante, dando normatividade à hierarquia superior e fundante de todo o sistema da nossa Carta Magna.

Essa é uma das propostas desta acepção publicista-garantista do processo, que continua sendo ramo do direito público, porém com vocação para a garantia das partes.

Na mesma perspectiva, Eduardo Fonseca da Costa e Mateus Pereira afirmam que:

> (...) o instrumentalismo é refratário ao DNA do processo, verdadeira 'instituição de garantia', tal como vem sendo desenvolvido por Eduardo José da Fonseca Costa, donde deflui uma concepção epistêmica com relevantes efeitos políticos, dado que o 'objeto cognoscível' não pode ser apoderado pelo Estado.[5]

Como é cediço e claramente demonstrado pela Luciana, a *instrumentalidade do processo* retira a centralidade da ação na análise do direito processual por considerar essa opção individualista e restrita ao processo civil. Desse modo, na visão instrumentalista, deve haver a preponderância metodológica focada na jurisdição, enquanto instrumento do Estado para cumprir seus objetivos. A ideia de instrumentalidade desenvolve-se perante a teoria geral do processo, que, no fundo, nada mais é do que a disciplina de poder.[6]

Ainda que não seja esse o escopo da instrumentalidade, ao final, ela apresenta um pano de fundo teórico fértil para o florescimento de ativismos de todos os gêneros. Outrossim, diante desse quadro, como situar a posição dos direitos fundamentais e das garantias institucionais do cidadão? Como é possível imaginar o cidadão processando a figura do Estado se a ele não é conferido poder nenhum além do direito de participação no processo? De que maneira o Judiciário poderia exercer sua função contramajoritária? Nesse modelo de jurisdição, como o direito fundamental pode ser vislumbrado como trunfo contra a maioria?

Nessa perspectiva, torna-se de fácil constatação que a *instrumentalidade do processo* cria lastro para atuação judicial ativista, na medida em que a jurisdição, leia-se o juiz, ocupa posição de destaque para fins processuais.

É chegada a hora de derrubar o instrumentalismo processual em toda sua perversidade, antes que ele se torne o 'Kevin' do Estado Democrático de Direito. Por isso, precisamos, de uma vez por todas, falar sobre o instrumentalismo processual".

[5] Eduardo Fonseca da Costa e Mateus Pereira. *Processo não pode sufocar o direito que nele são discutidos.* Disponível em: [https://www.conjur.com.br/2017-jul-26/opiniao-processo-nao-sufocar-direitos-nele-sao-discutidos]. Acesso realizado em: 05.11.2017.

[6] Cf. Cândido Rangel Dinamarco. *A instrumentalidade do processo,* 11. ed., São Paulo: Malheiros, 2003, p. 92 et seq.

Igualmente, em sendo o processo *instrumento*, deve ser ele encarado como meio e não como fim em si mesmo, devendo ser estudado a partir de um método nitidamente *teleológico*. Disso decorre que a visão do processo não pode ser restrita a ele mesmo. É preciso definir escopos (*fins*) a partir dos quais o processo se movimenta. Desse modo, a visão instrumentalista do processo permite perceber três escopos: *Social; Político;* e *Jurídico*.[7] Afinal, a uma "tomada de consciência" de que o processo não é um fim em si mesmo e, portanto, as suas regras não têm valor absoluto que sobrepuje as do direito substancial e as exigências sociais de pacificação de conflitos; a instrumentalidade em seu sentido *positivo* expressa a ideia de efetividade do processo entendida como capacidade de exaurir os objetivos que o legitimam no contexto jurídico-social e político.[8]

O segundo aspecto da explanação acima é que nos preocupa, até porque afirmar que processo é instrumento, na atual quadra da história, é o mesmo que dizer que a água molha. O aspecto preocupante, por isso, é a afirmação genérica de que a jurisdição deva se preocupar em atender o escopo social, o político e o jurídico. Qual o sentido em se atribuir à jurisdição o atendimento dos escopos político e social? Na verdade, para se atender a um escopo político (espaço de representatividade da maioria), obrigatoriamente, deve-se abandonar uma função contramajoritária que é ínsita ao Judiciário.

Obviamente, não se pode ignorar que decisões judiciais causam reflexos em aspectos sociais e políticos. Todavia, essa afirmação não nos permite inferir que seria possível atribuir à atividade jurisdicional a concretização de escopos políticos e sociais. Aliás, conforme tratamos no item referente ao ativismo, em regra, as decisões ativistas surgem nas hipóteses nas quais o magistrado, pautado em seu senso de justiça e vontade, passa a pretender atender demandas sociais e políticas mediante atividade jurisdicional, sobrepujando, assim, a esfera do processo legislativo.

Em síntese, a *instrumentalidade do processo* cria verdadeiro lastro para o ativismo e para a discricionariedade, mormente em virtude de três pontos: 1) a jurisdição como categoria central da teoria geral do processo concentra na figura do juiz todas as atenções. Essa concentração de atenções, paradoxalmente, ao invés de limitá-lo em

---

[7] Ibidem, p. 193-323.

[8] Ibidem, p. 324 *et seq.*

sua atividade, amplia demasiadamente seus poderes, caindo num relativismo próprio da filosofia da consciência; 2) esse tipo de teoria separa radicalmente Estado e indivíduo e reitera uma relação de sujeição desta para com aquele; e 3) como há riscos democráticos para a figuração do processo nos postulados da instrumentalidade, segundo a qual a jurisdição deve preocupar-se com o atendimento dos escopos políticos e sociais, legitima-se qualquer tipo de provimento de caráter discricionário-ativista-decisionista.

Diante dessa contextualização, não é nenhum exagero e não deveria causar nenhum espanto que parcela da dogmática processual enxergue no CPC 139 IV a *liberdade* (sic) do juiz em utilizar toda ordem de criatividade e invencionice para buscar a *efetividade* em detrimento da legalidade e dos direitos fundamentais.

Luciana compreende os riscos da visão puramente instrumentalista em todas as suas dimensões, por consequência, promove uma leitura constitucionalmente adequada acerca dos limites do CPC 139 IV. O fato de a Autora ser magistrada enobrece a posição teórica de autocontenção e de humildade institucional defendida ao longo do livro.

Contudo, o mérito da obra, de forma alguma, se encerra na compreensão do CPC 139 IV. Luciana presenteia o público leitor com profundo e erudito livro para quem pretende compreender a forma.

Portanto, o que me resta é cumprimentar efusivamente a editora Casa do Direito por propiciar ao público leitor uma obra inédita e crucial para desenvolvimento e aprimoramento do direito processual brasileiro, iluminando a dogmática processual com as luzes do constitucionalismo, reafirmando a proteção do indivíduo perante o Estado e não o contrário.

De São Paulo para Curitiba, com a amizade e a profunda admiração,

GEORGES ABBOUD.

INTRODUÇÃO

Este trabalho é a versão comercial de dissertação desenvolvida durante o Mestrado em Direito no Centro Universitário Internacional – Uninter e tem como objeto de estudo o art. 139, IV, do CPC/15, que atribuiu ao juiz a incumbência de *"determinar todas as medidas indutivas, coercitivas, mandamentais ou sub-rogatórias necessárias para assegurar o cumprimento de ordem judicial, inclusive nas ações que tenham por objeto prestação pecuniária"*.

De modo mais específico, busca-se investigar se, a partir de referido dispositivo, interpretado conforme a CF/88, teria havido alteração substancial do procedimento executivo de pagar quantia certa, substituindo-se o sistema executivo típico, permeado por meios essencialmente sub-rogatórios, por um sistema atípico ou misto, em que o julgador, a depender do caso concreto e de suas especificidades, passa a ser dotado de poderes ilimitados para escolher o procedimento ótimo e meios executivos atípicos para obter a satisfação rápida e efetiva dos exequentes. É preciso registrar que a simples inserção da expressão *"inclusive nas ações que tenham por objeto prestação pecuniária"* promoveu significativa alteração no modo como grande parte da doutrina passou a perceber os meios disponíveis para a execução de quantia, e veio, na realidade, atender aos reclames doutrinários. Surgiram variadas decisões judiciais impondo restrições da liberdade e do comportamento de devedores de prestação pecuniária, tais como suspensão de CNH – Carteira Nacional de Habilitação, cancelamento compulsório de cartões de crédito, apreensão de passaportes, proibição de frequência a estádios e outros locais de lazer, dentre outras. Daí a relevância do tema.

Para se perquirir a interpretação constitucional do art. 139, IV, CPC, pretende-se verificar o desenvolvimento doutrinário acerca do conceito e da natureza jurídica do instituto processo, à luz da CF/88, especialmente da cláusula do devido processo legal, inserta no inciso LIV do art. 5º, a partir da perspectiva das correntes antagônicas do instrumentalismo (e do cooperativismo) e do garantismo processuais, assim como da relação de ambas as teorias com os poderes judiciais.

Para tanto, o primeiro capítulo aborda o desenvolvimento da ciência do processo, a partir do processualismo científico alemão e italiano, assim como suas influências na doutrina processual brasileira. Investiga o surgimento contemporâneo do chamado publicismo processual, com a autonomia do processo em relação ao direito material, e do instrumentalismo processual, isto é, a compreensão do processo como instrumento da jurisdição. No que toca à ciência do processo no Brasil, analisa as correntes doutrinárias da instrumentalidade, do formalismo-valorativo e da cooperação processual, que se mantiveram atreladas a essa ontologia do processo como instrumento e, sobre esta premissa, culminaram no desenvolvimento da ideia do processo justo, transportando os seus pressupostos para a execução civil, compreendida na perspectiva de um suposto direito fundamental à tutela processual voltada à satisfação do credor.

O segundo capítulo inicia-se pela investigação das correntes antagônicas ao instrumentalismo processual e ao formalismo-valorativo, ao menos de maneira absoluta, em razão da discordância com a proposta de aumento dos poderes judiciais implícitos e/ou oficiosos. Parte-se, na sequência, à apresentação da doutrina do garantismo processual, que realiza a cisão entre jurisdição e processo no desenvolvimento da ciência processual, rechaçando a ideia de processo como instrumento da jurisdição e extraindo do art. 5º, LIV, da CF/88, a sua substância de garantia contrajurisdicional. Com base na natureza jurídica constitucional do devido processo legal, aborda-se o seu conteúdo na esfera executiva e os limites de intervenção estatal a partir dele estabelecidos.

Finalmente, no terceiro capítulo, uma vez estabelecidas as premissas das correntes processuais investigadas, expõe-se a solução por elas apresentadas para a aplicação das medidas executivas atípicas nas obrigações pecuniárias, com espeque no art. 139, IV, do CPC, buscando-se apresentar, assim, a interpretação deste dispositivo legal conforme a CF/88, delimitando-se o seu âmbito de aplicação. Ainda, foram analisadas criticamente decisões selecionadas do Superior Tribunal de Justiça e de Tribunais pátrios, no intuito de se verificar o entendimento das Cortes sobre os pressupostos para a incidência das medidas executivas atípicas nas obrigações pecuniárias.

No que concerne à metodologia utilizada, de natureza qualitativa, utilizou-se literatura jurídica, legislação – nacional e estrangeira – e jurisprudência, esta selecionada a partir de critérios delimitadores do objeto investigado.

A pesquisa se justifica pela relevância prática e pelo intenso debate doutrinário que vem sendo dispensado ao tema, pois, com o advento do art. 139, IV, do CPC, várias decisões judiciais criativas surgiram, aplicando medidas de suspensão de CNH, apreensão de passaportes, dentre outras, com base nesse dispositivo legal. A regra em questão vem sendo tratada por parcela da doutrina como uma cláusula aberta de atipicidade da execução de cumprimento das decisões judiciais. O estabelecimento de limites para a atuação judicial no tocante às medidas atípicas de execução é tarefa que deve ser prontamente realizada, em razão dos perigos que o decisionismo e o ativismo judicial podem gerar neste campo.

1
ARQUEOLOGIA DO INSTRUMENTALISMO PROCESSUAL

1.1. A GÊNESE DA INSTRUMENTALIDADE DO PROCESSO NO BRASIL E SUAS INFLUÊNCIAS NA DOUTRINA

Até a primeira metade do Século XIX, é corrente a afirmação na doutrina de que não havia direito processual como ciência autônoma,[9] não como a conhecemos hoje. O processo, antes do nascimento do processualismo científico alemão, era um fenômeno da realidade passível de identificação, tanto que os historiadores do processo tratam das eras do processo romano, do processo germânico e do processo comum medieval.[10-11]

---

[9] ALCALÁ-ZAMORA Y CASTILLO, Niceto. *Evolución de la doctrina procesal*. Revista de la universidad de Costa Rica. Volumen 5, 1951, pp. 327-349. Disponível em: <https://bit.ly/3jyGEQA>. Acesso em: 26 set.2019.

[10] Para aprofundamento sobre o processo romano, por todos ver: ALVES, José Carlos Moreira. História do Direito Romano – Instituições de Direito Romano : A) Parte geral; B) Parte especial: Direito das coisas. 3ª ed. rev. e atual. Rio de Janeiro: Forense, 2002; TUCCI, José Rogério Cruz e; AZEVEDO, Luiz Carlos. Lições de história do processo civil romano. São Paulo : Editora Revista dos Tribunais, 1996, *passim*; ALVIM, Arruda. Direito processual civil, vol. I; São Paulo : Editora Revista dos Tribunais, 1972; _____. Manual de direito processual civil, vol. I, 7ª ed., São Paulo : Editora Revista dos Tribunais, 2000; RODRIGUES, Marcelo Abelha. Elementos de direito processual civil, vol. 1, 2ª ed, São Paulo : Editora Revista dos Tribunais, 2000; ARAÚJO, André Luiz Maluf de. As fases históricas do direito processual romano. In: COSTA, Eduardo José da Fonseca; *et al* (coords.). História do Processo. São Paulo : ABDPRO / Exegese, 2018. pp. 65-88.

[11] Carreira Alvim chama a atenção para o fato de que *"durante muitos séculos, o processo foi praticado sem que houvesse uma elaboração científica dos seus institutos"*. ALVIM, José Eduardo Carreira. Elementos de teoria geral do processo. 7ª ed. Rio de Janeiro: Forense, 1999, pp. 24 e 27.

Apenas com a Revolução Francesa e a codificação napoleônica, surge o procedimentalismo, escola que passa a estudar o processo especificamente em temas de organização judicial, competência e procedimento,[12] empreendendo análise *"exegética dos textos legais e uma descrição dos fenômenos processuais, com base na regulamentação legal"*,[13] inclusive, *"impregnadas de concepciones iusmaterialistas (verbigracia: examen de la acción)"*.[14] Durante esse período, portanto, a doutrina ainda não fala em uma verdadeira ciência do processo, porquanto esta teria desabrochado apenas com o processualismo científico alemão.[15]

A escola procedimentalista antecede o processualismo moderno, desenvolvido a partir do final do Século XIX com a corrente cientificista alemã,[16] cujos marcos fundadores são (i) a clássica polêmica entre os romanistas alemães Windscheid e Muther (1856 e 1857),[17] (ii) a obra

---

12 ALCALÁ-ZAMORA Y CASTILLO, Niceto. *Evolución de la doctrina procesal*. Revista de la universidad de Costa Rica. Volumen 5, 1951, pp. 327-349. Disponível em: <https://bit.ly/3jyGEQA>. Acesso em: 26 set.2019, p. 334.

13 ALVIM, José Eduardo Carreira. Elementos de teoria geral do processo. 7ª ed. Rio de Janeiro: Forense, 1999, p. 30.

14 ALCALÁ-ZAMORA Y CASTILLO, Niceto. *Evolución de la doctrina procesal*. Revista de la universidad de Costa Rica. Volumen 5, 1951, pp. 327-349. Disponível em: <https://bit.ly/3jyGEQA>. Acesso em: 26 set.2019, p. 334.

15 Digna de nota é a discordância quanto a essa percepção, anunciada por Igor Raatz e Natascha Anchieta, para quem o movimento teórico do praxismo ou procedimentalismo também continha caráter científico, porquanto a ênfase até então conferida por esse movimento de descrever a prática não careceria, por si, de cientificidade. O ganho teórico do chamado processualismo científico teria sido conferir maior robustez a conceitos oriundos da *"praxis"* e do direito positivo, o que não tornaria o processualismo científico mais científico do que o procedimentalismo, ou este não científico, como se se pudesse falar em construções teóricas menos e mais evoluídas, capazes de superar todo o saber jurídico que lhe antecedeu. RAATZ, Igor; ANCHIETA, Natascha. Coluna Garantismo Processual #57 - Observações críticas a respeito do "processualismo científico" e das "fases metodológicas da história do processo". Disponível em: <https://bit.ly/32Ju37f>. Acesso em: 23 jul.2020.

16 ALCALÁ-ZAMORA Y CASTILLO, Niceto. *Evolución de la doctrina procesal*. Revista de la universidad de Costa Rica. Volumen 5, 1951, pp. 327-349. Disponível em: <https://bit.ly/3jyGEQA>. Acesso em: 26 set.2019, p. 337.

17 Para aprofundamento e compreensão da polêmica, por todos ver: DINAMARCO, Cândido Rangel. Polêmicas do processo civil. Doutrinas Essenciais de Processo Civil | vol. 1 | p. 523 - 542 | Out / 2011; SILVA, Ovídio Baptista da, GOMES, Fábio Luiz. Teoria geral do processo civil. Jaqueline Mielke Silva, Luiz Fernando Baptista (atualizadores). 6. ed. rev. e atual. São Paulo: Editora Revista dos Tribunais, 2011, pp.

La teoría de las excepciones procesales y los presupuestos procesales, de 1868, de Oskar Von Bülow, e (iii) a obra de Adolf Wach, de 1888, "A pretensão de declaração: um aporte para a teoria da pretensão de proteção do direito". Todas essas contribuições foram essenciais para o desenvolvimento das noções de processo, jurisdição e ação, até hoje ainda muito atuais, inclusive na doutrina processualista brasileira.[18]

Desses três importantes marcos, o que mais interessa ao presente estudo é a sistematização[19] realizada por Bülow do processo como uma relação jurídica processual entre partes e juiz, distinta e independente da relação jurídica material, da qual se denota o papel do magistrado no controle oficioso dos pressupostos processuais, independentemente das alegações do réu. A partir dessas lições e da constatação bulowiana da participação ativa do magistrado, sob a autoridade do Estado,[20] exsurge a natureza pública do processo, que passa a ser visto como uma relação jurídica que progressivamente se desenvolve entre autor, juiz e réu, abandonando-se a ideia de outrora, de uma relação jurídica privada de natureza contratual ou quase-contratual.[21] A estruturação da relação jurídica processual é considerada a pedra fundamental de toda

---

88-91; TORNAGHI, Hélio. Instituições de processo penal. Vol. 3. 1. ed. São Paulo : Forense. 1959, pp. 253-254; RAATZ, Igor; ANCHIETA, Natascha. Uma "teoria do processo" sem processo?: a breve história de uma ciência processual servil à jurisdição. Revista Brasileira de Direito Processual – RBDPro, Belo Horizonte, ano 26, n. 103, p. 173-192, jul./set. 2018, p. 177.

18 RAATZ, Igor; ANCHIETA, Natascha. Uma "teoria do processo" sem processo? : a breve história de uma ciência processual servil à jurisdição. Revista Brasileira de Direito Processual – RBDPro, Belo Horizonte, ano 26, n. 103, p. 173-192, jul./set. 2018. p. 174-175; BENEDUZI, Renato. Introdução ao processo civil alemão. Salvador: JusPODIVM, 2015, pp. 65-66; MONTERO AROCA, Juan. *Del derecho procesal al derecho jurisdiccional. Justicia : revista de derecho procesal.* n. 2, 1984, pp. 311-348.

19 Bethmann-Hollweg, citado por Bülow, foi o primeiro a intuir a autonomia do processo em relação ao direito material.

20 BÜLOW, Oskar Von. *La teoria de las excepciones procesales y los presupuestos procesales.* Traducción de Miguel Angel Rosas Lichtschein. Argentina : Librería El Foro, 1868, pp. 264-272.

21 DINAMARCO, Cândido Rangel. Fundamentos do processo civil moderno. Tomo I. 3. ed. São Paulo: Malheiros Editores Ltda, 2000, p. 41; BÜLOW, Oskar Von. *La teoria de las excepciones procesales y los presupuestos procesales.* Traducción de Miguel Angel Rosas Lichtschein. Argentina : Librería El Foro, 1868, pp. 9-10.

a ciência processual autônoma[22] e a gênese do que se convencionou chamar publicismo processual, com a "superação" do processo como mero procedimento.[23]

Pari passu com o desenvolvimento do publicismo processual, Bülow lança a semente do protagonismo judicial na relação processual,[24] que se torna mais clara pela frutificação do papel judicial na criação do direito, defendida em seu *Gesetz und Richteramt* ("Lei e Magistratura", 1885 – tradução livre), ideias que já se encontravam presentes, segundo ele próprio,[25] nada obstante ainda não amadurecidas, na obra anterior *La teoria de las excepciones procesales y los presupuestos procesales*, de 1868. Bülow acreditava na importância e no papel transformador da magistratura, partindo da premissa de que a lei é incapaz de estabelecer por sua conta a ordem jurídica e de prever todas as situações da

---

[22] Reconhecendo a obra de Bülow como o marco inaugural da ciência autônoma do processo: SOUSA, Miguel Teixeira de. Sobre o sentido e a função dos pressupostos processuais (algumas reflexões sobre o dogma da apreciação prévia dos pressupostos processuais na ação declarativa). Revista de Processo | vol. 63/1991 | p. 64 - 87 | Jul - Set / 1991; DINAMARCO, Cândido Rangel. Reflexões sôbre direito e processo. Doutrinas Essenciais de Processo Civil | vol. 1 | p. 543 - 566 | Out / 2011; MITIDIERO, Daniel Francisco. O processualismo e a formação do Código Buzaid. Revista de Processo | vol. 183/2010 | p. 165 - 194 | Maio / 2010; DINAMARCO, Cândido Rangel. Instituições de direito processual civil, v. I. 4. ed. rev., atual e com remissões ao Código Civil de 2002. São Paulo : Malheiros Editores, 2004, p. 258; SILVA, Ovídio Baptista da, GOMES, Fábio Luiz. Teoria geral do processo civil. Jaqueline Mielke Silva, Luiz Fernando Baptista (atualizadores). 6. ed. rev. e atual. São Paulo: Editora Revista dos Tribunais, 2011, p. 34; CINTRA, Antonio Carlos de Araújo; GRINOVER, Ada Pellegrini; DINAMARCO, Cândido Rangel. Teoria Geral do Processo. 16 ed. rev. e atual. São Paulo : Malheiros Editores, 2000, p. 278. Rosemiro Pereira Leal diverge, dizendo ser exagerada a afirmação de que o processo, enquanto ciência, surge a partir da obra de Bülow, porque o processo não seria em si uma ciência, mas um objeto a ser esclarecido pela ciência. LEAL, Rosemiro Pereira. Teoria Geral do Processo: primeiros estudos. 13. ed. Belo Horizonte: Ed. Fórum, 2016. p. 138.

[23] ALCALÁ-ZAMORA Y CASTILLO, Niceto. *Evolución de la doctrina procesal*. Revista de la universidad de Costa Rica. Volumen 5, 1951, pp. 327-349. Disponível em: <https://bit.ly/3jyGEQA>. Acesso em: 26 set.2019, p. 338; ALCALÁ-ZAMORA Y CASTILLO, Niceto. *Proceso, autocomposición y autodefensa*. Universidad Nacional Autônoma de México. México, 2000, pp. 124-125.

[24] NUNES, Dierle José Coelho. Processo jurisdicional democrático. 1ª ed. (ano 2008), 4ª reimpr. Curitiba: Juruá, 2012, p. 100.

[25] BÜLOW, Oskar von. *Gesetz und Richteramt*. Leipzig: Duncker and Humblot reprints, 1885. Disponível em <https://bit.ly/2LnGFH0>. Acesso em 27 nov.2019, pp. 29-40.

complexidade da vida real, enquanto os juízes teriam capacidade de melhor visão do direito.[26] Da análise da obra bulowiana, é possível extrair a relação íntima entre o publicismo processual e o protagonismo judicial na solução dos conflitos, nascendo dessa interação a visão do processo como um instrumento a serviço da jurisdição:

> Diante da importância dos magistrados, o controle da relação processual permitiria, em última análise, o controle de todo o direito vigente, e somente mesmo a relação jurídica e a subordinação nela pressuposta poderiam dar sustentação a esse projeto.
> Por esses motivos, entendemos possível afirmar que o processo, sob a taxonomia de relação jurídica, já surge, em Bülow, como instrumento da jurisdição, devendo essa ser entendida como atividade do juiz na criação do direito em nome do Estado com a contribuição do sentimento e da experiência do julgador.[27]

As ideias do processo como relação jurídica de direito público e, consequentemente, como um utensílio a servir o Estado no exercício da jurisdição[28-29] têm as suas bases no pensamento e nas obras de Bülow, contudo, é através de Franz Klein, responsável pelo "formalismo processual" moderno, que o projeto instrumentalista ganha seus contornos definitivos, antes mesmo de se falar na denominada fase metodológica da instrumentalidade do processo.[30]

---

26 BÜLOW, Oskar von. *Gesetz und Richteramt*. Leipzig: Duncker and Humblot reprints, 1885. Disponível em <https://bit.ly/2LnGFH0>. Acesso em 27 nov.2019, pp. IX-X.

27 LEAL, André Cordeiro. A instrumentalidade do processo em crise, 2008. Belo Horizonte: Mandamentos, Faculdade de Ciências Humanas, 2008, pp. 59-60; No mesmo sentido: BERMUDES, Sérgio. Introdução ao processo civil. Rio de Janeiro: Forense, 2006, pp. 82-83; NUNES igualmente conclui que, na concepção de Bülow, o processo *"deveria servir para legitimar as pré-compreensões privilegiadas do juiz"*. NUNES, Dierle José Coelho. Processo jurisdicional democrático. 1ª ed. (ano 2008), 4ª reimpr. Curitiba: Juruá, 2012, p. 105.

28 LEAL, Rosemiro Pereira. Teoria Geral do Processo: primeiros estudos. 13. ed. Belo Horizonte: Ed. Fórum, 2016, p. 146.

29 A mesma percepção é revelada por Anchieta e Raatz, quando afirmam que o processo, a partir da transposição privatística para a publicística, *"passou a representar o meio de exercício de uma função pública e soberana"*. RAATZ, Igor; ANCHIETA, Natascha. Uma "teoria do processo" sem processo? : a breve história de uma ciência processual servil à jurisdição. Revista Brasileira de Direito Processual – RBDPro, Belo Horizonte, ano 26, n. 103, p. 173-192, jul./set. 2018, p. 180.

30 PEREIRA, Mateus Costa. Introdução ao estudo do processo: fundamentos do garantismo processual brasileiro. CARVALHO FILHO, Antônio; COSTA, Eduardo José da Fonseca (coords). Belo Horizonte : Letramento ; Casa do Direito, 2020, p. 70.

O processualismo germânico, portanto, não teve o seu desenvolvimento atrelado apenas à teoria do direito processual, mas também às mudanças concretizadas na legislação, destacando-se a ÖZPO (Ordenança processual civil) de 1895, do Império Austro-Húngaro, idealizada por Klein, quem, por sua vez, sofreu forte influência de Anton Menger, conhecido como um dos fundadores do socialismo jurídico, cujas críticas se voltavam aos ideais liberais da época. Menger propugnava uma maior intervenção do Estado, inclusive com o aumento dos poderes oficiosos do juiz no processo, para minorar ou extirpar as diferenças sociais.[31]

A imagem mengeriana do juiz como "engenheiro social" influenciou seu aluno Klein, que, como Ministro da Justiça do Império Austro-Húngaro, elaborou a primeira legislação que buscava limitar o papel das partes e colocar o juiz na posição superior, de senhor do processo.[32] Acreditava que o processo era um mal social e deveria ser rapidamente extirpado.[33] Não mais apenas os interesses privados das partes envolvidas deveriam ser tomados em conta no processo e a centralidade do indivíduo no processo deveria ser substituída para assegurar, em maior proporção, os interesses e os valores mais elevados da sociedade e do Estado, o que serviria, aliás, vez ou outra como pretexto *"para limitações de liberdade do indivíduo em proveito do todo e do Estado"*.[34] Franco Cipriani, crítico do pensamento de Franz Klein,

---

31 MENGER, Anton. *El Derecho civil y los pobres. Versión Española con la autorización del autor y precedida de um estúdio sobre el derecho y la cuestión social por Adolfo Posada*. Madrid: Librería general de Victoriano Suárez, 1898, *passim*.

32 NUNES, Dierle José Coelho. Processo jurisdicional democrático. 1ª ed. (ano 2008), 4ª reimpr. Curitiba: Juruá, 2012, p. 81. Também indicando a influência de MENGER a KLEIN: SPRUNG, Rainer. Os fundamentos do direito processual civil austríaco. *In:* Revista de Processo | vol. 17/1980 | p. 138 - 149 | Jan - Mar / 1980. p. 8.

33 CIPRIANI, Franco. *En el centenario del reglamento de Klein - El proceso civil entre libertad y autoridad*. Bari, Itália, 1995. Disponível em ; PEREIRA, Mateus Costa. Introdução ao estudo do processo: fundamentos do garantismo processual brasileiro. CARVALHO FILHO, Antônio; COSTA, Eduardo José da Fonseca (coords). Belo Horizonte : Letramento ; Casa do Direito, 2020, pp. 72-73.

34 SPRUNG, Rainer. Os fundamentos do direito processual civil austríaco. *In:* Revista de Processo | vol. 17/1980 | p. 138 - 149 | Jan - Mar / 1980, p. 7.

pois o tinha como moralista e antiliberal,[35] assim define o "processo de Klein":

> Por lo tanto, en el proceso de Klein, el juez no se limita a juzgar: antes bien, administra y conduce el proceso desde el inicio hasta el final. Él, a tal fin, «cuenta con amplios poderes discrecionales», con la obvia consecuencia de que no es más, como en los ordenamentos liberales, una «marioneta que puede moverse sólo si las partes le tiran de los hilos» sino el «director», el «timonel, el representante profesional del bien común», aquél a quien el legislador asigna la delicadísima tarea de asegurar que en el proceso, «instituto de derecho público», sean también satisfechos, junto con los intereses de las partes, también «los más altos valores sociales». Es por ello bastante posible que «a veces, a la libertad del particular se le pongan limitaciones en beneficio del todo y del Estado», atendiendo a que «jueces, abogados y partes deben colaborar en la formación de una decisión justa».[36]

O processualismo científico alemão e suas bases influenciaram diretamente Giuseppe Chiovenda e o desenvolvimento do processualismo italiano, adotando a relação jurídica processual de Bülow e a percepção instrumental do processo. [37-38] O mesmo se pode dizer da reforma processual austro-húngara, porquanto Chiovenda nela se inspirou para elaborar o projeto do CPC italiano, apresentado em 1919, cujos princípios fundamentais eram os mesmos do código kleiniano, ou seja, a oralidade do processo, a concentração, a imediatidade,

---

35 CIPRIANI, Franco. En el centenario del reglamento de Klein - El proceso civil entre libertad y autoridad. Bari, Itália, 1995. Disponível em

36 CIPRIANI, Franco. En el centenario del reglamento de Klein - El proceso civil entre libertad y autoridad. Bari, Itália, 1995. Disponível em ; Para Dierle Nunes, Klein acentua a função social do processo sobre as demais e, por isso, reforça os poderes do juiz na sua condução, de modo que, a partir daí, institui-se paulatinamente o discurso do protagonismo judicial. NUNES, Dierle José Coelho. Processo jurisdicional democrático. 1ª ed. (ano 2008), 4ª reimpr. Curitiba: Juruá, 2012, pp. 85-86.

37 ALCALÁ-ZAMORA Y CASTILLO, Niceto. Influencia de Wach y de Klein sobre Chiovenda. In Estudios de teoría general e historia del proceso (1945-1972), t. II, 1a. reimp. Universidad Nacional Autónoma de México – Instituto de Investigaciones Jurídicas. México. Disponível em <https://bit.ly/3eWMO9J>. Acesso em 09 out.2019, pp. 548-549; 557-558; CHIOVENDA, Giuseppe. Instituições de direito processual civil. Campinas: Bookseller, 2000, prefácio e p. 6;

38 Conclui Cordeiro Leal que *"em CHIOVENDA, o processo é abordado, da mesma forma que em BÜLOW, como relação jurídica e instrumento postos a serviço do Estado"*. LEAL, André Cordeiro. A instrumentalidade do processo em crise, 2008. Belo Horizonte: Mandamentos, Faculdade de Ciências Humanas, 2008, p. 75.

o impulso oficial e o aumento dos poderes do juiz na condução do procedimento.[39-40]

Chiovenda exerceu forte influência sobre seus discípulos, dos quais se destacam Piero Calamandrei e Enrico Tulio Liebman,[41] que seguem contribuindo para o desenvolvimento da ciência processual italiana[42] sobre os mesmos pilares alemães e da ÖZPO, ou seja, com a natureza pública do processo, tendo como figura proeminente o juiz e visto como instrumento da jurisdição.[43] Calamandrei afirmava que o incremento dos poderes judiciais era imprescindível para a satisfação do interesse público, e o juiz passivo não se revelava adequado para tal desiderato.[44-45] Também sob forte inspiração do processualismo cien-

---

[39] ALCALÁ-ZAMORA Y CASTILLO, Niceto. *Influencia de Wach y de Klein sobre Chiovenda*. In *Estudios de teoría general e historia del proceso* (1945-1972), t. II, 1a. reimp. Universidad Nacional Autónoma de México – Instituto de Investigaciones Jurídicas. México. Disponível em <https://bit.ly/3eWMO9J>. Acesso em 09 out.2019, pp. 561 e ss.

[40] CHIOVENDA, Giuseppe. Procedimento oral. *In*: Processo oral. 1ª série. Rio de Janeiro: Emprêsa Revista Forense, 1940. pp. 39-68, p. 65.

[41] ALCALÁ-ZAMORA Y CASTILLO, Niceto. *Evolución de la doctrina procesal. Revista de la universidad de Costa Rica*. Volumen 5, 1951, pp. 327-349, p. 342; ALCALÁ-ZAMORA Y CASTILLO, Niceto. *Influencia de Wach y de Klein sobre Chiovenda*. In: *Estudios de teoría general e historia del proceso* (1945-1972), t. II, 1a. reimp. Universidad Nacional Autónoma de México – Instituto de Investigaciones Jurídicas. México. Disponível em <https://bit.ly/3eWMO9J>. Acesso em 09 out.2019, p. 565.

[42] MELENDO, Santiago Sentís. Calamandrei. O homem e a obra. *In*: CALAMANDREI, Piero. Direito processual civil. Tradução de Luiz Abezia e Sandra Drina Fernandez Barbiery. Campinas: Bookseller, 1999. p. 15-46. p. 28. No prólogo à primeira edição da tradução ao castelhano da obra "Direito Processual Civil" de Calamandrei, de Hugo ALSINA, esta percepção também aflora, afirmando que CALAMANDREI foi o discípulo mais fiel de CHIOVENDA, o que deu continuidade a sua escola. ALSINA, Hugo. Prólogo. *In*: CALAMANDREI, Piero. Direito processual civil. Tradução de Luiz Abezia e Sandra Drina Fernandez Barbiery. Campinas: Bookseller, 1999. p. 49-58.

[43] CALAMANDREI, Piero. Direito processual civil. Tradução de Luiz Abezia e Sandra Drina Fernandez Barbiery. Campinas: Bookseller, 1999. p. 296.

[44] CALAMANDREI, Piero. Direito processual civil. Tradução de Luiz Abezia e Sandra Drina Fernandez Barbiery. Campinas: Bookseller, 1999. p. 311-312.

[45] Calamandrei, contudo, afirma que o espírito italiano não entende o aumento dos poderes judiciais como um alargamento do arbítrio, porque na Itália, sempre que se fala em restauração da autoridade do Estado, é o mesmo que resgatar a autoridade da lei, *"compreendida como manifestação da vontade do Estado, emitida de modo geral e abstrato"*. CALAMANDREI, Piero. Premissas políticas do projeto de Código

tífico germânico e italiano até então elaborado, Liebman adota as premissas bülowianas[46] do processo como relação jurídica processual e o visualiza como a atividade com a qual se desenvolve concretamente a função jurisdicional, atuando as partes como colaboradoras,[47] tendo o juiz o papel de descobrir a verdade e aplicar a lei, a partir não de mera dedução lógica, mas de intuição e apreciação do caso, *"em que influem, de modo mais ou menos consciente, [os] critérios de experiência, de oportunidade e de justiça, inspirados pelas condições históricas, econômicas, políticas da sociedade"*.[48]

O que se buscou demonstrar até aqui é que a transição do privatismo para o publicismo, proporcionada pelo processualismo científico alemão, abraçada e desenvolvida pelo processualismo italiano, ao mesmo tempo, alçou o processo à posição de instrumento a servir o Estado no desempenho da atividade jurisdicional, acarretando um incremento dos poderes judiciais, de modo que o juiz abandona sua posição inerte e assume papel ativo.[49] O processo emancipado passa a contar com a figura do juiz em posição de destaque, que se sobrepõe às partes, e angaria poderes na condução e na direção processuais. Ao lado da percepção da natureza pública do processo, aflora-se a visão do processo como uma ferramenta a serviço do Estado no seu atuar jurisdicional.

O processo como "coisa das partes", privado, intrinsicamente ligado a ideais liberais clássicos "exacerbados", cede lugar ao processo conduzido e dirigido por um juiz ativo, forte, que tem a função de, representando o Estado, criar o direito para o caso concreto (com Bülow), fazer atuar a vontade concreta da lei (com Chiovenda) e fazer justiça (com Calamandrei).

Sob qualquer enfoque que se olhe para o processo segundo os processualismos científicos germânico e italiano do final do Século XIX e

---

Processual Civil Italiano. *In*: Processo oral. 1ª série. Rio de Janeiro: Emprêsa Revista Forense, 1940. p. 165-170, p. 166.

46 LEAL, André Cordeiro. A instrumentalidade do processo em crise, 2008. Belo Horizonte: Mandamentos, Faculdade de Ciências Humanas, 2008, p. 107-109.

47 LEAL, André Cordeiro. A instrumentalidade do processo em crise, 2008. Belo Horizonte: Mandamentos, Faculdade de Ciências Humanas, 2008, p. 45.

48 LIEBMAN, Enrico Tullio. Manual de Direito Processual Civil, v. I, 2003, Tocantins: Editora Intelectos, 2003, p. 45.

49 PICÓ I JUNOY, Joan. *"El derecho procesal entre el garantismo y la eficácia: Un debate mal planteado"*. In: MONTERO AROCA, Juan (coord). *"Proceso y ideología"*. Valencia: Tirant lo blanch. pp. 109-127, p. 110.

início do Século XX, independentemente do conceito que se adote ou defenda, há um fio condutor idêntico e indissociável: o processo epistemologicamente é percebido como instrumento da jurisdição, logo, pertence ao Estado e lhe serve. E esta ideia influenciou sobremaneira os processualistas brasileiros[50] e o desenvolvimento da ciência processual no Brasil em meados do Século XX, inclusive servindo de inspiração norteadora do CPC de 1939.

Francisco Campos, Ministro da Justiça do governo Getúlio Vargas, em pleno Estado Novo, é o autor do projeto do CPC de 1939 e foi o entusiasta da reforma processual que dele adveio. Na exposição de motivos, revela a necessidade da substituição da *"concepção duelística do processo"* pela *"concepção autoritária"*,[51] uma vez que o Estado não poderia deixar de responder pelo maior dos bens públicos sob sua tutela, a justiça. O primeiro traço relevante da reforma seria a função atribuída ao juiz, que deveria não apenas cuidar do respeito formal às regras processuais pelas partes, mas dirigir o processo, nele intervindo de modo a investigar os fatos e descobrir a verdade: *"Quer na direção do processo, quer na formação do material submetido a julgamento, a regra que prevalece, embora temperada e compensada como manda a prudência, é a de que o juiz ordenará quanto for necessário ao conhecimento da verdade."*[52]

A importância da contribuição da concepção publicística do processo é reconhecida pelo autor do projeto do CPC/39, lembrando que o juiz não pode estar alheio ao *"interesse da justiça. Este é o interesse da comunidade, do povo, do Estado, e é no juiz que um tal interesse se representa e personifica."*[53] Após discorrer sobre algumas outras mudanças profundas no processo, Campos destaca a grande alteração de fundo, a do próprio sistema, adotando o projeto do CPC/1939 o processo oral em substituição ao processo escrito:

---

50 ESTELLITA, Guilherme. O processo oral e sua adoção no Brasil. *In*: Processo oral. 1ª série. Rio de Janeiro: Emprêsa Revista Forense, 1940, pp. 81-83.

51 CAMPOS, Francisco. Exposição de motivos do Código de Processo Civil. *In*: Processo oral. 1ª série. Rio de Janeiro: Emprêsa Revista Forense, 1940. p. 252-267, p. 252.

52 CAMPOS, Francisco. Exposição de motivos do Código de Processo Civil. *In*: Processo oral. 1ª série. Rio de Janeiro: Emprêsa Revista Forense, 1940. p. 252-267, p. 255.

53 CAMPOS, Francisco. Exposição de motivos do Código de Processo Civil. *In*: Processo oral. 1ª série. Rio de Janeiro: Emprêsa Revista Forense, 1940, pp. 262-263.

> O processo oral atende a todas as exigências acima mencionadas: confere ao processo o carater de instrumento público: substitue a concepção duelística pela concepção autoritária ou pública do processo; simplifica a sua marcha, racionaliza a sua estrutura e, sobretudo, organiza o processo no sentido de tornar mais adequada e eficiente a formação da prova, colocando o juiz em relação a esta na mesma situação em que deve colocar-se qualquer observador que tenha por objeto conhecer os fatos e formular sobre eles apreciações adequadas ou justas.[54-55]

Há uma identificação notória entre a concepção, o sistema, os ideais de processo no CPC de 1939 e na ÖZPO austríaca, assim como no até então projeto do CPC italiano de 1940, inclusive – e o que ora interessa – a noção do processo como relação de natureza pública, atrelada ao seu caráter instrumental no que concerne à jurisdição.

Deixando um pouco de lado a referida reforma processual brasileira, bem como as suas influências germânicas, italianas e da ÖZPO do império Austro-Húngaro, chama-se atenção ao início e desenvolvimento da escola processual pátria, ocorrida no mesmo período. Contemporaneamente à entrada em vigor do CPC de 1939, chega ao Brasil, mais precisamente em 1940, Enrico Tulio Liebman, que passa a dar aulas na Faculdade de Direito de São Paulo, ali permanecendo por seis anos. Liebman conquistou discípulos e foi exitoso na disseminação de seus estudos, conhecimento e obras, sendo responsável pela formação da primeira geração de processualistas brasileiros, fazendo escola especialmente em São Paulo.[56]

---

54 CAMPOS, Francisco. Exposição de motivos do Código de Processo Civil. *In:* Processo oral. 1ª série. Rio de Janeiro: Emprêsa Revista Forense, 1940, pp. 262-263.

55 Também em defesa do projeto do CPC de 1939, inclusive ressaltando a importância de se adotar o processo oral, defendido anteriormente por Chiovenda e Klein, por todos ver: GUIMARÃES, Luis Machado. O processo oral e o processo escrito. *In:* Processo oral. 1ª série. Rio de Janeiro: Emprêsa Revista Forense, 1940, pp. 15-24.

56 Ada Pellegrini Grinover rememora que Liebman costumava reunir seus discípulos (Alfredo Buzaid, José Frederico Marques, Luís Eulálio de Bueno Vidigal, Benvindo Aires e Bruno Affonso de André) aos sábados para estudos, aprofundar discussões e compartilhar conhecimento. Além disso, era pródigo em produção científica, chegando inclusive a escrever em português "Processo de Execução". Igualmente, no Rio de Janeiro, por onde passou antes de se radicar em São Paulo, criou um grupo de estudos, composto por Luís Machado Guimarães e Eliézer Rosa, tendo sido o primeiro, aliás, o revisor do projeto do CPC de 1939. GRINOVER, Ada Pellegrini. O magistério de Enrico Tulio Liebman no Brasil. Disponível em <https://bit.ly/36XR0U9>. Acesso em 29 out.2019.

A partir daí, a ciência processual brasileira se desenvolve com raízes nas lições de Liebman, que tem dentre seus discípulos diretos Alfredo Buzaid. O autor do CPC de 1973, dentre as várias ideias de seu mestre adotadas naquele diploma processual, revela que o código parte da mesma visão do processo instrumento, isto é, uma *"instituição de direito público destinada à administração da justiça"* e, com base nessa perspectiva, *"a concepção publicística, que se funda na autoridade do Estado como parte integrante da relação jurídica processual, justifica a ampliação dos poderes do juiz"*.[57]

Há clara demonstração de repulsa a um processo que possa ser utilizado pelas partes para fins contrários não apenas ao direito, mas também à ética e à justiça, de modo que o juiz precisa ter poderes e autoridade para, na direção e condução do processo no interesse da atividade jurisdicional, coibir tais práticas. Aposta-se na fortificação do juiz no processo para que alcance o fim almejado pelo Estado na administração da justiça, ou seja, a pacificação social.

A percepção do processo publicizado e instrumento da jurisdição se mantém arraigada e atrelada à doutrina, não apenas àquela iniciada por Liebman na década de 40, mas também na geração do final do Século XX:

> *As suas lições não só se mantêm presentes na firmeza dos resultados obtidos, mas ainda mais: elas se projetam no futuro, através de uma nova escola que, sem negar o passado e mesmo apegando-se a ele, toma impulso com propósitos renovados: os estudos constitucionais do processo, em que as atenções se voltam aos dados jurídico-constitucionais, como resultante das forças políticas e sociais de determinado momento histórico; a transformação do processo, de meio puramente técnico, em instrumento ético e político de atuação da justiça e garantia das liberdades; a total aderência do processo à realidade sócio-jurídica a que se destina, para o integral cumprimento da sua vocação primordial, que é, afinal de contas, a de servir à efetiva atuação dos direitos materiais. Assim, a vertente dos estudos dos novos processualistas brasileiros desloca-se para o instrumentalismo substancial do processo e para a efetividade da justiça, passando todo o sistema processual a ser considerado como o instrumento indispensável para atingir os escopos políticos, sociais e jurídicos da jurisdição, e a técnica processual, como um meio para a obtenção de cada um destes.*[58]

---

[57] BUZAID, Alfredo. (1977). A influência de Liebman no direito processual civil brasileiro. Revista Da Faculdade De Direito, Universidade De São Paulo, 72(1), 131-152. p. 147.

[58] BUZAID, Alfredo. (1977). A influência de Liebman no direito processual civil brasileiro. Revista Da Faculdade De Direito, Universidade De São Paulo, 72(1), 131-152. p. 147.

A escola processual de São Paulo,[59] composta por aquela primeira geração de processualistas, ostentava unidade metodológica alicerçada nas mesmas premissas e seus membros enxergavam os institutos fundamentais do direito processual (jurisdição, processo e ação) de maneira semelhante. [60-61]

Ainda que retornando a Itália em 1947, Liebman manteve-se conectado ao Brasil através de obras e artigos, além de seguir influenciando outros processualistas brasileiros, formando também uma segunda geração. A partir de 1968, passa a receber processualistas brasileiros em Milão,[62] dentre eles Cândido Rangel Dinamarco,[63] quem sempre deixou clara a importância de sua contribuição para o surgimento da escola processual de São Paulo – em um primeiro momento –, e para *"uma verdadeira escola brasileira de direito processual civil"*, que nunca se afastou das origens da escola processual e do mestre italiano.[64] Aliás, foi com base em suas lições que a doutrina processual brasileira começou a segmentar a teoria geral do processo nos três institutos da ação, jurisdição e processo, o que pode ser notado na 1ª

---

59 *Pode-se dizer, pois, que aquela que foi chamada Escola processual de São Paulo, por Alcalá-Zamora, se transformou depois na Escola brasileira, cuja unidade metodológica e cuja doutrina remontam seguramente ao espírito criador e aglutinador de Enrico Tullio Liebman: de Liebman à Escola processual de São Paulo e desta à moderna processualística brasileira, em uma continuidade de pensamento hoje reconhecida e m toda parte, e mais que nunca na Itália."* GRINOVER, Ada Pellegrini. O magistério de Enrico Tulio Liebman no Brasil. Disponível em <https://bit.ly/36XR0U9>. Acesso em 29 out.2019.

60 BUZAID, Alfredo. (1977). A influência de Liebman no direito processual civil brasileiro. Revista Da Faculdade De Direito, Universidade De São Paulo, 72(1), 131-152.

61 DINAMARCO, Cândido Rangel. Fundamentos do processo civil moderno. Tomo. I. 3ª ed. São Paulo: Malheiros, 2000. p. 35-37.

62 DINAMARCO, Cândido Rangel. Fundamentos do processo civil moderno. Tomo. I. 3ª ed. São Paulo: Malheiros, 2000. p. 38.

63 Dinamarco foi o responsável, alguns anos depois, por ter a iniciativa de conferir a Liebman a Comenda da Ordem do Cruzeiro do Sul: MITIDIERO, Daniel. O processualismo e a formação do código Buzaid. Revista de Processo | vol. 183/2010 | p. 165 - 194 | Maio / 2010.

64 DINAMARCO, Cândido Rangel. Fundamentos do processo civil moderno. Tomo. I. 3ª ed. São Paulo: Malheiros, 2000, p. 38; RAATZ, Igor; ANCHIETA, Natascha. Coluna Garantismo Processual#69 – Um outro Liebman?. Disponível em: <https://bit.ly/3jHSDLH>. Acesso em: 27 jul.2020.

edição da obra Teoria Geral do Processo – de 1974 –, de autoria de Ada Pellegrini Grinover, Antonio Carlos de Araújo Cintra e Cândido Rangel Dinamarco.[65]

Em 1985, Dinamarco, no concurso à cátedra de direito processual civil da Faculdade de Direito da Universidade de São Paulo, defende a sua tese nominada *"A instrumentalidade do processo"*, cuja versão comercial, em sua 1ª edição, remonta a 1987. Considerada um marco na ciência processual brasileira, nela o autor procedeu à sistematização do instrumentalismo processual no país.[66]

Já nas primeiras páginas de seu livro, deixa bastante claro que seu objetivo é apresentar reflexões acerca do papel axiológico do processo, uma vez que ele é o mote da terceira fase metodológica da ciência processual. Segundo Dinamarco, a ciência processual, antes de alcançar a terceira fase, passou previamente por duas fases metodológicas: a primeira corresponde à identificação da autonomia do processo quanto ao direito material e se deve à contribuição de Bülow, que sistematizou e racionalizou a relação jurídica processual e o seu caráter público, ante a ativa presença do Estado-juiz.[67] É a chamada fase autonomista. Uma vez fundada a ciência, a segunda fase metodológica teria se estabelecido então com a aquisição de maturidade do direito processual, e os cientistas passam a se dedicar e a se debruçar na investigação dos conceitos, das características, dos institutos relacionados ao processo e a ele em si.[68] Seria esta a fase processualista. Ao final da segunda fase, a ciência do processo teria atingido um ponto de maturidade *"mais do*

---

[65] RAATZ, Igor; ANCHIETA, Natascha. Coluna Garantismo Processual#69 – Um outro Liebman?. Disponível em: <https://bit.ly/3jHSDLH>. Acesso em: 27 jul.2020.

[66] Neste sentido, por todos ver: PEREIRA, Mateus Costa. Introdução ao estudo do processo: fundamentos do garantismo processual brasileiro; coordenação da coleção por Antônio Carvalho Filho, Eduardo José Da Fonseca Costa. – Belo Horizonte : Letramento ; Casa do Direito, 2020, p. 93; MITIDIERO, Daniel. Colaboração no Processo Civil: pressupostos sociais, lógicos e éticos. 2. ed. São Paulo: Editora Revista dos Tribunais, 2019, livro eletrônico. Parte I.

[67] DINAMARCO, Cândido Rangel. A instrumentalidade do processo. 5ª ed. rev. e atual. São Paulo: Malheiros, 1996. p. 18-19.

[68] *Foram os tempos da grande escalada da técnica processual, em que gradualmente mas em breve tempo os institutos do processo foram-se revelando e foram sendo descobertas as relações entre eles"*. DINAMARCO, Cândido Rangel. A instrumentalidade do processo. 5ª ed. rev. e atual. São Paulo: Malheiros, 1996, p. 19 (rodapé).

que satisfatório"[69-70] e, uma vez percebidos os institutos processuais, era chegada a hora de se avançar para a terceira fase, afastando-se do formalismo e do isolamento aos quais o processo tende a estar propenso e tomando-se a consciência de sua permeabilidade por valores axiológicos.[71]

Para o processualista, a ordem processual encontra a sua justificação em seu mister de proporcionar ao Estado meios para atingir seus próprios fins, os quais são perseguidos mediante o exercício do poder, de modo que a ação, a defesa e o processo integram o contorno da disciplina da jurisdição.[72] Assim, se afigura clara a visão da centralidade da jurisdição na teoria geral do processo:

> A preponderância metodológica da jurisdição, ao contrário do que se passa com a preferência pela ação ou pelo processo, corresponde à preconizada visão publicista do sistema, como instrumento do Estado, que ele usa para o cumprimento de objetivos seus. Certamente, essa postura guarda relação com a maneira como é visto o próprio Estado na cultura ocidental contemporânea e com os postulados do chamado Estado Social: é inegável a relatividade histórica das instituições jurídicas, especialmente das de direito público, que refletem mais diretamente o modo de ser do próprio Estado em que se inserem, recebendo os influxos do regime político em vigor.[73]

Em sua obra, há notória crítica ao que ele denomina "*visão introspectiva do processo e da jurisdição*". Enxergá-los meramente pelas lentes do escopo jurídico seria o mesmo que retroceder à segunda fase metodológica da ciência processual, o que não se coaduna com as aspirações e objetivos que o Estado tem o dever de atender através do poder ju-

---

69 DINAMARCO, Cândido Rangel. A instrumentalidade do processo. 5ª ed. rev. e atual. São Paulo: Malheiros, 1996, p. 20.

70 Daniel Mitidiero afirma que "*as grandes linhas do processo civil*" foram desenvolvidas nesta época, o que era próprio ao clima científico da modernidade, além de natural porquanto estava a se fundar a ciência do processo. Adverte, todavia, que isso isolou o direito processual tanto do direito material como da realidade social. MITIDIERO, Daniel. Colaboração no Processo Civil: pressupostos sociais, lógicos e éticos. 4. ed. São Paulo: Editora Revista dos Tribunais, 2019, livro eletrônico, parte I.

71 DINAMARCO, Cândido Rangel. A instrumentalidade do processo. 5ª ed. rev. e atual. São Paulo: Malheiros, 1996, p. 11.

72 DINAMARCO, Cândido Rangel. A instrumentalidade do processo. 5ª ed. rev. e atual. São Paulo: Malheiros, 1996, p. 81.

73 DINAMARCO, Cândido Rangel. A instrumentalidade do processo. 5ª ed. rev. e atual. São Paulo: Malheiros, 1996, p. 81.

risdicional.[74] Chama a atenção para a proposta de Dinamarco, Antônio Carvalho Filho:

> Durante o período de redemocratização do Brasil, Cândido Rangel Dinamarco, impulsionado pelos ideais da igualdade material, da justiça social, da preocupação com os pobres, da colaboração, da prevalência do social sobre o individual, da solidariedade e da planificação estatal, lança em 1987 a sua obra-prima e considerada por muitos a "bíblia" do "processo moderno": "A instrumentalidade do processo".
>
> Dinamarco propõe a [re]leitura dos institutos processuais, com a jurisdição no centro gravitacional da ciência processual, passando o "processo" a ser mero instrumento da jurisdição (=poder). O processo, por conseguinte, deve ser visto como uma ferramenta a serviço do poder jurisdicional com a finalidade de atender a três escopos, quais sejam: (a) o escopo social; (b) o escopo político e; (c) o escopo jurídico."[75]

Para o genuíno instrumentalismo de Dinamarco, o processo, portanto, possui três escopos, os quais devem ser compreendidos, respeitados, buscados e alcançados mediante a atividade jurisdicional, e são eles: social; jurídico; e político:

> (...) todo estudo teleológico da jurisdição e do sistema processual há de extrapolar os lindes do direito e da sua vida, projetando-se para fora. É preciso, além do objetivo puramente jurídico da jurisdição, encarar também as tarefas que lhe cabem perante a sociedade e o Estado como tal. O processualista contemporâneo tem a responsabilidade de conscientizar esses três planos, recusando-se a permanecer num só, sob pena de esterilidade nas suas construções, timidez ou endereçamento destoante das diretrizes do próprio Estado social.[76]

Antes de explicitar de modo mais pormenorizado os objetivos do processo, referido processualista explica que o escopo-síntese é a justiça, expressão do bem-comum, sendo imprescindível, para alcançá-lo, que as necessidades e aspirações do povo sejam consideradas no tempo presente, pois só assim se chegará a um conceito fiel de justiça.[77]

---

[74] DINAMARCO, Cândido Rangel. A instrumentalidade do processo. 5ª ed. rev. e atual. São Paulo: Malheiros, 1996. p. 208.

[75] CARVALHO FILHO, Antônio. Precisamos falar sobre o instrumentalismo processual. In: SOUZA JR, Antonio Carlos et al. (Orgs.). Diálogos de Teoria do Direito e Processo. Bahia: Editora JusPodivm, 2018, pp. 326-327.

[76] DINAMARCO, Cândido Rangel. A instrumentalidade do processo. 5ª ed. rev. e atual. São Paulo: Malheiros, 1996, p. 153.

[77] DINAMARCO, Cândido Rangel. A instrumentalidade do processo. 5ª ed. rev. e atual. São Paulo: Malheiros, 1996, pp. 156-157.

Ao tratar dos escopos sociais, o processo teria como meta fundamental o alcance da paz na sociedade, já que o fim das insatisfações inatas à convivência social é uma promessa do Estado a ser alcançada não apenas com a legislação, mas também mediante o poder jurisdicional: *"direito e processo compõem um só sistema voltado à pacificação de conflitos"*. Enquanto a visão meramente jurídica do processo o revela como algo que serve à atuação do direito, o enfoque social expõe que eles (direito e processo) se voltam para a entrega da paz à sociedade. Ademais, a missão social pacificadora do processo não se dá por cumprida com o mero alcance da decisão, abstraindo-se o seu teor: *"Entra aqui a relevância do valor justiça. Eliminar conflitos mediante critérios justos – eis o mais elevado escopo social das atividades jurídicas do Estado"*. Assim, não é qualquer sentença que tem o condão de pacificar; não é qualquer decisão que alcança o escopo social do processo, mas tão somente aquela que o transcende e efetivamente alcança os outrora insatisfeitos, extirpando as angústias próprias da vida em sociedade. Para que este objetivo seja atingido, portanto, Dinamarco defende um *"juiz intervencionista"*, que não se comporta como singelo espectador do agir das partes, mas que pode e deve dele participar efetivamente, o que seria *"próprio ao Estado social contemporâneo"*.[78-79]

O escopo político também há que ser alcançado através do processo, pois se o direito tem fim político, seria *"imprescindível encarar o processo, que é instrumento estatal, como algo de que o Estado se serve para a consecução dos objetivos políticos que se situam por detrás da própria lei"*. Assim, ele deve ser compreendido sob três aspectos: (a) o processo se volta à afirmação do Poder (da autoridade) do Estado, o que é perceptível quando se observa o resultado do exercício da jurisdição na soma de todos os casos decididos (e não individualmente); (b) também se dirige ao culto da liberdade, na medida em que o Estado promete respeitar as liberdades públicas, nelas não interferir; (c) e finalmente o aspecto da participação democrática, que viabiliza a efetiva

---

78 DINAMARCO, Cândido Rangel. A instrumentalidade do processo. 5ª ed. rev. e atual. São Paulo: Malheiros, 1996, pp. 153-167.

79 Ao eventual temor que se possa demonstrar quanto ao juiz participativo, de que ele se contamine, se envolva a ponto de comprometer sua imparcialidade, o referido autor apresenta como antídotos os princípios dispositivo e da demanda, a formação profissional e o recrutamento idôneo dos magistrados, dentre outros. DINAMARCO, Cândido Rangel. A instrumentalidade do processo. 5ª ed. rev. e atual. São Paulo: Malheiros, 1996, pp. 165-166.

atuação do indivíduo nos destinos da sociedade política (exemplo da ação popular).[80]

Finalmente, Dinamarco apresenta o escopo jurídico, deixando claro que enxergar o sistema processual como um fim em si mesmo ou que tenha como mote a produção de decisões, de título executivo judicial e coisa julgada é ter uma visão introspectiva, intrínseca à segunda fase metodológica, como dantes já mencionado, e ignorar a sua função na ordem jurídica substancial. Dinamarco rechaça a concepção de que, mediante o processo, o direito material é criado (teoria unitária), partindo da premissa de que os direitos e obrigações preexistem, de forma que as atividades processuais apenas os revelam, *"sem nada acrescer-lhes substancialmente"*. Através do processo, a situação jurídico-material recebe o conforto da segurança jurídica, como *"exercício imperativo do poder estatal no processo"*.[81]

A atividade do juiz é *"tipicamente reveladora"*, caracterizada por um *"juízo autoritativo"*, já que atua em função do Estado, diferentemente das demais pessoas *"comuns"*. O juízo autoritativo tende a imunizar-se pela coisa julgada material, que, por sua vez, não constitui fator jurídico de acréscimo patrimonial, mas sim fator social de eliminação de insatisfações.[82]

Depois do desenvolvimento dos escopos processuais, Dinamarco abre-se para o debate a respeito do papel do juiz perante a sociedade e o Estado no julgamento das causas. É a partir deste momento de sua obra, que se revela a possibilidade de correção moral do direito pelo juiz:

> (...) esses preceitos abstratos e genéricos são construídos com vista a situações normais previstas e a partir de hipóteses de fato absolutamente claras a quem os estabelece; e a realidade da vida que chega ao juiz, no drama de cada processo, é muito mais complexa e intrincada, solicitando dele uma sensibilidade muito grande para a identificação dos fatos e enquadramento em categorias jurídicas, para a descoberta da própria verdade quanto às alegações de fato feitas pelos litigantes e sobretudo para a determinação do preciso e atual significado das palavras contidas na lei. Examinar as provas, intuir o correto enquadra-

---

[80] DINAMARCO, Cândido Rangel. A instrumentalidade do processo. 5ª ed. rev. e atual. São Paulo: Malheiros, 1996, pp. 169-171.

[81] DINAMARCO, Cândido Rangel. A instrumentalidade do processo. 5ª ed. rev. e atual. São Paulo: Malheiros, 1996. pp. 177-193.

[82] DINAMARCO, Cândido Rangel. A instrumentalidade do processo. 5ª ed. rev. e atual. São Paulo: Malheiros, 1996, p. 194.

> *mento jurídico e interpretar de modo correto os textos legais à luz dos grandes princípios e das exigências sociais do tempo — eis a grande tarefa do juiz, ao sentenciar. Entram aí as convicções sócio-políticas do juiz, que hão de refletir as aspirações da própria sociedade; o juiz indiferente às escolhas axiológicas da sociedade e que pretenda apegar-se a um exagerado literalismo exegético tende a ser injusto, porque pelo menos estende generalizações a pontos intoleráveis, tratando os casos peculiares como se não fossem portadores de peculiaridades, na ingênua crença de estar com isso sendo fiel ao direito. O juiz moderno compreende que só se lhe exige imparcialidade no que diz respeito à oferta de iguais oportunidades às partes e recusa a estabelecer distinções em razão das próprias pessoas ou reveladoras de preferências personalíssimas. Não se lhe tolera, porém, a indiferença.*[83]

Todas estas ideias da sensibilidade judicial, da descoberta da verdade, da determinação do significado atual das leis estão atreladas à convicção de Dinamarco de que o processo deve ser permeado pelos influxos axiológicos da sociedade, os quais hão de estar presentes no *"espírito do juiz no momento do julgamento"*, já que é inadmissível que o magistrado atue contra aquilo que a sociedade espera dele. A sua condição de agente da sociedade impõe-lhe o dever de julgamento dos casos conforme a expectativa da própria sociedade. O juiz seria um *"autêntico canal de comunicação entre a sociedade e o mundo jurídico"*, tendo a missão de julgar conforme as escolhas daquela. No meio da *"tensão entre a norma e a realidade"*, está sujeito ao governo das leis e, ao mesmo tempo, é responsável pela efetividade de um direito progressivo, para o qual imprescinde *"ponderar as exigências sociais, econômicas, morais, que se dão na coletividade"*. Embora o juiz esteja sujeito à lei, não há um culto servil às palavras. No caso de "abismo" entre o texto da lei e o que ele denomina *"sentimentos da nação"*, a lei perde sua legitimidade e, em contrapartida, o juiz a ganha para reconectar através da sentença o direito com a realidade.[84]

O escopo jurídico do processo nada mais é do que a atuação da "vontade concreta do direito", através do julgamento com justiça, por um juiz atento aos anseios da sociedade atual, em um processo permeado por influxos axiológicos, dentro dos limites da lei, desde que esta não esteja em absoluta discrepância com os atuais reclames da coletividade, captados pelo magistrado e sua sensibilidade. Pensar de outro

---

83 DINAMARCO, Cândido Rangel. A instrumentalidade do processo. 5ª ed. rev. e atual. São Paulo: Malheiros, 1996, p. 196.

84 DINAMARCO, Cândido Rangel. A instrumentalidade do processo. 5ª ed. rev. e atual. São Paulo: Malheiros, 1996, pp. 196-199.

modo, isto é, fechar os olhos para este objetivo do processo é negar a sua instrumentalidade:

> A positivação do poder em casos concretos, representada pela atividade jurisdicional, é um ato, político, destinado à preservação de valores pelos quais opta o Estado sem a participação do juiz enquanto tal. Assim como a política tem seus fins jurídicos, há também os fins políticos do direito, aos quais o processo há de servir com fidelidade. O direito mesmo é instrumento da política e isso serve para pôr em destaque algo que não é usual, ou seja, que o próprio escopo jurídico de atuação da vontade concreta do direito, sendo embora primacialmente um escopo técnico, mediatamente acaba voltando-se aos valores fundamentais da sociedade política e com isso deixa de ter relevância só jurídica. O culto racional à legalidade constitui, portanto, substancialmente, culto a esses valores tais como escolhidos e escalonados pelos agentes do poder investidos dessa competência; e isso explica por que, em variados pontos da disciplina técnica do processo, encontram-se soluções pouco aderentes à estrita finalidade jurídica, a qual como que se dilui e perde em importância diante do peso dos grandes objetivos que o próprio direito material é chamado a realizar.[85]

Em suma, com a fundação da doutrina da instrumentalidade do processo, Dinamarco desloca a "ação" do epicentro da teoria geral do processo, substituindo-a pela jurisdição, determinando que o processo é um instrumento a serviço do poder jurisdicional e, assim, sendo ele um meio e não um fim em si mesmo, exsurge a necessidade de se identificar e de se compreender seus escopos social, político e jurídico; ademais, para que alcance tais escopos, as regras processuais não podem servir de obstáculo para a pacificação dos conflitos sociais com justiça, e muito menos suplantar as regras de direito material. O processo deve ser dotado de efetividade para alcançar os seus fins.[86] O que se nota de sua construção é que, quando ele fala em escopos do processo, na verdade está a tratar dos escopos da jurisdição, os quais, para serem atingidos, necessitam do instrumento processo. É a jurisdição o elemento central de sua teoria e não o processo.

Sua promessa de ditar novos rumos e tendências para a ciência do processo, a partir de uma proposta de espalhar a percepção teleológica e axiológica do processo, estava bastante clara e, inclusive, foi

---

[85] DINAMARCO, Cândido Rangel. A instrumentalidade do processo. 5ª ed. rev. e atual. São Paulo: Malheiros, 1996, p. 212.

[86] ABBOUD, Georges; OLIVEIRA, Rafael Tomaz de. O dito e o não-dito sobre a instrumentalidade do processo: críticas e projeções a partir de uma exploração hermenêutica da teoria processual. Revista de Processo – Repro. vol. 166. p. 27. dez/2008. Disponível em: <https://bit.ly/3f5xCqO>. Acesso em 02 mar.2020.

exposta em seu discurso de posse como professor titular da cadeira de direito processual civil na Faculdade de Direito do Largo de São Francisco (USP):

> O pensamento processual formado nestas Arcadas e desenvolvido entre os jovens mestres dos anos quarenta, expandiu-se e deixou de ser patrimônio dos paulistas, para ser então um verdadeiro pensamento processual brasileiro. Mais que de São Paulo, passou a identificar-se uma Escola Processual Brasileira. E, agora, novo alento aqui vem bater, novos rumos toma a Escola Paulista. É o pensamento moderno aqui instalado e desenvolvido, voltado à perspectiva instrumentalista do processo como meio de participação política e de satisfação dos fins sociais do próprio Estado. Já se encontra nas sepulturas do passado remoto a visão sincrética do processo como mero apêndice do direito privado. E, entre nós, vai ficando superado também o pensamento que foi responsável pela superação dessa idéia e que, afirmando a autonomia do processo, foi capaz de proporcionar, neste século, o fino aprimoramento dos conceitos em direito processual. Na Escola Processual de São Paulo, vamos vigorosamente afirmando que os conceitos que temos já são mais do que suficientes para o que deles queremos; que o processo não é valor em si mesmo, mas instrumento do Estado para a realização de objetivos preestabelecidos. Desenvolvemos a idéia de que tudo há de ser feito, neste quadrante metodológico da ciência processual, para tornar efetiva a utilidade desse instrumento e para que a promessa de justiça não seja mera promessa mal cumprida e para que a Justiça seja realmente aberta a todos e a todas as suas causas, qualquer que seja a sua natureza e por menor que seja sua dimensão econômica. Essa é a nova Escola Processual de São Paulo, da qual participo orgulhosamente, compartilhando com Ada Pellegrini Grinover e Kazuo Watanabe desses ideais instrumentalistas que constituem os novos ventos da moderna ciência do direito processual." [87]

A doutrina da instrumentalidade do processo, como outrora prometido por seu mentor, se difundiu, angariou adeptos e discípulos, tornando-se um discurso, se não hegemônico, no mínimo majoritário entre os estudiosos da ciência processual da época e futuros.[88]

---

[87] DINAMARCO, Cândido Rangel. Discurso de Posse do Professor Cândido Rangel Dinamarco. Disponível em: <https://bit.ly/2X299MT>. Acesso em 04 mar.2020.

[88] CARVALHO FILHO, Antônio. Precisamos falar sobre o instrumentalismo processual. *In*: SOUZA JR, Antonio Carlos *et al.* (Orgs.). Diálogos de Teoria do Direito e Processo. Bahia: Editora JusPodivm, 2018, pp. 325-336, p. 328. Cfr. TEIXEIRA, Welington Luzia. A instrumentalidade técnica do processo. Revista Brasileira de Direito Processual _ RBDPro, Belo Horizonte, ano 15, n. 60, p. 5983, out./dez. 2007. De igual modo, cfr. COSTA, Alexandre Araújo; COSTA, Henrique Araújo. Instrumentalismo x Neoinstitucionalismo: uma avaliação das críticas neoinstitucionalistas à teoria da instrumentalidade do processo. Revista Brasileira de Direito Processual RBDPro, Belo Horizonte, ano 18, n. 72, out./dez. 2010.

Umbilicalmente ligado à visão instrumentalista do processo está o incremento dos poderes do juiz, com a abertura para o exercício de poder político, como presentante (máximo) do Estado, para o bom desempenho do poder jurisdicional. Para que o processo dinamarquiano consiga alcançar seus escopos e produzir uma decisão justa, capaz de pacificar o conflito, a intervenção do juiz é fundamental. Além de não poder se manter inerte, como mero espectador, imprescindível que esteja atento e conectado aos anseios atuais da sociedade, da comunidade em que está inserido, para que possa bem analisar a perda de legitimidade da lei que deixa de corresponder aos valores sociais, políticos e/ou econômicos da sociedade em dado momento. Ao passo em que a lei perderia essa legitimidade, a sentença dada pelo juiz que capta aqueles anseios a ganha.

Parte a doutrina adepta da instrumentalidade da ideia de que, no Estado cujo objetivo fundamental é a realização dos valores humanos, os encarregados do sistema devem estar atentos e conscientes para o uso do processo como *"um meio efetivo para a realização da justiça"*.[89] Dessa noção se extrai a relevância de se incrementar os poderes judiciais, porque o juiz é o agente encarregado, no desempenho do poder jurisdicional, de concretizar os escopos sociais do processo, isto é, entregar uma sentença que leve à pacificação social e promover a educação propagada por Dinamarco. É bastante interessante notar que, levando-se em conta que o processo não é um fim em si mesmo, mas ferramenta a serviço do poder estatal na sua função jurisdicional, a ideia de um juiz cada vez mais hipertrofiado em poderes, com maior participação e ingerência processuais, se torna inerente à ciência brasileira do processo.

José Carlos Barbosa Moreira[90] afirma que a *"intensificação da atividade do juiz no processo"* é a projeção do fenômeno da transição do libe-

---

[89] CINTRA, Antônio Carlos de Araújo; GRINOVER, Ada Pelegrini; DINAMARCO, Cândido Rangel. Teoria Geral do Processo. 16ª ed. São Paulo: Malheiros Editores, 2000. p. 25.

[90] MOREIRA, José Carlos Barbosa. A função social do processo civil moderno e o papel do juiz e das partes na direção e na instrução do processo. In Revista de Processo | vol. 37/1985 | p. 140 - 150 | Jan - Mar / 1985 Doutrinas Essenciais de Processo Civil | vol. 3 | p. 1187 - 1201 | Out / 2011. Ressalta-se que este artigo foi escrito em 1984, portanto antes da Constituição da República de 1988. Todavia, o alicerce sobre o qual se sustenta a percepção de Barbosa Moreira do que seja o processo e de sua finalidade resiste ao advento da CF/88, o que pode ser observado em seus escritos posteriores.

ralismo individualista para o Estado Social de Direito. Defende que o processo tem o papel de corrigir as desigualdades substanciais entre as partes e, além de apontar alguns dispositivos legais do CPC/73 que representam esta visão, afirma que *"o mais valioso instrumento corretivo, para o juiz,"* é a iniciativa probatória, então disciplinada no art. 130.

Discípulo de Dinamarco, José Roberto dos Santos Bedaque, com ideias sustentadas no pilar da instrumentalidade, afirma que a utilidade do processo se mede pelo alcance dos resultados a que se destina, já que é um instrumento ético de pacificação social, de modo que o cientista processual virtuoso seria aquele que obtém sucesso em se posicionar entre o tecnicismo exagerado e o abandono da técnica.[91]

A ideia da efetividade do processo também pode ser extraída do âmago da teoria da instrumentalidade e está intrinsecamente conectada à atribuição de maiores poderes ao magistrado, até mesmo porque apenas um juiz forte, atento aos anseios e valores da sociedade, aos objetivos do Estado, pode manejar o processo de maneira que ele seja eficazmente um instrumento efetivo para que a jurisdição cumpra seus motes.[92]

A efetividade do processo seria um dos desdobramentos – o endereçamento positivo[93] – do raciocínio instrumental do processo, ou seja,

---

[91] BEDAQUE, José Roberto dos Santos. Efetividade do processo e técnica processual. São Paulo: Malheiros, 2009. p. 17-64. Em obra anterior, Bedaque defende os poderes instrutórios do juiz e a sua participação ativa na sua produção, pois apenas assim, fundando o julgador sua decisão em provas mais fieis à realidade fática, é que atingirá o escopo do processo. BEDAQUE, José Roberto dos Santos. Poderes instrutórios do juiz. 5. ed. rev., atual. e ampl. São Paulo: Editora Revista dos Tribunais, 2011. p. 11-19.

[92] Mateus Costa Pereira anota que *"Historicamente, o apego a visões apequenadas do processo (instrumento, ferramenta, método...) tem concorrido à hipertrofia da jurisdição, impulsionando o aumento de poderes judiciais à concretização de fins que lhe são externos («escopos metajurídicos»)..."*. PEREIRA, Mateus Costa. Introdução ao estudo do processo: fundamentos do garantismo processual brasileiro; coordenação da coleção por Antônio Carvalho Filho, Eduardo José Da Fonseca Costa. – Belo Horizonte : Letramento ; Casa do Direito, 2020, p. 63.

[93] De outro lado, apenas para que fique registrado, o aspecto negativo da instrumentalidade seria a tomada de consciência de que ele não é um fim em si mesmo e, consequentemente, que as regras processuais não ostentam caráter absoluto, principalmente quando obstaculizam as normas de direito material e *"as exigências sociais de pacificação de conflitos"*. DINAMARCO, Cândido Rangel. A instrumentalidade do processo. 14ª ed. rev. e atual. São Paulo : Malheiros Editores, 2009, pp. 314-315.

é compreendida como a *"capacidade de exaurir os objetivos que o [o processo] legitimam no contexto jurídico-social e político"*, e que seria a leitura moderna da clássica lição de Chiovenda de que o processo deve entregar a quem tenha o direito tudo aquilo e exatamente aquilo a que tenha direito. Esse é não apenas um valor inegociável do processo, mas também o seu objetivo, pois, se ele é um instrumento também da realização do direito material, o seu resultado deve estar *"a uma distância mínima da atuação espontânea das normas substantivas"*:[94-95]

> Deve-se a Giuseppe Chiovenda, ainda em 1911, a célebre frase que se tornaria lema e leme do processualista moderno na busca incessante de um "processo de resultados", ou seja, de um processo que disponha de instrumentos adequados à tutela de todos os direitos, com o objetivo de assegurar-se praticamente a utilidade das decisões. Trata-se do tema da efetividade do processo, em que se põe em destaque a instrumentalidade do sistema processual com o direito material e com os valores sociais e políticos da nação.[96]

Com o mantra da efetividade, inicia-se na ciência processual brasileira a relativização do binômio direito-processo, porquanto se compreende que a distância entre ambos não é tão grande quanto se pensava durante a fase autonomista. O processo-instrumento que serve à jurisdição deve ser aperfeiçoado e adaptado às exigências do direito substancial a merecer tutela,[97] até mesmo porque decorreria do princípio da inafastabilidade da jurisdição o direito à tutela jurisdicional adequada à realidade do direito material: se o Estado tem o dever de prestar a tutela jurisdicional devida, ou seja, para efetivar o direito

---

94 DINAMARCO, Cândido Rangel. A instrumentalidade do processo. 14ª ed. rev. e atual. São Paulo : Malheiros Editores, 2009, pp. 314-315.

95 MOREIRA, José Carlos Moreira. Tendências contemporâneas do direito processual civil. Revista de Processo | vol. 31/1983 | p. 199 - 209 | Jul - Set / 1983; MOREIRA, José Carlos Moreira. A garantia do contraditório na atividade de instrução. Revista de Processo | vol. 35/1984 | p. 231 - 238 | Jul - Set / 1984. Doutrinas Essenciais de Processo Civil | vol. 4 | p. 1111 - 1121 | Out / 2011; DINAMARCO, Cândido Rangel. Nasce um novo processo civil. *In:* TEIXEIRA, Sálvio de Figueiredo (coord). Reforma do Código de Processo Civil. São Paulo : Saraiva, 1996. pp. 1-17.

96 GRINOVER, Ada Pellegrini. Tutela jurisdicional nas obrigações de fazer e não fazer. *In:* TEIXEIRA, Sálvio de Figueiredo (coord). Reforma do Código de Processo Civil. São Paulo : Saraiva, 1996. pp. 251-269.

97 DINAMARCO, Cândido Rangel. A instrumentalidade do processo. 14ª ed. rev. e atual. São Paulo : Malheiros Editores, 2009, pp. 321-322; NALINI, José Renato. O juiz e o processo constitucional. Revista dos Tribunais | vol. 687/1993 | p. 243 - 246 | Jan / 1993.

material, o homem teria o direito à tutela jurisdicional adequada ou, noutras palavras, direito a um processo efetivo. [98]

Para se assegurar a efetividade do processo, além da tomada de consciência dos escopos processuais desenvolvidos por Dinamarco, a superação de alguns óbices também se faz necessária, quais sejam: (i) o modo-de-ser do processo; (ii) a justiça das decisões e; (iii) a efetividade ou utilidade das decisões. No que diz respeito ao (i) modo-de-ser do processo, haveria (a) a necessidade de o juiz ser participativo na instrução, um *"protagonista ativo de todo o drama processual"*; também de (b) se pautar pelo critério da justiça na valoração da prova, na adequação dos fatos à norma e na atividade interpretativa dos textos legais: *"Entre duas interpretações aceitáveis, deve pender por aquela que conduza a um resultado mais justo, ainda que aparentemente a vontade do legislador seja em sentido contrário"*.[99] Finalmente, (c) o julgador precisa ter em mente que o processo deve dar a quem tem direito tudo aquilo e exatamente aquilo que possui direito de obter. Assim, não pode se contentar com decisões acanhadas ou medidas judiciais inúteis, que não consigam cumprir este *slogan* do processo efetivo. Portanto, prega-se a maior ingerência do juiz, que ele assuma as rédeas da condução e interfira no agir das partes, o que vai surtir reflexos em toda a ciência processual e sobre os institutos, categorias e princípios processuais.[100]

---

98 MARINONI, Luiz Guilherme. Efetividade do processo e tutela antecipatória. Revista dos Tribunais | vol. 706/1994 | p. 56 - 60 | Ago / 1994. Doutrinas Essenciais de Processo Civil | vol. 5 | p. 359 - 366 | Out / 2011; MARINONI, Luiz Guilherme. O direito à adequada tutela jurisdicional. o caso da proibição da concessão das liminares e da execução provisória da sentença nas ações cautelares e no mandado de segurança. Revista dos Tribunais | vol. 663/1991 | p. 243 - 247 | Jan / 1991. Doutrinas Essenciais de Processo Civil | vol. 5 | p. 1005 - 1011 | Out / 2011; ZAVASCKI, Teori Albino. Antecipação da tutela e colisão de direitos fundamentais. *In:* TEIXEIRA, Sálvio de Figueiredo (coord). Reforma do Código de Processo Civil. São Paulo : Saraiva, 1996. pp. 1-17, pp. 143-166, p. 147.

99 CINTRA, Antônio Carlos de Araújo; GRINOVER, Ada Pelegrini; DINAMARCO, Cândido Rangel. Teoria Geral do Processo. 16ª ed. São Paulo: Malheiros Editores, 2000, p. 35; DINAMARCO, Cândido Rangel. Nasce um novo processo civil. *In:* TEIXEIRA, Sálvio de Figueiredo (coord). Reforma do Código de Processo Civil. São Paulo : Saraiva, 1996. pp. 1-17.

100 CINTRA, Antônio Carlos de Araújo; GRINOVER, Ada Pelegrini; DINAMARCO, Cândido Rangel. Teoria Geral do Processo. 16ª ed. São Paulo: Malheiros Editores, 2000, pp. 64-66.

Esses alegados obstáculos à efetividade do processo – ou ao acesso à ordem jurídica justa – , serviram de inspiração para a reforma do CPC/73 em 1994, que dava resposta aos reclames doutrinários[101] de "*modernização do processo*", atendendo à chamada "*terceira onda renovatória*", "*uma nova era*" que via o processo civil moderno como o "*processo civil de resultados*". Mais uma vez, a atenção se voltava à figura do juiz e ao modo como ele deveria desempenhar a sua função, porquanto, para atender a essas finalidades, era preciso se desvencilhar de dogmas, conceitualismos e conformismos: "*nunca se deu tanta responsabilidade aos juízes, nem tantos poderes para fazer efetiva a tutela jurisdicional e legítima sua própria atividade*".[102]

As inovações legislativas tinham como objetivos simplificar o procedimento, tornando-o mais ágil, minimizar ou impedir os efeitos deletérios do tempo do processo e, também, proporcionar efetividade ao processo.[103] Em realidade, os dispositivos legais alterados ou incluídos no CPC/73, de simplificação do procedimento e de aceleração da entrega da tutela jurisdicional – via cognição sumária – tinham como mister dar concretude ao processo que se alegava efetivo. A busca pela redução da espera da tutela jurisdicional se inspirou na constatação doutri-

---

101 MOREIRA, José Carlos Barbosa. Notas sobre o problema da "efetividade" do processo. *In:* _____. Temas de direito processual : terceira série. São Paulo : Saraiva, 1984, pp. 27-42, *passim*.

102 DINAMARCO, Cândido Rangel. Nasce um novo processo civil. pp. 1-17, pp. 14-15; Constatando o incremento dos poderes judiciais na reforma de 1994, conferir: GRECO FILHO, Vicente. Litigância de má-fé (art. 18 do CPC com a redação da Lei n. 8.952/94). pp. 577-580, p. 577; e também FORNACIARI JÚNIOR, Clito. Atos atentatórios à dignidade da justiça. pp. 567-575, p. 568; CARMONA, Carlos Alberto. O processo de execução depois da reforma. pp. 747-764, p. 748. Todos *In:* TEIXEIRA, Sálvio de Figueiredo (coord). Reforma do Código de Processo Civil. São Paulo : Saraiva, 1996.

103 A redução da espera da tutela jurisdicional se concretizou com a inclusão, no CPC, dos dispositivos relacionados à antecipação de tutela – então arts. 273; 461, §3º; e 899, §1º –. DINAMARCO, Cândido Rangel. Nasce um novo processo civil. *In:* TEIXEIRA, Sálvio de Figueiredo (coord). Reforma do Código de Processo Civil. São Paulo : Saraiva, 1996. pp. 1-17, pp. 7-10; Lembrando que o objetivo da tarefa revisora do CPC/73 foi afastar embaraços que comprometiam a efetividade do processo, por todos ver: THEODORO JÚNIOR, Humberto. As inovações no Código de Processo Civil, em matéria de processo de conhecimento. *In:* TEIXEIRA, Sálvio de Figueiredo (coord). Reforma do Código de Processo Civil. São Paulo : Saraiva, 1996. pp. 281-302, p. 282.

nária de que a morosidade era um relevante empecilho à efetividade, por não permitir a proteção pronta e efetiva do direito, o que levou a processualística, por conseguinte, a elaborar sobre a necessidade de tutelas jurisdicionais diferenciadas, adequadas às particularidades das situações de direito material.[104]

Para a efetiva tutela dos direitos materiais, a visão da tutela jurisdicional desvinculada da realidade social e descompromissada com o direito substancial precisava ser superada, mesmo porque não era consentânea à percepção do processo como um instrumento da jurisdição e também ao próprio direito de acesso à justiça, que passou a ser compreendido como o direito *"à preordenação de procedimentos adequados à tutela dos direitos"*.[105] Por isso, criticava-se a ideia do procedimento ordinário[106] como a solução para todo e qualquer conflito de interesses, já que, ante a complexidade cada vez maior dos litígios, muitas vezes ele é obstáculo à efetividade – não servia, por exemplo, para a tutela das situações urgentes, possível a partir da indigitada reforma,

---

104 MARINONI, Luiz Guilherme. Efetividade do processo e tutela de urgência. Porto Alegre : Sérgio Antonio Fabris Editor, 1994, p. 37; MARINONI, Luiz Guilherme. Proibição da concessão de liminares – inconstitucionalidade. Revista de Processo | vol. 60/1990 | p. 146 - 153 | Out - Dez / 1990; MANCUSO, Rodolfo de Camargo. Tutela antecipada : uma interpretação do art. 273 do CPC, na redação conferida pela Lei Federal n. 8.952, de 13-12-1994. *In:* TEIXEIRA, Sálvio de Figueiredo (coord). Reforma do Código de Processo Civil. São Paulo : Saraiva, 1996. pp. 167-185, p. 169.

105 MARINONI, Luiz Guilherme. Efetividade do processo e tutela de urgência. Porto Alegre : Sérgio Antonio Fabris Editor, 1994, p. 7; WATANABE, Kazuo. Tutela antecipatória e tutela específica das obrigações de fazer (arts. 273 e 461 do CPC). *In:* TEIXEIRA, Sálvio de Figueiredo (coord). Reforma do Código de Processo Civil. São Paulo : Saraiva, 1996. pp. 19-51.

106 Marinoni também atribui ao que chama de *"neutralidade do procedimento ordinário"* e à insensibilidade para a necessidade de instrumentos de tutela adequados às novas necessidades da sociedade a crise da justiça civil. MARINONI, Luiz Guilherme. A consagração da tutela antecipatória na reforma do CPC. *In:* TEIXEIRA, Sálvio de Figueiredo (coord). Reforma do Código de Processo Civil. São Paulo : Saraiva, 1996. pp. 113-128; afirmando que a adequação do instrumento [processo] ao seu escopo confere potência à efetividade, por todos ver: ARMELIN, Donaldo. Tutela jurisdicional diferenciada. Revista de Processo | vol. 65/1992 | p. 45 - 55 | Jan - Mar / 1992. Doutrinas Essenciais de Processo Civil | vol. 1 | p. 841 - 854 | Out / 2011.

quando se abre a possibilidade de o juiz se utilizar da verossimilhança em sua decisão.[107]

É digno de nota que as inovações legislativas da reforma de 1994 ao CPC/73, mormente com a modificação dos arts. 273 e 461, não apenas trouxeram agilidade ao procedimento, simplificando o processo, mas também modificaram os tipos de provimentos jurisdicionais, *"com relevante repercussão nos poderes do juiz"*. Essa é a constatação, por exemplo, de Kazuo Watanabe, para quem, quando o art. 461, §5°, do CPC/73, enumerou de maneira exemplificativa as providências judiciais para a concretização da tutela específica nas obrigações de fazer e não fazer, deixou explícitos poderes ampliados do juiz para que ele possa atuar os novos tipos procedimentais, que vão além do provimento condenatório.[108]

O juiz, como se nota, detém um papel importante nessa nova era do processo civil, porquanto muitos dos projetos instrumentalistas dependem da sua responsabilidade na atuação desses novos poderes implícitos, assim como de sua atenção aos anseios e valores da comunidade que lhe é contemporânea. Se o Estado, como afirmam vários doutrinadores à época, assumiu para si o monopólio da jurisdição e proibiu a autotutela, decorre dessa proibição a assunção, para si, do dever constitucional de entregar aos cidadãos a tutela adequada, efetiva e tempestiva. E esse dever não vincularia apenas e tão-somente o legislador, mas sim o magistrado, que deve entregar *"uma decisão justa e com potencial de atuar eficazmente no plano dos fatos"*:[109]

---

[107] MARINONI, Luiz Guilherme. Efetividade do processo e tutela de urgência. Porto Alegre : Sérgio Antonio Fabris Editor, 1994, p. 4; MARINONI, Luiz Guilherme. Observações sobre a tutela antecipatória. Revista de Processo | vol. 79/1995 | p. 104 - 117 | Jul - Set / 1995. Doutrinas Essenciais de Processo Civil | vol. 5 | p. 367 - 385 | Out / 2011.

[108] WATANABE, Kazuo. Tutela antecipatória e tutela específica das obrigações de fazer (arts. 273 e 461 do CPC). In: TEIXEIRA, Sálvio de Figueiredo (coord). Reforma do Código de Processo Civil. São Paulo : Saraiva, 1996. pp. 19-51, p. 21.

[109] ZAVASCKI, Teori Albino. Antecipação da tutela e colisão de direitos fundamentais. In: TEIXEIRA, Sálvio de Figueiredo (coord). Reforma do Código de Processo Civil. São Paulo : Saraiva, 1996. pp. 1-17, pp. 143-166, pp. 146-147; WATANABE, Kazuo. Tutela antecipatória e tutela específica das obrigações de fazer (arts. 273 e 461 do CPC). In: TEIXEIRA, Sálvio de Figueiredo (coord). Reforma do Código de Processo Civil. São Paulo : Saraiva, 1996. pp. 19-51, p. 21.

> *Buscando impedir a erosão da legitimidade do Estado e do Poder Judiciário e incentivar a confiança da população nos seus mecanismos, imperativa se torna a consecução da propalada efetividade do processo. Efetividade e instrumentalidade unem-se não só no que tange aos escopos jurídicos do processo, de tutela eficaz do direito material, mas também em relação à realização dos escopos sociais da jurisdição. Com efeito, somente um processo efetivo pacifica os conflitos; somente um processo efetivo educa a sociedade, por meio da criação do superego cultural; somente um processo efetivo legitima o Poder Judiciário como o guardião do homem e justifica a perda de parte de sua liberdade na formação do Estado.*[110]

O movimento instrumentalista se levanta e arrasta consigo gerações de processualistas, influenciando o modo de pensar e se tornando um verdadeiro dogma, atrelado aos mantras da efetividade do processo, da imperiosidade de tutelas diferenciadas para a proteção dos direitos substanciais e da consectária hipertrofia de poderes judiciais para o alcance dos escopos social, político e jurídico do processo. Todas essas premissas quedaram impregnadas, consciente e inconscientemente, na doutrina processual brasileira e embasaram – e ainda embasam – estudos sobre os institutos e categorias processuais.[111] Analisar o processo como um fenômeno dotado de função social era (e ainda é) uma premissa deveras generalizada, pois parecia, e ainda parece, ser a única alternativa para se desvencilhar da percepção privatista e individualista do processo.

---

[110] CABRAL, Antônio do Passo. O processo como superego social: um estudo sobre os fins sociais da jurisdição. Revista de Processo | vol. 115/2004 | p. 345 - 374 | Maio - Jun / 2004.

[111] Neste sentido, PEREIRA afirma: *"Entre nós, a instrumentalidade foi alçada a pressuposto metodológico fundamental do que se convencionou chamar de «Escola Processual de São Paulo»; e com elevadas doses de exagero, afirma-se que teria sido o manancial de escola ou unidade de pensamento nacional."* PEREIRA, Mateus Costa. Introdução ao estudo do processo: fundamentos do garantismo processual brasileiro; coordenação da coleção por Antônio Carvalho Filho, Eduardo José Da Fonseca Costa. – Belo Horizonte : Letramento ; Casa do Direito, 2020, pp. 86-87. Em entrevista publicada em 2010, perguntado se há uma escola instrumentalista, DINAMARCO responde: *"O que posso dizer, com muita alegria, é que a ideia foi bem recebida e as pessoas, ao desenvolverem seus temas mais técnicos, processuais, menos ideológicos, procuram justificar com a instrumentalidade. Não afirmaria que existe uma escola instrumentalista, acho que isso seria um pouco pretensioso, mas digamos que há um momento instrumentalista, em que as pessoas pensam em tirar proveito do processo."* ALVES, Rafael Francisco et. al. Cândido Rangel Dinamarco e a instrumentalidade do processo: uma entrevista. Cadernos Direito GV, São Paulo, Direito GV, v. 7, n. 4, jul. 2010.

Além disso, enxergar o fenômeno do processo a partir da perspectiva do Estado para o indivíduo, isto é, como uma ferramenta para que o Estado preste a tutela jurisdicional voltada ao alcance dos escopos processuais e à tutela efetiva dos direitos materiais, é uma postura que se manteve conectada ao desenvolvimento da ciência processual brasileira. Anota criticamente Mateus Costa Pereira que, na toada da doutrina instrumentalista, *"por sua qualidade de instrumento ao exercício do poder (na visão do autor [Dinamarco]), o processo não poderia ser largado à sorte dos sujeitos parciais. Fatalmente, isso faria com que se desviasse de sua «ética»"*[112]. Consequentemente, passou-se a defender e estimular a atividade probatória do juiz, quando diante de insuficiência de provas a macular seu convencimento, interpretação de textos normativos conforme anseios de justiça, atuação judicial sensível a valores e aspirações contemporâneas da sociedade e assim por diante.

Houve vozes que ousaram divergir do movimento, tecendo críticas a esta forma de encarar o processo e às consequências que dela adivinham, como o protagonismo judicial, porém, não raras vezes, eram acusadas de estarem presas a uma percepção ultrapassada, própria da segunda fase metodológica da ciência processual, e o processualista moderno precisava mudar a sua mentalidade e o seu modo de ver o processo. Somente assim, guardaria congruência com o Estado Constitucional e com as novas exigências da sociedade.

1.2. O FORMALISMO-VALORATIVO E O COOPERATIVISMO PROCESSUAIS

Antes de se apresentar a corrente do formalismo-valorativo, interessante enquadrar o seu surgimento no contexto histórico dos movimentos do neoconstitucionalismo e do neoprocessualismo no Brasil, cujas ideias fulcrais são apresentadas a seguir.

Aponta-se que as principais alterações no modo de se compreender a Constituição, que conduzem ao neoconstitucionalismo, estão atreladas a três aspectos distintos, conforme Luis Roberto Barroso: a) histórico, com a superação do paradigma da validade meramente formal do direito, após a queda dos regimes totalitários (nazifascistas), quando se forjou a necessidade de estabelecimento de rol de direitos e garan-

---

[112] PEREIRA, Mateus Costa. Introdução ao estudo do processo: fundamentos do garantismo processual brasileiro; coordenação da coleção por Antônio Carvalho Filho, Eduardo José Da Fonseca Costa. – Belo Horizonte : Letramento ; Casa do Direito, 2020, p. 88.

tias fundamentais a resguardarem os cidadãos do arbítrio estatal, além da previsão de mecanismos de controle da Constituição (jurisdição constitucional); b) filosófico, na medida em que, com o pós-positivismo,[113] se abandona a identificação do direito com a lei, substituída pela hermenêutica jurídica, que acabaria por conferir efetividade

---

[113] O termo pós-positivismo aqui é utilizado por Luis Roberto Barroso, assim como por Eduardo Cambi, ambos neoconstitucionalistas. Georges Abboud, todavia, rechaça a frequente *"confusão e justaposição"* entre dois fenômenos que reputa distintos, quais sejam, o neoconstitucionalismo e o pós-positivismo – posição à qual se adere *in totum* neste trabalho –. Enquanto o neoconstitucionalismo se trata de um fenômeno político-jurídico surgido no pós-guerra, o pós-positivismo consiste em paradigma filosófico, originando-se a partir do giro linguístico e do giro ontológico-linguístico. Segundo suas lições, inúmeros aspectos e conceitos neoconstitucionalistas são fundamentalmente positivistas, *"na medida em que ainda aceitam a utilização do silogismo, bem como a utilização de conceito abstrato e semântico de norma jurídica. Vale dizer: a consagração de valores como princípios constitucionais, característica do neoconstitucionalismo, não basta para qualificar uma teoria de pós-positivista. Aliás, dizer que os princípios constitucionais valem (no sentido de conter normatividade) é, no mínimo, respeitar a própria legalidade vigente"*. Em sua percepção, no Brasil, o neoconstitucionalismo está mais próximo de uma *"recepção tardia da jurisprudência dos valores"* do que propriamente do paradigma pós-positivista. A propósito, uma teoria jurídica apenas e tão-somente se desenvolveria sob as bases de um paradigma pós-positivista se, necessária e concomitantemente, elabora uma concepção pós-positivista de norma, *"que a distinga do texto normativo, o que, por sua vez, implica a necessidade de uma estruturação pós-positivista de sentença, não mais vista como um processo de subsunção. Ou seja, em qualquer modelo que se pretenda pós-positivista, a forma primordial de aplicação do direito não pode mais ocorrer via silogismo"*. Adepto da teoria estruturante de Friedrich Müller, Abboud lembra que suas premissas são fundamentais para se delimitar o pós-positivismo, e são elas: *"(i) a norma não pode mais ser reduzida ao seu texto; (ii) o ordenamento jurídico positivo sem lacunas é uma verdadeira ficção artificial; (iii) a solução dos casos jurídicos não pode mais pretender ser realizada pelo silogismo, porquanto a decisão de cada caso deve ser estruturada e construída a partir dos dados linguísticos (programa da norma) e extralinguísticos (âmbito da norma), a fim de se alcançar a norma decisória do caso concreto (não há norma em abstrato – sem problema a se solucionar não há norma); e (iv) em suma, o pensamento pós-positivista não pode mais partir de uma cisão ficcional entre o jurídico e a realidade. O pós-positivismo supera e transcende a clássica distinção entre questão de fato e de direito."* Deste modo, este trabalho não confunde o pós-positivismo mulleriano com o neoconstitucionalismo barrosiano, apelidado pelo próprio Luis Roberto Barroso como pós-positivista. ABBOUD, Georges. Processo constitucional brasileiro. 4ª ed. rev., atual. e ampl. 2020. São Paulo: Thomson Reuters Brasil, 2020. Livro eletrônico. Itens: 1. Pós-positivismo e teoria da decisão. 1.1. Norma e pós-positivismo; 1.14. Do equívoco em se comparar o neoconstitucionalismo ao pós-positivismo; 1.14.1. O neoconstitucionalismo; e 1.14.2. O pós-positivismo.

aos direitos fundamentais; c) e teórico, com (c.1) o reconhecimento da força normativa da Constituição, (c.2) a expansão da jurisdição constitucional, (c.3) o desenvolvimento de uma nova dogmática da interpretação constitucional.[114] Somam-se a esses fatores o desenvolvimento da teoria dos princípios, reconhecendo-lhes eficácia normativa e abandonando-se a premissa de que eles apenas se configuram como técnica de integração do Direito, a reaproximação entre Direito e Moral, a rejeição ao formalismo e o apego a métodos mais abertos de raciocínio jurídico.[115]

O abandono da ideia de Constituição como mera carta de intenções políticas, com singelas promessas, despida de efetividade, pela aquisição de força normativa, conduziu à *"expansão da jurisdição constitucional"*, na medida em que não apenas o legislador infraconstitucional está vinculado às suas regras e princípios, mas de igual modo o estão *"positivamente"* o Executivo e o Judiciário.[116]

Trazendo a temática especificamente para o âmbito do Poder Judiciário, a atribuição do *judicial review*, somada à "expansão da jurisdição constitucional", à vinculação "positiva" do judiciário às garantias e direitos fundamentais previstos na Constituição, têm também como pano de fundo a chamada crise da democracia representativa,[117] por-

---

[114] BARROSO, Luis Roberto. Neoconstitucionalismo e constitucionalização do Direito. O triunfo tardio do Direito Constitucional no Brasil. Disponível em: <https://bit.ly/3cJbQsz>. Acesso em 18 mai.2020. CAMBI, Eduardo. Neoconstitucionalismo e neoprocessualismo. *In*: FUX, Luiz. NERY JR., Nelson. WAMBIER, Teresa Arruda Alvim (coords.). Processo e constituição: estudos em homenagem ao processor José Carlos Barbosa Moreira. São Paulo: Editora Revista dos Tribunais, 2006. pp. 662-683.

[115] SARMENTO, Daniel. O neoconstitucionalismo no Brasil: riscos e possibilidades. *In*: NOVELINO, Marcelo (org.). Leituras complementares de Direito Constitucional – Teoria da Constituição. Salvador: Ed. Jus Podivm, 2009. DIDIER JUNIOR, Fredie. Curso de Direito Processual Civil: introdução ao direito processual civil, parte geral e processo de conhecimento. 17. ed. Salvador: Ed. Jus Podivm, 2015. p. 41.

[116] CAMBI, Eduardo. Neoconstitucionalismo e neoprocessualismo. *In*: FUX, Luiz. NERY JR., Nelson. WAMBIER, Teresa Arruda Alvim (coords.). Processo e constituição: estudos em homenagem ao processor José Carlos Barbosa Moreira. São Paulo: Editora Revista dos Tribunais, 2006. pp. 662-683.

[117] CAMBI, Eduardo. Neoconstitucionalismo e neoprocessualismo. *In*: FUX, Luiz. NERY JR., Nelson. WAMBIER, Teresa Arruda Alvim (coords.). Processo e constituição: estudos em homenagem ao processor José Carlos Barbosa Moreira. São Paulo: Editora Revista dos Tribunais, 2006. pp. 662-683.

quanto os poderes legislativo e executivo não têm conseguido atuar de forma a concretizar os valores, objetivos e direitos constitucionais.[118]

Para a corrente neoconstitucionalista, referida crise tem como consequência a ruptura entre o direito e a lei e *"esta, quando injusta, ou melhor, quando contraria os 'standards' de justiça previstos na Constituição, é um não-direito"*. Partindo-se de tal premissa, prega-se a assunção de um papel constitucional pelo Judiciário, nada obstante composto por membros não eleitos, de concretização dos direitos fundamentais e é no cumprimento efetivo desta missão que se encontra a legitimidade dos juízes.[119-120]

Sob essa perspectiva, o Judiciário deixa de ser ator "coadjuvante" e "deferente" às demais funções do Estado, principalmente à legislativa, e assume papel de protagonismo, de verdadeiro Poder transformador no arranjo institucional.[121] Neste sentido, expõe Daniel Sarmento:

---

118 *Com efeito, uma das justificativas para legitimar a intervenção do STF em questões políticas é justamente o fato de ele poder garantir os direitos de minorias políticas, permitindo que elas não sejam simplesmente sufragadas pela base governista ou pela coalizão majoritária. No entanto, como se pode observar acima, empiricamente, o STF também é desigual, considerando os atores e os interesses envolvidos."* LUNARDI, Fabrício Castagna. Judicialização da política ou "politização suprema"? O STF, o poder de barganha e o jogo político encoberto pelo constitucionalismo. *In* Pensar: Rev. Pen., Fortaleza, CE, Brasil. Vol. 24, n. 1, 2019.

119 CAMBI, Eduardo. Neoconstitucionalismo e neoprocessualismo. *In*: FUX, Luiz. NERY JR., Nelson. WAMBIER, Teresa Arruda Alvim (coords.). Processo e constituição: estudos em homenagem ao processor José Carlos Barbosa Moreira. São Paulo: Editora Revista dos Tribunais, 2006. pp. 662-683.

120 O Ministro Luis Roberto Barroso, do STF, adepto ao neoconstitucionalismo, defende que a legitimidade democrática do Poder Judiciário, mormente quanto desempenha papel interpretativo da Constituição, *"está associada à sua capacidade de corresponder ao sentimento social"*. E, por defender que também o Judiciário é um poder representativo, assevera que os seus limites são a vontade majoritária e os valores compartilhados pela comunidade de cada tempo. BARROSO, Luís Roberto. Constituição, Democracia e Supremacia Judicial: Direito e política no Brasil contemporâneo. *In*: FELLET, André Luiz Fernandes; PAULA, Daniel Giotti de; NOVELINO, Marcelo (orgs). As novas faces do ativismo judicial. Salvador: Editora Juspodium, 2ª tiragem. p. 225-250.

121 FERREIRA, Daniel; CARVALHO, Luciana Benassi Gomes. Divisão funcional do poder do Estado: entre o ativismo judicial e o garantismo processual. Revista Brasileira de Direito Processual – RBDPro, Belo Horizonte, ano 28, n. 109, p. 69-91, jan./mar. 2020.

Outro traço característico do neoconstitucionalismo é o seu foco no Poder Judiciário. O grande protagonista das teorias neoconstitucionalistas é o juiz. O Direito é analisado sobretudo a partir de uma perspectiva interna, daquele que participa dos processos que envolvem a sua interpretação e aplicação, relegando-se a um segundo plano a perspectiva externa, do observador. Esta obsessão pelo Poder Judiciário leva a uma certa desconsideração do papel desempenhado por outras instituições, como o Poder Legislativo, na interpretação constitucional. O juiz é concebido como o guardião das promessas civilizatórias dos textos constitucionais (...).[122]

O Judiciário passa a ser visto como uma espécie de legislador positivo, e não apenas negativo (visão própria do Estado liberal), já que somente assim ele se adequa ao modelo de Estado previsto na Constituição, própria de um tempo em que o cidadão de uma sociedade plural e complexa não mais se contenta apenas com a não intervenção em sua liberdade (direitos liberais); ele demanda que o Estado lhe confira saúde, vida digna, educação, lazer, condições para se desenvolver (direitos sociais); para que o cidadão seja "verdadeiramente livre", os princípios constitucionais e os direitos fundamentais hão que ser efetivados.[123]

Diante deste movimento, surge o "neoprocessualismo", corrente doutrinária que aplica as premissas do neoconstitucionalismo ao direito processual, fundando-se no fenômeno da constitucionalização do direito infraconstitucional, de modo que perde a lei a centralidade dentre as fontes do direito, cedendo lugar à Constituição, devendo o intérprete não apenas se atentar à conformidade da lei à ela, mas também aos direitos fundamentais.[124] Nas pegadas dos neoprocessualistas,

---

122 SARMENTO, Daniel. O neoconstitucionalismo no Brasil: riscos e possibilidades. In: NOVELINO, Marcelo (org.). Leituras complementares de Direito Constitucional – Teoria da Constituição. Salvador: Ed. Jus Podivm, 2009. Importante registrar que o autor externa preocupações quanto a esse protagonismo judicial, defendendo que, em certas matérias constitucionais, há que se preservar a autocontenção.

123 FERREIRA, Daniel; CARVALHO, Luciana Benassi Gomes. Divisão funcional do poder do Estado: entre o ativismo judicial e o garantismo processual. Revista Brasileira de Direito Processual – RBDPro, Belo Horizonte, ano 28, n. 109, p. 69-91, jan./mar. 2020. Reconhecendo o papel criativo e normativo da atividade jurisdicional, fundamental ao desenvolvimento do Direito, em virtude da "transformação da hermenêutica jurídica", por todos ver: DIDIER JUNIOR, Fredie. Curso de Direito Processual Civil: introdução ao direito processual civil, parte geral e processo de conhecimento. 17. ed. Salvador: Ed. Jus Podivm, 2015, p. 41.

124 Neste sentido, CORDEIRO, Carlos José. GOUVEIA, Raíssa Vieira de. A era neoprocessual do processo civil e a relação com a teoria tridimensional do direi-

reconhecendo a supremacia da Constituição e sua influência inequívoca a iluminar o direito processual, o art. 5º, XXXV, da CF/88, teria estabelecido mais do que a inafastabilidade da jurisdição: haveria ali o reconhecimento ao direito fundamental de acesso à ordem jurídica justa, ou, simplesmente, ao direito fundamental ao processo justo.[125-126]

Com a constitucionalização dos direitos e garantias inerentes ao processo (ação, ampla defesa, contraditório, juiz natural etc.), teria se reafirmado o seu caráter publicístico, ou seja, de um meio à disposição do Estado para realizar justiça. Isso significaria dizer que se abandona a ideia do processo como um *"mecanismo de exclusiva utilização individual"* – concepção privatística –, uma vez que os fins públicos por ele perseguidos, *"como instrumento democrático do poder jurisdicional, transcendem os interesses individuais das partes na solução do litígio"*.[127] Tomando de empréstimo as lições de Eduardo Cambi, *ipsis litteris*:

> *O processo está voltado à tutela de uma ordem superior de princípios e de valores que estão acima dos interesses controvertidos das partes (ordem pública) e que, em seu conjunto, estão voltados à realização do bem comum."*[128]

---

to, ilustradas pela análise do inciso IV do art. 139 do Código de Processo Civil. Revista dos Tribunais | vol. 989/2018 | p. 349 - 376 | Mar / 2018; CAMBI, Eduardo. Neoconstitucionalismo e neoprocessualismo. *In*: FUX, Luiz. NERY JR., Nelson. WAMBIER, Teresa Arruda Alvim (coords.). Processo e constituição: estudos em homenagem ao processor José Carlos Barbosa Moreira. São Paulo: Editora Revista dos Tribunais, 2006. pp. 662-683, pp. 672-673.

125 CAMBI, Eduardo. Neoconstitucionalismo e neoprocessualismo. *In*: FUX, Luiz. NERY JR., Nelson. WAMBIER, Teresa Arruda Alvim (coords.). Processo e constituição: estudos em homenagem ao processor José Carlos Barbosa Moreira. São Paulo: Editora Revista dos Tribunais, 2006. pp. 662-683, p. 674.

126 Tratar-se-á sobre o "processo justo", especificamente, no item 1.3. Todavia, revela-se adequado, neste momento, apresentar a concepção de processo à luz do neoprocessualismo, que surge no mesmo contexto histórico do formalismo-valorativo e, por muitas vezes, é retratado como corrente sinônima.

127 CAMBI, Eduardo. Neoconstitucionalismo e neoprocessualismo. *In*: FUX, Luiz. NERY JR., Nelson. WAMBIER, Teresa Arruda Alvim (coords.). Processo e constituição: estudos em homenagem ao processor José Carlos Barbosa Moreira. São Paulo: Editora Revista dos Tribunais, 2006. pp. 662-683, p. 674.

128 CAMBI, Eduardo. Neoconstitucionalismo e neoprocessualismo. In: FUX, Luiz. NERY JR., Nelson. WAMBIER, Teresa Arruda Alvim (coords.). Processo e constituição: estudos em homenagem ao processor José Carlos Barbosa Moreira. São Paulo: Editora Revista dos Tribunais, 2006. pp. 662-683. p. 674.

Para além da sujeição das partes ao processo, que busca a realização de valores e princípios superiores aos interesses delas, a visão neoprocessualista está conectada ao aumento dos poderes judiciais e ao direito fundamental à tutela efetiva, adequada e célere. O juiz do neoprocessualismo deve estar atento aos valores, garantias e direitos fundamentais relevantes para solucionar o caso concreto, de modo que, ao utilizar o instrumento de tutela de direitos – ou seja, o processo –, entregue, de fato, uma tutela efetiva e adequada.[129]

Agregam-se, nesta toada, o direito fundamental à efetividade do processo e as técnicas processuais, que devem ser encontradas à luz do caso prático, e moldadas de forma a concretizar os direitos materiais.[130] Assim como para os instrumentalistas, para os neoprocessualistas, a efetividade do processo também se destaca como uma preocupação legítima, porquanto é um direito fundamental extraível do art. 5º, XXXV, da CF/88. Para se assegurar o processo efetivo e o acesso à ordem jurídica justa, levando-se em conta o seu caráter público instrumental de realização do bem comum, pregam a imprescindibilidade da construção de técnicas processuais com aptidão para a tutela dos direitos materiais:

> *Por isto, a adoção do procedimento ordinário, prevista no Código de Processo Civil, deve ser a exceção, não a regra, e ser utilizado tão-somente quando não houver, no ordenamento jurídico, outros instrumentos processuais mais adequados à realização do direito material.*[131]

A adaptação procedimental, com a consequente deformalização do procedimento legalmente estabelecido, é uma bandeira dos neoprocessualistas, em razão da percepção de que os procedimentos não podem ser engessados, mercê de se tornarem obstáculos à prestação da tutela jurisdicional efetiva. Por isso, o apego pelas técnicas processuais diferenciadas e pela previsão, cada vez mais ampla, de cláusulas gerais,

---

129 CORDEIRO, Carlos José. GOUVEIA, Raíssa Vieira de. A era neoprocessual do processo civil e a relação com a teoria tridimensional do direito, ilustradas pela análise do inciso IV do art. 139 do Código de Processo Civil. Revista dos Tribunais | vol. 989/2018 | p. 349 - 376 | Mar / 2018.

130 CAMBI, Eduardo. HAAS; Adriane. SCHMITZ, Nicole. Normas fundamentais no novo código de processo civil. *In*: Revista de Processo | vol. 290/2019 | p. 95 - 132 | Abr / 2019.

131 CAMBI, Eduardo. Neoconstitucionalismo e neoprocessualismo. *In*: FUX, Luiz. NERY JR., Nelson. WAMBIER, Teresa Arruda Alvim (coords.). Processo e constituição: estudos em homenagem ao processor José Carlos Barbosa Moreira. São Paulo: Editora Revista dos Tribunais, 2006, pp. 662-683, p. 676.

porque assim se outorga poderes ao juiz para, a cada caso, prestar a tutela mais adequada.[132] O *"formalismo negativo"*, responsável por isolar o processo do direito material, deve ser rechaçado pelos processualistas modernos – com o cuidado de não se produzir um processo totalmente informal –, viabilizando-se, assim, a realização dos direitos materiais. E a corrente doutrinária do formalismo-valorativo viria dar a resposta a esta alegada premência.[133]

Voltando às chamadas fases metodológicas da ciência processual, ao movimento instrumentalista, seguiu-se, na primeira metade dos anos 2000 e no contexto do neoconstitucionalismo, o desenvolvimento do formalismo-valorativo, expressão cunhada por Carlos Alberto Alvaro de Oliveira, e que tem como pilar fundante a obra *"Do formalismo no processo civil: proposta de um formalismo-valorativo"*. Há quem diga (além de seu mentor),[134] inclusive, se tratar da quarta fase metodológica da ciência processual, contemporânea aos dias de hoje.[135]

---

132 CAMBI, Eduardo. Neoconstitucionalismo e neoprocessualismo. *In*: FUX, Luiz. NERY JR., Nelson. WAMBIER, Teresa Arruda Alvim (coords.). Processo e constituição: estudos em homenagem ao processor José Carlos Barbosa Moreira. São Paulo: Editora Revista dos Tribunais, 2006, pp. 662-683, *passim*; CAMBI, Eduardo; NEVES, Aline Regina das. Flexibilização procedimental no novo Código de Processo Civil. Revista de Direito Privado | vol. 64/2015 | p. 219 - 259 | Out - Dez / 2015.

133 CAMBI, Eduardo; BUENO, Filipe Braz da Silva. Segurança jurídica e efetividade processual. Revista dos Tribunais Sul | vol. 4/2014 | p. 175 - 190 | Mar - Abr / 2014. Revista dos Tribunais Sul | vol. 5/2014 | p. 175 - 190 | Maio - Jun / 2014.

134 OLIVEIRA, Carlos A. Alvaro de. Do formalismo no processo civil: proposta de um formalismo-valorativo. 4. ed. rev., atual. e aumentada. São Paulo: Saraiva, 2010, p. 33.

135 Assim afirmava MITIDIERO até a 3ª edição de sua tese de doutorado. Atualmente, defende que estamos na fase metodológica do processo civil constitucional, contudo. MITIDIERO, Daniel. Colaboração no processo civil: pressupostos sociais, lógicos e éticos. 2ª ed. São Paulo: Editora Revista dos Tribunais, 2011. p. 50. Também MADUREIRA se refere ao formalismo-valorativo como quarta fase metodológica da ciência do processo. MADUREIRA, Cláudio. Fundamentos do novo processo civil brasileiro: o processo civil do formalismo valorativo. Belo Horizonte: Editora Fórum, 2017. p. 71-72. Neste mesmo sentido, também ZANETI JR., Hermes; MADUREIRA, Claudio. Formalismo-valorativo e o novo processo civil. *In* Revista de Processo | vol. 272/2017 | p. 85 - 125 | Out / 2017. Divergindo, contudo, do formalismo-valorativo como quarta fase metodológica e como uma teoria substancialmente distinta da instrumentalidade de Dinamarco, por todos ver: OLIVEIRA, Bruno Silveira. A instrumentalidade do processo e o formalismo-valorativo (a roupa nova do imperador na ciência processual civil brasileira). Revista de Processo | vol.

Essa doutrina propõe a releitura do processo à luz de uma percepção axiológica e do seu caráter de fenômeno cultural,[136] partindo da compreensão de que a fase do conceitualismo ou processualismo não enxergava os liames do processo com as suas próprias finalidades. Noutras palavras, o processo, como relação jurídica, era visto de forma absolutamente segregada do direito material em tal época, era um fim em si mesmo, *"a medida de todas as coisas, a forma prevalecendo sobre o fundo"*, de modo que esta fase comprometeu o fim central do processo, *"que é servir à realização do direito material com justiça"*. Assim, teria gerado um processo inapto a evoluir, acompanhar as mudanças na realidade social.[137]

Não obstante o formalismo-valorativo reconhecesse o valor positivo das ideias do instrumentalismo processual, dentre as quais a nuance do processo como uma ferramenta para se efetivar o direito material, o papel mais ativo do juiz, o reconhecimento do valor efetividade, propõe-se a superá-la. Defende que ao centro da teoria do processo não deve estar a jurisdição, mas o processo, que, aliás, há que ser repensado à luz da Constituição, na perspectiva dos direitos fundamentais. Alocar o processo em posição central na teoria do processo é consequência inarredável da dimensão participativa que a democracia conquistou no direito contemporâneo. Somente assim, ocorreria a valorização de todos que participam do processo, bem como do modelo cooperativo de processo civil e do valor participação, ínsito à democracia brasileira.[138]

O formalismo do processo deve ser moldado *"a partir de valores – justiça, igualdade, participação, efetividade, segurança –"*, superando a noção de mera técnica. Aliás, a técnica passa a um segundo plano,

---

293/2019 | p. 19 - 47 | Jul / 2019. E também a análise crítica de PEREIRA, Mateus Costa. Introdução ao estudo do processo: fundamentos do garantismo processual brasileiro; coordenação da coleção por Antônio Carvalho Filho, Eduardo José Da Fonseca Costa. – Belo Horizonte : Letramento ; Casa do Direito, 2020, pp. 160-165.

136 Segundo DIDIER JR., o formalismo-valorativo, que nasce inspirado pelo neoconstitucionalismo e neoprocessualismo, se pauta no reforço de aspectos éticos do processo, com destaque para o assentamento do princípio da cooperação. DIDIER JR., Fredie. Curso de direito processual civil: introdução ao direito processual civil, parte geral e processo de conhecimento. 17. ed. Salvador: Ed. Jus Podivm, 2015, p. 45.

137 OLIVEIRA, Carlos A. Alvaro de. Do formalismo no processo civil: proposta de um formalismo-valorativo. 4. ed. rev., atual. e aumentada. São Paulo: Saraiva, 2010, pp. 18-20.

138 OLIVEIRA, Carlos A. Alvaro de. Do formalismo no processo civil: proposta de um formalismo-valorativo. 4. ed. rev., atual. e aumentada. São Paulo: Saraiva, 2010, pp. 21-22.

é o meio para alcançar os valores, pois o que realmente importa no processo é a concretização da justiça material.[139]

Ao que se dessume da pretensão de apontar os equívocos do que chama de (a) informalismo excessivo e, na outra ponta, (b) do excesso de formalismo, o formalismo-valorativo se colocaria como uma "terceira via" entre tais extremos. Em (a), existiria a possibilidade ou probabilidade de se permitir/facilitar o exercício ilimitado da autoridade pelo juiz, o que não concorre necessariamente para a justiça. Já em (b), embora se viabilize a contenção ao poder arbitrário, poderia não haver cooperação com a justiça. Outrossim, essa corrente pretende aportar soluções para as "antinomias" entre justiça e formalismo. Isso porque, quando se pensa em formalismo, mira-se o poder ordenador, organizador e coordenador do processo, ou seja, o formalismo tem por objetivos *"a organização de um processo justo e servir para alcançar as finalidades últimas do processo em tempo razoável e, principalmente, colaborar para a justiça material da decisão"*.[140]

Segundo Alvaro de Oliveira, no plano do processo, atribuir direitos fundamentais e de liberdade aos participantes significa atender *"às exigências de um processo justo e adequado"*, *"de realização de direito material"*. O processo há que ser um *"instrumento"* eficaz a garantir, declarar e realizar os direitos materiais e não um mero ordenamento de atividades, de cunho exclusivamente técnico, integrado por regras externas, estabelecidas pelo legislador arbitrariamente. A sua estrutura, pelo contrário, depende *"de uma escolha de natureza política, (...) ligada às formas e ao objetivo da própria administração judicial"*. E, mais amplamente, para além de realizar o direito material, ensina que o processo se revela como uma *"ferramenta de natureza pública indispensável para a realização de justiça e pacificação social"*.[141]

---

139 OLIVEIRA, Carlos A. Alvaro de. Do formalismo no processo civil: proposta de um formalismo-valorativo. 4. ed. rev., atual. e aumentada. São Paulo: Saraiva, 2010, pp. 22-23.

140 OLIVEIRA, Carlos A. Alvaro de. Do formalismo no processo civil: proposta de um formalismo-valorativo. 4. ed. rev., atual. e aumentada. São Paulo: Saraiva, 2010, pp. 33 e 87.

141 Alvaro de Oliveira chega a admitir que tão determinante é o fator de ordem cultural inerente ao formalismo-valorativo que o direito processual positivado pode deixar de ser aplicado se estiver dissonante da base cultural em que vem a ser aplicado. OLIVEIRA, Carlos A. Alvaro de. Do formalismo no processo civil: proposta de um formalismo-valorativo. 4. ed. rev., atual. e aumentada. São Paulo: Saraiva, 2010, pp. 91-97.

O formalismo do processo é temperado por valores que lhe são externos e que o animam. A realização da justiça material e a paz social são valores-fins, correspondem aos objetivos a serem atingidos mediante o processo, enquanto a efetividade, a segurança e a organização interna justa seriam valores-meios para se atingir tal desiderato. O processo, ainda, é influenciado pelos valores constitucionais e culturais do meio em que inserido. O escopo jurídico do processo é a justiça (*"valor justiça"*), compreendida como a atuação concreta do direito material, o que conduz à conclusão de que a lei processual não pode prever regramentos que, *"por motivos meramente processuais"*, coloquem tal objetivo em xeque. O valor segurança, a seu turno, está ligado ao próprio Estado Democrático de Direito e se trata de limite ao arbítrio estatal. No plano processual, ele está representado: (a) pelo devido processo legal e seus corolários (imparcialidade, contraditório, ampla defesa etc.); (b) pelas técnicas para atingir uniformidade na aplicação do direito; (c) pelo respeito à coisa julgada; (d) e pelo princípio da proteção à confiança do cidadão nos atos da administração. A segurança jurídica ganha uma faceta "dinâmica", porquanto a esta cláusula deve ser agregado um "coeficiente", que Alvaro de Oliveira chama de "garantia da realidade". Então, a segurança jurídica, assim "fortificada", ela própria induz a mudança, porquanto esse valor a influenciar o processo está a serviço do alcance da efetividade do direito fundamental a um processo justo. Ante as circunstâncias peculiares do caso concreto, o formalismo deve ceder à segurança temperada com a garantia da realidade. Do contrário, se tal objetivo for ignorado, o processo pode se apresentar injusto ou levar a um resultado injusto.[142]

É interessante notar que o formalismo-valorativo pretende uma releitura[143] da cláusula do devido processo legal, instituída no art. 5º, LIV, da CF/88.[144] Dela decorre a *"norma principial do direito fundamental*

---

[142] OLIVEIRA, Carlos A. Alvaro de. Do formalismo no processo civil: proposta de um formalismo-valorativo. 4. ed. rev., atual. e aumentada. São Paulo: Saraiva, 2010, pp. 98-108.

[143] Que é chamada por Alvaro de Oliveira de "atualização" ou "constitucionalização" do devido processo legal, como se a própria cláusula já não fosse constitucional em si.

[144] OLIVEIRA, Carlos A. Alvaro de. Do formalismo no processo civil: proposta de um formalismo-valorativo. 4. ed. rev., atual. e aumentada. São Paulo: Saraiva, 2010, p. 130. Afirma Alvaro de Oliveira que, com a onda da segunda constitucionalização, a garantia do devido processo legal passa a ser concebida como direito fundamental a um processo justo. Neste mesmo sentido, DIDIER JR. observa que do art.

ao processo justo", porquanto todo processo é *"polarizado pelo fim de realizar a justiça material do caso"*. Melhor explicando: para o formalismo-valorativo, o devido processo legal corresponde à faceta estática da segurança jurídica, ao excesso de segurança, o que pode atrapalhar a realização dos direitos fundamentais. Por isso, mister seja ressignificado e, assim, compreendido como *"direito fundamental ao processo justo"*, o ângulo *dinâmico* da segurança jurídica. Para essa corrente, a estrita ótica do devido processo legal decorre de uma visão *"puramente liberal e garantística do fenômeno jurídico"* e não está iluminada pela CF/88, ao contrário do que ocorre com o "direito fundamental ao processo justo" (visão dinâmica).[145]

Assim como na instrumentalidade de Dinamarco, o formalismo-valorativo traz a paz social como escopo social do processo através da jurisdição ("atividades jurídicas do Estado"), porque enxerga no processo, tal qual Franz Klein, um mal, que deve ser eliminado o mais rapidamente possível. Para tanto, prega uma maior eficiência na administração da justiça, o que depende de um *"juiz ativo, efetivo diretor do processo"*, que poderá propiciar um debate rápido e chegar ao fim do processo pelo caminho mais curto. Embora Alvaro de Oliveira advirta que a busca pela economia processual não pode derrogar normas processuais válidas porque isso conduziria à subtração das garantias das partes e, também, ao incremento do arbítrio judicial, defende ser possível a adaptação do procedimento legalmente previsto a partir de iniciativas das partes e poderes oficiosos do juiz.[146]

Considerando todos os valores nele infiltrados, o processo deve ser percebido não essencialmente (ou apenas) como instituto de tutela de direitos subjetivos privados (escopo jurídico), mas sim com enfoque nos escopos sociais e políticos. O resultado social do processo deve ser

---

5º LIV da CF/88 se extrai o princípio do devido processo legal, *"que confere a todo sujeito de direito, no Brasil, o direito fundamental a um processo devido (justo, equitativo etc.)"*. DIDIER JR., Fredie. Curso de direito processual civil: introdução ao direito processual civil, parte geral e processo de conhecimento. 17. ed. Salvador: Ed. Jus Podivm, 2015, p. 63.

145 OLIVEIRA, Carlos A. Alvaro de. Do formalismo no processo civil: proposta de um formalismo-valorativo. 4. ed. rev., atual. e aumentada. São Paulo: Saraiva, 2010, pp. 100-107.

146 OLIVEIRA, Carlos A. Alvaro de. Do formalismo no processo civil: proposta de um formalismo-valorativo. 4. ed. rev., atual. e aumentada. São Paulo: Saraiva, 2010, pp. 108-109.

privilegiado, sendo imprescindível incrementar-se o poder do juiz, que buscará uma solução mais rápida e, também, combaterá os desvios das partes. Se todos os escopos importam, o processo se apresenta como uma comunidade de trabalho entre tribunal e partes e não uma luta das partes sob os olhos do juiz. Tão somente assim, possibilita-se ao juiz uma decisão justa e verdadeira, capaz de trazer a paz entre as partes e *"defender os interesses maiores da sociedade"*.[147]

Em virtude dos conflitos cada vez mais complexos de valores na "modernidade líquida", o processo, que não é mera técnica, mas está embebido em vertentes axiológicas, precisa lidar com essas antinomias e achar meios de resolvê-las. Uma possibilidade, outrossim, é trazida pelo chamado princípio da adaptação procedimental: a organização do procedimento tende a se relativizar de acordo com o caso concreto.[148] Esse princípio teria seu alicerce na necessidade de se outorgar maior efetividade possível ao processo para que ele realize o direito material e promova justiça.

Para Alvaro de Oliveira, o incremento dos poderes do juiz está intimamente ligado "à natureza e à função do processo civil", na busca da eficiência na realização de seus objetivos. Parte-se da premissa de que a concepção liberal do processo ignorava o seu caráter público e restringia por demais os poderes judiciais, isso por acreditar no livre jogo das forças sociais. Acreditava-se que o próprio interesse da parte no direito reclamado seria um catalisador a impulsionar uma rápida investigação da situação jurídica. Todavia, a experiência desmentiu essa crença, porquanto colocar exclusivamente nas mãos das partes o aporte fático ao processo força o juiz a se contentar com a versão por elas apresentada e relativiza a análise da verdade.

De outro lado, há uma crítica ao publicismo exacerbado, ocorrido nos países do mundo socialista, em que se excluía o princípio dispositivo em prol da ampla investigação da verdade real e objetiva. Haveria aí uma atribuição ilimitada de poderes ao juiz e, por conseguinte, redução ou eliminação dos direitos fundamentais das partes. O que o formalismo-valorativo faz é um certo temperamento da visão social

---

[147] OLIVEIRA, Carlos A. Alvaro de. Do formalismo no processo civil: proposta de um formalismo-valorativo. 4. ed. rev., atual. e aumentada. São Paulo: Saraiva, 2010, pp. 115-116.

[148] OLIVEIRA, Carlos A. Alvaro de. Do formalismo no processo civil: proposta de um formalismo-valorativo. 4. ed. rev., atual. e aumentada. São Paulo: Saraiva, 2010, pp. 157-161.

do processo de Franz Klein, uma vez que o aumento dos poderes do juiz não pode desaguar em um informalismo excessivo, em que o juiz faz do procedimento o que bem entender, ocasionando total indeterminação e imprevisibilidade, mercê de risco de arbítrio. Embora seja o processo civil, nas pegadas de Klein, integrado por normas para a proteção do interesse da coletividade, não se pode ignorar os direitos fundamentais dos cidadãos contra o arbitrário e ilimitado poder estatal.[149]

Fazendo uma crítica à posição assimétrica do juiz, ressalta a importância do diálogo na formação do juízo, que se frutifica pela cooperação das partes com o juiz e do juiz com as partes. O contraditório é peça fundamental para o alcance do processo justo e, no formalismo-valorativo, ele ostenta dupla função:[150] garantir a igualdade entre as partes e satisfazer o interesse público na descoberta da verdade e realização da justiça. O contraditório é a base do diálogo judicial e da cooperação. A ideia de cooperação, que se traduz na divisão de trabalho entre juiz e partes, exige um juiz ativo e colocado no centro da controvérsia, assegurando-se o caráter isonômico do processo e legitimando-se plenamente o exercício da jurisdição, porque há melhor comunicação do juiz com os atores do processo, tanto na pesquisa dos fatos quanto na valorização jurídica da causa. O juiz torna-se, assim, "simétrico" no diálogo e todos colaboram para se chegar a uma sentença justa.

A cooperação, decorrente da tese formalista-valorativa, obstaculiza a investigação solitária do juiz, assim como o tratamento das partes como objeto da decisão judicial, pois elas exercem o seu direito de cooperar para construir a decisão e exercer a defesa de suas razões. Nesta toada, a cooperação estaria entre o processo inquisitório e autoritário, conduzido por um juiz ditador, e o processo absolutamente dominado pelas partes, na concepção liberal e garantística. Chega-se a afirmar que o processo cooperativo é a reformulação do processo de Franz Klein pelo fortalecimento dos poderes das partes:[151]

---

[149] OLIVEIRA, Carlos A. Alvaro de. Do formalismo no processo civil: proposta de um formalismo-valorativo. 4. ed. rev., atual. e aumentada. São Paulo: Saraiva, 2010, pp. 184-188.

[150] OLIVEIRA, Carlos A. Alvaro de. Do formalismo no processo civil: proposta de um formalismo-valorativo. 4. ed. rev., atual. e aumentada. São Paulo: Saraiva, 2010, p. 159.

[151] OLIVEIRA, Carlos A. Alvaro de. Do formalismo no processo civil: proposta de um formalismo-valorativo. 4. ed. rev., atual. e aumentada. São Paulo: Saraiva, 2010, pp. 191-195.

> *O processo civil não atua no interesse de nenhuma das partes, mas por meio do interesse de ambas. O interesse das partes não constitui senão um meio, um estímulo, para que o Estado, representado pelo juiz, intervenha e conceda razão a quem efetivamente a tem, concomitantemente satisfazendo o interesse público na atuação da lei para a justa composição dos conflitos.*[152]

Alvaro de Oliveira defende que o ativismo judicial resulta da evolução social, política e cultural de nossa época e, portanto, não pode retroceder. Ele decorre da tomada de consciência de que o juiz é agente político do Estado. Consequentemente, não pode ser enclausurado em *"cubículos formais do procedimento, sem liberdade de movimentos e com pouquíssima liberdade criativa"*, pois isso levaria *"à exaltação das prescrições formais como fim em si mesmo, de modo incompatível com as finalidades sociais do processo moderno"*.[153] Dispositivos infraconstitucionais que impeçam o alcance do processo justo, para esta doutrina, ferem um direito fundamental e, portanto, são inconstitucionais. O processo e o seu resultado não se legitimam pela observância do rito procedimental, mas sim por terem entregue uma decisão justa. Portanto, é imprescindível libertar o juiz de *"grilhões formalísticos"*, de modo a viabilizar que a aplicação do direito, pelo processo, se torne uma obra de acomodação do geral para o concreto, o que exige adaptação e até mesmo criação.[154]

As ideias e a concepção em torno da natureza jurídica do processo, assentadas no formalismo-valorativo, servem de fundamento para o desenvolvimento da doutrina cooperativista no Brasil, tida por muitos como o novo modelo processual vigente. Como bem adverte Mateus Pereira, antes mesmo do advento do CPC/15 e a previsão estatuída no art. 6º, o modelo cooperativo de processo já era objeto de estudo[155] e

---

[152] OLIVEIRA, Carlos A. Alvaro de. Do formalismo no processo civil: proposta de um formalismo-valorativo. 4. ed. rev., atual. e aumentada. São Paulo: Saraiva, 2010, p. 209.

[153] OLIVEIRA, Carlos A. Alvaro de. Do formalismo no processo civil: proposta de um formalismo-valorativo. 4. ed. rev., atual. e aumentada. São Paulo: Saraiva, 2010, p. 188.

[154] OLIVEIRA, Carlos A. Alvaro de. Do formalismo no processo civil: proposta de um formalismo-valorativo. 4. ed. rev., atual. e aumentada. São Paulo: Saraiva, 2010, pp. 248-251.

[155] Por todos, ver: GOUVEIA, Lúcio Grassi de. O dever de cooperação dos juízes e tribunais com as partes: uma análise sob a ótica do direito comparado (Alemanha, Portugal e Brasil). Revista da Escola Superior da Magistratura do Estado de Pernambuco. Recife, Esmape, Ano 1, n. 01, jan.-jun., pp. 247-273, 2000;

discurso dos processualistas pátrios, com séria adesão. Cooperativistas declarados como Daniel Mitidiero e Fredie Didier Jr., o primeiro com tese de doutorado e o segundo com monografia sobre a temática, influenciaram diretamente na redação do projeto do CPC/15[156], durante sua tramitação legislativa, em especial na Câmara dos Deputados. Para os adeptos desta corrente, o modelo cooperativo de processo foi o adotado pelo CPC e o "princípio da cooperação"[157] estaria a iluminar o "novo" processo civil brasileiro, extraindo-se tal conclusão de vários dispositivos legais (arts. 5º a 11 do CPC, por exemplo).[158]

Lúcio Grassi de Gouveia foi o pioneiro a introduzir o tema "dever de cooperação" no Brasil, mediante análise da sua previsão legal a partir do direito comparado entre Alemanha, Portugal e Brasil. Tendo como marco a legislação germânica e a positivação desse dever no § 139 da ZPO, afirma que dele se extrai que *"o juiz tem a obrigação de esclarecer os fatos do litígio (...) e de incitar as partes a trazerem para os autos os complementos de informação ou as provas necessárias à solução do litígio"*. Revela-se, assim, um papel mais ativo e assistencial do juiz alemão, resultado de reformas processuais que outorgaram maiores poderes aos magistrados, como decorrência da publicização do processo e, por conseguinte, do fim de sua concepção liberal. De acordo com

---

GOUVEIA, Lúcio Grassi de. Cognição processual civil: atividade dialética e cooperação intersubjetiva na busca da verdade real. *In:* DIDIER JR., Fredie (org.). Leituras complementares de processo civil. 4. ed. Salvador : Juspodivm, 2006, pp. 199-214. Digno de nota que já na fase da instrumentalidade, é possível encontrar referência à cooperação, por Dinamarco: DINAMARCO, Cândido Rangel. A instrumentalidade do processo. 14. ed. rev. e atual. São Paulo: Malheiros Editores, 2009, pp. 229, 241, 337; e também, do mesmo autor: Fundamentos do processo civil moderno, tomo I. 3. ed. São Paulo: Malheiros Editores, 2000, pp. 124-135.

156 PEREIRA, Mateus Costa. Introdução ao estudo do processo: fundamentos do garantismo processual brasileiro; coordenação da coleção por Antônio Carvalho Filho, Eduardo José Da Fonseca Costa. – Belo Horizonte : Letramento ; Casa do Direito, 2020, p. 110.

157 Para aprofundamento das raízes históricas, que legislativas quer doutrinárias, do princípio da cooperação processual, conferir: KOCHEM, Ronaldo. Introdução às raízes históricas do princípio da cooperação (*"Kooperationsmaxime"*). *In:* DIDIER JR., Fredie [et. al.] (coords.). Normas fundamentais. Salvador : Juspodivm, 2016, pp. 311-344.

158 AURELLI, Arlete Inês. A cooperação como alternativa ao antagonismo garantismo processual/ativismo judicial. Revista Brasileira de Direito Processual – RBDPro, Belo Horizonte, ano 23, n. 90, p. 73-85, abr./jun. 2015.

Grassi, o direito português seguiu o que chama de modernização-publicização do processo civil e, no art. 266[159], do CPC de Portugal, estabeleceu o *"poder-dever ou dever funcional"* de cooperação do juiz com as partes, que se destina, na esteira de Miguel Teixeira de Sousa,[160] a *"incrementar a eficiência do processo, a assegurar a igualdade de oportunidades das partes e a promover a descoberta da verdade"*.[161] Por expressa previsão legal, diga-se, o objetivo a ser alcançado com o princípio da cooperação é a justa composição do litígio:

> *O dever de cooperação do tribunal prossegue uma finalidade estabelecida pela lei: esse dever destina-se, como se refere no art. 7.º, n.º 1, a alcançar a justa composição do litígio, o que demonstra que o dever de cooperação está ao serviço da obtenção de uma justa composição do litígio. Isto significa que, estando o processo na disponibilidade das partes e, por isso, não podendo o tribunal substituir-se às partes na definição do seu objecto e na prática de actos processuais, o dever de cooperação tem essencialmente uma função assistencial das partes (mesmo da parte revel). Neste enquadramento, o dever se cooperação não pode ser confundido com um poder discricionário do tribunal: não se trata de atribuir ao tribunal um poder para o mesmo utilizar quando entender e como entender, mas de impor ao tribunal um dever de auxílio das partes para que seja atingida a justa composição do litígio.*[162]

Seguindo com Grassi de Gouveia, o dever de cooperação há que ser dissecado em quatro sub-deveres,[163] são eles: dever de esclarecimento, dever de prevenção, dever de consultar as partes e dever de auxiliar as partes.[164] O dever de esclarecimento corresponde ao dever do tribunal

---

159 O artigo de Lúcio Grassi de Gouveia foi escrito no ano 2000, quando ainda vigia o antigo CPC português. Atualmente, está em vigor o CPC/2013, que traz no art. 7º o princípio da cooperação.

160 O doutrinador Miguel Teixeira de Sousa foi orientador de Lúcio Grassi de Gouveia no doutorado em Portugal, na Universidade Clássica de Lisboa.

161 SOUSA, Miguel Teixeira de. Omissão do dever de cooperação do tribunal: que consequências? Disponível em: <https://bit.ly/39Iyl05>. Acesso em: 31 jul.2020.

162 SOUSA, Miguel Teixeira de. Omissão do dever de cooperação do tribunal: que consequências? Disponível em: <https://bit.ly/39Iyl05>. Acesso em: 31 jul.2020.

163 Miguel Teixeira de Sousa, após o advento do CPC/2013, estabeleceu um quinto sub-dever, isto é, o da inquisitoriedade, positivado nos arts. 411º e 986º, nº 2, do referido diploma processual português. SOUSA, Miguel Teixeira de. Omissão do dever de cooperação do tribunal: que consequências? Disponível em: <https://bit.ly/39Iyl05>. Acesso em: 31 jul.2020.

164 GOUVEIA, Lúcio Grassi de. O dever de cooperação dos juízes e tribunais com as partes: uma análise sob a ótica do direito comparado (Alemanha, Portugal e Brasil).

de colher esclarecimentos das partes sobre as dúvidas que podem advir de suas alegações, pedidos ou posições em juízo, impedindo, assim, que tome decisões calcado em falta de informações ou em dissonância da verdade. Ao dever do tribunal, corresponderia o dever das partes de esclarecê-lo, sempre que solicitadas, ressalvadas causas legítimas que justifiquem sua recusa. Esse dever cooperativo teria o condão de favorecer a concretização da *"igualdade de armas no processo civil"*, pois, com essa atuação assistencial do juiz – decorrente de ampliação de seus poderes –, a parte que não possui condições financeiras para contratar bons escritórios de advocacia vê reduzido o *"abismo que a separa de uma atuação eficaz"*.[165] Para Gouveia, o dever de esclarecimento podia ser extraído do CPC/73, especificamente dos arts. 340, I – dever de comparecimento para ser interrogado pelo juiz; 342 – poder oficioso do juiz de determinar o comparecimento pessoal das partes para interroga-las; 130 – poder instrutório do juiz; 131 – princípio do livre convencimento motivado; e 339 – previsão de dever de colaboração com o Judiciário para a descoberta da verdade.[166]

Quanto ao dever de prevenção, ele decorreria do dever de o tribunal prevenir as partes de possíveis irregularidades, insuficiências e deficiências de suas alegações em juízo, ou de seus articulados, e, por conseguinte, invitá-las às necessárias correções e/ou adequações. Tal dever se justificaria em quatro áreas: explicitação de pedidos pouco claros; caráter lacunar na exposição de fatos relevantes; premência de adequação do pedido feito à situação concreta; e sugestão de certa atuação. Outrossim, a igualdade de armas e a busca da verdade real seriam privilegiadas. Gouveia encontrava no dispositivo do CPC/73 que determinava a emenda da inicial por falta de requisitos um dever de prevenção, mas criticava a ausência mais substancial desse sub-dever

---

Revista da Escola Superior da Magistratura do Estado de Pernambuco. Recife, Esmape, Ano 1, n. 01, jan.-jun., pp. 247-273, 2000.

165 GOUVEIA, Lúcio Grassi de. Cognição processual civil: atividade dialética e cooperação intersubjetiva na busca da verdade real. *In:* DIDIER JR., Fredie (org.). Leituras complementares de processo civil. 4. ed. Salvador : Juspodivm, 2006, pp. 199-214, pp. 203-204; também conferir: SOUSA, Miguel Teixeira de. Estudos sobre o novo processo civil. 2. ed. Lisboa : Lex, 1997, pp. 65-66.

166 GOUVEIA, Lúcio Grassi de. Cognição processual civil: atividade dialética e cooperação intersubjetiva na busca da verdade real. *In:* DIDIER JR., Fredie (org.). Leituras complementares de processo civil. 4. ed. Salvador : Juspodivm, 2006, pp. 199-214, pp. 203-204.

em nosso ordenamento, o que debitou a um dogma de neutralidade do julgador.[167]

Outro dever de caráter assistencial do tribunal para com as partes seria o de consulta-las sempre que aquele tiver a pretensão de conhecer de matéria de fato ou de direito sobre a qual não tenha sido possível às partes se pronunciarem, seja porque o tribunal dá enquadramento jurídico diverso à situação, seja porque ele quer, de ofício, conhecer de fato relevante para o julgamento da causa. Há uma obrigação de consulta prévia aos litigantes, portanto, evitando-se decisões-surpresa e assegurando-se o direito de influência no desenvolvimento da controvérsia e no conteúdo da decisão. Novamente, lamentava-se Gouveia sobre a inexistência de previsão semelhante no diploma processual civil de então e prevê reações negativas da doutrina e da jurisprudência ante esse tipo de dever, por conta da preocupação frequente com a celeridade dos procedimentos.[168]

Finalmente, o dever cooperativo de auxílio às partes significaria a obrigação do tribunal de afastar as dificuldades ao exercício de seus direitos, faculdades, cumprimento de seus ônus e deveres processuais, porquanto não se admite que a parte tenha uma decisão desfavorável por deparar com dificuldade séria na obtenção de um documento ou informação, por exemplo. O dever de auxílio teria o condão de aproximar o tribunal da verdade real, evitando-se decisões "puramente formais" calcadas na falta de provas porque a parte não conseguiu obtê-las. No CPC/73, seria possível depurar o dever de auxílio da ordem judicial de exibição de documentos ou coisas em poder de terceiro ou da parte, assim como da inspeção judicial para esclarecimentos. Em conclusão, Gouveia preconizava a adoção, pelo legislador, dos deveres de cooperação, mediante linguagem imperativa, de modo a tornar compulsória a cooperação pelos juízes e tribunais, porquanto essa

---

[167] GOUVEIA, Lúcio Grassi de. Cognição processual civil: atividade dialética e cooperação intersubjetiva na busca da verdade real. *In:* DIDIER JR., Fredie (org.). Leituras complementares de processo civil. 4. ed. Salvador : Juspodivm, 2006, pp. 199-214, pp. 204-205; também conferir: SOUSA, Miguel Teixeira de. Estudos sobre o novo processo civil. 2. ed. Lisboa : Lex, 1997, p. 66.

[168] GOUVEIA, Lúcio Grassi de. Cognição processual civil: atividade dialética e cooperação intersubjetiva na busca da verdade real. *In:* DIDIER JR., Fredie (org.). Leituras complementares de processo civil. 4. ed. Salvador : Juspodivm, 2006, pp. 199-214, pp. 205-210; sobre o conteúdo do dever de consulta, também conferir: SOUSA, Miguel Teixeira de. Estudos sobre o novo processo civil. 2. ed. Lisboa : Lex, 1997, pp. 66-67.

seria uma visão consentânea ao processo civil *"que busca a aplicação plena do princípio da igualdade de armas, aproximando as decisões do que se convencionou chamar de verdade real"*.[169] Importante reafirmar que Gouveia trouxe as lições sobre dever de cooperação para o Brasil, em 2000, calcadas na doutrina de Teixeira de Sousa, e ainda sob a égide do código processual português de 1961. Com a reforma processual e o advento do CPC português de 2013, o princípio da cooperação foi mantido, bem como todos os deveres dele decorrentes e, ademais, foi inserida uma cláusula geral de adaptação procedimental, no art. 547º.

Daniel Mitidiero é autor de obra referência na temática no Brasil, fruto de sua tese de doutorado.[170] Já na introdução, adverte o leitor que o objetivo de sua tese é propor um modelo de processo civil que esteja de acordo com o Estado Constitucional (*Verfassungsstaat*). Nada obstante na edição de 2019[171] de seu livro, ele não repita a informação, na introdução à 2ª edição (2011), deixa bem claro que seu marco teórico é fixado no formalismo-valorativo, desenvolvido por seu mestre e orientador.[172] Para se desvincular do formalismo-valorativo, ao menos da denominação, esclarece haver dois problemas no termo: (i) a expressão carrega em si um sentido negativo, porque se vincula ao que se costuma chamar de formalismo pernicioso; (ii) o segundo seria a sua confusão com o formalismo jurídico e o formalismo interpretativo, estudados na teoria do direito, e, por essas razões, substitui o nome, abandonando a expressão cunhada por Alvaro de Oliveira. Segundo sua percepção, a atual fase metodológica vivida pela ciência processual é o processo civil no Estado Constitucional, quer dizer, o processo assim considerado estaria caracterizado pela *"juridicidade"* – *"pauta do*

---

[169] GOUVEIA, Lúcio Grassi de. Cognição processual civil: atividade dialética e cooperação intersubjetiva na busca da verdade real. *In:* DIDIER JR., Fredie (org.). Leituras complementares de processo civil. 4. ed. Salvador : Juspodivm, 2006, pp. 199-214, pp. 210-213; sobre o conteúdo do dever de auxílio, também conferir: SOUSA, Miguel Teixeira de. Estudos sobre o novo processo civil. 2. ed. Lisboa : Lex, 1997, p. 67.

[170] Publicada em 2009 e prefaciada por seu orientador, Carlos Alberto Alvaro de Oliveira.

[171] MITIDIERO, Daniel. Colaboração no Processo Civil: pressupostos sociais, lógicos e éticos. 2. ed. São Paulo: Editora Revista dos Tribunais, 2019. Livro eletrônico, parte I.

[172] MITIDIERO, Daniel. Colaboração no Processo Civil: pressupostos sociais, lógicos e éticos. 2. ed. São Paulo: Editora Revista dos Tribunais, 2011. p. 17.

direito contemporâneo" –, que leva à ideia de justiça: *"o juiz tem o dever de interpretar a legislação à luz da Constituição. Esses são os novos contornos do princípio da legalidade no Estado Constitucional"*.[173]

A juridicidade, ao se espraiar ao direito processual, leva à conclusão de que a observância do *"simples processo legal"* não é bastante e precisa ceder lugar às exigências ligadas ao *"processo justo"*. O direito de ação, para Mitidiero, deve ser compreendido como direito a uma tutela jurisdicional adequada, efetiva e tempestiva mediante o "processo justo", uma vez que parte da premissa de que, ante a riqueza inesgotável dos casos concretos, o processo legal não pode estar acorrentado a soluções infraconstitucionais abstratas e pré-estabelecidas.

Nas mesmas pegadas de Alvaro de Oliveira, Mitidiero afirma retirar a jurisdição do centro da teoria do processo, pois, em uma democracia participativa – ínsita ao Estado Constitucional –, é o processo que deve ocupar o polo metodológico da ciência processual, à luz do que entende como concepção mais pluralista.[174] O *"processo civil do Estado Constitucional"* potencializa a atuação das partes no processo, reforça os seus poderes, de modo que ele se torne um espaço democrático para se chegar à tutela jurisdicional efetiva, adequada e tempestiva.[175]

Define a colaboração como o modelo de processo que teria como objetivo proceder à divisão equilibrada das posições jurídicas do juiz e das partes – com aumento concorrente dos poderes dos sujeitos processuais –, formando uma comunidade de trabalho, tal qual já defendia Alvaro de Oliveira, aliás. O modelo cooperativo de processo resultaria da superação histórica e cultural dos modelos antecedentes, "isonômico" – em clara referência ao processo liberal – e "assimétrico" – referindo-se ao modelo da fase instrumentalista – e seria o alicerce do direito ao processo justo.[176]

---

[173] MITIDIERO, Daniel. Colaboração no Processo Civil: pressupostos sociais, lógicos e éticos. 2. ed. São Paulo: Editora Revista dos Tribunais, 2019. Livro eletrônico, parte I.

[174] MITIDIERO, Daniel. A colaboração como modelo e como princípio no processo civil. Doutrinas Essenciais - Novo Processo Civil | vol. 1/2018 |. Revista de Processo Comparado | vol. 2/2015 | p. 83 - 97 | Jul - Dez / 2015.

[175] MITIDIERO, Daniel. Colaboração no Processo Civil: pressupostos sociais, lógicos e éticos. 2. ed. São Paulo: Editora Revista dos Tribunais, 2019. Livro eletrônico, parte I.

[176] MITIDIERO, Daniel. Colaboração no Processo Civil: pressupostos sociais, lógicos e éticos. 2. ed. São Paulo: Editora Revista dos Tribunais, 2019. Livro eletrônico,

A estrutura do processo cooperativo se dá sobre pressupostos de ordem social, lógica e ética: do ponto de vista social, a ideia é que o Estado Constitucional não pode ser visto como inimigo e, tal qual a sociedade é construída a partir da cooperação entre seus membros na persecução de proveito mútuo, o Estado assume um papel positivo, ostentando o dever de tutelar os direitos e, por conseguinte, deve se abster de impor barreiras à sua obrigação de prestar os deveres constitucionais; quanto ao pressuposto lógico, esse modelo processual reconhece o *"caráter cultural e problemático do Direito"* e a ciência do Direito não mais se reconhece como uma ciência apenas descritiva, porquanto agora as normas jurídicas resultam de uma colaboração entre juiz e legislador; finalmente, do ponto de vista ético, se trata de um processo em busca da verdade, que dá importância não apenas à boa-fé subjetiva, mas também demanda de todos os participantes, inclusive do juiz, a boa-fé objetiva, com o objetivo de produzir decisões justas.[177]

No modelo cooperativo, o papel do juiz na condução do processo ganha uma nova dimensão e ele passa a ocupar um lugar de isonomia para com as partes. A isonomia se revela na condução ativa do processo pelo juiz em constante diálogo com as partes, isto é, sem embargo de ser o responsável pela direção material e processual do processo, ele o faz de maneira dialogal.[178] Nessa perspectiva, ele seria também um dos sujeitos do processo, mais um *"participante"*, tendo o *"dever"* de observar o contraditório e, por força dele, encontra-se obrigado a *"debater"* com as partes.[179] O juiz do processo cooperativo, diferentemente daquele cunhado na fase do processualismo, que aparecia como *"vértice de uma relação jurídica angular (ou triangular), alocado acima das partes"*, agora desempenha duplo papel, quer dizer, é isonômico

---

parte I. Item 2.1; MITIDIERO, Daniel. A colaboração como modelo e como princípio no processo civil. Doutrinas Essenciais - Novo Processo Civil | vol. 1/2018 |. Revista de Processo Comparado | vol. 2/2015 | p. 83 - 97 | Jul - Dez / 2015.

[177] MITIDIERO, Daniel. A colaboração como modelo e como princípio no processo civil. Doutrinas Essenciais - Novo Processo Civil | vol. 1/2018 |. Revista de Processo Comparado | vol. 2/2015 | p. 83 - 97 | Jul - Dez / 2015.

[178] MITIDIERO, Daniel. A colaboração como modelo e como princípio no processo civil. Doutrinas Essenciais - Novo Processo Civil | vol. 1/2018 |. Revista de Processo Comparado | vol. 2/2015 | p. 83 - 97 | Jul - Dez / 2015.

[179] MITIDIERO, Daniel. Colaboração no Processo Civil: pressupostos sociais, lógicos e éticos. 2. ed. São Paulo: Editora Revista dos Tribunais, 2019. Livro eletrônico, parte II, Item 2.1.1.

na condução do processo e assimétrico nas decisões – *"paritário no diálogo e assimétrico na decisão"* –:[180]

> A isonomia está em que, embora dirija processual e materialmente o processo, agindo ativamente, o juiz o faz em permanente diálogo com as partes, colhendo as suas impressões a respeito dos eventuais rumos a serem tomados no processo, possibilitando que essas dele participem, influenciando-o a respeito de suas possíveis decisões (de modo que o iudicium acabe sendo efetivamente um ato trium personarum, como se entendeu ao longo de toda praxe do direito comum). Toda a condução do processo dá-se com a observância, inclusive em relação ao próprio juiz, do contraditório – o juiz nessa linha é igualmente um dos seus sujeitos. (...) Nessa perspectiva, coloca-se o órgão jurisdicional como um dos participantes do processo, igualmente marcado pela necessidade de observar o contraditório ao longo de todo o procedimento, inclusive para eventualmente adaptá-lo às necessidades do caso concreto. Por força do contraditório, vê-se obrigado ao debate, ao diálogo no processo civil. Vê-se, portanto, na posição de dirigir o processo isonomicamente, cooperando com as partes, gravado na sua condução pelos deveres de esclarecimento, prevenção, debate e auxílio para com os litigantes.[181]

Além de ser um modelo de processo, a cooperação também seria um princípio jurídico, cujo fim é servir de elemento para organização de um processo justo apto ao alcance de uma decisão justa. Sendo um princípio, exsurgiria para o legislador o dever constitucional de densificar no processo regras de colaboração do juiz para com as partes.[182] É a partir daí que se fala em deveres de esclarecimento, prevenção, debate e auxílio do magistrado.

---

[180] A assimetria se corrobora na imperatividade da decisão judicial, o que é inerente ao Poder Jurisdicional: *"a atuação jurisdicional decisória é, por definição, assimétrica"*. MITIDIERO, Daniel. Colaboração no Processo Civil: pressupostos sociais, lógicos e éticos. 2. ed. São Paulo: Editora Revista dos Tribunais, 2019. Livro eletrônico, parte 2, Item 2.1.1. Neste mesmo sentido, por todos ver: DIDIER JR., Fredie. Curso de direito processual civil: introdução ao direito processual civil, parte geral e processo de conhecimento. 17. ed. Salvador: Ed. Jus Podivm, 2015.

[181] MITIDIERO, Daniel. Colaboração no Processo Civil: pressupostos sociais, lógicos e éticos. 2. ed. São Paulo: Editora Revista dos Tribunais, 2019. Livro eletrônico, parte 2, item 2.1.1.

[182] Anote-se que Mitidiero rechaça a ideia de dever cooperativo entre as partes, porquanto seus interesses, nada obstante na relação jurídica material eram convergentes, na relação processual, passam a ser divergentes. MITIDIERO, Daniel. A colaboração como modelo e como princípio no processo civil. Doutrinas Essenciais - Novo Processo Civil | vol. 1/2018 |. Revista de Processo Comparado | vol. 2/2015 | p. 83 - 97 | Jul - Dez / 2015.

Por dever de esclarecimento, Mitidiero entende que o juiz deve *"indicar às partes eventuais obscuridades ou incoerências nas narrativas que evidenciam suas posições quanto às questões fático-jurídicas que compõem a causa"*. Seria vedado ao juiz, por conseguinte, fundado em má compreensão das alegações da parte, indeferir de plano suas postulações.[183]

O dever de diálogo corresponderia ao dever de consultar as partes previamente à tomada de decisão sobre qualquer questão, quer de direito, quer de fato, oportunizando, outrossim, que elas influenciem na formação do convencimento do juiz, evitando-se decisões-surpresa, democratizando o processo e auxiliando na tomada de decisões mais amadurecidas. Mitidiero afirma que, em face do dever de diálogo, é essencial que a decisão judicial contenha apreciação completa das razões suscitadas pelas partes, ou seja, haveria uma conexão com o dever de fundamentação das decisões: *"Fere a natureza cooperativa do processo civil contemporâneo, pois, decisão judicial que não patrocine um efetivo diálogo com as razões levantadas pelas partes em suas manifestações processuais"*.[184]

O dever de prevenção, por sua vez, impõe que o juiz advirta as partes sobre equívocos processuais que tenham a aptidão de conduzir à frustração do exame do direito material, impedindo, desse modo, que o processo não produza uma decisão de mérito em virtude de um defeito processual formal sanável. Esse dever encontra positivação nos arts. 317 e 932, parágrafo único, ambos do CPC.[185]

Finalmente, do princípio da cooperação, extrai-se o dever de auxílio, a exigir que o juiz *"colabore com as partes no desempenho de seus ônus e no cumprimento de seus deveres no processo"*. Como exemplo de materialização do dever de auxílio, Mitidiero afirma que é tarefa do juiz auxiliar o exequente a encontrar bens penhoráveis no patrimônio do

---

[183] MITIDIERO, Daniel. A colaboração como modelo e como princípio no processo civil. Doutrinas Essenciais - Novo Processo Civil | vol. 1/2018 |. Revista de Processo Comparado | vol. 2/2015 | p. 83 - 97 | Jul - Dez / 2015.

[184] MITIDIERO, Daniel. A colaboração como modelo e como princípio no processo civil. Doutrinas Essenciais - Novo Processo Civil | vol. 1/2018 |. Revista de Processo Comparado | vol. 2/2015 | p. 83 - 97 | Jul - Dez / 2015.

[185] MITIDIERO, Daniel. A colaboração como modelo e como princípio no processo civil. Doutrinas Essenciais - Novo Processo Civil | vol. 1/2018 |. Revista de Processo Comparado | vol. 2/2015 | p. 83 - 97 | Jul - Dez / 2015.

executado para satisfazer o seu crédito e, assim, viabilizar a efetividade da tutela executiva.[186]

Explicando o enlace entre o princípio da cooperação e o modelo cooperativo de processo, referido processualista ressalta:

> Os deveres inerentes à colaboração no processo respondem aos pressupostos que sustentam o modelo cooperativo. Os deveres de esclarecimento e de consulta respondem principalmente aos pressupostos lógicos e éticos do modelo cooperativo de processo, na medida em que decorrem do caráter problemático-argumentativo do Direito e da necessidade de proteção contra a surpresa, Os deveres de prevenção e de auxílio descendem diretamente do pressuposto social do modelo, haja vista evidenciarem o fato de o sistema processual civil ser um sistema orientado para tutela dos direitos, tendo o juiz o dever de realizá-los a partir da relativização do binômio direito e processo e do compartilhamento da responsabilidade pela atividade processual. Vale dizer: deve o juiz ver o processo não como um sofisticado conjunto de fórmulas mágicas e sagradas, ao estilo das legis actiones, mas como um instrumento para efetiva realização do direito material.[187]

Como se observa, para Mitidiero, o modelo brasileiro de processo justo é o cooperativo e o CPC/15 adotou a cooperação não apenas como modelo, mas também como princípio, o que se extrai do art. 6º. O juiz cooperativo, ademais, é aquele que compreende a sua responsabilidade no desenvolvimento da atividade processual e vê o processo como um utensílio para a entrega de uma tutela jurisdicional efetiva e que concretize os direitos materiais.[188]

A visão de Fredie Didier Jr. sobre cooperação parte da ideia de que o modelo cooperativo seria um terceiro modelo, para além daqueles que a doutrina comumente costuma identificar, quais sejam, o adversarial e o inquisitorial. Enquanto no modelo adversarial, haveria um ambiente de disputa desenvolvida entre os litigantes, posicionando-se o juiz de maneira passiva e com a função primordial de decidir a causa, no modelo inquisitorial, o julgador assume o protagonismo processual. Ademais, naquele, vigoraria o princípio dispositivo, já neste o inquisi-

---

[186] MITIDIERO, Daniel. A colaboração como modelo e como princípio no processo civil. Doutrinas Essenciais - Novo Processo Civil | vol. 1/2018 |. Revista de Processo Comparado | vol. 2/2015 | p. 83 - 97 | Jul - Dez / 2015.

[187] MITIDIERO, Daniel. A colaboração como modelo e como princípio no processo civil. Doutrinas Essenciais - Novo Processo Civil | vol. 1/2018 |. Revista de Processo Comparado | vol. 2/2015 | p. 83 - 97 | Jul - Dez / 2015.

[188] MITIDIERO, Daniel. A colaboração como modelo e como princípio no processo civil. Doutrinas Essenciais - Novo Processo Civil | vol. 1/2018 |. Revista de Processo Comparado | vol. 2/2015 | p. 83 - 97 | Jul - Dez / 2015.

tivo, advertindo o autor que *"a dicotomia princípio inquisitivo-princípio dispositivo está intimamente relacionada à atribuição de poderes ao juiz"*, ou seja, quando há poderes ao juiz, sem se considerar a vontade dos litigantes, haveria manifestação da *"inquisitividade"*; por outro lado, externa-se a *"dispositividade"* quando se deixa escolha ao alvedrio das partes. Partindo da premissa de que inexiste sistema totalmente inquisitivo ou dispositivo, verifica que o processo civil brasileiro também não se encaixa perfeitamente em um dos dois modelos, porque composto por previsões legais que ora estão iluminadas pelo princípio inquisitivo, ora pelo princípio dispositivo.[189]

Para o processualista, o modelo processual brasileiro é o processo cooperativo, consagrado no art. 6º do CPC, sendo o "princípio da cooperação" extraído dos "princípios" do devido processo legal, da boa-fé processual e do contraditório, determinando a estrutura do processo civil moderno.[190] Seria esse modelo de processo responsável por um redimensionamento do contraditório, deslocando o juiz da posição de espectador de um duelo entre as partes para a de mais um sujeito do diálogo processual, o que contribuiria para o *"aprimoramento da decisão judicial"*. O juiz, assim, assume uma dupla posição, isto é, de paridade na condução do processo e de assimetria no momento decisório,[191] assimetria que decorre da noção de que a decisão é uma manifestação de poder, função exclusiva do órgão jurisdicional e que não pode ser praticada pelas partes.

Tendo como alicerce de seu pensamento a adequação desse modelo a uma democracia, sustenta que daí decorrem regras de conduta, deveres, tanto para as partes, quanto para o juiz. Aliás, aqui reside o ponto nodal de divergência entre o modelo cooperativo proposto por Mitidiero e aquele proposto por Didier Jr.: enquanto o primeiro prega o dever cooperativo apenas do juiz para com as partes,[192] Didier Jr. de-

---

[189] DIDIER JR., Fredie. Princípio da Cooperação. In: _____ [et. al.] (coords.). Normas fundamentais. Salvador : Juspodivm, 2016, pp. 345-358, pp. 345-348.

[190] DIDIER JR., Fredie. Curso de direito processual civil: introdução ao direito processual civil, parte geral e processo de conhecimento. 17. Ed. Salvador: Ed. Jus Podivm, 2015, pp. 122-125.

[191] Didier Jr. adere à frase cunhada por Mitidiero de simetria judicial no diálogo e assimetria na decisão.

[192] MITIDIERO, Daniel. A colaboração como modelo e como princípio no processo civil. Doutrinas Essenciais – Novo Processo Civil | vol. 1/2018 |. Revista de Processo Comparado | vol. 2/2015 | p. 83 – 97 | Jul – Dez / 2015.

fende que, por decorrência do art. 6º do CPC, *"os deveres de cooperação são conteúdo de todas as relações jurídicas processuais que compõem o processo: autor-réu, autor-juiz, juiz-réu, autor-réu-juiz, juiz-perito, perito-autor, perito-réu etc."*. A normatividade do princípio da cooperação determina devidos os comportamentos de todos os sujeitos processuais para o alcance de um processo leal. [193]

Didier Jr. divide os deveres de cooperação em três espécies: esclarecimento, lealdade e prevenção. Identifica deveres das partes que deles decorreriam:

> *a) dever de esclarecimento: os demandantes devem redigir a sua demanda com clareza e coerência, sob pena de inépcia; b) dever de lealdade: as partes não podem litigar de má-fé (arts. 79-81 do CPC), além de ter de observar o princípio da boa-fé processual (art. 5º, CPC); c) dever de proteção: a parte não pode causar danos à parte adversária (punição ao atentado, art. 77, VI, CPC; há a responsabilidade objetiva do exequente nos casos de execução injusta, arts. 520, I, e 776, CPC).*[194]

No que concerne ao juiz, o processualista em questão abraça os deveres de cooperação propostos por Miguel Teixeira de Sousa e apresentados acima na visão de Lúcio Grassi de Gouveia, quais sejam: deveres de esclarecimento, de prevenção, de consulta e de auxílio, cujo conteúdo, pela grande semelhança, não será aqui novamente esmiuçado. O que é digno de destaque é o conteúdo do dever de auxílio do juiz para com as partes, uma vez que Didier Jr. adverte que, no Brasil, diferentemente do que ocorre em Portugal, não é possível se extrair do art. 7º, do CPC, um dever geral de auxílio, atípico, porquanto essa tarefa incumbe aos advogados e defensores públicos, cabendo ao órgão jurisdicional prestar os auxílios tipicamente estabelecidos em lei.[195] Nada obstante essa premissa, o autor dá como exemplo de aplicação do dever de auxílio do juiz a seguinte hipótese:

> *A designação de curador especial é uma técnica de equilibrar o contraditório, em favor daqueles considerados pela lei como em situação de vulnerabilidade processual (art. 72, CPC). É possível que, em situações de vulnerabilidade processual, o juiz designe um curador especial à parte, fora das hipóteses do art.*

---

193 DIDIER JR., Fredie. Princípio da Cooperação. In: _____ [et. al.] (coords.). Normas fundamentais. Salvador : Juspodivm, 2016, pp. 345-358, p. 352.

194 DIDIER JR., Fredie. Princípio da Cooperação. In: _____ [et. al.] (coords.). Normas fundamentais. Salvador : Juspodivm, 2016, pp. 345-358, p. 353.

195 DIDIER JR., Fredie. Princípio da Cooperação. In: _____ [et. al.] (coords.). Normas fundamentais. Salvador : Juspodivm, 2016, pp. 345-358, p. 358.

72, como forma de zelar pelo efetivo contraditório. Basta pensar na hipótese de o advogado não comparecer à audiência de instrução, em que serão ouvidas as partes e algumas testemunhas; para não prejudicar o equilíbrio do contraditório, o juiz poderá determinar que um defensor público, presente no fórum, atue como curador especial naquela audiência.[196]

Todavia, de seu exemplo, não é possível inferir o que seriam situações de vulnerabilidade processual, como elas se configuram, quem decide quais os requisitos para a sua caracterização e, mais, como se controla a decisão para se evitar que seja consequência de subjetivismos e decisionismos. Ademais, parece que a designação de um curador especial, fora das hipóteses legais, não difere substancialmente de se outorgar ao juiz um dever atípico e geral de auxílio, o que é refutado por Didier Jr. Finalmente, é preciso consignar que o Código de Processo Penal, por considerar, o legislador, o réu em situação vulnerável, traz dispositivo que determina a nomeação de defensor para o requerido que, nada obstante tenha advogado constituído, este não comparece à audiência e sequer justifica a impossibilidade (art. 265, §2º, CPP). Não há, contudo, dispositivo semelhante no CPC.[197]

Atualmente, ainda com o reforço do art. 6º do CPC/15, a doutrina processual prevalentemente adere à ideia de que o modelo de processo civil brasileiro é o cooperativo e que se está diante da quarta fase metodológica do processo. Há quem seja adepto do processo cooperativo proposto por Mitidiero,[198] isto é, defenda que os deveres de cooperação somente se direcionam do juiz para as partes, e há os seguidores das

---

196 DIDIER JR., Fredie. Princípio da Cooperação. In: _____ [et. al.] (coords.). Normas fundamentais. Salvador : Juspodivm, 2016, pp. 345-358, p. 358.

197 DIDIER JR., Fredie. Princípio da Cooperação. In: _____ [et. al.] (coords.). Normas fundamentais. Salvador : Juspodivm, 2016, pp. 345-358, p. 358.

198 Adotando a ideia de que há apenas dever de cooperação do juiz para com as partes: ALMENDRA, Matheus Leite. Deveres das partes em matéria probatória: contornos sobre a influência (ou não) do princípio da cooperação processual instituído pelo novo código de processo civil. Doutrinas Essenciais - Novo Processo Civil | vol. 1/2018 |. Revista dos Tribunais | vol. 988/2018 | p. 261 - 281 | Fev / 2018.

premissas de Didier Jr.,[199] na defesa de deveres que abraçam todos os sujeitos processuais e o feixe de relações jurídicas que entre eles se encerram, valendo a ressalva de que o art. 6º do CPC parece ter consagrado os deveres de cooperação entre todos os sujeitos, consoante a literalidade do texto.[200]

A defesa do modelo cooperativo busca superar a concepção do processo como *"sede da anomia moral, um lugar para a guerra (...) próprias do formato bilateral e egoísta do processo como jogo"*, sendo o princípio da cooperação a face normativa dos valores "solidariedade" e "participação" no âmbito processual. Antônio do Passo Cabral, por exemplo, extrai o dever de cooperação do direito fundamental ao contraditório, porquanto este não assegura apenas uma posição de vantagem, mas também imporia deveres às partes, consubstanciados em uso ético e com retidão dos instrumentos processuais. As faculdades dos sujeitos processuais são restringidas em nome de valores e princípios que atendam *"aos interesses públicos e dos oponentes"*. O descumprimento desses

---

[199] Na defesa de que todos os sujeitos do processo têm deveres de cooperação, inclusive as partes: CAMBI, Eduardo; HAAS, Adriane; SCHMITZ, Nicole. Princípio da cooperação processual e o novo CPC. Revista dos Tribunais | vol. 984/2017 | p. 345 - 384 | Out / 2017; MEDEIROS NETO, Elias Marques de; PINTO, Caroline Pastri. Notas sobre o princípio da cooperação. Revista de Processo | vol. 296/2019 | p. 63 - 88 | Out / 2019; BARREIROS, Lorena Miranda Santos. Fundamentos Constitucionais do princípio da cooperação processual. Salvador: Juspodivm, 2013. pp. 193-202; SOUSA, Artur César de. O princípio da cooperação no projeto do novo código de processo civil. Revista de Processo | vol. 225/2013 | p. 65 - 80 | Nov / 2013; BERALDO, Maria Carolina Silveira. O dever de cooperação no processo civil. Revista de Processo | vol. 198/2011 | p. 455 - 462 | Ago / 2011; SANTIAGO, Nestor Eduardo Araruna, PONTE, Marcelo Dias; ANDRADE, Mariana Dionísio de. Cooperação processual, duração razoável do processo e taxa de congestionamento: uma solução (possível) para o poder judiciário. Revista de Processo | vol. 278/2018 | p. 89 - 110 | Abr / 2018; ALVIM, Arruda, GUEDES, Clarissa Diniz. Princípio do contraditório, cooperação e direito probatório. Revista de Processo | vol. 304/2020 | p. 17 - 37 | Jun / 2020; RAMOS, Newton. Poderes do juiz no processo civil e sua conformação constitucional. Salvador : Juspodivm, 2019, pp. 61-66; LISBOA, Leovanir Losso. Uma nova acepção da revelia à luz do modelo cooperativo de processo. Revista de Processo | vol. 287/2019 | p. 205 - 228 | Jan / 2019.

[200] SOUSA, Diego Crevelin de. ABDPRO #10 - O caráter mítico da cooperação processual. Disponível em: <https://bit.ly/2YVuI3w>. Acesso em: 20 jul.2020.

deveres, outrossim, ensejaria sanções em virtude de litigância de má-fé e atos atentatórios à dignidade da justiça.[201-202]

Na doutrina cooperativista, há o incremento dos poderes do juiz, afirmando-se que, ao mesmo tempo, também se sobrelevam os poderes das partes, configurando uma divisão equilibrada de tarefas e uma comunidade de trabalho – o policentrismo processual. Por exemplo, o poder conferido ao juiz de produzir prova de ofício é defendido como sendo um componente essencial ao modelo cooperativo, pois prestigia a igualdade efetiva entre as partes, superando as visões individualista e privatista do processo. Prega-se que a *"comunidade de trabalho"* ganha ainda maior evidência com a iniciativa probatória judicial, inexistindo prejuízo a qualquer das partes, até porque elas terão oportunidade de se manifestar sobre o resultado da prova e fazer suas alegações, influindo inclusive no valor probante a ser conferido pelo juiz. Essa atividade do juiz sequer seria capaz de gerar quebra de imparcialidade, até porque imparcialidade não se confunde com neutralidade: *"Juiz ativo é o contrário de juiz neutro – um e outro, todavia, podem ser imparciais".*[203]

Outros poderes judiciais hipertrofiados pela cooperação são o de determinação, de ofício, de prova de fatos essenciais não alegados pelas partes, também de fato diverso do eventualmente delimitado pelas partes em consenso. De igual maneira, a dinamização do ônus da prova (*"embora perigosíssima se manejada inadequadamente"*) encontra-se em total consonância com o processo civil cooperativo. A dinamização

---

201 CABRAL, Antônio do Passo. Nulidades no processo moderno : contraditório, proteção da confiança e validade *prima facie* dos atos processuais. 2. ed. Rio de Janeiro : Forense, 2010, pp. 211-212. No mesmo sentido, de que o processo não pode ser visto como campo de batalha, mas sim como instrumento estatal para promoção da justiça e paz social: CAMBI, Eduardo; HAAS, Adriane; SCHMITZ, Nicole. Princípio da cooperação processual e o novo CPC. Revista dos Tribunais | vol. 984/2017 | p. 345 - 384 | Out / 2017; SOUSA, Artur César de. O princípio da cooperação no projeto do novo código de processo civil. Revista de Processo | vol. 225/2013 | p. 65 - 80 | Nov / 2013.

202 Igualmente propugnando que o descumprimento dos deveres de cooperação pelas partes acarreta sanções processuais – litigância de má-fé e atos atentatórios à dignidade da justiça – DIDIER JR., Fredie. Princípio da Cooperação. In: _____ [et. al.] (coords.). Normas fundamentais. Salvador : Juspodivm, 2016, pp. 345-358, p. 353.

203 MITIDIERO, Daniel. Colaboração no Processo Civil: pressupostos sociais, lógicos e éticos. 2. ed. São Paulo: Editora Revista dos Tribunais, 2019. Livro eletrônico, parte II. Item 2.1.3.

garantiria a efetiva igualdade entre as partes no processo civil, isso porque se pode afigurar insuficiente para o alcance da tutela efetiva e adequada a previsão prévia, abstrata e apriorística de regras fixas do encargo de provar.[204]

A doutrina cooperativista enxerga o processo como um instrumento para se alcançar objetivos do Estado, que podem ser resumidos à obtenção de uma decisão justa, embora não diga exatamente o que isso significa. Para alcançá-la, é imprescindível que o processo seja "justo" e que o juiz participe, seja ativo, colabore, auxilie, esclareça e consulte as partes.[205] Ainda que se afirme, na esteira dos cooperativistas, que o modelo cooperativo consagra o "fortalecimento" do contraditório, o "empoderamento" das partes, os "deveres cooperativos" do juiz, o processo continua a ser percebido e defendido como um instrumento da jurisdição.[206]

1.3. O IMPÉRIO DO "PROCESSO JUSTO" E AS PREMISSAS PARA A EXECUÇÃO CIVIL PELOS INSTRUMENTALISTAS

Toda a construção feita até aqui, com a apresentação do caminho percorrido pela ciência processual a partir do surgimento do assim denominado processualismo científico na Alemanha, na Itália, sua influência indiscutível sobre a dogmática processual brasileira, tal e qual o trajeto trilhado por ela até os dias atuais, passando pelas fases metodológicas da instrumentalidade do processo, do formalismo-valorativo e seu pensamento congênere, qual seja, o cooperativismo, demonstra que, de fato, a ontologia do processo não sofreu mudança significativa.

---

[204] MITIDIERO, Daniel. Colaboração no Processo Civil: pressupostos sociais, lógicos e éticos. 2. ed. São Paulo: Editora Revista dos Tribunais, 2019. Livro eletrônico, parte II. Item 3.

[205] MITIDIERO, Daniel. Colaboração no Processo Civil: pressupostos sociais, lógicos e éticos. 2. ed. São Paulo: Editora Revista dos Tribunais, 2019. Livro eletrônico, Parte II. Itens 3 e 4.

[206] Sérgio Gilberto Porto, em monografia sobre o processo civil contemporâneo, destaca que a atual fase metodológica do processo, formalismo-valorativo (referindo-se à obra sobre colaboração processual, de Daniel Mitidiero) ou neoprocessualismo, é o instrumentalismo constitucional, porquanto é a instrumentalidade voltada à realização dos valores constitucionais da ordem jurídica. PORTO, Sérgio Gilberto. Processo civil contemporâneo: elementos, ideologia e perspectivas. 2ª ed. rev., atual. e ampl. Salvador: Editora Juspodivm, 2020, pp. 26-28.

Não há como negar que ele segue sendo percebido como um instrumento através do qual a jurisdição realiza o seu mister.

E daí advêm consequências para toda a disciplina procedimental, inclusive para a execução. É a partir desse *background* epistêmico que a execução passa a ser tratada pela doutrina processual majoritária, o que influenciou sobremaneira a legislação processual em vigor.

Com efeito, não há como compreender as supostas mudanças ocorridas na execução das obrigações de pagar quantia certa – especificamente a inserção, pelo legislador, da "possibilidade" de utilização de medidas executivas atípicas, objeto deste estudo –, sem perpassar pelo sobrevoo panorâmico das bases teóricas e ideológicas das correntes de pensamento ressonantes no Brasil. Soma-se a isso, inevitavelmente, uma outra premissa utilizada pela doutrina para justificar a inserção do art. 139, IV, no CPC/15, qual seja: a existência de um direito fundamental ao "processo justo".

Não é de hoje o lugar comum, tanto entre especialistas, quanto na "comunidade forense" e na sociedade em geral, sobre a crise de satisfação existente na execução. É trivial no jargão jurídico-popular a expressão "ganhou, mas não levou", que retrata um dos principais dramas daqueles que veem reconhecidos os seus direitos, porém não conseguem a plena satisfação de seus créditos.

Há anos, credita-se ao Poder Judiciário, com ressonância no senso-comum social, a crise de satisfação executiva existente, pois seria função do próprio juiz, através do processo, dar a quem tem razão tudo aquilo e exatamente aquilo a que tem direito,[207] conforme clássico conceito da própria atividade jurisdicional, ainda amplamente replicada.

Em decorrência das ondas da instrumentalidade processual,[208] da efetividade processual,[209] do formalismo-valorativo,[210] do neoproces-

---

[207] CHIOVENDA, Guiseppe. *Dell'azione nascente dal contrato preliminare*. In: Guiseppe Ciovenda, Saggi di diritto processuale civile, Milano: Guiffrè, 1993, vol. 1, p. 110.

[208] DINAMARCO, Cândido Rangel. Instrumentalidade do Processo, 5ª ed. São Paulo : Malheiros Editores, 1996.

[209] BEDAQUE, José Roberto dos Santos. Direito e Processo: influência do direito material sobre o processo, 5. ed. São Paulo : Malheiros Editores, 2009.

[210] OLIVEIRA, Carlos Alberto Alvaro de. Do formalismo no processo civil: proposta de um formalismo-valorativo. 4. ed. São Paulo : Saraiva, 2010.

sualismo e congêneres, parcela significativa da doutrina passou a ver no direito de acesso ao judiciário (art. 5º, XXXV, da CF) – ou do acesso à justiça substancial,[211] como preferem os seus defensores – a existência de um direito à *"tutela de crédito adequada e efetiva"*, com a ampla possibilidade de adaptação procedimental, como forma de moldar os litígios, ou o interesse do credor, para a *"necessidade"* de cada causa,[212] em especial para a tutela do direito de crédito. Isso porque a expropriação através de meios típicos *"está em possibilitar a prestação de uma tutela adequada e efetiva às obrigações de pagar quantia. Se tal não se dá, por inadequação dessa técnica processual, a regra não pode ser aplicada."*[213]

Para tais correntes, no Estado Democrático Constitucional, o processo serve à tutela dos direitos. Em virtude da força normativa da Constituição, o próprio processo, como direito fundamental que é, sofre alteração para atender à tutela dos direitos, como seu foco e finalidade. O processo deixa de ser pensado como *ready-to-wear* ou *one-size-fits all* para se tornar *made-to-measure* e, via de consequência, para cada tipo de caso, é imprescindível o processo mais conveniente. Para se chegar ao resultado *"processo justo"*[214] – no caso da execução da obrigação pecuniária, aquele que satisfaz o crédito –,[215] o procedimento deve ser plástico nas mãos do juiz, que está no centro da busca por essa adequação.

É importante registrar que a ideia de *"processo justo"* não decorre apenas e tão somente do movimento do instrumentalismo processual, caracterizado pela abertura do processo a valores metajurídicos, possibilitando que o juiz corrija o direito a partir de critérios sociais, políticos, morais, em consonância com os sentimentos da sociedade por ele captados. Também o neoconstitucionalismo, especificamen-

---

211 Muito desse pensamento escorado nas lições de: CAPPELLETTI, Mauro e GARTH, Bryant. Acesso à justiça. Porto Alegre, Fabris, 1998.

212 ZANETI JUNIOR, Hermes. Comentários ao Código de Processo Civil, vol. XIV, São Paulo, Ed. Revista dos Tribunais, 2016, p. 91.

213 MARINONI, Luiz Guilherme, ARENHART, Sérgio Cruz e MITIDIERO, Daniel. Novo Código de Processo Civil. 3ª ed. Ed. Revista dos Tribunais, 2017. Art. 513, item 5.

214 ZANETI JUNIOR, Hermes. Comentários ao Código de Processo Civil, vol. XIV, São Paulo, Ed. Revista dos Tribunais, 2016, p. 91.

215 ZANETI JUNIOR., Hermes. Comentários ao Código de Processo Civil, vol. XIV, São Paulo, Ed. Revista dos Tribunais, 2016, p. 37.

te o neoprocessualismo,[216] bem como o formalismo-valorativo[217] e o cooperativismo[218] tentam fornecer os alicerces para a compreensão da cláusula do devido processo legal como um direito fundamental ao *giusto processo*.[219]

A construção, na ciência processual brasileira, do direito fundamental à tutela efetiva, adequada e tempestiva, apontada como sinônimo de processo justo e, também, como a "mutação" constitucional do devido processo legal, decorre, de ordinário, da interpretação conjunta dos incisos XXXV e LXXVIII, todos do art. 5º, CF/88.

É corriqueira a afirmação de que tais dispositivos constitucionais consagram não apenas a inafastabilidade da jurisdição, mas também e principalmente o direito fundamental à tutela jurisdicional efetiva, adequada e tempestiva, ou ao acesso à ordem jurídica justa.[220] Tudo isso seria sinônimo de *"processo justo"*, o qual, por sua vez, abarcaria direitos ao ingresso em juízo, à observância das garantias insertas na

---

[216] CAMBI, Eduardo. Neoconstitucionalismo e neoprocessualismo. *In*: FUX, Luiz. NERY JR., Nelson. WAMBIER, Teresa Arruda Alvim (coords.). Processo e constituição: estudos em homenagem ao processor José Carlos Barbosa Moreira. São Paulo: Editora Revista dos Tribunais, 2006. pp. 662-683.

[217] OLIVEIRA, Carlos Alberto Alvaro de. Do formalismo no processo civil: proposta de um formalismo-valorativo. 4. ed. rev., atual. e aumentada. São Paulo: Saraiva, 2010; ZANETI JÚNIOR, Hermes. A constitucionalização do processo. 2ª ed. rev., ampl. e alt. São Paulo : Editora Atlas, 2014.

[218] DIDIER JR., Fredie. Curso de direito processual civil: introdução ao direito processual civil, parte geral e processo de conhecimento. 17. ed. Salvador: Ed. JusPodivm, 2015, pp. 63-74; MITIDIERO, Daniel. Colaboração no processo civil: pressupostos sociais, lógicos e éticos. 4. ed. São Paulo: Editora Revista dos Tribunais, 2019; MINAMI, Marcos Youji. Da vedação ao *non factibile*: uma introdução às medidas executivas atípicas. Salvador: Ed. JusPodivm, 2019; MENDES, Paulo. Segurança Jurídica e Processo, São Paulo : Editora Revista dos Tribunais, 2018.

[219] CARVALHO FILHO, Antônio. Coluna Garantismo Processual #25 - Desmistificando o processo justo: pela reconstrução do devido processo legal. Disponível em: <https://bit.ly/2T3Q9vx>. Acesso em 28 mai.2020.

[220] WATANABE, Kazuo. Acesso à justiça e sociedade moderna. *In*: GRINOVER, Ada Pellegrini. DINAMARCO, Cândido Rangel. _____ (coords.). Participação e processo. São Paulo: Revista dos Tribunais, 1988, pp. 128-135. No mesmo sentido: RIBEIRO, Leonardo Ferres da Silva. Prestação jurisdicional efetiva: uma garantia constitucional. *In*: FUX, Luiz. NERY JR., Nelson. WAMBIER, Teresa Arruda Alvim (coords.). Processo e constituição: estudos em homenagem ao processor José Carlos Barbosa Moreira. São Paulo: Editora Revista dos Tribunais, 2006, pp. 153-166.

cláusula do devido processo legal (inciso LIV do art. 5º da CF/88), ao contraditório efetivo, à adequada e tempestiva análise das questões debatidas no processo, por um juiz natural e imparcial, em "*decisão justa e motivada*", e à construção de técnicas processuais adequadas para tutelar os direitos materiais.[221] Ou, simplesmente, deve abarcar as "garantias fundamentais de justiça",[222] cuja função principal seria tornar eficaz o exercício de qualquer outro direito ou liberdade fundamental.[223]

O modelo cooperativo de processo – assim como a capacidade de prestar a tutela jurisdicional adequada e efetiva – compõe a noção de processo justo. Ao seu lado, estariam a igualdade e a paridade de armas entre as partes, a ampla defesa, o direito à prova, juiz natural, decisões previsíveis, confiáveis e motivadas, publicidade, duração razoável do processo, assistência jurídica integral – quando o caso – e formação de coisa julgada.[224]

Na esteira das lições de Luigi Paolo Comoglio, em artigo festejado pela doutrina pátria, partindo de um resgate histórico do constitucionalismo surgido no período pós-segunda grande guerra, defende-se a constitucionalização das garantias processuais, na medida em que servem de proteção real e direta aos outros direitos invioláveis dos indivíduos.[225] Tendo em mente o princípio *nullum jus sine remedium* (inexiste direito sem remédio), afirma que, paralelamente à evolução

---

[221] CAMBI, Eduardo. Neoconstitucionalismo e neoprocessualismo. *In:* FUX, Luiz. NERY JR., Nelson. WAMBIER, Teresa Arruda Alvim (coords.). Processo e constituição: estudos em homenagem ao processor José Carlos Barbosa Moreira. São Paulo: Editora Revista dos Tribunais, 2006. pp. 662-683, p. 674.

[222] MELO, Gustavo de Medeiros. O acesso adequado à justiça na perspectiva do justo processo. *In:* FUX, Luiz. NERY JR., Nelson. WAMBIER, Teresa Arruda Alvim (coords.). Processo e constituição: estudos em homenagem ao processor José Carlos Barbosa Moreira. São Paulo: Editora Revista dos Tribunais, 2006, pp. 684-704.

[223] COMOGLIO, Luigi Paolo. *Garanzie costituzionali e "giusto processo" (modelli a confronto). In:* Revista de Processo | vol. 90/1998 | p. 95 - 150 | Abr - Jun / 1998.

[224] MARINONI, Luiz Guilherme, ARENHART, Sérgio Cruz, MITIDIERO, Daniel. Novo Curso de Processo Civil: teoria do processo civil, v. 1. São Paulo: Editora Revista dos Tribunais, 2015, p. 491; MARINONI, Luiz Guilherme; MITIDIERO, Daniel. Item 5.1. Direito fundamental ao processo justo. *In:* SARLET, Ingo Wolfgang; _____; _____. Curso de direito constitucional. 7. ed. – São Paulo : Saraiva Educação, 2018, pp. 842 e ss.

[225] COMOGLIO, Luigi Paolo. *Garanzie costituzionali e "giusto processo" (modelli a confronto). In:* Revista de Processo | vol. 90/1998 | p. 95 - 150 | Abr - Jun / 1998.

do constitucionalismo moderno, desenvolve-se o chamado direito processual constitucional, que englobaria, dentre temas tidos como cruciais para a justiça moderna: a necessária relação instrumental entre o direito material e o processo; e o direito das partes a um processo *equo e giusto*.[226] A abordagem baseada em valores, realizada em preâmbulos e títulos iniciais de diversas Constituições modernas, especificamente no que toca a garantias constitucionais relacionadas à justiça, permitiria concluir que houve migração, com o passar do tempo, de uma garantia de legalidade procedimental (justiça formal) para uma mais ampla, qual seja, a da justiça material. Tomam-se de empréstimo as palavras de Comoglio, que, analisando a CF/88, seu preâmbulo e dispositivos que tratam da jurisdição e das garantias processuais, conclui se tratar de um exemplo de ordenamento que assegura o direito ao *giusto processo*:

> *Quest'ultima impone di considerare come dovuto (e cioè: come due, debido o devido) non già qualunque processo che si limiti ad essere estrinsecamente fair (vale a dire: corretto, leale o regolare, sul piano formale, secondo la law of the land), bensì un processo che sia intrinsecamente equo e giusto, secondo i parametri etico-morali accettati dal comune sentimento degli uomini liberi di qualsiasi epoca e paese, in quanto si riveli capace di realizzare una giustizia veramente imparziale, fondata sulla natura e sulla ragione. Da qui traggono origine le postulazioni teoriche, ormai quasi dovunque condivise, per la promulgazione e l'adozione di solenni atti legislativi (nazionali od internazionali) che riconoscano a tutti, in termini effettivi e senza irrazionali discriminazioni, il diritto fondamentale ad un processo equo e giusto, quale nucleo essenziale del più ampio diritto ad un ordinamento giuridico giusto.*[227]

---

226 COMOGLIO, Luigi Paolo. *Garanzie costituzionali e "giusto processo" (modelli a confronto)*. In: Revista de Processo | vol. 90/1998 | p. 95 - 150 | Abr - Jun / 1998.

227 Em tradução livre: *"Esta última exige considerar como devido (ou seja: como 'due', debido ou devido) já não qualquer processo que se limite a ser extrinsecamente "fair" (vale dizer: correto, justo ou regular, formalmente, de acordo com a "law of the land"), mas um processo que seja intrinsecamente equânime e justo, segundo os parâmetros ético-morais aceitos pelo sentimento comum de homens livres de qualquer época e país, enquanto se revele capaz de alcançar uma justiça verdadeiramente imparcial, com base na natureza e na razão. Daí as postulações teóricas se originarem, agora quase em toda parte compartilhadas, para a promulgação e adoção de atos legislativos solenes (nacionais ou internacional) que reconheçam a todos, em termos efetivos e sem discriminações irracionais, o direito fundamental a um processo equânime e justo, como núcleo essencial do mais amplo a um ordenamento jurídico justo."* COMOGLIO, Luigi Paolo. *Garanzie costituzionali e "giusto processo" (modelli a confronto)*. In: Revista de Processo | vol. 90/1998 | p. 95 - 150 | Abr - Jun / 1998. Neste sentido, outros dois artigos do mesmo autor publicados no Brasil: COMOGLIO, Luigi Paolo. *Il "giusto processo" civile nella dimensione*

Destarte, não mais se considera devido (*due*) o processo que se contenta com a regularidade formal. Aliás, segundo Comoglio, a cláusula *due process of law*, que remonta à Magna Carta de 1215, deriva das noções de *lawful judgment* e *law of the land* (ou *lex terrae*). Volvendo ao contexto de origem, a compreensão de *lawful judgment* não coincidiria com um processo que, para ser legal, deva estar necessária e totalmente disciplinado *a priori* por uma lei específica do direito positivo. Isto é, em tais tradições, não haveria necessidade de rígida predeterminação das formas procedimentais, como uma *"reserva de lei"* em questões que tais. Pelo contrário, o *due process of law* parece se referir a um processo legalmente disciplinado e regulamentado conforme o *lex terrae*, a ser compreendido não como uma fonte legislativa típica, oriunda do poder legislativo, *"mas como um compêndio substancial de valores fundamentais de 'legalidade' e 'justiça', inerentes às tradições consolidadas da sociedade das quais o 'lex terrae' emanava"*.[228]

Conclusão semelhante é defendida no Brasil – embora, inexplicavelmente, não se tenha temperado a importação do entendimento e tampouco oito séculos de diferença entre aquele evento histórico e os tempos atuais – quando se analisa a cláusula do devido processo legal estabelecida no inciso LIV do art. 5º da CF/88, afirmando-se que a leitura consentânea dessa expressão, no Estado Constitucional, leva ao "processo justo", elevado comumente à categoria de princípio fundamental. Há quem afirme que a expressão "devido processo legal", constitucionalmente prevista, *"é criticável"* por remeter ao contexto cultural do Estado de Direito, quando o processo era visto "apenas" como um anteparo ao arbítrio estatal, o que se configura dissonante da visão mais atualizada do Estado Constitucional, cujo objetivo é *"colaborar na realização da tutela efetiva dos direitos mediante a organização de um processo justo"*.[229]

---

comparatistica. In: Revista de Processo | vol. 108/2002 | p. 133 - 183 | Out - Dez / 2002; COMOGLIO, Luigi Paolo. *Garanzie minime del "giusto processo" civile negli ordinamenti ispano-latinoamericani*. In: Revista de Processo | vol. 112/2003 | p. 159 - 176 | Out - Dez / 2003 Doutrinas Essenciais de Processo Civil | vol. 9 | p. 1035 - 1053 | Out / 2011.

228 *bensì quale compendio sostanziale di valori fondamentali di "legalità" e di "giustizia", insiti nelle tradizioni consolidate della società da cui la stessa lex terrae promanava*". COMOGLIO, Luigi Paolo. *Il "giusto processo" civile nella dimensione comparatistica*. In: Revista de Processo | vol. 108/2002 | p. 133 - 183 | Out - Dez / 2002.

229 MARINONI, Luiz Guilherme, ARENHART, Sérgio Cruz, MITIDIERO, Daniel. *Novo Curso de Processo Civil: teoria do processo civil*, v. 1. São Paulo: Editora

Uma forma de desenvolvimento do direito ao processo justo a partir dos direitos fundamentais é proposta por Marinoni e Mitidiero. Para esses autores, o direito fundamental ao processo justo é um princípio fundamental para a organização do processo no Estado Constitucional, impondo-lhe "deveres organizacionais" no desempenho de todas as suas funções, inclusive judiciária, enquadrando-se no que a doutrina chama de direitos à organização e ao procedimento, de *status positivus*:[230]

> *O direito ao processo justo é um direito de natureza processual. Ele impõe deveres organizacionais ao Estado na sua função legislativa, judiciária e executiva. É por essa razão que se enquadra dentro da categoria dos direitos à organização e ao procedimento. A legislação infraconstitucional constitui um meio de densificação do direito ao processo justo pelo legislador. É a forma pela qual esse cumpre com o seu dever de organizar um processo idôneo à tutela dos direitos. As leis processuais não são nada mais, nada menos do que concretizações do direito ao processo justo. O mesmo se passa com a atuação do Executivo e do Judiciário. A atuação da administração judiciária tem de ser compreendida como uma forma de concretização do direito ao processo justo. O juiz tem o dever de interpretar e aplicar a legislação processual em conformidade com o direito fundamental ao processo justo. O Estado Constitucional tem o dever de tutelar de forma efetiva os direitos. Se essa proteção depende do processo, ela só pode ocorrer mediante processo justo.*[231]

Seguem esses doutrinadores afirmando que não há como se definir previamente em abstrato um conteúdo rígido que configuraria o processo justo, tratando-se de *"termo indeterminado"*, mas é possível estabelecer critérios mínimos, *"um núcleo forte ineliminável"*, composto pela colaboração do juiz para com as partes, pela capacidade de o processo prestar uma tutela jurisdicional adequada e efetiva, com respeito à igualdade das partes, à paridade de armas, ao contraditório, à ampla defesa, ao direito à prova, perante um juiz natural, cujas decisões sejam previsíveis, confiáveis e motivadas, em procedimento público, com du-

---

Revista dos Tribunais, 2015. pp. 489-490; MARINONI, Luiz Guilherme; MITIDIERO, Daniel. Item 5.1. Direito fundamental ao processo justo. *In:* SARLET, Ingo Wolfgang; _____; _____. Curso de direito constitucional. 7. ed. – São Paulo : Saraiva Educação, 2018, pp. 842 e ss.

230 MARINONI, Luiz Guilherme; MITIDIERO, Daniel. Item 5.1. Direito fundamental ao processo justo. *In:* SARLET, Ingo Wolfgang; _____; _____. Curso de direito constitucional. 7. ed. – São Paulo : Saraiva Educação, 2018, pp. 842 e ss.

231 MARINONI, Luiz Guilherme; MITIDIERO, Daniel. Item 5.1. Direito fundamental ao processo justo. *In:* SARLET, Ingo Wolfgang; _____; _____. Curso de direito constitucional. 7. ed. – São Paulo : Saraiva Educação, 2018, pp. 844.

ração razoável, sendo o caso, com direito à assistência jurídica integral e com a formação da coisa julgada. Observados esses elementos mínimos, é possível se aferir a justiça da estruturação do processo, que visa à obtenção de uma decisão igualmente justa e à unidade do direito.[232]

Ainda dentro do âmbito de proteção do direito fundamental ao processo justo, além do núcleo forte ineliminável, Marinoni e Mitidiero advertem que é preciso se ter em mente a relação de interdependência entre processo e direito material e a influência deste sobre aquele, tanto no que diz respeito aos fins do processo, quanto sobre a conformação de sua organização técnica, o que significa dizer que *"o direito ao processo justo requer, para sua concretização, efetiva adequação do processo ao direito material – adequação da tutela jurisdicional à tutela do direito"*. Se o direito material projeta as suas especificidades sobre o processo, não há que se falar em finalidade comum a todo e qualquer processo justo, admitindo-se concepções diversas do processo à luz do direito material objeto da tutela jurisdicional, sendo possível falar, outrossim, que, no processo civil, a finalidade é a tutela efetiva dos direitos mediante um processo justo, enquanto no processo penal, a finalidade imediata é servir de escudo contra o possível arbítrio do Estado e, ainda, garantir a liberdade dos jurisdicionados. Os fins distintos, então, implicam reconhecer a necessidade de opções técnicas igualmente distintas na estruturação de um e de outro, sempre respeitados aqueles elementos mínimos que compõem o núcleo forte. [233-234]

Visto como um instrumento ético de realização dos valores constitucionais pela jurisdição, prega-se que o processo deve ser analisado em consonância com a garantia do acesso à justiça e esta, por sua vez, está conectada ao processo justo, revelado como o meio pertinente

---

[232] MARINONI, Luiz Guilherme; MITIDIERO, Daniel. Item 5.1. Direito fundamental ao processo justo. *In:* SARLET, Ingo Wolfgang; _____; _____. Curso de direito constitucional. 7. ed. – São Paulo : Saraiva Educação, 2018,, pp. 844 e ss.

[233] MARINONI, Luiz Guilherme; MITIDIERO, Daniel. Item 5.1. Direito fundamental ao processo justo. *In:* SARLET, Ingo Wolfgang; _____; _____. Curso de direito constitucional. 7. ed. – São Paulo : Saraiva Educação, 2018,

[234] No sentido da importância do direito material para a conformação do remédio processual adequado, o que justifica a ideia de que o direito penal influencia o processo distintamente do que ocorre com o processo civil: ZANETI JR., Hermes. A legalidade na era da proteção das necessidades de tutela. *In:* DIDIER JR., Fredie, NUNES, Dierle, FREIRE, Alexandre (coords.). Normas fundamentais. Salvador: Juspodivm, 2016, pp. 175-196

para a aplicação do direito material com justiça aos casos concretos. Imprescindível, para tanto, se compreender a cláusula do devido processo legal com um conteúdo flexível à verificação concreta, caso a caso, da correção e da justiça procedimental.[235]

Consequentemente, para se galgar ao "processo justo", torna-se imprescindível a superação de algumas barreiras, dentre as quais o excesso de formalismo – ou de técnicas de garantismo formal –, apontado por Augusto Morello como uma trincheira endógena a impedir o verdadeiro acesso à tutela jurisdicional, à realização concretamente útil da justiça em cada caso. A exigência, portanto, de observância de um regramento legal, rígido, fora do qual a jurisdição não possa atuar, seria um empecilho para a efetividade do instrumento – do processo – disponível para a realização da justiça material.[236]

Em uma tentativa de operação lógica, diz-se que apenas se consolidará o acesso à ordem jurídica justa se o processo for pensado e plasmado mediante instrumentos próprios, aptos à realização da efetividade do direito. Assim, todos os poderes estatais, incluída a jurisdição, estariam vinculados a esta garantia, qual seja, de propiciar mecanismos para salvaguardar o acesso ao processo, mas também o acesso a uma *"tutela jurisdicional de qualidade, capaz de solucionar o conflito de modo adequado e correspondente com os valores essenciais do Estado Democrático de Direito".*[237]

---

[235] MELO, Gustavo de Medeiros. O acesso adequado à justiça na perspectiva do justo processo. *In:* FUX, Luiz. NERY JR., Nelson. WAMBIER, Teresa Arruda Alvim (coords.). Processo e constituição: estudos em homenagem ao processor José Carlos Barbosa Moreira. São Paulo: Editora Revista dos Tribunais, 2006, pp. 684-704. Neste mesmo sentido, COMOGLIO, Luigi Paolo. *Garanzie costituzionali e "giusto processo" (modelli a confronto). In*: Revista de Processo | vol. 90/1998 | p. 95 - 150 | Abr - Jun / 1998. E também deste último: *Il "giusto processo" civile nella dimensione comparatistica. In*: Revista de Processo | vol. 108/2002 | p. 133 - 183 | Out - Dez / 2002.

[236] MORELLO, Augusto Mario. *El proceso justo.* 2ª ed. La Plata : Editora Platense, 2005, pp. 750-755. Também defendendo a deformalização e a deslegalização como meios para se efetivar o direito de acesso à ordem jurídica justa, WATANABE, Kazuo. Acesso à justiça e sociedade moderna. *In:* GRINOVER, Ada Pellegrini. DINAMARCO, Cândido Rangel. _____ (coords.). Participação e processo. São Paulo: Revista dos Tribunais, 1988, pp. 128-135.

[237] MELO, Gustavo de Medeiros. O acesso adequado à justiça na perspectiva do justo processo. *In:* FUX, Luiz. NERY JR., Nelson. WAMBIER, Teresa Arruda Alvim (coords.). Processo e constituição: estudos em homenagem ao processor José Carlos Barbosa Moreira. São Paulo: Editora Revista dos Tribunais, 2006, pp. 684-704.

Na defesa da tutela jurisdicional efetiva e adequada, que concretize os direitos materiais e os valores constitucionais, agrega-se, mormente após a inserção do inciso LXXVIII do art. 5º da CF/88, pela Emenda Constitucional 45/2004, a garantia da duração razoável do processo, de modo que se passa a reconhecer, outrossim, o direito à tutela jurisdicional adequada, efetiva e tempestiva. Para tanto, a doutrina processual brasileira afirma que daí se extrai a imperiosidade de construção de novas técnicas processuais aptas a reformularem institutos e conceitos clássicos do direito processual, o que justificaria a crescente adoção de cláusulas gerais e o incremento dos poderes do juiz.[238]

Aliás, a doutrina, não apenas brasileira, mas internacional, que adere à leitura da cláusula *due process of law* como "processo justo" comumente leciona que a duração razoável do processo é uma de suas premissas fundamentais, nomeadamente quando voltada contra o comportamento supostamente abusivo de um dos litigantes, em regra o réu, que geraria o "tempo patológico" do processo. Assim, o impedimento de "dilações indevidas" das partes é tarefa a ser realizada pelo juiz para a realização de um "tempo justo",[239] um dos elementos formadores do processo justo.

É importante registrar que, para os instrumentalistas, o direito fundamental ao "processo justo" não vincula apenas o legislador, que deverá regular por lei "técnicas procedimentais" aptas a entregar, diante das especificidades dos casos concretos, o direito material a que tenha direito a parte. Partindo-se da ideia de que o próprio devido processo legal é uma cláusula processual aberta,[240] defende-se que o juiz também ostenta a obrigação constitucional, em virtude daquele direito, de compreender o procedimento de acordo com as particularidades dos casos concretos e, deparando com a inadequação (insuficiência) da técnica pré-constituída em lei à tutela do direito material, controlar a

---

238 CAMBI, Eduardo. Neoconstitucionalismo e neoprocessualismo. *In:* FUX, Luiz. NERY JR., Nelson. WAMBIER, Teresa Arruda Alvim (coords.). Processo e constituição: estudos em homenagem ao processor José Carlos Barbosa Moreira. São Paulo: Editora Revista dos Tribunais, 2006, pp. 662-683, p. 674.

239 TUCCI, José Rogério Cruz e. Garantia do processo sem dilações indevidas: responsabilidade do Estado pela intempestividade da prestação jurisdicional. Revista Da Faculdade De Direito, Universidade De São Paulo, 97, 323-345. Disponível em: <https://bit.ly/3f9mZDm>. Acesso em: 10 jul.2020.

240 Neste sentido, por exemplo, Hermes Zaneti Jr., Luiz Guilherme Marinoni, Sergio Arenhart, Daniel Mitidiero, Fredie Didier Jr.

"*inconstitucionalidade*" da técnica para aquele caso ou "*suprir a omissão da lei que inviabiliza a proteção do direito*".[241] Em vista do caráter instrumental do processo frente ao direito material, é indissociável desta noção o requisito da adequação do procedimento. Noutras palavras, haveria um direito fundamental ao procedimento adequado e, por consequência, à sua correção judicial, como uma das facetas do devido processo legal. A adequação procedimental é imprescindível para se alcançar a solução correta, o resultado justo.[242]

O juiz, a depender do comportamento das partes, do direito material subjacente, da complexidade da causa (que pode, inclusive, ser revelada no curso do processo), afere, caso a caso, se o procedimento previsto pelo legislador infraconstitucional é adequado, efetivo e tempestivo para alcançar o resultado pretendido: o processo justo. Se não o for, isso significa dizer que a regra prevista é um obstáculo para a efetivação do interesse do credor e do processo. Denota-se aqui a ideia de Morello,[243] já mencionada alhures, do formalismo como barreira endógena à realização da justiça material, que deve ser transposta. Como método para se viabilizar a correção, aposta-se na adequação (flexibilização) do procedimento previsto em lei pelo juiz, nas lições de Marinoni, Arenhart e Mitidiero:

> *O legislador instituiu normas processuais abertas (técnica antecipatória, distribuição dinâmica do ônus da prova e técnicas processuais executivas atípicas à tutela específica), conferindo ao autor e ao juiz uma ampla latitude de poder para a utilização da técnica processual adequada ou – o que é o mesmo – para a estruturação do procedimento idôneo ao caso concreto. Essa nova dimensão alcançada pelo procedimento decorre do direito do autor à tutela jurisdicional adequada, efetiva e tempestiva e do dever do juiz de dar proteção aos direitos, outorgando adequada tutela jurisdicional ao caso concreto.*[244]

---

[241] MARINONI, Luiz Guilherme, ARENHART, Sérgio Cruz, MITIDIERO, Daniel. Novo Curso de Processo Civil: teoria do processo civil, v. 1. São Paulo: Editora Revista dos Tribunais, 2015, p. 439.

[242] PINHEIRO, Paulo Eduardo D'Arce. Poderes executórios do juiz. São Paulo: Saraiva, 2011. Versão do Kindle. Posição 956.

[243] MORELLO, Augusto Mario. *El proceso justo*. 2ª ed. La Plata : Editora Platense, 2005, pp. 750-755.

[244] MARINONI, Luiz Guilherme, ARENHART, Sérgio Cruz, MITIDIERO, Daniel. Novo Curso de Processo Civil: teoria do processo civil, v. 1. São Paulo: Editora Revista dos Tribunais, 2015, p. 439.

Lendo o processo à luz do direito constitucional, defendem que normas processuais desse cariz vieram substituir o "positivismo do paradigma legalista". Dessa maneira, a valorização das tutelas diferenciadas, a adequação, a adaptação e a flexibilização dos ritos procedimentais, a partir das peculiaridades do caso concreto, são imprescindíveis para a concretização do direito fundamental ao processo justo.[245] Subjaz a essa ideia, igualmente, a convicção da impossibilidade de o legislador prever, no direito positivo, tantos procedimentos pormenorizados quantas forem as situações de direito material postas sob análise jurisdicional, e, ainda que tal fosse possível, a positivação não seria capaz de acompanhar a velocidade das mudanças de uma sociedade cada vez mais plural e complexa.[246]

O poder criativo do julgador é "fortificado" a partir da adoção de normas processuais abertas, sobre as quais é chamado para "concretizá-las" à luz da necessidade do caso concreto. As técnicas casuísticas, provenientes de um sistema rígido e fechado, são percebidas como insuficientes na realidade complexa da vida e das sociedades contemporâneas.[247]

A possibilidade de o juiz se tornar arbitrário, com o aumento implícito de seus poderes, não poderia ser suficiente para que o legislador *a priori* o impedisse. Com efeito, é despicienda uma tipificação dos atos de poder judicial. A forma de controlá-lo, primariamente, não deve ser a lei, até porque ao juiz está imposto o dever constitucional de buscar a justiça do caso concreto, através da *"adequada justificativa racional das decisões"*,[248] essa sim, a verdadeira forma de controle.

Ao lado do contraditório (com a efetiva participação das partes), da publicidade e da motivação, a postura ativa do juiz, que *"participa do*

---

[245] ZANETI JUNIOR, Hermes. O modelo constitucional do processo civil brasileiro contemporâneo. *In:* DIDIER JR., Fredie (org.). Reconstruindo a teoria geral do processo. Salvador: Editora Jus Podivm, 2012. pp. 89-131.

[246] MARINONI, Luiz Guilherme, ARENHART, Sérgio Cruz, MITIDIERO, Daniel. Novo Curso de Processo Civil: teoria do processo civil, v. 1. São Paulo: Editora Revista dos Tribunais, 2015. p. 462.

[247] DIDIER JR., Fredie. A reconstrução da teoria geral do processo. *In:* _____ (org.). Reconstruindo a teoria geral do processo. Salvador: Editora Jus Podivm, 2012. pp. 15-45.

[248] MARINONI, Luiz Guilherme, ARENHART, Sérgio Cruz, MITIDIERO, Daniel. Novo Curso de Processo Civil: teoria do processo civil, v. 1. São Paulo: Editora Revista dos Tribunais, 2015. p. 447.

processo" (*v.g.* através do exercício de poderes instrutórios de ofício), é fator de legitimação democrática da própria decisão e do exercício do poder. Aliás, fala-se até em participação ativa do juiz para garantir a participação das partes, suprindo-se a menor sorte econômica e a menor astúcia de uma delas, sem que isso seja capaz de comprometer a imparcialidade judicial.[249]

O contraditório é visto como um fator de legitimação das decisões judiciais, pois serviria como antídoto a posturas arbitrárias do julgador. Rechaçam, assim, as críticas à adoção de uma postura ativa do juiz com a finalidade de obtenção de uma tutela adequada, em razão da efetiva participação das partes no processo, como forma de realizar a genuína influência sobre o julgamento. Fala-se, por conseguinte, em processo como instrumento de comunicação entre Poder Público e sociedade, meio de cooperação entre todos aqueles que dele participam para a melhor composição da controvérsia: *"Não basta um processo legal. A legitimidade corresponde o fator de extrema importância na constituição do processo justo".*[250]

Com a previsão de cláusulas abertas no procedimento, que inclusive foram insertas com entusiasmo no CPC/15, o juiz assume o relevante papel – e o "inegável poder" – de criar o procedimento adequado ao caso concreto. Nas lições de parcela da doutrina, a partir das reformas de 1994, a estrutura rígida do procedimento foi aos poucos sendo substituída, até ser totalmente suplantada *"por um procedimento comum adaptável ao caso concreto com a promulgação do NCPC",*[251] de modo que se chega a defender que o poder de adequação procedimental do juiz decorre da própria Constituição:

> Aliás, o poder de adequação procedimental do juiz não é restrito às normas processuais abertas, uma vez que a falta de previsão legal de técnica processual idônea à tutela do direito material ou mesmo a fixação de técnica processual

---

[249] MARINONI, Luiz Guilherme, ARENHART, Sérgio Cruz, MITIDIERO, Daniel. Novo Curso de Processo Civil: teoria do processo civil, v. 1. São Paulo: Editora Revista dos Tribunais, 2015. pp. 449-450.

[250] MELO, Gustavo de Medeiros. O acesso adequado à justiça na perspectiva do justo processo. *In:* FUX, Luiz. NERY JR., Nelson. WAMBIER, Teresa Arruda Alvim (coords.). Processo e constituição: estudos em homenagem ao processor José Carlos Barbosa Moreira. São Paulo: Editora Revista dos Tribunais, 2006, pp. 684-704.

[251] MARINONI, Luiz Guilherme, ARENHART, Sérgio Cruz, MITIDIERO, Daniel. Novo Curso de Processo Civil: teoria do processo civil, v. 1. São Paulo: Editora Revista dos Tribunais, 2015, p. 462.

inidônea obrigam o juiz a identificar a técnica processual adequada a partir do direito fundamental à tutela jurisdicional efetiva.[252]

O "processo justo", como direito a uma tutela jurisdicional efetiva, passaria, necessariamente, pelo procedimento. Ao direito fundamental à tutela efetiva corresponderia o dever de o juiz concretizá-la, de modo que há que estar atento à adequação ou inadequação, eficiência ou ineficiência do procedimento previsto em lei, para se desincumbir de seu dever.[253]

A doutrina fala na existência do princípio da adaptabilidade, elasticidade ou adequação judicial do procedimento, de modo que o magistrado possui o dever de observá-lo como maneira de tutelar corretamente o direito material e de se atingirem os fins do processo.[254] Uma observação quanto a isso é necessária e, no mínimo, instigante: narra Fredie Didier Jr. que, com base em sugestão de Alvaro de Oliveira, a comissão de juristas responsável pela elaboração do anteprojeto do CPC propôs a inserção, como princípio geral do processo, de uma espécie de cláusula geral de adequação. Porém, o *"Senado e a Câmara rejeitaram a ideia, reduzindo-a à hipótese do inciso VI do art. 139, CPC"*.[255] Afirma, ainda, que havia uma grande resistência dos legisladores em confiar no juiz para o acertamento do próprio procedimento casuisticamente.[256]

Com base nas premissas do direito fundamental ao processo justo, quando mira a execução, a doutrina aponta dele decorrer o direito fundamental à tutela executiva, o que acarreta a vinculação e a atuação do

---

[252] MARINONI, Luiz Guilherme, ARENHART, Sérgio Cruz, MITIDIERO, Daniel. Novo Curso de Processo Civil: teoria do processo civil, v. 1. São Paulo: Editora Revista dos Tribunais, 2015, p. 464.

[253] PINHEIRO, Paulo Eduardo D'Arce. Poderes executórios do juiz. São Paulo: Saraiva, 2011. Livro eletrônico. Item 1.3.4.

[254] DIDIER JR., Fredie. Curso de direito processual civil: introdução ao direito processual civil, parte geral e processo de conhecimento. 17. ed. Salvador: Ed. Jus Podivm, 2015, p. 117.

[255] DIDIER JR., Fredie. Curso de direito processual civil: introdução ao direito processual civil, parte geral e processo de conhecimento. 17. ed. Salvador: Ed. Jus Podivm, 2015, p. 119. A mesma anotação, fazem: CAMBI, Eduardo; NEVES, Aline Regina das. Flexibilização procedimental no novo código de processo civil. Revista de Direito Privado | vol. 64/2015 | p. 219 - 259 | Out - Dez / 2015.

[256] Essa afirmação foi feita por Fredie Didier Jr. em palestra *"online"* proferida em 06 jun.2020, na plataforma Youtube. Disponível em: <https://youtu.be/z6k_T3438-k>. Acesso em 10 jul.2020.

juiz direcionadas à satisfação do crédito do exequente. Aliás, esse princípio teria sido positivado no art. 4º do CPC/15, dentre suas normas fundamentais.[257-258] Mencionado direito fundamental corresponderia ao *"postulado da máxima coincidência possível"*, quer dizer, à ideia de que o *"processo funciona tanto melhor quanto mais se aproximar o seu resultado prático daquele a que levaria a atuação espontânea do direito"*, e é assim que se valoraria, ademais, o funcionamento de tal instrumento.[259] Na esfera executiva, a construção corresponderia à *"exigência de um sistema completo de tutela executiva, no qual existam meios executivos capazes de proporcionar pronta e integral satisfação a qualquer direito merecedor de tutela executiva"*.[260]

A partir da conclusão de que existe referido direito fundamental, as consequências se espraiam sobre o juiz com a atribuição de poderes implícitos, não previstos expressamente na Constituição e na lei:

> *a) o juiz tem o poder-dever de interpretar as normas relativas aos meios executivos de forma a extrair delas um significado que assegure a maior proteção e efetividade ao direito fundamental à tutela executiva;*
> *b) o juiz tem o poder-dever de deixar de aplicar normas que imponham uma restrição a um meio executivo, sempre que tal restrição - a qual melhor caracte-*

---

[257] DIDIER JR., Fredie. Curso de direito processual civil: introdução ao direito processual civil, parte geral e processo de conhecimento. 17. ed. Salvador: Ed. Jus Podivm, 2015. v. 1. Neste mesmo sentido, por todos ver: MAZZEI, Rodrigo Reis, ROSADO, Marcelo da Rocha. A cláusula geral de efetivação e as medidas indutivas no CPC/15. *In*: TALAMINI, Eduardo, MINAMI, Marcos Youji (coords.). Medidas executivas atípicas. Salvador: Editora JusPodivm, 2018. pp. 497-520; E, também: SIMONASSI, Mauro. O denominado princípio da utilidade da execução e sua incompatibilidade com o direito fundamental do credor à efetividade da tutela executiva cível. *In*: Revista dos Tribunais | vol. 951/2015 | p. 263 - 283 | Jan / 2015.

[258] Nogueira afirma haver um direito fundamental à tutela jurisdicional executiva, extraível do inciso XXXV do art. 5º da CF/88, e que encerra uma modalidade de direito a ações positivas fáticas do Estado, conforme classificação de Alexy. Portanto, há um dever do Estado-juiz de prestar a tutela jurisdicional encerrando a atividade a que estava obrigado a realizar. O limite a este direito fundamental será encontrado, caso a caso, pela técnica da ponderação alexyana. NOGUEIRA, Pedro Henrique Pedrosa. O direito fundamental à tutela jurisdicional executiva e a técnica da ponderação. *In*: Revista de Processo | vol. 169/2009 | p. 38 - 61 | Mar / 2009 Doutrinas Essenciais de Direitos Humanos | vol. 1 | p. 869 - 889 | Ago / 2011.

[259] MOREIRA, José Carlos Barbosa. Temas de direito processual: quarta série. São Paulo: Saraiva, 1989, pp. 215-216.

[260] GUERRA, Marcelo Lima. Direitos fundamentais e a proteção do credor na execução civil. São Paulo: Editora Revista dos Tribunais, 2003, p. 102.

> *riza-se, insista-se, uma restrição ao direito fundamental à tutela executiva - não for justificável pela proteção devida a outro direito fundamental, que venha a prevalecer, no caso concreto, sobre o direito fundamental à tutela executiva;*
> *c) o juiz tem o poder-dever de adotar os meios executivos que se revelem necessários à prestação integral de tutela executiva, mesmo que não previstos em lei, e ainda que expressamente vedados em lei, desde que observados os limites impostos por eventuais direitos fundamentais colidentes àquele relativo aos meios executivos.[261]*

Sempre que insuficientes os meios executivos previstos em lei, quando não se revelarem aptos a protegerem o direito fundamental à tutela executiva, ou ausentes estes meios, haveria a sua violação pelo legislador. Outrossim, estaria o juiz autorizado/compelido, por um poder implícito, a adotar os meios para garantir a proteção, não estando sequer adstrito ao meio postulado pelo credor. Chega-se a afirmar que, na perspectiva do órgão jurisdicional, *"o objetivo do juiz é um só – a satisfação do credor"*.[262] Tais poderes do juiz estariam limitados pelo dever de fundamentação de suas decisões e pelos limites impostos por outros direitos fundamentais.[263]

Por essa razão, Marcos Y. Minami defende que, para os casos em que não há detalhamento do procedimento executivo ou em que ele não resolva o problema da crise do inadimplemento, não pode o juiz *"deixar de dar uma resposta ao jurisdicionado com a alegação de que não há na lei mecanismos para isso"*.[264] Afirma, com isso, que há a *"vedação ao non factibile"* – espécie de *non liquet* executivo – ao juiz, pois, como lhe é defeso deixar de prestar jurisdição ante uma aparente omissão legislativa, do mesmo modo lhe é vedado se abster de tornar a execução efetiva em virtude de impossibilidade prática ou legislativa:

> *A proibição do non factibile é decorrência lógica do devido processo legal, da própria razão de criação do judiciário encontrando ainda o respaldo no princípio do acesso à justiça e da efetividade.*
> *(...)*

---

261 GUERRA, Marcelo Lima. Direitos fundamentais e a proteção do credor na execução civil. São Paulo: Editora Revista dos Tribunais, 2003, pp. 103-104.

262 GUERRA, Marcelo Lima. Direitos fundamentais e a proteção do credor na execução civil. São Paulo: Editora Revista dos Tribunais, 2003, p. 36.

263 GUERRA, Marcelo Lima. Direitos fundamentais e a proteção do credor na execução civil. São Paulo: Editora Revista dos Tribunais, 2003, p. 104.

264 *Vedação ao non factibile"* é expressão cunhada pelo autor e que seria corolário do *"non liquet"*. MINAMI, Marcos Youji. Da vedação ao *"non factibile"*: uma introdução às medidas executivas atípicas. Salvador: Ed. JusPodivm, 2019, p. 137.

> *O princípio da efetividade não estabelece expressamente se uma execução deve ser típica ou atípica. Não obstante isso, se, no caso concreto, o procedimento previsto não é suficiente para a realização do direito, a partir da ponderação dos bens jurídicos colidentes, ele deve abrir espaço aos meios atípicos da efetivação. Evita-se, assim, o 'non factibile'.*[265]

Passou-se a se defender que o *"princípio da tipicidade dos meios executivos"*, que era compreendido como uma limitação ao poder judicial na garantia de liberdade e controle de arbítrio, cedeu espaço para o *"princípio da atipicidade"* ou *"princípio da concentração dos poderes de execução do juiz"*.[266] A tipicidade dos meios executivos é apontada como uma ideia atrelada ao Estado liberal (século XVIII), em que havia a nítida preocupação em proteger a liberdade do cidadão contra eventual arbítrio do juiz. Porém, com a mudança de perspectiva do Estado, que passa a ser visto como *"alguém que, colocando-se ao lado do cidadão, deve zelar pela proteção dos seus direitos"*, há uma quebra da tipicidade, do que se chama de engessamento dos poderes executivos do juiz.[267] Ampliam-se, portanto, os poderes executivos do juiz, exsurgindo um verdadeiro *"poder geral de efetivação"*, decorrente da premissa de que os meios executivos devem ser idôneos à tutela executiva e assim encontrados pelo julgador à luz do caso concreto, sejam eles coercitivos ou sub-rogatórios.[268]

É importante repisar que essa ideia já era defendida pela processualística antes mesmo do advento do diploma processual civil de 2015, como se demonstrou alhures, com as referências, por exemplo, à doutrina de Marcelo Lima Guerra, defensor do direito fundamental à tutela executiva e do necessário aumento dos poderes do juiz para se desincumbir do seu poder-dever de satisfazer o credor.

---

265 MINAMI, Marcos Youji. Uma justificativa às medidas executivas atípicas – da vedação ao *"non factibile"*. In: TALAMINI, Eduardo, _____ (coords.). Medidas executivas atípicas. Salvador: Editora JusPodivm, 2018, pp. 59-74.

266 DIDIER JR., Fredie, CUNHA, Leonardo Carneiro da, BRAGA, Paula Sarno, OLIVEIRA, Rafael Alexandria de. Curso de direito processual civil: execução. 7. ed. rev., ampl. e atual. Salvador: Ed. JusPodivm, 2017, pp. 99-100.

267 MARINONI, Luiz Guilherme, ARENHART, Sérgio Cruz. Curso de processo civil, volume 3: execução. São Paulo: Editora Revista dos Tribunais, 2007, p. 51.

268 DIDIER JR., Fredie, CUNHA, Leonardo Carneiro da, BRAGA, Paula Sarno, OLIVEIRA, Rafael Alexandria de. Curso de direito processual civil: execução. 7. ed. rev., ampl. e atual. Salvador: Ed. JusPodivm, 2017, pp. 99-100.

Destarte, o princípio da atipicidade ou da concentração dos poderes executivos do juiz teria sido positivado em nosso ordenamento jurídico com as previsões dos arts. 139, IV, 297 e 536, §1º, do CPC, ou seja, "*cláusulas gerais executivas*", cujo escopo seria a realização da justiça do caso concreto.[269]

De tudo o que se demonstrou até o momento, é possível afirmar, em linhas gerais, que os defensores dessa posição, partindo da premissa de que o processo é um instrumento a serviço da jurisdição (do Estado-juiz e, portanto, do poder), quer seja instrumento dotado de escopos políticos, sociais e jurídicos, quer seja instrumento ético (com os formalistas-valorativos e cooperativistas), aderem à ideia de um direito fundamental ao processo justo. O processo justo, por sua vez, tem como um de seus elementos de conformação a tutela adequada, efetiva e tempestiva, o que leva à necessidade de desenvolvimento de técnicas processuais capazes de tutelar os direitos materiais e as peculiaridades dos casos concretos que os envolvem. A partir daí, passa-se a admitir a ampliação dos poderes do juiz mediante cláusulas gerais processuais ou normas processuais abertas, insculpidas pelo legislador infraconstitucional, com o poder, inclusive, de alterar o próprio "modelo" de processo, como se vê da leitura cooperativista. Disso decorre a construção do direito fundamental à tutela executiva, um verdadeiro poder jurisdicional implícito de encontrar, caso a caso, o meio executivo pertinente e apto a conceder ao exequente a satisfação de seu direito.

Com isso, chega-se à possibilidade de aplicação das medidas executivas atípicas nas obrigações de prestação pecuniária, que, para essa doutrina, decorre do inciso IV do art. 139 do CPC. A atipicidade das medidas executivas nas obrigações pecuniárias viria ao encontro, portanto, do "processo justo". O poder se centraliza no juiz, para que ele molde o procedimento para alcançar o resultado "justo", ou seja, a satisfação do crédito. Para tanto, deve o juiz afastar a regra procedimental prevista pelo legislador infraconstitucional em virtude de sua aparente inconstitucionalidade e passar a desenhar um novo procedimento, mais adequado para o caso concreto, tema a ser tratado no Capítulo 3.

---

269 DIDIER JR., Fredie, CUNHA, Leonardo Carneiro da, BRAGA, Paula Sarno, OLIVEIRA, Rafael Alexandria de. Curso de direito processual civil: execução. 7. ed. rev., ampl. e atual. Salvador: Ed. JusPodivm, 2017, pp. 101-102.

2
GARANTISMO PROCESSUAL: SUA ORIGEM E SEU DESENVOLVIMENTO TEÓRICO NO BRASIL

2.1. AS CRÍTICAS DOS DIVERGENTES À INSTRUMENTALIDADE PROCESSUAL

O que se chama de processualismo moderno se desenvolveu desde o seu nascedouro sobre os alicerces do hiperpublicismo processual, da socialização do processo e do instrumentalismo (e aqui não se refere à chamada "fase instrumentalista"), independentemente das fases metodológicas pelas quais passou. Em que pese majoritária a doutrina que, ainda hoje, incrementa poderes judiciais, inclusive oficiosos, no afã de construir um processo que tenha o condão de cumprir escopos estatais metajurídicos, parcela da processualística censura a hiperpublicização do processo e algumas de suas apontadas consequências e/ou premissas, como o aumento dos poderes oficiosos do juiz, a persecução de um resultado justo atrelado aos interesses do Estado, a busca pela verdade, a maior ingerência judicial na direção e na condução do processo, assim como o autoritarismo judicial que daí adviriam.

Aqueles que hoje se autoproclamam garantistas processuais costumam apontar escrito de Franco Cipriani[270] como o marco do antagonismo

---

[270] O artigo *En el centenario del reglamento de Klein (El proceso civil entre libertad y autoridade)*, do processualista italiano Franco Cipriani, publicado em 1995 na *Rivista di diritto processuale*, pode ser considerado como a pedra angular da polêmica. É considerado fundamental, porquanto, a partir de um resgate histórico do processo civil da Europa, principalmente na Itália, chama a atenção para a influência exercida pela ÖZPO do Império Austro-Húngaro (*Regulamento Klein*), suas bases ideológicas e premissas, no diploma processual civil italiano de 1940, assim como em outros diplomas processuais. O processualista Alvarado Velloso o traduziu para o espanhol e o publicou na *Revista del derecho procesal*, nº 2, pp. 31 e ss, 2001. Cipriani, Franco. *En el centenario del reglamento de Klein (El proceso civil entre libertad y autoridad)*. Disponível em <https://bit.ly/2KmdROU>. Acesso em 20 abr.2020.

às correntes denominadas hiperpublicistas, provavelmente em virtude da grande ressonância das críticas dirigidas por esse processualista ao CPC italiano de 1940, código influenciado sobremaneira pela ÖZPO do Império Austro-Húngaro, cunhada por Franz Klein.[271-272] Cipriani relembra que, quando do advento do Código Austríaco, houve grande resistência à sua aplicação, porquanto os opositores da época acusavam o diploma de construir um processo com menoscabo às partes, incrementando os poderes e a "nobre" posição do juiz, não prevendo, em contrapartida, aumento proporcional de garantias de independência das partes, o que conflitava com a natureza dispositiva do processo civil etc.[273]

As premissas e bases político-ideológicas que Klein outorgou à reforma processual de 1895 foram objeto de questionamento pelos garantistas, principalmente pelo fato de que o desenvolvimento da ciência processual que a ela se sucedeu não as revelou, quer intencionalmente ou não. Melhor dizendo, a doutrina processual que se debruçou sobre o referido diploma e sobre as legislações de outros países por ele influenciadas acolheu as importações desse modelo de maneira acrítica, deixando de evidenciar que a ÖZPO foi gestada em um regime autoritário e a sua base ideológica lhe era conforme.[274] O mesmo se diz acerca do CPC italiano de 1940, com inegável inspiração do código de processo do Império Austro-Húngaro, elaborado no fascismo de Benito

---

[271] Ramos, Glauco Gumerato. Ativismo e garantismo no processo civil: apresentação do debate. *In:* DIDIER JR., Fredie, NALINI, José Renato, _____ e LEVY, Wilson. Ativismo e garantismo processual. Salvador: Ed. Jus Podivm, 2013, pp. 273-286, p. 275.

[272] A ÖZPO de Franz Klein influenciou diplomas processuais no mundo e, também, no Brasil, nos CPCs de 1939 e 1973. BUZAID, Alfredo. Exposição de motivos do código de processo civil, capítulo II – Do sistema do Código de Processo Civil vigente, item 3. p. 11. Disponível em < https://bit.ly/2VqmmyO>. Acesso em 20 abr. 2020.

[273] CIPRIANI, Franco. *En el centenario del reglamento de Klein (El proceso civil entre libertad y autoridad).* Disponível em <https://bit.ly/2KmdROU>. Acesso em 20 abr.2020.

[274] Não há como deixar de consignar que a atuação dos juízes de Klein e a sua aplicação da lei eram controladas e submissas ao Poder Executivo, através de fiscais que operavam em nome do então Ministro da Justiça do Império. Durante a longa "vacation legis" do Código, teria havido uma preparação *"con mano dura"* dos juízes para o aplicarem. *Cfr:* CIPRIANI, Franco. *En el centenario del reglamento de Klein (El proceso civil entre libertad y autoridad).* Disponível em < https://bit.ly/2KmdROU>. Acesso em 20 abr.2020.

Mussolini, sob a batuta de Dino Grandi.[275] Para os garantistas, revela-se inaceitável ignorar a ideologia dos códigos que nos regem, até mesmo porque a interpretação das regras se vincula a estas bases.[276-277]

Para Klein, o processo era um palco fomentador de ódio e paixões fatais, com prejuízos à economia nacional, gerando gastos, perda de tempo e outros infortúnios, de forma que deveria ser eliminado com rapidez, simplicidade e baixo custo. Também não poderia ser deixado nas mãos das partes e os juízes, em nome do Estado, precisavam conduzi-lo com amplos poderes discricionários, porquanto o processo necessitava satisfazer (além dos interesses particulares, e até a despeito deles) os mais altos valores sociais, admitindo-se, ocasionalmente, a limitação da liberdade das partes em benefício de toda a coletividade e do Estado.[278]

---

[275] CIPRIANI, Franco. *El proceso civil italiano entre revisionistas y negacionistas*. In: MONTERO AROCA, Juan (coord.). *Proceso civil e ideología*. Valencia : Tirant lo blanch, 2006, pp. 51-64.

[276] MONTERO AROCA, Juan. Prólogo de *Proceso civil e ideología*. In: _____ (coord.). *Proceso civil e ideología*. Valencia : Tirant lo blanch, 2006, pp. 15-28, p. 16. Nesta mesma linha: MONTERO AROCA, Juan. *El proceso civil llamado "social" como instrumento de "justicia" autoritária*. In: _____ (coord). *Proceso civil e ideología*. Valencia : Tirant lo blanch, 2006, pp. 129-165. Neste mesmo sentido, por todos ver: COSTA, Eduardo José da Fonseca. Uma espectroscopia ideológica do debate entre garantismo e ativismo. In: DIDIER JR., Fredie, NALINI, José Renato, RAMOS, Glauco Gumerato, e LEVY, Wilson. Ativismo e garantismo processual. Salvador: Ed. Jus Podivm, 2013, pp. 171-186.

[277] Uma das importantes questões levantadas pelos garantistas em suas reflexões acerca das legislações processuais desde a ÖZPO, é a de que não existem códigos politicamente neutros, assépticos. MONTERO AROCA, Juan. Prólogo de *Proceso civil e ideología*. In: MONTERO AROCA, Juan (coord.). *Proceso civil e ideología*. Valencia : Tirant lo blanch, 2006, pp. 15-28, p. 16. Nesta mesma linha: MONTERO AROCA, Juan. *"El proceso civil llamado "social" como instrumento de "justicia" autoritária"*. In: _____ (coord). *Proceso civil e ideología*. Valencia : Tirant lo blanch, 2006, pp. 129-165. Neste mesmo sentido, por todos ver: COSTA, Eduardo José da Fonseca. Uma espectroscopia ideológica do debate entre garantismo e ativismo. In: DIDIER JR., Fredie, NALINI, José Renato, RAMOS, Glauco Gumerato, e LEVY, Wilson. Ativismo e garantismo processual. Salvador: Ed. Jus Podivm, 2013, pp. 171-186.

[278] Neste sentido, por todos ver: PICARDI, Nicola. *Le riforme processuali e sociali di Franz Klein*. In: Historia et ius - rivista di storia giuridica dell'età medievale e moderna. 2/2012 – paper 16. Disponível em <https://bit.ly/3brjsiT>. Acesso em 21 abr.2020; MONTERO AROCA, Juan. *La nueva Ley de Enjuiciamiento Civil española y la oralidade*. Disponível em < https://bit.ly/2RYA1L4>. Acesso em 21 abr.2020.

Ao contrário do que se costuma afirmar, Klein não poderia ser taxado de pai do socialismo jurídico, assim como discípulo de Anton Menger, porque, com o seu modelo processual, suas premissas e aumento dos poderes oficiosos dos juízes, não buscava beneficiar ou assistir os pobres. Enquanto Menger efetivamente pregava a assistência pelo próprio juiz à parte mais débil, assumindo uma postura de advogado nos autos, Klein não teria essa preocupação, mas sim a de defesa dos interesses e dos ideais do Estado. O processo de Klein ostentava as marcas de autoritarismo e moralismo, sua concepção publicística era nomeadamente antiliberal, tolhendo a liberdade das partes, subtraindo-lhes o direito de dispor do tempo do processo, neutralizando-as e, em compensação, garantindo aos juízes amplos poderes discricionários para a condução e administração processual, pois se acreditava que apenas com a diminuição das garantias das partes, atingir-se-ia a eficiência.[279]

A socialização do processo que se seguiu com o Código do Império Austro-Húngaro, com influência sobre vários ordenamentos jurídicos, fez alastrar a ideia da função social do processo e da sua natureza de instrumento para se atingir o bem-estar social, moldando-se o juiz em um autêntico gestor processual. O processo social de Klein se sedimentou em postulados de busca da verdade material e aumento dos poderes oficiosos judiciais, até mesmo de produção probatória, revelando uma concepção totalitária e *"propiciadora de los poderes del Estado"*,[280] conforme revela Montero Aroca:

> *las repetidas alusiones a que el proceso es el medio para que las partes y sus abogados colaboren con el juez en la obtención de lo más justo, en el descubrimiento de la verdad o de la justicia material, sólo se comprenden en un contexto ideológico que parte de dar como sobreentendido que los ciudadanos no tienen derecho a "pelear" por lo que crean que es suyo y a hacerlo con todas las armas que les proporciona el ordenamiento jurídico. Sólo el juez autoritario, fascista o comunista, lo mismo da, es el juez que se cree ungido, por no se sabe muy bien qué fuerza de la divinidad o del destino, para hacer justicia entre los hombres. El*

---

279 CIPRIANI, Franco. *El proceso civil italiano entre eficiencia y garantias.* In: CIPRIANI, Franco. *Batallas por la justicia civil.* Lima: Cultural Cuzco, 2003, pp. 117-129. Neste mesmo sentido, do reconhecimento do processo de Klein como antiliberal e autoritário, por todos ver MATTIROLO, Luigi. *Autoritarismo y garantismo en el proceso civil (a propósito del art. 187, 3º párrafo, C.P.C.).* In: CIPRIANI, Franco. *Batallas por la justicia civil.* Lima: Cultural Cuzco, 2003, pp. 131-157.

280 MONTERO AROCA, Juan. *Los princípios políticos de la nueva Ley de Enjuiciamiento Civil – los poderes del juez y la oralidad.* Valencia: Tirant lo Blanch, 2001, p. 120.

> *juez liberal y garantista se limita, más modestamente, a pretender hacer efectivo el derecho positivo entre los ciudadanos, a aplicar la ley.*[281]

Semelhante é a advertência de Adolfo Alvarado Velloso:

> De ahi que cierta doctrina actual propone con insistência abandonar para siempre el método de debate conocido como proceso y suplantarlo con la mera sagacidad, sapiência, dedicación y honestidad de la persona del juez, a quien cabe entregar toda la potestad de lograr autoritariamente esa justicia dentro de los márgenes de su pura y absoluta subjetividad.[282]

A importação acrítica do modelo processual de Franz Klein também se deve muito à promessa de que se tratava de um processo célere, efetivo, pouco custoso, norteado pelos princípios da oralidade, imediatidade e concentração e instrução probatória de ofício,[283] dirigido e conduzido firmemente pelo juiz em superação à visão do processo como coisa das partes e as experiências negativas do privatismo processual – processos que duravam décadas a fio, que eram impulsionados pelos litigantes e tinham como espectador um juiz complacente e inerte. Por se dizer um modelo a ultrapassar o privatismo processual, aqueles que se opuseram ao processo de Klein foram taxados de "neoprivatistas",[284] designação duramente criticada por Cipriani, pois

---

[281] *As repetidas alusões de que o processo é o meio para as partes e seus advogados colaborarem com o juiz na obtenção do mais justo, na descoberta da verdade ou da justiça material, só são entendidas em um contexto ideológico que implica que os cidadãos não têm o direito de "lutar" pelo que eles acreditam ser deles e de fazê-lo com todas as armas fornecidas pelo sistema legal. Somente o juiz autoritário, fascista ou comunista, isso não importa, é o juiz quem acredita que ele é ungido, por não se sabe qual força da divindade ou destino, para fazer justiça entre os homens. O juiz liberal e garantista se limita, mais modestamente, a reivindicar a efetivação do direito positivo entre os cidadãos, a aplicar a lei"* (em tradução livre). MONTERO AROCA, Juan. *Los princípios políticos de la nueva Ley de Enjuiciamiento Civil – los poderes del juez y la oralidad.* Valencia: Tirant lo Blanch, 2001, p. 108.

[282] ALVARADO VELLOSO, Adolfo. *La imparcialidad judicial y el sistema inquisitivo de juzgamento.* In: MONTERO AROCA, Juan (coord). *Proceso civil e ideología.* Valencia: Tirant lo Blanch, 2006. pp. 217-247. p. 220.

[283] CIPRIANI, Franco. *En el centenario del reglamento de Klein (El proceso civil entre libertad y autoridad).* Disponível em < https://bit.ly/2KmdROU>. Acesso em 20 abr.2020.

[284] Esta expressão foi cunhada por Barbosa Moreira para se referir ao movimento dos garantistas que, segundo ele, buscavam ressuscitar uma mentalidade que prevaleceu no passado, quando o processo era tido como coisa das partes. Moreira, José Carlos Barbosa. *El neoprivatismo en el proceso civil.* In: MONTERO AROCA, Juan (coord). *Proceso civil e ideología.* Valencia: Tirant lo blanch, 2006, pp. 199-215.

os dissonantes não pregavam um retorno ao privatismo, mas sim um processo civil de feição garantista, conduzido por juízes independentes e despidos de poderes judiciais discricionários e diretivos, os quais deixariam as partes à mercê de potenciais abusos judiciais. O antagonismo se voltava contra o hiperpublicismo processual.[285]

A moralização excessiva do debate processual, impondo às partes e a seus advogados o atuar com boa-fé objetiva, no sentido de colaborar com o juiz para se chegar a uma decisão plena de justiça, foi rechaçada pelos garantistas, que a acusam de ser tributária de vetusta concepção instrumentalista, em que se exige que os litigantes sejam compelidos a abrir mão da melhor estratégia para a defesa dos interesses privados em prol de um benefício comum mais elevado,[286] uma cooperação máxima. A construção do processo em função do juiz e/ou do Estado, *contrario sensu*, é o mesmo que submeter as partes a um controle paternalístico castrador e acaba por acarretar em expropriação de seus direitos e de suas liberdades.[287]

Os críticos ao excesso de publicismo proporcionado por esse modelo de processo denotam que, ao se hipertrofiarem os poderes do juiz, necessariamente minguam-se as garantias das partes, desde o início até o final do processo. Os poderes judiciais inerentes ao modelo de processo de Klein derivariam de *"excesos publicísticos (pero em realidade autoritários)"*, que devem ser combatidos pela ciência processual e pelos legisladores.[288] Ao se permitir e se incentivar que os juízes tragam ao processo fatos não alegados pelas partes, provas por elas não

---

[285] CIPRIANI, Franco. *En el centenario del reglamento de Klein (El proceso civil entre libertad y autoridad)*. Disponível em < https://bit.ly/2KmdROU>. Acesso em 20 abr.2020.

[286] MONTERO AROCA, Juan. *El proceso civil llamado "social" como instrumento de "justicia" autoritária*. In: _____ (coord). *Proceso civil e ideología*. Valencia : Tirant lo blanch, 2006, pp. 129-165.

[287] MONTELEONE, Girolamo. *El actual debate sobre las orientaciones publicistas del proceso civil*. In: MONTERO AROCA, Juan. (coord). *Proceso civil e ideología*. Valencia : Tirant lo blanch, 2006, pp. 173-197.

[288] CIPRIANI, Franco. *El proceso civil entre viejas ideologias y nuevos eslóganes*. In: MONTERO AROCA, Juan (coord.). *Proceso civil e ideología*. Valencia : Tirant lo blanch, 2006, pp. 81-95. Em sentido contrário, defende PICÓ I JUNOY que há que se chegar em um meio termo, porquanto a eficácia do processo sem garantismo é constitucionalmente inconcebível, enquanto o garantismo sem a eficácia obstaculizaria o alcance da tutela justa, destacando que a justiça é um valor supremo na maioria das constituições.

requeridas, ultimam-se abalados os seus direitos subjetivos, com a redução dos seus poderes, de sua liberdade e autonomia, configurando um processo antiliberal e autoritário, próprio e consentâneo com o momento histórico do processualismo científico e da formação do instrumentalismo processual, porém não mais adequado às constituições atuais, razão pela qual estes ideais não podem seguir sendo defendidos.[289] Referido excesso de publicismo sujeita as partes aos poderes discricionários do juiz, às finalidades políticas e sociais a serem alcançadas pela jurisdição, transformando o processo em instrumento para a celebração da justiça, para a atuação de uma justiça qualificada ora como social, ora como política, ora como protetora das classes mais fracas, a depender das inclinações momentâneas.[290]

Uma das características do processo de Klein mais criticada por esses doutrinadores que abraçaram uma visão garantista do processo – como Cipriani, Montero Aroca e Alvarado Velloso –, é a que diz respeito à busca da verdade no processo, instrumentalizada pela atribuição de poderes probatórios oficiosos aos juízes. Sob a perspectiva liberal e garantista, a partir do momento em que se permite ao juiz atuar ativamente na instrução probatória, ele passa a agir como se parte fosse, ou seja, praticando atos típicos de parte, desvirtuando o seu papel de terceiro imparcial (subjetivamente desinteressado) e impartial (que não desempenha papel de parte), que é uma garantia orgânica de todo processo.[291] Crítica semelhante se volta à justificativa de que seria preciso permitir poder probatório ao juiz para se alcançarem decisões justas,

---

[289] MONTERO AROCA, Juan. *Los princípios políticos de la nueva Ley de Enjuiciamiento Civil – los poderes del juez y la oralidad*. Valencia: Tirant lo Blanch, 2001, pp. 66-72; MONTELEONE, Girolamo. *El actual debate sobre las orientaciones publicistas del proceso civil*. In: MONTERO AROCA, Juan. (coord). *Proceso civil e ideología*. Valencia : Tirant lo blanch, 2006, pp. 173-197.

[290] MONTELEONE, Girolamo. *Princípios e ideologias dei proceso civil. Impresiones de un "revisionista"*. In: MONTERO AROCA, Juan (coord.). *Proceso civil e ideología*. Valencia : Tirant lo blanch, 2006, pp. 97-107, p. 98. Neste mesmo sentido, tratando do mito do processo social, que surgiu com a publicização, de que o processo é um instrumento de justiça e, portanto, quanto maiores os poderes do juiz, tanto mais justiça se alcançará. MONTERO AROCA, Juan. *El proceso civil llamado "social" como instrumento de "justicia" autoritária*. In: _____ (coord). *Proceso civil e ideología*. Valencia : Tirant lo blanch, 2006, pp. 129-165, pp. 148-149.

[291] MONTERO AROCA, Juan. *El proceso civil llamado "social" como instrumento de "justicia" autoritária*. In: _____ (coord). *Proceso civil e ideología*. Valencia : Tirant lo blanch, 2006, pp. 129-165.

porquanto inexiste qualquer dado empírico ou teórico a assegurar que as sentenças são tão mais justas no processo quanto mais oficiosamente se comporta o juiz, ou então que as provas carreadas pelo juiz são qualitativamente melhores do que as das partes e seus advogados, ou que representam mais fielmente a maneira como os fatos se passaram na realidade.[292]

Afora as críticas ao hiperpublicismo processual, é possível afirmar que Alvarado Velloso avançou nas bases teóricas e demonstrou preocupação em conceituar o processo conforme os ideais de liberdade e garantia. Iniciou seu intento rechaçando a concepção de processo como um instrumento a ser utilizado para se alcançar a verdade, que é dotada de relatividade e não é problema que, precipuamente, compete ao direito resolver.[293] O processo, para ele, seria um método *"neutro"* para se alcançar um objetivo, que é a sentença, de modo que a melhor das intenções para se fazer justiça em dado caso não pode vulnerar o próprio método.[294] Ao contrário do sistema inquisitivo, em que o processo é um método de investigação, no sistema acusatório ou dispositivo, o processo é um método pacífico de debate dialogal e argumentativo *"que se realiza entre dois sujeitos naturalmente desiguais em posições antagônicas em relação a um mesmo bem da vida e que se igualam juridicamente para os fins da atuação do diretor do debate"*, ou seja, o juiz, que deve contar inexoravelmente com três qualidades: imparcialidade, impartialidade e independência.[295]

Enquanto no processo como método de investigação, o sujeito mais importante é o juiz, convertendo-se as partes em objeto da busca pela verdade, na perspectiva de método de discussão, as partes são os sujei-

---

[292] Neste sentido: MONTELEONE, Girolamo. *El actual debate sobre las orientaciones publicistas del proceso civil.* In: MONTERO AROCA, Juan. (coord). *Proceso civil e ideología.* Valencia : Tirant lo blanch, 2006. pp. 173-197.

[293] ALVARADO VELLOSO, Adolfo. *La imparcialidad judicial y el sistema inquisitivo de juzgamento.* In: MONTERO AROCA, Juan (coord). *Proceso civil e ideología.* Valencia: Tirant lo Blanch, 2006. pp. 217-247.

[294] ALVARADO VELLOSO, Adolfo. *La imparcialidad judicial y el sistema inquisitivo de juzgamento.* In: MONTERO AROCA, Juan (coord). *Proceso civil e ideología.* Valencia: Tirant lo Blanch, 2006, pp. 217-247, p. 226.

[295] ALVARADO VELLOSO, Adolfo. O garantismo processual. In: DIDIER JR., Fredie, NALINI, José Renato, RAMOS, Glauco Gumerato, e LEVY, Wilson. Ativismo e garantismo processual. Salvador: Ed. Jus Podivm, 2013, pp. 13-34, pp. 14-15.

tos relevantes e o debate é legalmente regulado.[296] As partes, naturalmente desiguais, são igualadas pelo e no processo e todo o regramento a respeito dele deve sempre observar dois princípios fundamentais, dele indissociáveis: a imparcialidade do julgador e a igualdade das partes. A partir do momento em que esses dois princípios, ou um deles, não são respeitados, estar-se-ia diante de algo que parece um processo, mas em essência não o é.[297]

O grande princípio a diferenciar as correntes instrumentalista e garantista seria o da imparcialidade judicial, que se subdivide em três elementos: (a) a impartialidade, a exigir que o julgador não se coloque na posição de parte, isto é, que ele guarde a qualidade de terceiro (*terzietá*); (b) a imparcialidade, configurada a partir da atuação subjetivamente desinteressada do julgador e; (c) a independência, que corresponde ao agir sem subordinação hierárquica quanto aos litigantes.[298] Portanto, quando se fala em imparcialidade em sentido *lato*, está-se a referir não apenas à falta de interesse pessoal do magistrado, mas também à sua falta de interesse funcional. Juiz não pode desempenhar papel que seja típico de parte, portanto, não pode produzir provas, não pode inserir fatos não aventados pelas partes, não pode auxiliar os litigantes, sob pena, ademais, de violar o segundo princípio fulcral do processo, que é a igualdade das partes, a *"paridade de oportunidades e de audiência"*.[299]

O "movimento jusfilosófico" do garantismo preconiza o respeito irrestrito à Constituição e, consequentemente, um juiz que se comprometa a respeitar as garantias constitucionais a todo custo. Ontologicamente, o processo é uma garantia constitucional "máxima" em prol da defesa dos direitos individuais estatuídos na Constituição, em posição antagônica ao movimento do *"solidarismo o decisionismo*

---

[296] ALVARADO VELLOSO, Adolfo. *Proceso y República*. Fundación para el Desarrollo de las Ciencias Jurídicas, 2017, p. 20.

[297] ALVARADO VELLOSO, Adolfo. *La imparcialidad judicial y el sistema inquisitivo de juzgamento*. In: MONTERO AROCA, Juan (coord). *Proceso civil e ideología*. Valencia: Tirant lo Blanch, 2006, pp. 217-247, p. 226.

[298] ALVARADO VELLOSO, Adolfo. O garantismo processual. In: DIDIER JR., Fredie, NALINI, José Renato, RAMOS, Glauco Gumerato, e LEVY, Wilson. Ativismo e garantismo processual. Salvador: Ed. Jus Podivm, 2013, pp. 13-34.

[299] ALVARADO VELLOSO, Adolfo. O garantismo processual. . In: DIDIER JR., Fredie, NALINI, José Renato, RAMOS, Glauco Gumerato, e LEVY, Wilson. Ativismo e garantismo processual. Salvador: Ed. Jus Podivm, 2013, pp. 13-34, pp. 17-19.

procesal", cujas bandeiras são a justiça, a verdade, o juiz comprometido com o seu tempo, com a sociedade, com a parte mal representada.[300] O "devido processo", assim definido em quase todas as Constituições do continente americano, espraia dois significados: (a) o de limite ao Poder e; (b) o de garantia a todo cidadão, necessária para resguardar os direitos constitucionalmente assegurados.[301]

O antagonismo entre o instrumentalismo e o garantismo poderia ser melhor definido como a disputa entre o autoritarismo e o garantismo, nas palavras de Cipriani:

> *Por lo tanto, debiéndose excluir que, desde cuando existe el Estado moderno, hayan alguna vez existido legisladores o estudiosos con una concepción privatista o agnóstica del proceso civil, es evidente que la contraposición debe hacerse entre aquellos que prefieren el garantismo y aquellos que aman el autoritarismo, o bien, como agudamente se ha dicho, entre una concepción «liberal y realista» y una concepción «autoritaria y moralista». La concepción de Klein, luego, no puede razonablemente ser considerada (solamente) publicista, sino que debe ser considerada como «antiliberal y, en cierto sentido, autoritaria», más bien «fuertemente autoritaria» y, agregaría, moralista: cuando se les quitan derechos a las partes y se otorgan poderes discrecionales al juez se hace autoritarismo procesal; y cuando se ve en el proceso un «mal social» y una «herida en el cuerpo de la sociedad», se hace moralismo.*[302]

As bases teóricas do movimento garantista e sua concepção de processo, opostas ao pensamento doutrinário hegemônico no Brasil, desembarcaram por essas terras através do processualista Glauco Gumerato Ramos.[303] A partir de então, do conhecimento de outras vertentes doutrinárias, da apresentação do movimento garantista e do amadurecimento de ideias, alguns processualistas brasileiros se identificaram com tal pensamento crítico e passaram a elaborar suas ideias sob a concepção garantista de processo. Como se poderá ver adiante, o pensamento está escorado nos direitos fundamentais da Constituição

---

[300] ALVARADO VELLOSO, Adolfo. *Proceso y República*. Fundación para el Desarrollo de las Ciencias Jurídicas, 2017, p. 81-83.

[301] ALVARADO VELLOSO, Adolfo. *Proceso y República*. Fundación para el Desarrollo de las Ciencias Jurídicas, 2017, pp. 15-16.

[302] CIPRIANI, Franco. *En el centenario del reglamento de Klein (El proceso civil entre libertad y autoridad)*. Disponível em < https://bit.ly/2KmdROU>. Acesso em 20 abr.2020.

[303] Ramos foi orientando do professor Adolfo Alvarado Velloso, no programa de *maestría em derecho procesal*, na Universidad Nacional de Rosario (UNR – Argentina).

Federal, que serve de base e plataforma de lançamento para o garantismo processual brasileiro.

Especificamente no Brasil, antes mesmo do surgimento da corrente de pensamento do garantismo processual, como já dito anteriormente, as correntes publicistas do processo – o instrumentalismo, o formalismo-valorativo e o cooperativismo –, embora tenham se desenvolvido (e ainda se desenvolvam) através de discurso prevalecente, não ficaram imunes a críticas. Doutrinadores como J.J. Calmon de Passos, Aroldo Plínio Gonçalves, José Alfredo de Oliveira Baracho, Rosemiro Pereira Leal, André Cordeiro Leal, Georges Abboud e outros, sem embargo não possam ser considerados garantistas, divergiram e censuraram a teorização do processo como instrumento a ser utilizado por um juiz com poderes implícitos fortificados, assim como alguns excessos publicísticos, abraçando concepções do processo a partir da perspectiva da parte, em uma noção de limitação do poder estatal.

Uma das críticas efetuadas por essa parcela doutrinária diz respeito à não revelação clara e inequívoca dos pilares sustentadores do discurso instrumentalista, assim como à ignorância ou camuflagem quanto ao custo social e político por ele provocado no passado, olvidando-se das consequências de se defender um pensamento que, inevitavelmente, aumenta os poderes do juiz e altera o seu papel no processo, o qual, segundo os defensores do processo instrumental da jurisdição, se destina ao fim/valor "justiça".[304] A instrumentalidade do processo é apontada como uma corrente doutrinária que, através das reformas processuais sobre ela alicerçadas, deu ensejo ao desequilíbrio no processo, na medida em que sobrevalorizou o papel do juiz, colocando em posição de proeminência, portanto, o poder, e favorecendo o arbítrio estatal. Ao termo instrumentalidade, teriam se colado a *"celeridade"*, a *"efetividade"*, a *"deformalização"*, *"palavras mágicas"* que se revelam puro ilusionismo.[305]

A escola instrumentalista pecaria ao conectar o processo à jurisdição, convertendo aquele em instrumento desta, na persecução dos escopos social, político e jurídico, *"como se fosse uma corda a serviço da atividade jurisdicional nas mãos do juiz para puxar pela coleira mágica a justiça redentora para todos"*. Na esteira de Rosemiro Pereira Leal, a jurisdi-

---

[304] PASSOS, José Joaquim Calmon de. Instrumentalidade do processo e devido processo legal. In: Revista de Processo | vol. 102/2001 | p. 55 - 67 | Abr - Jun / 2001.

[305] PASSOS, José Joaquim Calmon de. Instrumentalidade do processo e devido processo legal. In: Revista de Processo | vol. 102/2001 | p. 55 - 67 | Abr - Jun / 2001.

ção é uma função do Estado, que apenas se legitimaria ao desempenhá-la mediante o processo. O processo jamais pode ser ferramenta da jurisdição,[306] até porque, diferentemente do que acreditam ou, ao menos, defendem os "instrumentalistas", o processo não é dotado de propriedades e sequer de finalidades redentoras, que se encerram com a pacificação social, operada por um juiz salvador, justo etc.[307] A partir do desenvolvimento da sua teoria neoinstitucionalista do processo,[308] Leal afirma que definir o processo como um instrumento a servir a jurisdição e atribuir-lhe escopos, tendo como base a teoria da relação jurídica – que sustenta, inclusive, os instrumentalistas de hoje – escapa a qualquer balizamento jurídico, inserindo-o em *"fatalismo sociológico e historicista"* já superado a partir do constitucionalismo. Esse movimento, que trouxe a percepção de que era imprescindível assegurar direitos fundamentais de liberdade e de dignidade do povo em constituições, conferiu ao processo um *status* de direito fundamental constitucionalizado.[309]

Os escopos metajurídicos do processo, tais como o social e o político, propostos pela doutrina da instrumentalidade, escapam ao objeto de investigação do direito processual, pois têm por tema outra área do conhecimento, não integrando, por conseguinte, a dimensão da

---

[306] LEAL, Rosemiro Pereira. Teoria geral do processo: primeiros estudos. 13. ed. Belo Horizonte: Fórum, 2016, p. 146.

[307] LEAL, Rosemiro Pereira. Teoria geral do processo: primeiros estudos. 13. ed. Belo Horizonte: Fórum, 2016, p. 162.

[308] A teoria neoinstitucionalista do processo, proposta pelo processualista Rosemiro Pereira Leal, assume ser o processo uma instituição constitucionalizada: um *"conjunto de institutos jurídicos reunidos ou aproximados pelo texto constitucional com a denominação jurídica de devido processo, cuja característica é assegurar (...) o exercício dos direitos criados e expressos ordenamento constitucional e infraconstitucional por via de procedimentos estabelecidos em modelos legais (devido processo legal)..."*. É possível inferir de suas lições que, para esta teoria, o processo é uma instituição de participação social e democrática na tomada de decisões do Estado. O atuar do poder jurisdicional apenas se legitima através da instituição processo. LEAL, Rosemiro Pereira. Teoria geral do processo: primeiros estudos. 13. ed. Belo Horizonte: Fórum, 2016, pp. 150-158.

[309] LEAL, Rosemiro Pereira. Teoria geral do processo: primeiros estudos. 13. ed. Belo Horizonte: Fórum, 2016, p. 149.

ciência jurídica.[310] Uma vez consolidado o ordenamento jurídico, não se pode admitir que o poder jurisdicional seja exercido fora da legalidade constitucional, sequer sob a justificativa de atingir a pacificação social, a educação do jurisdicionado e a realização de justiça material. As garantias constitucionais do processo voltam-se em favor do indivíduo, do cidadão, de que o Estado não interferirá em seus direitos, quer individuais, quer coletivos, sem o devido processo pré-constituído (e não pós-constituído).[311] Aroldo Plínio Gonçalves ensina que o processo é *"instrumento disciplinado pela lei para permitir a manifestação do Poder Jurisdicional (...), mas é, também, instrumento pelo qual o Estado se submete ao próprio Direito que a nação instituiu"*, ou seja, deve ser concebido como um limite mesmo para a atividade jurisdicional.[312]

Também adepto à teoria neoinstitucionalista do processo, André Cordeiro Leal afirma que a doutrina processual majoritária não conseguiu se desvencilhar do *"núcleo judicialista"* da jurisdição presente no que ele chama de *"paradoxo de Bülow"*, até porque Bülow não teria verdadeiramente fundado uma ciência do processo, ao menos nos parâmetros atuais, mas sim uma *"tecnologia da jurisdição"*, tratando apenas de técnicas de aperfeiçoamento, de reforço dos poderes judiciais, de sustentação do decisionismo judicial.[313] Segue advertindo que, apesar da escola instrumentalista do processo tentar se desvencilhar da postura técnico-jurídica atribuída à fase autonomista, pregando a necessidade de que os operadores jurídicos tomem ciência do caráter teleológico do processo, a verdade é que ela apenas altera a finalidade da técnica, que deve se voltar à realização dos valores do Estado e da sociedade atual. Desloca-se, outrossim, a então criticada atuação da

---

[310] Sobre ciência jurídica e os seus limites, por todos conferir a série de 3 artigos, todos publicados na coluna do garantismo processual, de DIETRICH, William Galle: #53 - Ciência Jurídica e garantismo processual – 1ª parte. Disponível em : <https://bit.ly/3imakz8>; #62 - Ciência Jurídica e garantismo processual – 2ª parte. Disponível em : <https://bit.ly/3dcSBYB>; e #72 - Ciência Jurídica e garantismo processual – 3ª parte. Disponível em : <https://bit.ly/2DuZ6cF>. Todos acessados em 07 ago.2020.

[311] GONÇALVES, Aroldo Plínio. Técnica processual e teoria do processo. Rio de Janeiro: Aide editora., 1992, pp. 183-184.

[312] GONÇALVES, Aroldo Plínio. Técnica processual e teoria do processo. Rio de Janeiro: Aide editora., 1992, pp. 07-12.

[313] LEAL, André Cordeiro. Instrumentalidade do processo em crise. Belo Horizonte: Mandamentos, 2008, pp. 129-149.

vontade concreta da lei para a atuação da vontade concreta do julgador, em quem se deposita a capacidade de acessar os valores reinantes na sociedade e transpô-los às suas decisões.[314]

Para Georges Abboud e Guilherme Lunelli, a instrumentalidade do processo de Dinamarco, uma das mais influentes teorias dentro da ciência processual até hoje desenvolvidas no Brasil, ao propor o deslocamento do centro gravitacional da ciência do processo da ação para a jurisdição, preocupa-se com a publicização do processo, a qual é garantida, por sua vez, com a realização dos fins do Estado, elencados como escopos processuais – social, político e jurídico. O que se dessume da corrente instrumentalista, e é criticado por Abboud e Lunelli, é que se trata de uma doutrina que preconiza um modelo falacioso de *"juiz antena"*, ou seja, um intérprete qualificado, capacitado e legitimado para *"captar os anseios sociais dominantes – as escolhas axiológicas da sociedade – construindo as suas decisões/interpretações com base nos valores majoritários por ele 'receptados' "*. Esse *standard* de juiz se aproxima àquele não desejado e inerente ao ativismo judicial, compreendido como uma *"degeneração ideológica da atividade interpretativa-aplicativa do Judiciário"*, na medida em que o julgador se afasta da legalidade vigente para impor o seu senso de justiça, conduzindo a um *"modelo não democrático de magistratura"*. Aliás, outra censura de referidos autores à corrente instrumentalista se volta à preocupação frequente com o elemento justiça, presente em toda a obra de Dinamarco, que defende como um dos principais escopos do processo a eliminação dos conflitos mediante critérios justos, sem, contudo, esclarecer como se chega a uma concepção de justiça. E isso se deveria ao fato de que os instrumentalistas apostam na percepção do juiz, no seu subjetivismo, para se alcançar tal valor, o que seja justo e injusto,[315] numa *"visão politicamente correta do direito, que ama a justiça, porém odeia a Constituição"*.[316] Concluindo, portanto, que, conforme a doutrina instrumentalista, o sentimento de justiça e a subjetividade do julgador importam mais do que o processo legislativo-democrático, já

---

314 LEAL, André Cordeiro. Instrumentalidade do processo em crise. Belo Horizonte: Mandamentos, 2008, pp. 129-149.

315 ABBOUD, Georges; LUNELLI, Guilherme. Ativismo judicial e instrumentalidade do processo. Diálogos entre discricionariedade e democracia. Revista de Processo | vol. 242/2015 | p. 21 - 47 | Abr / 2015.

316 ABBOUD, Georges. Discricionariedade administrativa e judicial: o ato administrativo e a decisão judicial. São Paulo : Editora Revista dos Tribunais, 2014, p. 459.

que se defende que o intérprete substitua a lei por um ato de vontade, refutam-na e lembram que, no Estado Constitucional, não se aplica a lei de acordo com o que se acha mais justo ou em consonância com o sentimento de quem interpreta, o que pode levar a um perigoso ativismo judicial.[317]

Em outro artigo de Abboud, em co-autoria com Rafael Tomaz de Oliveira, traça-se um paralelo entre a instrumentalidade do processo e o modelo estatalista de Maurizio Fioravanti, no sentido de que, ao alçar a jurisdição ao centro da teoria geral do processo, a instrumentalidade se concentra no juiz e, ao invés de limitá-lo, amplia sobremaneira seus poderes. Além disso, ela coloca o indivíduo numa relação de sujeição para com o Estado, em que aquele, ao invés de sujeito titular de direitos, se torna submetido a deveres impostos pelo último.[318]

Em censura à apologia doutrinária da efetividade do processo como sinônimo da efetividade da sentença, Calmon de Passos ensina que o processo e a tutela jurisdicional não se legitimam pela autoridade da decisão judicial. A legitimidade de ambos está essencialmente vinculada a uma decisão que se revele como um ato por meio do qual o juiz se desincumba em obediência fiel e estrita ao devido processo legal (constitucional). O justo, numa democracia, não é aquilo *"captado de algo metafísico, religioso ou enraizado na tradição, valioso em si mesmo e por si mesmo, a ser revelado por este novo 'homem sagrado' da sociedade moderna, o magistrado"*, mas sim o que definido por quem participa da tarefa democrática de autorregulação da convivência política.[319] Os juízes submetem-se ao império da lei, decorrente da nossa Constituição vigente e do princípio da legalidade nela estabelecido. A mesma força gravitacional democrática que vincula os indivíduos à lei aplica-se ao Estado-Juiz. Desse modo, o Poder Estatal está estritamente limitado

---

317 ABBOUD, Georges; LUNELLI, Guilherme. Ativismo judicial e instrumentalidade do processo. Diálogos entre discricionariedade e democracia. Revista de Processo | vol. 242/2015 | p. 21 - 47 | Abr / 2015; ABBOUD, Georges. Discricionariedade administrativa e judicial: o ato administrativo e a decisão judicial. São Paulo : Editora Revista dos Tribunais, 2014, p. 460.

318 ABBOUD, Georges; OLIVEIRA, Rafael Tomaz de. O dito e o não-dito sobre a instrumentalidade do processo: críticas e projeções a partir de uma exploração hermenêutica da teoria processual. Revista de Processo | vol. 166 | p. 27 | Dez / 2008.

319 PASSOS, José Joaquim Calmon de. Cidadania e Efetividade do Processo. RDC Nº 1 Set.-Out/99. Disponível em <https://bit.ly/2YHNEm9>. Acesso em 07 mai.2020.

às competências previstas na Constituição.[320] A defesa da efetividade do processo, da efetividade da tutela jurídica, como se fossem fins valiosos em si mesmos, atrelada à ideia de que o processo é um instrumento a ser utilizado pelo juiz na persecução de um resultado justo, corresponderia ao mesmo que se buscar o exercício antidemocrático do poder político no âmbito jurisdicional.[321]

As críticas também se voltam ao movimento renovatório do direito processual, eclodido no Brasil ao final do Século XX, portando uma bandeira que prega que, para que a Constituição seja efetivamente implementada, imprescindível se afastar a hegemonia do legislador infraconstitucional e se transferir a legitimidade da concreção de referido mister para o Judiciário. Calmon de Passos adverte se tratar de "*jogo de linguagem*", com propósitos ideológicos, chamar de positivismo o dizer do legislador infraconstitucional, sem atribuir exatamente a mesma qualificação ao legislador constituinte. Questiona, ademais, a substituição do primeiro pelo juiz:

> *Outrossim, sobre que fundamentos se pode subestimar o legislador em benefício do julgador do caso concreto? Nem genética nem por outro fundamento biológico ou de caráter social seremos capazes de justificar esta particular "excelência". E politicamente ela é impossível, porquanto se as decisões a nível macro forem deslegitimadas por decisões a nível micro teremos subversão social, jamais ordem social. Maior escândalo é que se dê "sabedoria divina" ao legislador constituinte e aos que ficarão incumbidos da tarefa de "fazer falar" o mudo texto constitucional, quando os primeiros são escolhidos pelo mesmo povo que escolhe os legisladores ordinários e os segundos nem direta nem indiretamente necessitam de legitimação popular.*[322]

Para além da hipertrofia dos poderes judiciais, a doutrina processual brasileira maciçamente se mostra adepta, em nome da efetividade e da

---

[320] PASSOS, José Joaquim Calmon de. O magistrado, protagonista do processo jurisdicional?. Revista Brasileira de Direito Público – RBDP, Belo Horizonte, ano 7, n. 24, p. 9-17, jan./mar. 2009.

[321] PASSOS, José Joaquim Calmon de. Cidadania e Efetividade do Processo. RDC Nº 1 SetOut/99. Disponível em <https://bit.ly/2YHNEm9>. Acesso em 07 mai.2020. Também em crítica à ideia de que o direito está atrelado à justiça, por todos ver: PASSOS, José Joaquim Calmon de. O magistrado, protagonista do processo jurisdicional?. Revista Brasileira de Direito Público – RBDP, Belo Horizonte, ano 7, n. 24, p. 9-17, jan./mar. 2009.

[322] PASSOS, José Joaquim Calmon de. Há um novo moderno processo civil brasileiro?. Revista Brasileira de Direito Público – RBDP, Belo Horizonte, ano 7, n. 25, p. 161-169, abr./jun. 2009.

celeridade da tutela jurídica e/ou do processo, da simplificação de procedimentos, da deformalização, da flexibilização etc.[323] Todavia, tudo isso ao custo do devido processo legal (devido processo constitucional), que não pode receber a pecha do formalismo, qual seja, do culto da forma pela forma. Em realidade, ele corresponde a um complexo de garantias mínimas contra o subjetivismo e o arbítrio dos que têm o poder de decidir.[324]

Como já mencionado, essas críticas realizadas à escola da instrumentalidade do processo partem de doutrinadores que não se identificam com os ideais hiperpublicistas de processo.

2.2. PROCESSO COMO GARANTIA DE LIBERDADE CONTRAJURISDICIONAL

Mais recentemente, surgiu no Brasil uma corrente de pensamento autoproclamada como garantismo processual. É possível afirmar, indene de dúvidas, que a pedra angular do garantismo brasileiro tem como marco teórico artigo de autoria de Eduardo José da Fonseca Costa, intitulado *"Processo como instituição de garantia"*, publicado originalmente em Novembro de 2016.[325] Nele, Costa lança as bases teóricas fundantes do movimento no Brasil, a partir de leitura constitucional do processo, mais especificamente do art. 5º, LIV, e de sua depuração analítica, chamando a atenção para a necessidade de se perceber o processo à luz da CF/88, extraindo dali a sua natureza jurídica:

> *A Constituição traça as linhas mestras estruturais do processo e, porque as conforma, abre a esfera de projeto primeira para a sua explicitação dogmática. Logo, se a plataforma de lançamento institucional do processo é a Constituição, não se pode conceber uma processualística que não se anteceda de uma constitucionalística do processo.*[326]

---

[323] ABBOUD, Georges; OLIVEIRA, Rafael Tomaz de. O dito e o não-dito sobre a instrumentalidade do processo: críticas e projeções a partir de uma exploração hermenêutica da teoria processual. Revista de Processo | vol. 166 | p. 27 | Dez / 2008.

[324] PASSOS, José Joaquim Calmon de. Direito, poder, justiça e processo: julgando os que nos julgam. Rio de Janeiro: Forense, 2000, pp. 69-70.

[325] COSTA, Eduardo José da Fonseca. Processo como instituição de garantia. Disponível em <https://bit.ly/2zmtvHP>. Acesso em 08 mai.2020.

[326] COSTA, Eduardo José da Fonseca. Processo como instituição de garantia. Disponível em <https://bit.ly/2zmtvHP>. Acesso em 08 mai.2020.

Aliás, imprescindível que aqui se abra um *parêntesis*. É de todo criticável o desinteresse doutrinário acerca da natureza jurídico-constitucional do processo,[327] temática praticamente inexistente nos escritos dos processualistas pátrios. Não se faz o exercício de encaixe do instituto "processo" a uma categoria constitucional, de ordinário. O que ocorre, majoritariamente, é a sua definição como um instrumento da jurisdição, contudo sem se remontar a um dispositivo constitucional a embasá-la.[328]

Pois bem, partindo da premissa de que o constitucionalismo ocidental pode ser lido historicamente como a *"limitação normativa – negativa e positiva – do poder"* e que essa limitação pode ser dividida em dois blocos de categorias fundamentais, (a) instituições de poder e (b) instituições de garantia,[329] investiga-se em qual deles está inserto o processo. Em virtude do seu assento constitucional, mais especificamente no inciso LIV do art. 5º, conclui-se inexoravelmente que é dentre os direitos e garantias fundamentais que ele se encontra: "ninguém será privado da liberdade ou de seus bens sem o *devido processo legal*". Nada obstante o devido processo legal seja, efetivamente, a garantia de outras garantias que lhe são inerentes, como contraditório, ampla defesa, imparcialidade, juiz natural, ele é em si uma garantia com conteúdo típico.[330]

Reduzindo-se ainda mais o processo a uma *"categoria fundamental da dogmática constitucional"*, por estar previsto no Título II, Capítulo I, da CF/88, que traz os direitos fundamentais de liberdade, em sua maioria,

---

[327] É preciso ressalvar aqui algumas visões, como a de Marinoni e Mitidiero, Zaneti Jr. e Marcelo Lima Guerra, que, como apresentado acima, deturpam o conteúdo constitucional, dando, inclusive, outro significante ao devido processo legal e inferindo do inciso LIV do art. 5º, CF, o direito fundamental ao processo justo.

[328] COSTA, Eduardo José da Fonseca. Coluna Garantismo Processual #9. A natureza jurídica do processo. Disponível em <https://bit.ly/360Bfvr>. Acesso em 11 mai.2020.

[329] COSTA, Eduardo José da Fonseca. Coluna Garantismo Processual #9. A natureza jurídica do processo. Disponível em <https://bit.ly/360Bfvr>. Acesso em 11 mai.2020.

[330] CARVALHO FILHO, Antônio. SOUSA, Diego Crevelin. PEREIRA, Mateus Costa. Réquiem às medidas judiciais atípicas nas execuções pecuniárias. Londrina-PR: Thoth, 2020, p. 36; PEREIRA, Mateus Costa. Introdução ao estudo do processo: fundamentos do garantismo processual brasileiro; coordenação da coleção por Antônio Carvalho Filho, Eduardo José Da Fonseca Costa. – Belo Horizonte : Letramento ; Casa do Direito, 2020, pp. 198, 297.

é forçoso concluir que o processo se enquadra como uma *"garantia de liberdade contrajurisdicional"*,[331] de onde Mateus Costa Pereira infere que o modelo de processo brasileiro é o modelo garantista, ao qual o código de processo civil deve submissão, diga-se. Aliás, esse mesmo autor adverte que a corrente do garantismo processual não se pretende universalista ou generalizante, porquanto se limita *"a identificar a adoção do garantismo em nossa dogmática constitucional"*.[332]

Portanto, o processo, à luz do direito constitucional posto, natural e intuitivamente, é uma instituição de garantia de liberdade, tanto em sentido positivo, como em sentido negativo.[333] Como liberdade positiva, conduz à autonomia individual das partes, com as possibilidades que lhes são conferidas para, por exemplo, aduzirem o material a ser conhecido pelo juiz, contraditarem-se, provarem as suas razões, indagarem às testemunhas, uma inquirir a outra, conciliarem-se, recorrerem. Já como liberdade negativa, ou em sentido passivo, é espaço de não-interferência pelo juiz, impossibilitando-o de aduzir o material a ser por ele conhecido, contraditar as partes, provar as razões das partes, indagar às testemunhas, inquirir as partes, conciliar as partes, salvo se eleito por elas como conciliador, recorrer das próprias decisões.[334]

---

[331] Esta expressão se deve à construção de Eduardo José da Fonseca Costa no artigo já referenciado.

[332] PEREIRA, Mateus Costa. Introdução ao estudo do processo: fundamentos do garantismo processual brasileiro; coordenação da coleção por Antônio Carvalho Filho, Eduardo José Da Fonseca Costa. – Belo Horizonte : Letramento ; Casa do Direito, 2020, p. 198; PEREIRA, Mateus Costa. Coluna garantismo processual #33 - Processualidade, jurisdicionalidade e procedimentalidade (ii): a cooperação como "garantia" avessa ao processo. Disponível em : https://bit.ly/3hduUBv. Acesso em 19 ago.2020.

[333] COSTA, Eduardo José da Fonseca. Processo como instituição de garantia. Disponível em <https://bit.ly/2zmtvHP>. Acesso em 08/05/2020. Neste sentido, também: COSTA, Eduardo José da Fonseca. Coluna Garantismo Processual #9. A natureza jurídica do processo. Disponível em <https://bit.ly/360Bfvr>. Acesso em 11 mai.2020; e CARVALHO FILHO, Antônio. SOUSA, Diego Crevelin. PEREIRA, Mateus Costa. Réquiem às medidas judiciais atípicas nas execuções pecuniárias. Londrina-PR: Thoth, 2020.

[334] COSTA, Eduardo José da Fonseca. Processo: garantia de liberdade [*freedom*] e garantia de «liberdade» [*liberty*]. Disponível em < https://bit.ly/2LiWGyf>. Acesso em 11 mai.2020.

O processo, como toda garantia, se estabelece em favor, em benefício, dos cidadãos e, em contrapartida, "contra" o poder. A expressão "contra" há que ser lida no sentido de defesa, de limite, de anteparo, de freio. Por isso se diz que o processo é uma garantia *contrajurisdicional*, porque se volta especificamente a limitar a zona de atuação do poder estatal relativa à jurisdição. Reside aí a função limitadora do processo, já que, no Estado Democrático de Direito, a toda liberdade do cidadão corresponde uma limitação ao poder. Noutras palavras, para essa doutrina, o processo serve de escudo a proteger os jurisdicionados do poder estatal, regra geral, inibindo e coibindo possíveis abusos e arbítrios do Estado-juiz ao desempenhá-lo e assegurando a liberdade das partes para atuar na defesa de seus interesses[335]. Portanto, o Estado somente pode exercer a sua função jurisdicional de maneira legítima e constitucional, se o fizer em respeito absoluto e estrito à garantia do processo. É-lhe proscrito invadir a esfera de liberdade e de patrimônio dos seus cidadãos sem observância a esta garantia de liberdade contrajurisdicional.

Como se nota já de início, trata-se de absoluta mudança de perspectiva no modo de ver e de compreender o processo. A partir da concepção garantista, plenamente antagônica e inconciliável com as concepções das escolas instrumentalista, do formalismo-valorativo e cooperativista,[336] o processo não pode ser compreendido como um "instrumento" a serviço da jurisdição, a legitimar a atuação do juiz, como método cooperado de trabalho entre juiz e partes, como técnica a salvaguardar a tutela efetiva, adequada e em tempo razoável, até porque tais perspectivas não encontram guarida no texto constitucional, que é a fonte normativa sobre a qual se debruça o garantismo. Conquanto a preocupação com as garantias processuais se revele parcialmente presente nas doutrinas instrumentalista, formalista-valorativa e cooperativista, ela não *"os inibiu de trabalhar com a ideia – estatalista e espezinhadora – do processo como instrumento; corruptela que prejudica a compreensão das*

---

[335] COSTA, Eduardo José da Fonseca. Coluna Garantismo Processual #9. A natureza jurídica do processo. Disponível em <https://bit.ly/360Bfvr>. Acesso em 11 mai.2020.

[336] CARVALHO FILHO, Antônio. SOUSA, Diego Crevelin. PEREIRA, Mateus Costa. Réquiem às medidas judiciais atípicas nas execuções pecuniárias. Londrina-PR: Thoth, 2020, p. 36.

demais garantias", porque o processo colocado a serviço da jurisdição se afigura substancialmente esvaziado.[337]

Não obstante, dentre os publicistas, o garantismo processual venha sendo estigmatizado como uma proposta de retorno à fase privatística e/ou liberal do processo,[338] não se trata de percepção correta e fiel àquilo que se defende. O garantismo processual, diferentemente do liberalismo processual, compreende que o processo é *"coisa pública para as partes"*, já que garantia, não podendo ser caracterizado como *"coisa privada das partes"*. Neste sentido é o escólio de Eduardo Costa:

> *Como já dito, o garantismo é uma teoria jurídico-dogmática: procura refundar o processo como uma instituição garantística de direito público material constitucional e, com isso, proteger os jurisdicionados contra eventuais abusos cometidos pelos exercentes da função jurisdicional. Já o liberalismo processual é um modelo político-ideológico, que projeta as suas ideias-força sobre o processo, plasmando um modelo privatista, mandevilliano e, portanto, adversarial. (…)*
>
> *Liberalismo e garantismo ocupam zonas epistemológicas distintas entre si, embora muitas vezes se reforcem, se alimentem e se estimulem reciprocamente, como autênticos «parceiros espirituais». Ou seja, entre eles há inúmeras correspondances baudelairianas, que muito se assemelham a uma «analogia», uma «homologia», um «isomorfismo estrutural».*
>
> *Todavia, não há aí uma «plenitude de correspondências»: a) para o liberalismo processual, o processo é coisa privada das partes, que ali duelam com autonomia individual total, sem qualquer marco regulatório fixado pela lei ou pelo juiz [laissez-faire processual]; b) por sua vez, para o garantismo processual, o processo é coisa pública para as partes (afinal, é garantia constitucional), que debatem sob uma heteronomia regulatória legal, ou seja, dentro de marcos procedimentais*

---

337 Pereira exemplifica a preocupação com as garantias processuais, por parte de adeptos dessas teorias, com Frederico Marques enaltecendo os avanços do processo penal como garantia do cidadão; com Dinamarco reconhecendo os avanços do sistema acusatório; com Ada Pellegrini Grinover, Carlos Alberto Alvaro de Oliveira, dentre outros, desempenhando papel relevante no reconhecimento da dimensão material do contraditório. PEREIRA, Mateus Costa. Introdução ao estudo do processo: fundamentos do garantismo processual brasileiro; coordenação da coleção por Antônio Carvalho Filho, Eduardo José Da Fonseca Costa. – Belo Horizonte : Letramento ; Casa do Direito, 2020, pp. 298-299.

338 MOREIRA, José Carlos Barbosa. MOREIRA, José Carlos Barbosa. *El neoprivatismo en el proceso civil*. In: Montero Aroca, Juan (coord). *Proceso civil e ideología*. Valencia: Tirant lo blanch, 2006. pp. 199-215; DIDIER JR., Fredie. Curso de direito processual civil: introdução ao direito processual civil, parte geral e processo de conhecimento. 17. ed. Salvador: Ed. Jus Podivm, 2015, p. 124; BARREIROS, Lorena Miranda Santos. Fundamentos constitucionais do princípio da cooperação processual. Salvador : Editora Juspodivm, 2013, p. 161.

rígidos fixados pela lei e garantidos pelo juiz [ne-laissez-pas-faire processual]. Talvez sejam essas as differentiæ specificæ entre uma coisa e outra.[339]

O juiz, na perspectiva garantista, não é considerado um "convidado de pedra" a assistir passivamente as partes digladiarem-se no processo, o que era uma característica do privatismo processual, *"ideologia que enfeixou os modelos processuais dominantes em países europeus e latino-americanos na primeira metade do séc. XIX, em cujo 'formalismo processual' os juízes eram fantoches ou manequins"*.[340] O garantista processual reconhece o caráter público do processo e tem no juiz um garante da observância das regras legais fixadas previamente, logo os seus poderes sobre o uso processual não são eliminados, mas fortemente diminuídos, e exercidos com imparcialidade, de modo a assegurar que as partes façam uso do processo em igualdade formal de condições *"e que o mau uso por uma não prejudique o bom uso pela outra"*.[341]

Para além do estigma de neoprivatismo processual, as doutrinas antagônicas também tentam colar no movimento garantista as críticas dirigidas à doutrina de Luigi Ferrajoli, como se o garantismo processual e o garantismo ferrajoliano fossem idênticos. Porém, entre um e outro existem diferenças flagrantes.[342-343] De início, pode-se afirmar que a

---

[339] COSTA, Eduardo José da Fonseca. Garantismo, liberalismo e neoprivatismo. Disponível em <https://bit.ly/2yTlWs8>. Acesso em 13 mai.2020; Em texto mais recente, o autor classifica o processo como coisa pública para as partes, *"bem público de uso comum do povo"*: COSTA, Eduardo José da Fonseca. Coluna garantismo processual #75 – Processo como coisa. Disponível em : <>. Acesso em : 17 Ago.2020.

[340] PEREIRA, Mateus Costa. Introdução ao estudo do processo: fundamentos do garantismo processual brasileiro; coordenação da coleção por Antônio Carvalho Filho, Eduardo José Da Fonseca Costa. – Belo Horizonte : Letramento ; Casa do Direito, 2020, p. 200.

[341] COSTA, Eduardo José da Fonseca. Coluna garantismo processual #75 – Processo como coisa. Disponível em : <>. Acesso em : 17 Ago.2020.

[342] COSTA, Eduardo José da Fonseca. Coluna garantismo processual #44 – Garantia: dois sentidos, duas teorias. Disponível em < https://bit.ly/3dGuth2>. Acesso em 03 jun.2020.

[343] Aliás, segundo interessante estudo sobre a própria origem do vocábulo "garantismo", embora surgido na França, entre os anos de 1854 a 1876, e tão logo abandonado, na Itália de Luigi Ferrajoli, seu ingresso no vernáculo remonta a Guido de Ruggiero, que, em 1925, na obra *Storia del liberalismo in Europa*, o define como a concessão de liberdade política, garantia de liberdade do indivíduo em relação ao Estado e diante do Estado. Dario Ippolito demonstra que, na França, o neologismo "garantismo" surge com o conceito de um sistema de segurança social em prol dos

distinção crucial é que o garantismo de Ferrajoli é uma teoria zetética, com pretensão generalizante e que não se aplica a um determinado ordenamento jurídico, assemelhando-se a uma teoria normativa do direito.[344] De outro lado, o garantismo processual em desenvolvimento no Brasil consubstancia-se como uma doutrina dogmática, cuja base é o ordenamento jurídico brasileiro, logo uma teoria constitucional.[345] Ademais, do vocábulo "garantia" extraem-se dois sentidos, conforme os significados conferidos pelo *Diccionario contemporaneo da lingua portuguesa*: (a) tutela contra frustração, pois se busca proteger algo ou alguém de decepção, insatisfação, incumprimento, inefetividade, desapontamento, fracasso ou quebra de confiança; e (b) tutela contra o arbítrio, ao se proteger contra excesso, imoderação, desvio, abuso, desmando ou desregramento. No garantismo de Luigi Ferrajoli, a garantia assume o primeiro significado (a), enquanto no garantismo processual, o segundo (b) é a sua premissa:

> ...para o insight ferrajoliano, garantir é neutralizar a frustração de expectativa imperativa. É proteger contra ofensa e decepção.
> Para uma teorização como essa, as garantias tendem a se classificar em função do direito subjetivo protegido: 1) se o direito fundamental é de primeira dimensão, estatui-se-lhe garantia de direito individual; 2) se de segunda dimensão, garantia de direito social; 3) se de terceira dimensão, garantia de direito coletivo lato sensu. Logo, quando se fala ferrajolianamente em garantismo processual, fala-se do processo como garantia que atende ao direito material. No processo, os direitos subjetivos se realizam mediante atuação das garantias secundárias. Desse modo, o processo é uma garantia secundária por meio da qual atuam as

---

mais débeis. Todavia, no início dos 1900, a expressão foi abandonada. IPPOLITO, Dario. *Itinerari del garantismo*. Revista Videre, Dourados, MS, ano 3, n. 6, p. 53-67, jul./dez. 2011. Disponível em <https://bit.ly/2MnOD3y >. Acesso em 03 jun.2020.

344 Sobre a assunção do *status* de modelo normativo do direito pelo garantismo de Ferrajoli, por todos ver: THIBAU, Vinicius Lott. Garantismo e decisão jurídica imparcial. Belo Horizonte, 2017. Tese de doutorado – Pontifícia Universidade Católica de Minas Gerais. Disponível em < https://bit.ly/2A0IEPv>. Acesso em 03 jun.2020; Pereira afirma que a proposta de Luigi Ferrajoli, calcada no neopositivismo, possui três sentidos: de modelo normativo; de teoria do Direito; e filosofia política. PEREIRA, Mateus Costa. Introdução ao estudo do processo: fundamentos do garantismo processual brasileiro; coordenação da coleção por Antônio Carvalho Filho, Eduardo José Da Fonseca Costa. – Belo Horizonte : Letramento ; Casa do Direito, 2020, p. 295.

345 COSTA, Eduardo José da Fonseca. Coluna garantismo processual #44 – Garantia: dois sentidos, duas teorias. Disponível em < https://bit.ly/3dGuth2>. Acesso em 03 jun.2020.

demais garantias secundárias. É garantia secundária ao quadrado. É garantia instrumental. Não se olvide, porém, que a realização do direito subjetivo mediante atuação processual das garantias secundárias se faz pelo Estado-juiz. Logo, se o processo é instrumento para realizar direitos subjetivos, deve ser antes instrumento de quem os realiza. Ou seja, deve ser instrumento da jurisdição. Logo, não há incompatibilidade epistemológica entre o garantismo ferrajoliano e o instrumentalismo processual. Ao contrário: ser instrumento da jurisdição é precondição para o processo ser garantia e proteção contra insatisfação e inefetividade. Não sem motivo a realização de direitos subjetivos à tout prix é «justo título» ao aumento dos poderes do juiz (dentre eles os poderes de flexibilizar o procedimento legal e «dinamizar» o ônus da prova). Mais: não surpreende que o garantismo ferrajoliano conceba o Poder Judiciário e o Ministério Público (que no Brasil não se cinge à função acusatória) como instituições de garantia secundária, pois usam o processo para realizar direitos fundamentais.[346]

E segue Costa, sobre o garantismo processual brasileiro, com o alicerce de conferir ao significante "garantia" o significado de tutela contra o arbítrio:

> Também se pode falar em garantismo jurídico tomando-se garantia como tutela contra arbítrio. Essa doutrina tende a uma teoria constitucional e, assim, a um modelo dogmático. Afinal de contas, o dado essencial invariável do fenômeno constitucional é a limitação do poder. No plano vertical, a limitação se faz mediante outorga de garantias aos cidadãos; no plano horizontal, mediante separação de poderes (embora dessa separação também defluam ao cidadão garantias). Portanto, a todo poder corresponde uma garantia do cidadão, que o limite, ainda que implícita. Se assim não fosse, surgiria poder incontrastável e, por conseguinte, déficit de republicanidade (razão por que para o garantismo não-ferrajoliano jamais pode haver «lacuna estrutural» e, assim, risco de situação antirrepublicana). Nesse sentido, garantia significa situação jurídica ativa cujo exercício pelo cidadão tende a evitar, mitigar ou eliminar os efeitos nocivos do arbítrio estatal. Mais: nesse sentido, garantismo é garantística, ou seja, é o sub-ramo da dogmática constitucional especializado nas garantias dos cidadãos (para um aprofundamento, v. nosso Notas para uma garantística. <https://emporiododireito.com.br/leitura/abdpro-40-notas-para-uma-garantistica>]. Sem garantias, não haveria propriamente cidadãos, mas meros súditos [lat.: subditus = sub, «abaixo», + ditus, «colocado, reduzido a» = «submisso» = «subjugado»]. Como já visto: 1) se a garantia refreia abuso de função administrativa, é garantia contra-administrativa; 2) se abuso de função legislativa, garantia contralegislativa;

---

[346] COSTA, Eduardo José da Fonseca. Coluna garantismo processual #44 – Garantia: dois sentidos, duas teorias. Disponível em < https://bit.ly/3dGuth2>. Acesso em 03 jun.2020.

3) se abuso de função jurisdicional, garantia contrajurisdicional; 4) se abuso de função ministerial, garantia contraministerial.[347]

Sob a batuta do garantismo jurídico de Ferrajoli, o processo se destina a tutelar os indivíduos contra o descumprimento de seus direitos subjetivos.[348] Logo, há uma dicotomia da concepção do processo quando se está diante do procedimento penal e do procedimento civil. Isso porque, no primeiro, os direitos a serem satisfeitos são os do acusado, o que conduz à conclusão de que o processo se coloca como um anteparo à atuação jurisdicional, já que, apenas assim, é possível atender a tal objetivo. Já no segundo, procedimento civil, os direitos subjetivos cujo amparo se persegue são os do autor, de modo que o processo se coloca então como um *"motor pró-jurisdicional"*. Subjaz, outrossim, um reforço de efetividade, de eficácia social.[349]

O mesmo não sucede com o garantismo processual. Se o processo é compreendido como tutela contra o arbítrio, é sempre garantia de liberdade contra o poder jurisdicional, independentemente do procedimento no qual se materialize, seja penal, seja civil (*lato sensu*). Coloca-se invariavelmente como um campo de força a proteger as partes – não interessa em que polo atuem – contra o Estado e a potencialidade dos abusos e arbítrios que por ele possam ser praticados no desempenho de seu poder.[350]

Adeptos ao garantismo processual, Antônio Carvalho Filho, Diego Crevelin de Sousa e Mateus Costa Pereira chamam a atenção para o

---

[347] COSTA, Eduardo José da Fonseca. Coluna garantismo processual #44 – Garantia: dois sentidos, duas teorias. Disponível em < https://bit.ly/3dGuth2>. Acesso em 03 jun.2020.

[348] Neste sentido, também consultar: IPPOLITO, Dario. *Itinerari del garantismo*. Revista Videre, Dourados, MS, ano 3, n. 6, p. 53-67, jul./dez. 2011. Disponível em <https://bit.ly/2MnOD3y >. Acesso em 03 jun.2020.

[349] COSTA, Eduardo José da Fonseca. Coluna garantismo processual #44 – Garantia: dois sentidos, duas teorias. Disponível em < https://bit.ly/3dGuth2>. Acesso em 03 jun.2020.

[350] COSTA, Eduardo José da Fonseca. Coluna garantismo processual #44 – Garantia: dois sentidos, duas teorias. Disponível em < https://bit.ly/3dGuth2>. Acesso em 03 jun.2020. Neste mesmo sentido, SOUSA, Diego Crevelin de. O contraditório como critério para a definição da titularidade das funções processuais: a divisão funcional de trabalho entre partes e juiz. Dissertação de Mestrado defendida na Universidade Federal do Espírito Santo, em Julho/2020, p. 28. Trabalho ainda inédito e gentilmente cedido pelo autor.

fato de que esse modo de ver o processo resgata a tradição densificada em nosso direito positivo:

> Essa visão aparenta ser nova. Não é. Foi cunhada a partir do processo civilizatório ocidental, com especial destaque para a Magna Carta Libertatum e o nascimento da cláusula due process of law (1215), perpassando o desenvolvimento teórico do Estado moderno e contenção do poder estatal pelo desenvolvimento teórico da liberdade positiva e negativa (em Hobbes, Locke, Rousseau, Reid e Kant) e o estabelecimento do governo das leis (rule of law); tudo temperado por muita luta (sangue, suor e lágrimas) na Revolução Gloriosa, Revolução Americana e Revolução Francesa. Com isso se chega à definição do Estado-de-Direito estruturado a partir das liberdades individuais.
>
> Em síntese, a perspectiva do processo como instituição de garantia de liberdade contrajurisdicional resulta de uma produção histórica de fluxos e contrafluxos, de avanços e retrocessos, de testes de tentativa e erro, próprios à tradição. Ela (construção) não é um dado ou favor concedido pelo constituinte de 1988, senão um triunfo de nossos antepassados; cuida-se de uma, entre tantas, garantias de liberdade contra o arbítrio estatal.[351]

Destarte, para o garantismo processual, o processo não é ferramenta que viabiliza o atingimento – pela jurisdição – de escopos metajurídicos, quer políticos, quer sociais, quer morais; também não serve o processo de instrumento para se alcançar a paz social ou a justiça; igualmente, não é instrumento por meio do qual juiz e partes, em maior ou menor medida, cooperam entre si para a conquista da decisão justa, da sentença ótima; não é utensílio para a busca da "verdade real", da "verdade verdadeira"; não é apetrecho para que o Estado cumpra seus valores. Processo simplesmente é garantia e isso não é pouco. Processo, portanto, não é artefato de poder.

Para os garantistas, a ciência processual brasileira tem constantemente se desvirtuado e se descurado daquele que deveria ser seu objeto de estudo – o processo –, ora debruçando-se essencialmente sobre a jurisdição – o que a torna uma ciência jurisdicional – ora sobre o procedimento – revelando-se uma ciência procedimental. Para desenvolver a ciência do procedimento, ou procedimentalística, o garantista extrai da macrogarantia processo, cuja plataforma de lançamento é a Constituição, *"a anatomia esquelética dos diferentes procedimentos e das suas partes constituintes"*, quer dizer, as microgarantias procedimentais infraconstitucionais, como a petição inicial, os meios de citação e de-

---

[351] CARVALHO FILHO, Antônio. SOUSA, Diego Crevelin. PEREIRA, Mateus Costa. Réquiem às medidas judiciais atípicas nas execuções pecuniárias. Londrina-PR: Thoth, 2020, p. 37.

mais comunicações, formas de respostas etc. O objeto de investigação do procedimentalista, portanto, é, no plano infraconstitucional, a musculatura que envolve a ossatura garantística-procedimental. Quanto à ciência constitucional da jurisdição, essencialmente investiga a estrutura dos órgãos jurisdicionais, o conteúdo, o objeto, os agentes da função jurisdicional, as metas e escopos da jurisdição, ou seja, uma ciência jurídica que tem como enfoque as instituições jurisdicionais de poder e a instituição do poder jurisdicional. Finalmente, a ciência processual, que se debruça sobre o estudo do processo, no plano constitucional, e, portanto, se configura como uma *"constitucionalística especializada"*:[352]

> *Isso torna o garantismo (a autêntica ciência processual) uma interdogmática; faz da intertextualidade Constituição-lei (o autêntico objeto da ciência processual) a sua ocupação; transforma o garantista (o autêntico cientista do processo) num interjurista. Antes de fazer ciência (infraconstitucional) do procedimento, ele faz ciência (constitucional) do processo. Antes de ser processualista-procedimentalista, é constitucionalista-processualista, «constitucionalista-do-devido-processo-legal».(...)*
> *O garantismo processual é uma teoria dogmático-constitucional do processo como garantia individual.*[353]

As deturpações que, de ordinário, são realizadas pelas teorias antagônicas ao garantismo processual decorrem do tratamento conferido ao processo: no caso do instrumentalismo, não percebe o processo como instituição de garantia, mas o propugna como instituição de poder, na medida em que o caracteriza como instrumento da jurisdição, fazendo sucumbir o reino da garantia frente ao império do poder, instalando-se uma ciência jurisdicional que usurpa para si o processo.[354] É digno de nota que, de acordo com William Galle Dietrich, a doutrina que parte da epistemologia do processo como instrumento, por não encontrar respaldo no texto constitucional, ignorando *"o artigo-constitucional-do-processo"*, não empreende dogmática, porquanto a dogmática sempre parte

---

[352] COSTA, Eduardo José da Fonseca. ABDPRO #8 - Ciência processual, ciência procedimental e ciência jurisdicional. Disponível em < https://bit.ly/2WjWchy>. Acesso em 11 mai.2020.

[353] COSTA, Eduardo José da Fonseca. ABDPRO #8 - Ciência processual, ciência procedimental e ciência jurisdicional. Disponível em < https://bit.ly/2WjWchy>. Acesso em 11 mai.2020.

[354] COSTA, Eduardo José da Fonseca. ABDPRO #8 - Ciência processual, ciência procedimental e ciência jurisdicional. Disponível em < https://bit.ly/2WjWchy>. Acesso em 11 mai.2020.

do direito positivo – *lege lata*, mas sim argumento de política, *"já que é típico do texto político desconsiderar o direito positivo (no caso, art. 5º, LIV, CF)"*.[355] Na outra deturpação incide o procedimentalismo, ao passo em que não trata do processo como instituição de direito constitucional, mas sim de direito infraconstitucional, rebaixando-o a um *"jogo de estratégia, no qual só interessam aos participantes dicas mnemônicas semi-científicas sobre «sequenciamento procedimental», «descoberta do juízo competente», «definição do valor causa», «forma de contagem de prazo»"* etc.[356]

Para o garantismo processual, repise-se, o ponto de partida da ciência processual é a Constituição e o que denomina de *"macrogarantia processual constitucional"*. Para além de ser uma garantia em si, o processo alberga outras garantias fundamentais a ele inerentes: imparcialidade, impartialidade, contraditório, ampla defesa, juiz natural, legalidade etc.[357] A corporificação do processo se dá mediante o procedimento, pleno de *"microgarantias procedimentais infraconstitucionais"*, estabelecido em contraditório, *"estruturado numa divisão equilibrada e bem delimitada de tarefas entre juiz e partes e funcionalizado a protegê-las do arbítrio, resguardando-lhes um juiz imparcial e a liberdade de debate"*.[358] Assim, o processo, por ter *locus* constitucional, não se adjetiva, de modo que não se fala em processo civil, processo penal, processo trabalhista e afins, mas sim em procedimento, cujo regramento se perfaz na legislação infraconstitucional, à luz da plêiade do direito material cuja pretensão será exercida pelo requerente e, em tese, resistida pelo requerido.

---

[355] DIETRICH, William Galle. Coluna garantismo processual #72 – Ciência jurídica e garantismo processual – 3ª parte. Disponível em : < https://bit.ly/2DuZ6cF>. Acesso em 19 ago.2020; Também no sentido de que o instrumentalismo carece de sustentação dogmática, PEREIRA, Mateus Costa. Coluna garantismo processual #33 - Processualidade, jurisdicionalidade e procedimentalidade (ii): a cooperação como "garantia" avessa ao processo. Disponível em : https://bit.ly/3hduUBv. Acesso em 19 ago.2020.

[356] COSTA, Eduardo José da Fonseca. ABDPRO #8 - Ciência processual, ciência procedimental e ciência jurisdicional. Disponível em < https://bit.ly/2WjWchy>. Acesso em 11 mai.2020.

[357] PEREIRA, Mateus Costa. Introdução ao estudo do processo: fundamentos do garantismo processual brasileiro; coordenação da coleção por Antônio Carvalho Filho, Eduardo José Da Fonseca Costa. – Belo Horizonte : Letramento ; Casa do Direito, 2020, p. 199.

[358] COSTA, Eduardo José da Fonseca. Coluna Garantismo Processual #9. A natureza jurídica do processo. Disponível em <https://bit.ly/360Bfvr>. Acesso em 11 mai.2020.

Importante que se diga, aliás, que conferir ao processo *status* de instituição de garantia contrajurisdicional não se revela, sob qualquer ângulo pelo qual se olhe, preciosismo acadêmico: pelo contrário, as consequências em toda a dogmática da ciência processual são drásticas.

Os papeis das partes e do juiz são cuidadosamente delimitados, ostentando barreiras bem claras e límpidas de atuação, a partir de uma dimensão funcional da divisão de trabalho entre eles, além da dimensão argumentativo-discursiva,[359] uma vez que se pressupõe que a imparcialidade *lato sensu* é a característica distintiva da própria função jurisdicional para as demais funções do poder estatal (legislativa e administrativa). A imparcialidade, outrossim, é compreendida como uma "*garantia arquifundamental*" do cidadão contra os possíveis desvios do Poder Jurisdicional.[360] Se o Estado apenas desempenha legitimamente a sua função jurisdicional quando respeita a "*macrogarantia processual constitucional*", naturalmente que apenas pode fazê-lo por um terceiro inegociavelmente imparcial, subjetiva e objetivamente. Daí se dessume a relevância do tema imparcialidade para a corrente garantista, porquanto se parte da premissa de que a parcialidade acarreta ruptura ilegítima, tanto na divisão das funções estatais (jurisdição, legislação e administração) quanto na divisão funcional endoprocessual (juiz x partes).[361] Em que pese não se encontrar expressamente estampada na CF/88, é corolária da garantia do juiz natural (art. 5º, incisos LIII e XXXVII) e está umbilicalmente ligada ao devido processo legal (art. 5º, LIV),[362] podendo ser compreendida como uma garantia implíci-

---

[359] SOUSA, Diego Crevelin de. O contraditório como critério para a definição da titularidade das funções processuais: a divisão funcional de trabalho entre partes e juiz. Dissertação de mestrado defendida na UFES, em Julho.2020. Texto inédito e gentilmente cedido pelo autor.

[360] COSTA, Eduardo José da Fonseca. As garantias arquifundamentais contrajurisdicionais: não-criatividade e imparcialidade. Disponível em : < https://bit.ly/34j-80TG>. Acesso em 12 mai.2020.

[361] FERREIRA, Daniel; CARVALHO, Luciana Benassi Gomes. Divisão funcional do poder do Estado: entre o ativismo judicial e o garantismo processual. Revista Brasileira de Direito Processual – RBDPro, Belo Horizonte, ano 28, n. 109, p. 69-91, jan./mar. 2020.

[362] NERY JUNIOR, Nelson. Princípios do Processo na Constituição Federal: (processo civil, penal e administrativo). 12. ed. rev., ampl. e atual. com as novas súmulas do STF (simples e vinculantes) e com o novo CPC. São Paulo : Editora Revista dos Tribunais, 2016, p. 168.

ta.[363] A imparcialidade distingue a jurisdição das demais funções do Estado (legislativa e executiva),[364] posto que, na sua ausência, o juiz se transforma em agente administrativo – ao aplicar interessadamente o direito – ou até mesmo em legislador – porquanto pode corrigir o direito por critérios não-normativos com suas razões pessoais, crenças individuais e até com impressões enviesadas.[365]

A imparcialidade se desdobra em várias outras garantias contrajurisdicionais, não se limitando, pelo desenvolvimento atual da doutrina, apenas em imparcialidade objetiva, ou seja, impartialidade (não agir como parte), ou subjetiva (não ter interesse de qualquer ordem no processo). A propósito, há um dever jurídico do julgador, em contraponto à garantia dos jurisdicionados, de esforço de imparcialidade ou neutralidade,[366] que pode ser subdividido em cinco deveres, igualmente de esforço:

---

363 Crevelin de Sousa refere que a imparcialidade, além de ser uma garantia implícita, está prevista expressamente em tratados internacionais e é exigida pelo Código de Ética da Magistratura Nacional. SOUSA, Diego Crevelin de. O contraditório como critério para a definição da titularidade das funções processuais: a divisão funcional de trabalho entre partes e juiz. Dissertação de mestrado defendida na UFES, em Julho.2020, p. 94. Texto inédito e gentilmente cedido pelo autor.

364 Consoante COSTA e CREVELIN: *"nota-se que os elementos essenciais à definição de jurisdição são a 1) "imparcialidade" [= imparcialidade psicológica = imparcialidade subjetiva ou anímica = imparcialidade propriamente dita = não se interessar pela causa nem tomar partido por quem quer que seja] e a 2) "terceiridade, alienidade, alteridade ou alheação" [= imparcialidade funcional = imparcialidade objetiva = "impartialidade" = não atuar como parte, mantendo-se equidistante] (cf., p. ex., o artigo 111 da Constituição italiana: "Ogni processo si svolge nel contraddittorio tra le parti, in condizioni di parità, davanti a giudice terzo e imparziale") (d. n.). Daí por que, onde não pode haver imparcialidade, não pode haver jurisdição. Como bem diz Gonzalo Calderón, "historicamente la cualidad preponderante que aparece inseparable de la idea misma del juez, desde su primera aparición en los albores de la civilización, es la imparcialidad""*. COSTA, Eduardo José da Fonseca; CREVELIN, Diego Sousa. Arts. 144 a 148. In: RIBEIRO; Sérgio Luiz de Almeida; GOUVEIA FILHO, Roberto P. Campos; PANTALEÃO, Isabel Cristina Pinheiro Cardoso; GOUVEIA, Lúcio Grassi (coords.). Novo Código de Processo Civil comentado. Tomo I – arts. 1º a 317. São Paulo: Lualri Editora, 2017, p. 184.

365 COSTA, Eduardo José da Fonseca. As garantias arquifundamentais contrajurisdicionais: não-criatividade e imparcialidade. Disponível em < https://bit.ly/34j-80TG>. Acesso em 12 mai.2020.

366 Eduardo José da Fonseca Costa, assim como Diego Crevelin de Sousa, chama a atenção para a falácia da distinção comumente realizada pela doutrina entre imparcialidade e neutralidade, porquanto ambos são sinônimos e significam não tomar

a) IMPARCIALIDADE ou NEUTRALIDADE SUBJETIVA [= dever do juiz de se constranger pelos modos de atuação que as partes elegeram livremente para a própria vitória, ainda que no íntimo lhe pareçam equivocados ou fadados ao insucesso]; b) IMPARCIALIDADE ou NEUTRALIDADE OBJETIVA [= dever do juiz de se constranger pelos temas que as partes constituíram livremente para si como objeto do debate, ainda que no íntimo lhe pareçam insuficientes] (obs.: o adjetivo objetiva vai aí em sentido estrito, referindo-se apenas ao objeto do processo; na verdade, toda imparcialidade é objetivante, pois tende a desgarrar o objeto das determinações inexas e anexas que lhe são infligidas pelo sujeito); c) IMPARCIALIDADE ou NEUTRALIDADE VALORATIVO-PROBATÓRIA [= dever do juiz de se constranger pela força intrínseca que as provas têm, ainda que no seu íntimo as valore de modo diverso]; d) IMPARCIALIDADE ou NEUTRALIDADE PROCEDIMENTAL [= dever do juiz de se constranger pela rigidez procedimental instituída na lei, ainda que não lhe pareça a mais adequada às particularidades do caso concreto e à natureza da relação jurídica de direito material controvertida]; e) IMPARCIALIDADE ou NEUTRALIDADE NORMATIVA [= dever do juiz de se constranger pelas normas jurídicas aplicáveis ao caso, ainda que no íntimo lhe pareçam injustas ou mal editadas] (o que, num estado constitucional de direito democrático, decorre da separação de poderes).[367]

A imparcialidade subjetiva, que pode ser chamada de imparcialidade *stricto sensu*, reflete o desinteresse subjetivo do magistrado no que concerne ao resultado do processo. Ele deve atuar como terceiro desinteressado, isento de qualquer elemento anímico para se postar ao lado ou contrário a qualquer das partes e/ou advogados atuantes na causa, assim como do litígio.[368]

Quando se fala, de outro turno, em impartialidade, a noção que se busca é a do dever jurídico de esforço de imparcialidade ou neutralidade objetiva, o que significa que o juiz não pode ser parte e tampouco

---

parte da realidade, não tomar partido. Para aprofundamento no tema, sugere-se a leitura dos textos: COSTA, Eduardo José da Fonseca. Coluna Garantismo Processual #42 – Imparcialidade como esforço. Disponível em : < https://bit.ly/34gYpig >. Acesso em 19 ago.2020; e SOUSA, Diego Crevelin de. O contraditório como critério para a definição da titularidade das funções processuais: a divisão funcional de trabalho entre partes e juiz. Dissertação de mestrado defendida na UFES, em Julho.2020, p. 94. Texto inédito e gentilmente cedido pelo autor.

[367] COSTA, Eduardo José da Fonseca. Coluna Garantismo Processual #42 – Imparcialidade como esforço. Disponível em : < https://bit.ly/34gYpig >. Acesso em 19 ago.2020.

[368] SOUSA, Diego Crevelin de. O contraditório como critério para a definição da titularidade das funções processuais: a divisão funcional de trabalho entre partes e juiz. Dissertação de mestrado defendida na UFES, em Julho.2020, p. 96. Texto inédito e gentilmente cedido pelo autor.

exercer funções próprias das partes – aliás, assim como as partes não podem desempenhar funções típicas do julgador. O enfoque, portanto, se *"assenta na divisão de funções processuais, sem qualquer relação com o que se passa na psique do magistrado"*.[369-370] Na perspectiva garantista, o que daí decorre é que, ao contrário do que defendem os instrumentalistas e as correntes congêneres ao cooperativismo processual, o juiz não pode praticar atos próprios de parte: não pode produzir provas de ofício, não leva ao processo fatos não suscitados pelas partes, não alega no lugar da parte, não faz requerimento no lugar de parte, não induz parte a fazer requerimento (como, por exemplo, indagar à parte que não pediu se ela pretende tutela de urgência ou de evidência), não auxilia a parte, não a substitui sob pretexto qualquer:[371]

> Si el juez pudiera aportar hechos atentaría a la misma esencia de lo que es un proceso civil, pues con ello se estaría convirtiendo en parte. Suele decirse que esta imposibilidad de aportación de hechos por el juez se basa en la imparcialidad del mismo, de modo que si llegara a admitirse esa aportación se convertiría en parcial. En realidad lo que impide esa aportación no es el principio de imparcialidad del juez, sino la existência de funciones o papeles incompatibles en el proceso. En éste cada uno de los sujetos que intervienen en él tiene un papel que cumplir y la mezcla de esos papeles llevaría a que el juez, bien adoptara el papel de parte (si investigara los hechos para aportarlos), bien asumiera el papel de testigo (si ha tenido conocimiento de los mismos extrajudicialmente). Juez y parte y juez y testigos son papeles incompatibles.[372]

Consequentemente, dispositivos infraconstitucionais que outorguem ao juiz atividades e comportamentos típicos de parte, tal qual o art.

---

369 SOUSA, Diego Crevelin de. O contraditório como critério para a definição da titularidade das funções processuais: a divisão funcional de trabalho entre partes e juiz. Dissertação de mestrado defendida na UFES, em Julho.2020, p. 99. Texto inédito e gentilmente cedido pelo autor; Também conferir: CABRAL, Antonio do Passo. Imparcialidade e impartialidade. Por uma teoria sobre repartição e incompatibilidade de funções nos processos civil e penal. Revista dos Tribunais Online, Revista de Processo, v. 149, p. 339-364, jul./2007.

370 SOUSA, Diego Crevelin de. Segurando o juiz contraditor pela imparcialidade: de como a ordenação de provas de ofício é incompatível com as funções judicantes. Revista Brasileira de Direito Processual – RBDPro, Belo Horizonte, ano 24, n. 96, p. 49-78, out./dez. 2016.

371 COSTA, Eduardo José da Fonseca. As garantias arquifundamentais contrajurisdicionais: não-criatividade e imparcialidade. Disponível em < https://bit.ly/34j-80TG>. Acesso em 12 mai.2020.

372 MONTERO AROCA, Juan. *Los princípios políticos de la nueva Ley de Enjuiciamiento Civil – los poderes del juez y la oralidad"*. Valencia: Tirant lo Blanch, 2001, p. 76.

370 do CPC, que "autoriza" o juiz a produzir provas de ofício, são tidos pelo movimento garantista como inconstitucionais, justamente por violarem a garantia constitucional da imparcialidade. Não é demais lembrar que o processo limita o poder jurisdicional, e, talvez, o limite primeiro seja justamente que o Estado-juiz atue estritamente dentro das balizas de sua função, quer dizer, como terceiro imparcial e impartial.

Já se demonstra, portanto, o antagonismo do garantismo processual em relação às teorias da instrumentalidade do processo, do formalismo-valorativo, do neoprocessualismo e do cooperativismo, bem como dos respectivos modos de compreender o processo. Todas elas, em realidade, quando se referem ao processo estão a falar muito mais sobre a jurisdição. Uma vez retirados os véus dos discursos sedutores de escopos metajurídicos do processo, todos resumidos ao alcance da paz social e da concretização da justiça material *in casu*, ao fim e ao cabo, o que se extrai é teorização jurisdicionalista e não processualista.

A instrumentalidade do processo é objeto de severa censura pelo garantismo processual, que a qualifica ora como ciência da jurisdição, dado que o processo é reduzido a um mero artefato seu,[373] ora como teoria política, e de poder, porquanto não encontra alicerce no direito positivo e, desta feita, não se enquadra em uma dogmática.[374] Ao colocar a jurisdição no centro da teoria geral do processo, essa corrente teria coroado o excesso de publicismo processual, de modo que a autonomia do processo em relação ao direito material cedeu espaço para uma *"exacerbação da ciência jurisdicional"*,[375] alheando o processo de seu papel de garantia fundamental do cidadão.[376] Essa percepção fica bastante clara quando se observa que Dinamarco, ao sistematizar o instrumentalismo, trabalha com escopos do processo, os quais, em realidade, são escopos

---

[373] COSTA, Eduardo José da Fonseca. ABDPRO #8 - Ciência processual, ciência procedimental e ciência jurisdicional. Disponível em < https://bit.ly/2WjWchy>. Acesso em 11 mai.2020.

[374] DIETRICH, William Galle. Coluna garantismo processual #72 – Ciência jurídica e garantismo processual – 3ª parte. Disponível em : < https://bit.ly/2DuZ6cF>. Acesso em 19 ago.2020

[375] ANCHIETA, Natascha. Coluna garantismo processual #22 - Garantismo processual e teoria unitária do processo: breves reflexões. Disponível em : < https://bit.ly/3hjta9G>. Acesso em 20 ago.2020.

[376] DELFINO, Lúcio. ABDPRO #5 - A espetacularização do processo (uma preleção em família). Disponível em : https://bit.ly/2Q9Vxv0. Acesso em 20 ago.2020.

da jurisdição, fazendo um verdadeiro amálgama entre jurisdição e processo.[377] O último é compreendido como instrumento *"ético e político de atuação da Justiça substancial e garantia das liberdades"* e pressupõe a adesão à realidade sócio-política a que destinado para cumprir sua *"vocação primordial"*, ou seja, a efetiva atuação dos direitos materiais,[378] o que denota o seu compromisso ideológico com o poder. [379]

Como artefato indispensável para o atingimento dos escopos social, jurídico e político, os quais podem ser resumidos ao escopo-síntese *justiça*,[380] o processo cunhado pela doutrina instrumentalista *"pressupõe um julgador estritamente racional e onisciente (capaz de apreender valores), autêntico homo sapiens sapiens"*,[381] legitimado, tal qual um parlamentar, para representar o povo e que, para tanto, deve estar atento aos anseios e aspirações da sociedade, assim como ser capaz de captar esse sentimento social, mesmo porque, se instrumento de poder, o processo não pode ser deixado à própria sorte nas mãos das partes.[382]

---

[377] DELFINO, Lúcio. ABDPRO #16 - À guisa de posfácio: a narrativa de uma ablução ou purificação doutrinária. o fenômeno de diluição do processual pelo jurisdicional e o esquecimento do ser constitucional do processo. o desprezo ao direito fundamental à legalidade e o brasil. Disponível em : < https://bit.ly/32dwkWm>. Acesso em 20 ago.2020.

[378] GRINOVER, Ada Pellegrini. Modernidade do direito processual brasileiro. Revista Da Faculdade De Direito, Universidade De São Paulo, v. 88, 1993, 273-298, p. 282; DINAMARCO, Cândido Rangel. A instrumentalidade do processo. 5ª ed. rev. e atual. São Paulo: Malheiros, 1996.

[379] PEREIRA, Mateus Costa. Introdução ao estudo do processo: fundamentos do garantismo processual brasileiro; coordenação da coleção por Antônio Carvalho Filho, Eduardo José Da Fonseca Costa. – Belo Horizonte : Letramento ; Casa do Direito, 2020, p. 126.

[380] CARVALHO FILHO, Antônio. Precisamos falar sobre o instrumentalismo processual. *In*: SOUZA JR, Antonio Carlos *et al.* (Orgs.). Diálogos de Teoria do Direito e Processo. Bahia: Editora JusPodivm, 2018, pp. 325-336.

[381] PEREIRA, Mateus Costa. Introdução ao estudo do processo: fundamentos do garantismo processual brasileiro; coordenação da coleção por Antônio Carvalho Filho, Eduardo José Da Fonseca Costa. – Belo Horizonte : Letramento ; Casa do Direito, 2020, p. 128.

[382] CARVALHO FILHO, Antônio. Precisamos falar sobre o instrumentalismo processual. *In*: SOUZA JR, Antonio Carlos *et al.* (Orgs.). Diálogos de Teoria do Direito e Processo. Bahia: Editora JusPodivm, 2018, pp. 325-336; MORBACH, Gilberto. ABDPRO #67 - A ambiguidade fundamental do instrumentalismo processual. Disponível em : < https://bit.ly/3hmCOZa>. Acesso em : 20 ago.2020.

Porém, esse juiz instrumentalista é inumano, sobre-humano, contrário à democracia e insustentável inclusive em nível teórico.[383]

Atrelados à ideia de que o processo – ou melhor, a jurisdição – tem como finalidade precípua a pacificação social com a tutela do direito objetivo, a ser perseguida e conquistada pelo juiz "idealizado", encontram-se os pressupostos de que ele há que ser efetivo, célere, deformalizado, eficiente, pois é esse o caminho para que o processo (*rectius*, a jurisdição) atinja o seu desiderato. Essa premissa, mais uma vez, não encontra alicerce no direito positivo, principalmente na CF/88, lembrando que concretizar a justiça não é missão do julgador, sequer do art. 5º, XXXV, da Constituição.[384] Em realidade, a doutrina instrumentalista jamais se preocupou em teorizar sobre o valor justiça, depositando todas as suas crenças nos ombros do juiz-antena, esse ser dotado de sabedoria inalcançável: *"a busca pela justiça é estratégia para empoderamento dos juízes e, por consequência, da própria jurisdição"*.[385]

Acontece que todas essas características que foram coladas ao processo-instrumento demandam hipertrofia dos poderes judiciais e alçam o julgador a um protagonismo que acarreta, em contrapartida, o enfraquecimento dos poderes e dos direitos das partes, bem como de suas funções no processo. Assim como as partes quedam debilitadas, o devido processo legal e garantias por ele abarcadas também são diminuídos, mesmo porque o juiz-antena, conclamado a utilizar o processo para alcançar a justiça – obviamente segundo a sua visão solitária e particular desse valor –, *"massacra o direito a partir da moral, em nome*

---

383 PEREIRA, Mateus Costa. Introdução ao estudo do processo: fundamentos do garantismo processual brasileiro; coordenação da coleção por Antônio Carvalho Filho, Eduardo José Da Fonseca Costa. – Belo Horizonte : Letramento ; Casa do Direito, 2020, p. 128; DELFINO, Lúcio. Coluna Garantismo Processual #10 - O processo é um instrumento de justiça? (desvelando o projeto instrumentalista de poder). Disponível em : < https://bit.ly/304f8mB>. Acesso em : 20 ago.2020.

384 PEREIRA, Mateus Costa. Introdução ao estudo do processo: fundamentos do garantismo processual brasileiro; coordenação da coleção por Antônio Carvalho Filho, Eduardo José Da Fonseca Costa. – Belo Horizonte : Letramento ; Casa do Direito, 2020, p. 128.

385 DELFINO, Lúcio. Coluna Garantismo Processual #10 - O processo é um instrumento de justiça? (desvelando o projeto instrumentalista de poder). Disponível em : < https://bit.ly/304f8mB>. Acesso em : 20 ago.2020.

de uma legitimidade social, para a obtenção da paz".[386] O *"abrandamento da legalidade"* ou a sua substituição por convicções superiores do julgador,[387] acaso a aplicação da lei possa trazer como consequência resultado injusto para o litígio, a adaptação judicial do procedimento legalmente previsto, no afã de viabilizar a realização da justiça, o alcance da verdade e a entrega de uma decisão equânime, a interpretação judicial dos textos conforme exigências de justiça, a defesa de produção oficiosa de provas pelo magistrado, em litígios envolvendo direitos indisponíveis, são exemplos desse empoderamento judicial.[388] E, como adverte Delfino, quanto mais intervencionista a jurisdição, maior o risco de discricionariedades, ativismos e decisionismos judiciais, os quais maculam os princípios constitucionais fundantes, inclusive a separação de poderes.[389]

É certo que Dinamarco foi movido, em sua construção, por ideais de igualdade material, justiça social, preocupação com os pobres, solidariedade, planificação estatal – atributos da *new left* –[390], e o paradig-

---

[386] CARVALHO FILHO, Antônio. Precisamos falar sobre o instrumentalismo processual. *In*: SOUZA JR, Antonio Carlos *et al.* (Orgs.). Diálogos de Teoria do Direito e Processo. Bahia: Editora JusPodivm, 2018, pp. 325-336.

[387] CARVALHO FILHO, Antônio; CARVALHO, Luciana Benassi Gomes. Coluna Garantismo Processual #27 – Ativismo e déficit de fundamentação. Disponível em : < https://bit.ly/34tiXUu>. Acesso em : 20 ago.2020.

[388] RAATZ, Igor. Coluna garantismo processual #6 - O juiz defensor da moral, o juiz defensor da verdade e o juiz defensor da lei: instrumentalismo, cooperativismo e garantismo processual. Disponível em : <https://bit.ly/3298bAe>. Acesso em 20 ago.2020; PEREIRA, Mateus Costa. Introdução ao estudo do processo: fundamentos do garantismo processual brasileiro; coordenação da coleção por Antônio Carvalho Filho, Eduardo José Da Fonseca Costa. – Belo Horizonte : Letramento ; Casa do Direito, 2020, pp. 122-123.

[389] DELFINO, Lúcio. ABDPRO #16 - À guisa de posfácio: a narrativa de uma ablução ou purificação doutrinária. o fenômeno de diluição do processual pelo jurisdicional e o esquecimento do ser constitucional do processo. o desprezo ao direito fundamental à legalidade e o brasil. Disponível em : < https://bit.ly/32dwkWm>. Acesso em 20 ago.2020.

[390] COSTA, Eduardo José da Fonseca. *Los criterios de la legitimación jurisdiccional según los activismos socialista, facista y gerencial*. *In*: Revista Brasileira de Direito Processual : RBDPro. – ano 21, n. 82, (abr./jun. 2013) – Belo Horizonte: Fórum, 2013, p. 208; CARVALHO FILHO, Antônio. Precisamos falar sobre o instrumentalismo processual. *In*: SOUZA JR, Antonio Carlos *et al.* (Orgs.). Diálogos de Teoria do Direito e Processo. Bahia: Editora JusPodivm, 2018, pp. 325-336.

ma de sua obra é o Estado Social. Suas preocupações, aliás, poderiam ser adequadas e próprias à época da publicação de sua obra, todavia, a Constituição de 1988 não inaugurou um Estado Social e sim um Estado Democrático de Direito, que, conquanto se preocupe com o social, também se atenta ao liberal e, no que toca ao *due process of law*, ele *"originou-se de influxos marcadamente liberais, tanto que é considerado um direito-garantia fundamental de resistência (de primeira geração), cuja finalidade é a defesa da liberdade"*.[391] Nada obstante a data da obra, em entrevista concedida em 2010, Dinamarco reafirmou todas as convicções e premissas lá sedimentadas, subscrevendo uma doutrina estatólatra, que endeusa o juiz e subjuga as partes, olvidando-se de que o processo em si é um direito fundamental positivado no art. 5º, LIV, da CF/88, um escudo contra os possíveis e indesejáveis arbítrios estatais, e não um utensílio servil à jurisdição.

O mantra publicístico de que o processo é um instrumento subserviente para a realização da justiça e do bem comum seduziu, tal qual o canto da sereia, estudantes e estudiosos País afora e se mantém arraigado em nossa cultura jurídica há mais de 30 anos, o que não foi difícil, até mesmo porque *"alguém, afinal, seria contra o bem comum e a justiça?"*[392]

Com a pretensão de terem "superado" a terceira fase metodológica da ciência processual, o formalismo-valorativo e a cooperação processual criticam a centralidade da jurisdição na teoria geral do processo, porquanto teria causado o indesejado protagonismo judicial. Afirmam que no Estado Constitucional, de cariz democrático, é imprescindível que todos os sujeitos que integram a relação jurídica processual colaborem para a construção da decisão justa e adequada ao caso concreto, logo, as partes também devem assumir o seu protagonismo no processo. Todavia, sem embargo de pretenderem colocar o processo ao centro da teoria processual, insistem em enxergá-lo como um instrumento, agora ético, a serviço da jurisdição e conectado à justiça material, como aponta Mateus Pereira:

---

[391] DELFINO, Lúcio. ABDPRO #5 - A espetacularização do processo (uma preleção em família). Disponível em: <https://bit.ly/2Q9Vxv0>. Acesso em 20 ago.2020.

[392] MORBACH, Gilberto. ABDPRO #67 - A ambiguidade fundamental do instrumentalismo processual. Disponível em : < https://bit.ly/3hmCOZa>. Acesso em : 20 ago.2020.

Se o processo é instrumento, afirmá-lo no centro da TGP é teimar na primazia da jurisdição. Assumindo a correção do raciocínio quanto a existência de quatro fases metodológicas, interessante notar que o processo "evoluiu" de instrumento técnico (processualismo científico) para político (fase teleológica), finalmente, sucedido pelo estágio ético (formalismo-valorativo). Instrumento, instrumento e instrumento. Nada mais. A pretensa variação do adjetivo não mascara a permanência do substantivo (instrumento). Se se afirma instrumento, então é político (poder); um suposto estágio "ético" não mascara isso. [393]

É bem verdade que o formalismo-valorativo e a cooperação reivindicam para si o redimensionamento do contraditório, que deixa de abarcar apenas os direitos de informação –da parte ser informada acerca das alegações da parte adversa – e de reação – de contrapor essas mesmas alegações – (sedimentados nos arts. 7º e 9º do CPC),[394] e passa a compreender também o direito de influenciar as decisões judiciais e a consequente vedação da decisão surpresa (art. 10, CPC), em uma perspectiva que impacta a própria atuação do órgão jurisdicional, que assume o dever de levar em consideração os argumentos das partes *"a partir de uma noção de diálogo e debate processual"*, repercutindo na garantia de fundamentação das decisões judiciais (art. 489, §1º, IV,

---

[393] PEREIRA, Mateus Costa. Introdução ao estudo do processo: fundamentos do garantismo processual brasileiro; coordenação da coleção por Antônio Carvalho Filho, Eduardo José Da Fonseca Costa. – Belo Horizonte : Letramento ; Casa do Direito, 2020, pp. 161-162.

[394] Os direitos de informação e reação, decorrentes da garantia do contraditório, são frequentemente encaixados no que a doutrina convencionou chamar dimensão formal ou estática. Também se fala em sentido fraco do contraditório, o que é duramente criticado por Igor Raatz e Natascha Anchieta: *"é sempre bom advertir: o alargamento conceitual do contraditório, a fim de ampliar as posições protetivas das partes, não deve, de modo algum, implicar um menosprezo da noção nuclear de contraditório como "bilateralidade de audiência". Por isso, não parece producente que se denomine o contraditório como fraco e forte"*. Coluna Garantismo Processual #31 - Contraditório em "sentido forte": uma forma de compensação das posturas judiciais instrumentalistas?. Disponível em < https://bit.ly/2MoWL3F>. Acesso em 03 jun.2020; Para aprofundamento no tema, conferir SOUSA, Diego Crevelin de. O contraditório como critério para a definição da titularidade das funções processuais: a divisão funcional de trabalho entre partes e juiz. Dissertação de mestrado defendida na UFES, em Julho.2020, p. 99. Texto ainda inédito e gentilmente cedido pelo autor.

CPC).[395-396] Não se nega que essa ampliação do contraditório, que em muito se deve ao pensamento de Carlos Alberto Alvaro de Oliveira,[397] representou ganho na concretização do devido processo legal (art. 5º, LIV, CF), como bem exemplificam Delfino e Rossi:

> Combate-se, com uma tal perspectiva, as incertezas, cerca-se a discricionariedade judicial, afronta-se a ausência de transparência e de previsibilidade, afastam-se às chamadas decisões-surpresas que só se coadunam com o arbítrio e, por conseguinte, dizimam o ideal democrático. Lado outro, suplementa-se o papel das partes e dos seus advogados no processo, fortifica-se a igualdade processual, além de valorizar a linguagem e discursividade, em resgate a algumas ideias caras defendidas na Grécia antiga pelos mestres sofistas.[398]

Todavia, o ganho da reestruturação dessa garantia contrajurisdicional não veio sozinho e, quando a ideia é acoplada às "novas" fases metodológicas do processo, surgiu irmanado com o aumento de pode-

---

[395] ANCHIETA, Natascha, RAATZ, Igor. Coluna Garantismo Processual #31 - Contraditório em "sentido forte": uma forma de compensação das posturas judiciais instrumentalistas?. Disponível em < https://bit.ly/2MoWL3F>. Acesso em 03 jun.2020; No sentido de que o contraditório, como direito de influência, tem a função de controlar a atividade jurisdicional, na medida em que o debate entre as partes deve ser considerado pelo juiz em suas decisões, também conferir: DELFINO, Lúcio; ROSSI, Fernando F. Juiz contraditor?. Revista Brasileira de Direito Processual – RBDPro, Belo Horizonte, ano 21, n. 82, p. 229-254, abr./jun. 2013.

[396] Os direitos de influência e não surpresa integram a denominada dimensão material ou dinâmica do contraditório, também chamado de contraditório forte.

[397] Como reconhecem Igor Raatz e Natascha Anchieta, Alvaro de Oliveira escreveu importante artigo sobre a garantia do contraditório, ao final da década de 90, redimensionando-a para incluir os direitos de influência e de não surpresa, o que decorreria da superação dos desgastados brocardos *da mihi factum, dabo tibi jus* e *iura novit curia*. OLIVEIRA, Carlos Alberto Alvaro de. A garantia do contraditório. Revista da Faculdade de Direito da UFRGS, v. 15, 1998. Disponível em : <https://bit.ly/2Yj2DSJ>. Acesso em : 20 ago.2020.

[398] DELFINO, Lúcio; ROSSI, Fernando F. Juiz contraditor?. Revista Brasileira de Direito Processual – RBDPro, Belo Horizonte, ano 21, n. 82, p. 229-254, abr./jun. 2013. O mesmo reconhecimento é passível de ser extraído de ANCHIETA, Natascha, RAATZ, Igor. Coluna Garantismo Processual #31 - Contraditório em "sentido forte": uma forma de compensação das posturas judiciais instrumentalistas?. Disponível em <https://bit.ly/2MoWL3F>. Acesso em 03 jun.2020; e de SOUSA, Diego Crevelin de. O contraditório como critério para a definição da titularidade das funções processuais: a divisão funcional de trabalho entre partes e juiz. Dissertação de mestrado defendida na UFES, em Julho.2020, p. 99. Texto ainda inédito e gentilmente cedido pelo autor.

res judiciais.[399] O que se nota, outrossim, é que, ao mesmo tempo em que se fortalece o contraditório supostamente em prol das partes, para que elas tenham ainda maior liberdade frente ao juiz, consubstanciada na participação da formação das decisões judiciais, amplia-se o poder daquele último, em um verdadeiro dar com uma mão e tirar com a outra. O contraditório passou a ser visto como fator de legitimação de uma postura judicial ativa, como se pode extrair de exemplos dados pelo próprio Alvaro de Oliveira: quando afirma que a formação do material fático da causa deixa de ser tarefa exclusiva das partes e passa a ser também do juiz, que tem poder de apreciar fatos secundários e até alguns fatos principais, por iniciativa própria; e quando possibilita ao juiz a liberdade de conhecer o direito, investigá-lo de ofício, extrair do material fático conclusões jurídicas não aportadas pelas partes aos autos:[400]

> *Por sinal, é interessante notar que o discurso em favor do aumento dos poderes do juiz passou, desde então, a ser associado ao contraditório e a uma noção de "colaboração entre as partes e o juiz". Não por acaso, o próprio Alvaro de Oliveira no texto mencionado dizia que "o concurso das atividades dos sujeitos processuais, com ampla colaboração tanto na pesquisa dos fatos quanto na valorização jurídica da causa, constitui dado que influi de maneira decisiva na própria extensão do princípio do contraditório". Outro exemplo que vai justamente nessa linha é o artigo "A colaboração no processo civil", de Eduardo Grasso, escrito na década de 60 e muito citado para justificar essa "função legitimadora" atribuída ao contraditório. Nesse texto, associando contraditório à colaboração, Grasso desenvolvendo a ideia de que a busca pela verdade e pela justiça, no processo, somente é alcançável mediante a colaboração entre o juiz e as partes. Outro bom exemplo disso tudo é que, em livro escrito cerca de 10 anos depois do artigo "A garantia do contraditório", Carlos Alberto Alvaro de Oliveira, após afirmar que seria insustentável "continuar-se tolerando o juiz inerte, de braços cruzados, e que encarava o processo como coisa exclusiva das partes", dizia que "sem a colaboração de advogado mesmo o juiz mais competente não estará inteiramente habilitado a conduzir um processo complicado do ponto de vista*

---

399 ANCHIETA, Natascha, RAATZ, Igor. Coluna Garantismo Processual #31 - Contraditório em "sentido forte": uma forma de compensação das posturas judiciais instrumentalistas?. Disponível em < https://bit.ly/2MoWL3F>. Acesso em 03 jun.2020.

400 ANCHIETA, Natascha, RAATZ, Igor. Coluna Garantismo Processual #31 - Contraditório em "sentido forte": uma forma de compensação das posturas judiciais instrumentalistas?. Disponível em < https://bit.ly/2MoWL3F>. Acesso em 03 jun.2020; OLIVEIRA, Carlos Alberto Alvaro de. A garantia do contraditório. Revista da Faculdade de Direito da UFRGS, v. 15, 1998. Disponível em : <https://bit.ly/2Yj2DSJ>. Acesso em : 20 ago.2020.

> *prático" e que "volta à cena, assim, a necessidade da cooperação, cada vez mais presente no cenário do processo civil atual: a atividade probatória haverá de ser exercida pelo magistrado, não em substituição das partes, mas juntamente com elas, como um dos sujeitos interessados no resultado do processo".*[401]

Mister se ater ao fato de que, a partir do momento em que o juiz cria, sob a perspectiva endoprocessual, inovando em alegações, fundamentos, fatos, e os trazendo para o interior do processo, além de romper com a divisão funcional de tarefas que lhe é própria, ele ainda deixa de ser terceiro e passa a ser parte. Ao fazê-lo, pende para um lado, quer do requerente, quer do requerido: a parte beneficiada aufere um aliado poderoso, que, ao final, proferirá uma decisão impositiva; da parte prejudicada, em contrapartida e instantaneamente, solapa-se o juiz.

O formalismo-valorativo, como as demais correntes em comento, segue apostando no protagonismo e na subjetividade do juiz para conduzir o processo justo e chegar a uma decisão justa, tudo pautado em um processo direcionado à reconstrução da verdade, tanto mais próxima dos fatos como se passaram, e à realização da justiça material.[402] Como revela Igor Raatz, o formalismo-valorativo não logra êxito em sua afirmada pretensão de redimensionar a figura do processo na teoria geral do processo, pois não consegue se desvincular da sua subserviência ao poder. Aposta-se em um ativismo do juiz controlado por um contraditório supostamente forte, bastante para legitimar a atuação jurisdicional. Noutras palavras, desde que se reforce o contraditório, o juiz está legitimado para manejar o processo de modo a alcançar a decisão justa. *Mutatis mutandis*, a instrumentalidade do processo de Dinamarco prega substancialmente a mesmíssima coisa.[403]

---

401 ANCHIETA, Natascha, RAATZ, Igor. Coluna Garantismo Processual #31 - Contraditório em "sentido forte": uma forma de compensação das posturas judiciais instrumentalistas?. Disponível em < https://bit.ly/2MoWL3F>. Acesso em 03 jun.2020.

402 STRECK, Lenio; MOTTA, Francisco José Borges. Um debate com (e sobre) o formalismo-valorativo de Daniel Mitidiero, ou "colaboração no processo civil" é um princípio? Revista de Processo, São Paulo, RT, v. 213, p. 13-34, nov. 2012.

403 RAATZ, Igor. Coluna Garantismo Processual #28 – A resistência instrumentalista e o surgimento da doutrina brasileira do garantismo processual: uma breve análise em dois atos. Disponível em <https://bit.ly/3cyqNN4>. Acesso em 03 mai.2020. Sobre a identidade entre o formalismo-valorativo e a instrumentalidade do processo, por todos ver: OLIVEIRA, Bruno Silveira de. A instrumentalidade do processo e o formalismo-valorativo (a roupa nova do imperador na ciência processual civil brasileira) Revista de Processo | vol. 293/2019 | p. 19 - 47 | Jul / 2019. Igualmente:

O cooperativismo também sofre duras críticas do garantismo processual. Uma delas se volta à frequente afirmação de que o CPC/15 teria inaugurado um "novo modelo de processo". Rechaça-se de pronto tal afirmação porque é na Constituição que está a morada do processo, que nem de longe prevê um modelo cooperativo.[404] Desse modo, ou o novo CPC não adota um "novo modelo", mas apenas explicita o modelo constitucional; ou, de fato, a cooperação não encontra amparo na Constituição.[405] A teoria cooperativista parte de uma dicotomia entre modelos paritário (processo apontado como coisa das partes – regido pelo princípio dispositivo) e hierárquico (processo com a centralidade no juiz – processo inquisitório) de processo e se apresenta como uma terceira via, fundada numa suposta divisão equilibrada de trabalho entre juiz e partes, impondo-se ao primeiro o dever de dialogar com as últimas. Assim, dá-se a "simetria" do juiz no debate e a "assimetria" na decisão. Contudo, a cooperação não é exitosa em sua pretensão, porquanto *"confessadamente absorve todos os poderes que foram conferidos ao juiz no modelo hierárquico, reconhecidamente autoritário, mas crê que os compensa com a imposição do dever do juiz dialogar com as partes"*.[406]

STRECK, Lenio; MOTTA, Francisco José Borges. Um debate com (e sobre) o formalismo-valorativo de Daniel Mitidiero, ou "colaboração no processo civil" é um princípio? Revista de Processo, São Paulo, RT, v. 213, p. 13-34, nov. 2012; DELFINO, Lúcio. Coluna Garantismo Processual #10 – O processo é um instrumento de justiça? (desvelando o projeto instrumentalista de poder). Disponível em < https://bit.ly/304f8mB>. Acesso em 03 jun.2020. Em sentido contrário, aderindo à superação da instrumentalidade pelo formalismo-valorativo: SANTOS, Clarice, MARANHÃO, Ney, COSTA, Rosalina Moitta Pinto. Instrumentalismo e formalismo-valorativo em ciência processual: há algo de novo sob o sol? Revista dos Tribunais | vol. 1003/2019 | p. 359 - 391 | Maio / 2019. Em sentido contrário, MADUREIRA, Claudio, ZANETI JR., Hermes. Formalismo-valorativo e o novo processo civil. Doutrinas Essenciais - Novo Processo Civil | vol. 1/2018 | Revista de Processo | vol. 272/2017 | p. 85 - 125 | Out / 2017.

404 Registre-se que Marinoni, Mitidiero e Arenhart entendem que a cooperação é o modelo do *"nosso processo justo"*, de nossa Constituição, em uma concepção mais pluralista e consentânea com a feição democrática do Estado constitucional. MARINONI, Luiz Guilherme; MITIDIERO, Daniel. Item 5.1. Direito fundamental ao processo justo. In: SARLET, Ingo Wolfgang; _____; _____. Curso de direito constitucional. 7. ed. – São Paulo : Saraiva Educação, 2018, pp. 842 e ss.;

405 SOUSA, Diego Crevelin de. ABDPRO #10 - O caráter mítico da cooperação processual. Disponível em https://bit.ly/2YVuI3w. Acesso em 13 mai.2020.

406 SOUSA, Diego Crevelin de. ABDPRO #10 - O caráter mítico da cooperação processual. Disponível em <https://bit.ly/2YVuI3w>. Acesso em 13 mai.2020; PEREIRA,

Ao propor um juiz simétrico no debate e lhe conceder poderes – ou melhor deveres-poderes – para desempenhar funções típicas e próprias de parte, como ocorre com o preconizado dever de auxílio, o cooperativismo *"transige parcimoniosamente com a imparcialidade, sobretudo a objetivo-funcional"*, isto é, com a garantia que os litigantes possuem de que o juiz seja um terceiro (*terzietá*). A simetria no debate é apontada pelo garantismo como uma afronta ao art. 5º, LV, da CF/88, porque assegura aos litigantes o exercício exclusivo do contraditório, ou seja, é um direito das partes o seu exercício e um dever do juiz a sua observância. Não há amparo em nossa Constituição, portanto, a um juiz-contraditor:

> *No debate processual o juiz não se situa em posição paritária com as partes simplesmente porque não é destinatário dos atos decisórios. Não é contraditor e sim um estranho no que tange aos interesses em contenda, não sendo parte interessada naquilo que se discute no processo: é o autor do provimento, não o seu alvo. É terceiro imparcial, não parte parcial. (...)*
> *A expressão juiz contraditor denota então – reafirme-se em outros termos – um oximoro: aproxima conceitos que não combinam, com significados opostos e que verdadeiramente se repelem; onde se situa um, o outro não se ajusta. Afinal, é incoerente pensar naquele que representa o Estado e cuja função é solucionar o conflito, defendendo, ele próprio, teses, formulando argumentos e produzindo provas, avançando rumo a uma participação de matriz exageradamente inquisitorial (e inconstitucional). Para dizer o óbvio: o juiz não é paritário no diálogo processual com as partes porque, se caso o fosse, a posição de terceiro e a imparcialidade psicológica que o distinguem restariam prejudicadas, em atentado mortal ao princípio do juiz natural, que também integra os contornos do devido processo legal.*[407]

O discurso cooperativista de que o juiz deve ser paritário no debate, criando uma comunidade de trabalho, na qual "desça" de sua posição assimétrica para colaborar para o alcance de uma decisão justa, que se alicerce na reconstrução – a mais próxima possível – da realidade dos fatos como se passaram, é sedutor, porém falacioso. Revela-se, quando se volta o olhar para o âmago da ideia, num caminho tortuoso em que prepondera o desvirtuamento de garantia contrajurisdicional do

---

Mateus Costa. Introdução ao estudo do processo: fundamentos do garantismo processual brasileiro; coordenação da coleção por Antônio Carvalho Filho, Eduardo José Da Fonseca Costa. – Belo Horizonte : Letramento ; Casa do Direito, 2020, p. 160 e ss.

[407] DELFINO, Lúcio; ROSSI, Fernando F. Juiz contraditor?. Revista Brasileira de Direito Processual – RBDPro, Belo Horizonte, ano 21, n. 82, p. 229-254, abr./jun. 2013.

processo em licença para arbítrio judicial, levando ao esvaziamento do direito fundamental em causa e, por conseguinte, do limite à atuação judicial.[408] Se a CF/88 garante às partes (sujeitos parciais) o direito ao contraditório, consequentemente confere ao juiz (sujeito imparcial) o dever de observá-lo. Conferir ao magistrado o mesmo direito das partes é retirá-lo delas, permitindo a invasão do poder estatal no campo de força que as resguarda justamente contra as potenciais arbitrariedades do poder. Adverte-se, entrementes, que as críticas dirigidas ao cooperativismo não se voltam à relevância destacada da defesa que se faz ao contraditório, como direito das partes, e à fundamentação das decisões, como dever inexorável do juiz:

> *Importante dizer que retirar o juiz das posições ativas do contraditório não fragiliza as versões fortes do contraditório e da fundamentação. É fora de dúvida de que o juiz deve oportunizar a manifestação das partes antes de decidir qualquer questão, inclusive as cognoscíveis de ofício até então por elas não suscitadas, e que deve responder pontual e expressamente todos os argumentos e provas apresentados pelas partes, mas isso não é diálogo, ao menos não no sentido de que ele dialogue ativamente, tal qual as partes, mas o cumprimento dos deveres que lhe são impostos pelo contraditório. Impulsionar o processo para dar informação e oportunizar a reação das partes para que possam influir no desenvolvimento e resultado do processo é cumprir os deveres (=situação jurídica passiva) impostos o contraditório, ao passo em que decidir mediante consideração objetiva, concreta e expressa de todos os argumentos e provas das partes, atribuindo sentido aos fatos e ao direito de modo íntegro e coerente é cumprir o dever de fundamentação das decisões (art. 93, IX, CRFB e arts. 489, § 1º, I a VI, e 926, CPC). Definitivamente, não é necessário falar em juiz simétrico e diálogo entre juiz e partes para se ter tudo isso. (...)*
> *...a tese da simetria é (i) dispensável, se quer significar o cumprimento de deveres impostos pelo contraditório, e é (ii) deturpadora do texto constitucional, se quer significar a possibilidade de o juiz exercer as situações jurídicas ativas decorrentes do contraditório (dá azo à figura do juiz-contraditor, síntese autoritária de um poder exercido sem limites).*[409]

O cooperativismo processual, principalmente na sua defesa do dever de auxílio, em muito se assemelha à escola da instrumentalidade

---

408 DELFINO, Lúcio. Coluna garantismo processual #55 – Cooperativismo processual e o germe do autoritarismo. Disponível em : < https://bit.ly/3hlKcEs>. Acesso em 10 jul.2020.

409 SOUSA, Diego Crevelin de. ABDPRO #10 - O caráter mítico da cooperação processual. Disponível em https://bit.ly/2YVuI3w. Acesso em 13/05/2020. Aliás, para aprofundamento às críticas feitas por Diego Crevelin ao cooperativismo processual, a leitura do artigo ora referenciado é imprescindível.

do processo, na medida em que deposita no juiz a crença – ou esperança – de se tratar de pessoa portadora de *"extraordinária sabedoria, clarividência, inteligência e magnanimidade"*, que atua como um tutor, um salvador das partes, de si mesmas e de seus advogados, ou seja, *"é o próprio juiz-antena do instrumentalismo"*.[410]

Portanto, a cooperação processual não se trata de uma terceira via,[411] não como uma alternativa entre os modelos hierárquico e paritário de processo (como se o garantismo fosse uma representação deste), mas sim como uma corrente que, malgrado assevere colocar o processo ao centro da teoria geral, genuinamente não o faz. Pelo contrário, mantém o protagonismo do juiz – a jurisdição ao centro, portanto –, segue enxergando o processo como um instrumento que se presta ao poder, mas agora um poder que se legitima por um contraditório "forte" e por uma fundamentação "robustecida". Desde que ouça as partes e fundamente suas decisões, o juiz tem licença para fazer do seu artefato o que bem entender, em nome de aplicar a justiça ao caso *sub judice*.[412]

Os instrumentalistas, os cooperativistas (e aqui se incluem os adeptos ao formalismo-valorativo) e congêneres não obtêm sucesso em traçar a diferenciação entre jurisdição – instituição de poder – e proces-

---

410 SOUSA, Diego Crevelin de. ABDPRO #10 - O caráter mítico da cooperação processual. Disponível em https://bit.ly/2YVuI3w. Acesso em 13 mai.2020.

411 Ao contrário do que afirma Arlete Inês Aurelli, por exemplo, em: AURELLI, Arlete Inês. A cooperação como alternativa ao antagonismo garantismo processual/ativismo judicial. Revista Brasileira de Direito Processual – RBDPro, Belo Horizonte, ano 23, n. 90, p. 73-85, abr./jun. 2015.

412 DELFINO, Lúcio. Coluna garantismo processual #55 – Cooperativismo processual e o germe do autoritarismo. Disponível em : < https://bit.ly/3hlKcEs>. Acesso em 10 jul.2020; ANCHIETA, Natascha; RAATZ, Igor. Coluna garantismo processual #50 - Cooperação processual: um novo rótulo para um velho conhecido. Disponível em : < https://bit.ly/3297JSy>. Acesso em : 20 ago.2020; PEREIRA, Mateus Costa. Coluna garantismo processual #33 - Processualidade, jurisdicionalidade e procedimentalidade (ii): a cooperação como "garantia" avessa ao processo. Disponível em : https://bit.ly/3hduUBv. Acesso em 19 ago.2020; RAATZ, Igor. Coluna garantismo processual #6 - O juiz defensor da moral, o juiz defensor da verdade e o juiz defensor da lei: instrumentalismo, cooperativismo e garantismo processual. Disponível em : <https://bit.ly/3298bAe>. Acesso em 19 ago.2020; COSTA, Eduardo José da Fonseca. Coluna garantismo processual #36 – Processo e razões de Estado. Disponível em : < https://bit.ly/34iN7K4>. Acesso em 19 ago.2020; SOUSA, Diego Crevelin de. Coluna garantismo processual #17 - Do dever de auxílio do juiz com as partes ao dever de auxílio do juiz com o processo: um giro de 360º. Disponível em : <https://bit.ly/34hlReZ>. Acesso em 19 ago.2020.

so – instituição de garantia contrajurisdicional, o que se deve ao fato de que eles enxergam e elaboram o processo a partir da perspectiva judicial, sob o ponto de vista do julgador. Para que o processo seja esse instrumento, quer político, quer ético, para a realização do direito material ou para a pacificação social com justiça, dirigido por um juiz que seja o legítimo canal receptor dos influxos axiológicos da sociedade, manietam-no *"para que sirva aos propósitos eleitos pelo soberano (o Poder Judiciário)"*.[413] O juiz-instrumentalista é o juiz rebelde, sensível e destemido, que possui uma *"antena permanentemente atenta às infelicidades, às angústias e sofrimentos"* e pode transformar a sociedade a partir de sua interpretação qualificada de um contexto normativo propiciador da realização da justiça, pelo menos daquilo que seja justo a partir do seu ideal e do da comunidade a que serve.[414]

Os garantistas processuais, por outro lado, visualizam o processo a partir da perspectiva do indivíduo-parte frente ao Estado-juiz, retirando a sua substancialidade da Constituição – art. 5º, LIV –, que o abraça como um direito fundamental do cidadão. O garantismo opera sobre a imperiosidade de se constranger o exercício do poder estatal, de modo a impedir ou conter o arbítrio e o abuso: *"é, portanto, uma doutrina de liberdade e resistência legítima às forças estatais"*. Para os garantistas, o juiz-antena é um disfarce para que o juiz julgue conforme seus anseios pessoais ou a influência direta de seu grupo, visto que inexiste forma de controle racional da captação dos influxos sociais. Para além disso, propugnar que o juiz julgue de modo contrário à lei, porque de acordo com um suposto sentimento social, gera a ruptura da neutralidade política do Judiciário, cujo matiz é a contramajoritariedade.[415] O juiz-garantista, de outro lado, é compreendido na completude e complexidade de sua humanidade, em sua definição de *homo sapiens demens*, ou

---

[413] CARVALHO FILHO, Antônio. Coluna Garantismo Processual #7 - Pequeno manual prático para o debate instrumentalistas (e afins) vs. garantistas processuais. Disponível em < https://bit.ly/2BvzHOK>. Acesso em 03 jun.2020.

[414] NALINI, José Renato. A rebelião da toga [Livro eletrônico]. 1. ed. São Paulo : Editora Revista dos Tribunais, 2015, Capítulo X, item 1.

[415] CARVALHO FILHO, Antônio. Coluna Garantismo Processual #7 - Pequeno manual prático para o debate instrumentalistas (e afins) vs. garantistas processuais. Disponível em < https://bit.ly/2BvzHOK>. Acesso em 03 jun.2020.

seja, o sujeito que, além de ser racional, também é biológico, psíquico, social e afetivo:[416]

> [o juiz] deve entender que o atuar jurisdicional na conformação republicana lhe impõe deveres e limites próprios que não o tornam livre. As convicções pessoais, as paixões e os impulsos do exercente do poder devem dar lugar à serenidade do julgador. O órgão estatal está submetido aos grilhões da legalidade e não pode escapar deles, por ser um dos remédios de sua óbvia humanidade. É necessário rechaçar o experimentalismo judicante naliniano e seu equivalente funcional da plasticidade procedimental presente no instrumentalismo, no neoprocessualismo, no cooperativismo e no colaboracionismo, segundo a qual o juiz deve adaptar o procedimento às peculiaridades do caso concreto – o batido argumento de que o juiz o fará cooperativamente, dialogando em contraditório com as partes, não convence, pois à mingua de critérios jurídico-positivos das margens de adaptação há sempre o incontrolável risco de arbítrio judicial. O processo, enquanto instituição de garantia contrajurisdicional de liberdade das partes, é inerentemente anti-experimentalista e procedimentalmente rígido. Deveras, nada é mais humano que o julgamento imediato, sumário, sem contraditório, sem prova, sem imparcialidade. O processo refreia essas animalidades ancestrais, para ficar na expressão de Eduardo José da Fonseca Costa. A finalidade precípua do processo é conter a intuição do Estado-Juiz, e não dar azas à sua imaginação.[417]

Finalmente, mister se fazer a advertência de que o garantismo processual não empunha a bandeira do juiz *bouche de la loi*, despido de poder de interpretar e valorar a lei. O juiz-garantista, modelo constitucional, presta "fidelidade canina" às leis e à Constituição,[418] interpreta as primeiras conforme a última, em vista de sua superioridade, mas não a lê em tiras ou dela extrai ocasionalmente *"inconstitucionalidades elásticas para satisfazer as suas certezas"*, pois entende suas limitações constitucionais, republicanas e democráticas, não almejando se tornar

---

[416] PEREIRA, Mateus Costa. Introdução ao estudo do processo: fundamentos do garantismo processual brasileiro; coordenação da coleção por Antônio Carvalho Filho, Eduardo José Da Fonseca Costa. – Belo Horizonte : Letramento ; Casa do Direito, 2020. p. 196.

[417] CARVALHO FILHO, Antônio. Coluna Garantismo Processual #7 - Pequeno manual prático para o debate instrumentalistas (e afins) vs. garantistas processuais. Disponível em < https://bit.ly/2BvzHOK>. Acesso em 03 jun.2020.

[418] COSTA, Eduardo José da Fonseca. ABDPro #71 – O poder judiciário diante da soberania popular: O impasse entre a democracia e a aristocracia. Disponível em : <https://bit.ly/3hwYFgw>. Acesso em 21 ago.2020.

um aristocrata: *"Nada mais coerente do que chamá-lo de juiz cumpridor da lei. E isso deveria ser motivo de loas..."*.[419]

O juiz-garantista, portanto, se reconhece como presentante do Poder e vê no processo a garantia contrajurisdicional que impõe as balizas à sua atuação.

2.3. A EXECUÇÃO CIVIL VISTA A PARTIR DO GARANTISMO PROCESSUAL: O DEVIDO PROCESSO LEGAL E SEU CONTEÚDO NA ESFERA EXECUTIVA

Consoante nos lembra Igor Raatz, na Inglaterra do Século XII, com a centralização do poder político e a distribuição da justiça, surgia a possibilidade de se rumar a um modelo absolutista de Estado. Todavia, *"os primeiros desmandos do poder político encontraram uma forte resistência"*, justamente a Magna Carta,[420] espécie de acordo entre o monarca e os súditos impondo limites à intervenção estatal.[421] Cunhada e utilizada pela primeira vez mais de 100 anos depois, em 1354, no Estatuto de Eduardo III, a expressão *due process of law* foi aprimorada nos Estados Unidos, com as redações conferidas pela V e XIV Emendas à Constituição norte-americana, as quais influenciaram a CF/88.[422]

Embora o aprofundamento histórico do instituto não seja objeto do trabalho, é certo afirmar que a conquista do devido processo legal se trata de uma pedra fundamental a sedimentar a garantia de liberdade do homem frente ao poder do Estado: *"é sinônimo de direito de resistência à interferência estatal no âmbito da liberdade dos indivíduos"*.[423]

---

419 CARVALHO FILHO, Antônio. Coluna Garantismo Processual #7 - Pequeno manual prático para o debate instrumentalistas (e afins) vs. garantistas processuais. Disponível em < https://bit.ly/2BvzHOK>. Acesso em 03 jun.2020.

420 RAATZ, Igor. Autonomia privada e processo civil: negócios jurídicos processuais, flexibilização procedimental. 2. ed. rev., atual. e ampl. Salvador: Editora JusPodivm, 2019, p. 105.

421 WAMBIER, Luiz Rodrigues. Anotações sobre o princípio do devido processo legal. Revista dos Tribunais | vol. 646/1989 | p. 33 - 40 | Ago / 1989.

422 RAATZ, Igor. Autonomia privada e processo civil: negócios jurídicos processuais, flexibilização procedimental. 2. ed. rev., atual. e ampl. Salvador: Editora JusPodivm, 2019. p. 105; WAMBIER, Luiz Rodrigues. Anotações sobre o princípio do devido processo legal. Revista dos Tribunais | vol. 646/1989 | p. 33 - 40 | Ago / 1989.

423 RAATZ, Igor. Autonomia privada e processo civil: negócios jurídicos processuais, flexibilização procedimental. 2. ed. rev., atual. e ampl. Salvador: Editora

No ordenamento jurídico brasileiro, a Constituição de 1988 foi a primeira a prever expressamente o "devido processo legal" como um direito fundamental,[424] externando-o no inciso LIV do art. 5º, cuja redação é a seguinte: "ninguém será privado da liberdade ou de seus bens sem o *devido processo legal*". A cláusula sob análise encerra em si a própria noção de *processo* e dela se infere, em uma leitura constitucional, a *"instituição de garantia de liberdade do cidadão para a limitação do exercício do poder jurisdicional"*.[425]

Como garantia de liberdade que é, em virtude do seu *locus* constitucional, há que ser compreendida como baliza, como campo de força da parte frente ao Estado. Partindo de tal premissa e levando em conta a relação cidadão *versus* poder, ou parte *versus* juiz, para proteger o primeiro contra o segundo, essa relação deve se pautar, por opção do constituinte, por um *"procedimento em contraditório regulado exclusivamente pela lei"*.[426] Tomando de empréstimo as lições de Eduardo Costa:

> O procedimento não se regra por dupla normatividade, (i) uma composta de leis procedimentais (civis, penais, trabalhistas, eleitorais etc.) [marco regulatório originário], (ii) outra de resoluções judiciais criativas [marco regulatório derivado]. Enfim, o procedimento se arma segundo a lei ['sub legem'], jamais à margem dela ['præter legem']. Ele não é ejetado da dupla matriz legislativo-jurisdicional; afinal, não se trata de «devido processo legal+jurisdicional», mas apenas de «devido processo legal». Só a 'lex', não o 'iudex', institui as condições procedimentais do debate. A trajetória do debate é planejada 'ante causam' na lei, não improvisada 'post causam' pelo julgador. Logo, o juiz não cria marcos regulatórios, mas

---

JusPodivm, 2019. p. 105. Neste mesmo sentido: DELFINO, Lúcio. Como construir uma interpretação garantista do processo jurisdicional? Revista Brasileira de Direito Processual – RBDPro, Belo Horizonte, ano 25, n. 98, p. 207-222, abr./jun. 2017.

424 Previamente à CF/88, a Constituição de 1946, no art. 141, §4º, trouxe o direito do cidadão a que a lei não excluísse da apreciação do judiciário qualquer lesão de direito individual. A doutrina enxerga neste dispositivo já uma concepção de devido processo, como afirma WAMBIER, Luiz Rodrigues. Anotações sobre o princípio do devido processo legal. Revista dos Tribunais | vol. 646/1989 | p. 33 - 40 | Ago / 1989.

425 CARVALHO FILHO, Antônio. Coluna Garantismo Processual #25 - Desmistificando o processo justo: pela reconstrução do devido processo legal. Disponível em: https://bit.ly/2T3Q9vx. Acesso em 28 mai.2020.

426 COSTA, Eduardo José da Fonseca. ABDPRO#15 – Breves meditações sobre o devido processo legal. Disponível em <https://bit.ly/3eqmmW3>. Acesso em 28 mai.2020.

> *garante às partes os marcos já fixados em lei. Nesse sentido, não é ele um agente propriamente regulador, mas GARANTIDOR.*[427]

O devido processo legal é compreendido como *conditio sine qua non* do atuar jurisdicional, ou como a *"inafastável interface comunicativa entre a jurisdição e os jurisdicionados"*.[428] Inafastável e *conditio sine qua non* se referem justamente ao adjetivo "devido", uma vez que não há como o Estado exercer a sua função jurisdicional sem passar pelo processo, que é, portanto, compulsório. O qualitativo "legal" é percebido como um imperativo de que *"o procedimento se arma segundo a lei"*, entendida como ato normativo produzido pelo legislador infraconstitucional, embora nada impeça que a própria Constituição já pré-estabeleça algum tipo de procedimento. Mais uma vez, a ideia é bem demonstrada nas linhas a seguir:

> *O termo tem a sua positividade e, por isso, é preciso curvar-se a ele. «Legal» = relativo à lei, conforme a lei, estabelecido em lei, regulado por lei, definido na lei, resultante de lei. Daí por que o devido processo legal é o devido processo da lei. (...)*
> *O termo lei se emprega aí em sentidos material e formal. Numa ambiência constitucional republicana, a todo poder do Estado corresponde uma garantia dos cidadãos, que o limita. A Constituição institui o poder e a correlata garantia, ainda que implícita. Contudo, «todo o poder emana do povo» (CF, art. 1º, parágrafo único, 1ª parte); logo, só ao povo é dado regular os limites positivos e negativos do poder. Enfim, só ao povo cabe regular o duo inseparável «poder-garantia».*
> *No entanto, numa democracia representativa, de ordinário essa regulação não se faz diretamente, senão por meio de representantes eleitos democraticamente (cf. CF/1988, art. 1º, parágrafo único, 2ª parte). Congregados em assembleia (ou seja, no âmbito de um parlamento), esses representantes plasmam la «volonté générale» (ou la volonté du peuple) mediante a edição de leis. Só a lei pode regular o poder, que emana do povo, e a correlata garantia, que ao povo protege. Caso contrário, o Estado poderia – mediante atos unilaterais infralegais ou extralegais – ampliar o poder que lhe foi outorgado pela Constituição Federal, ou restringir a garantia que a Constituição Federal contra ele instituiu. Só lei formalmente editada pelo Poder Legislativo da União pode regular as garantias contralegislativas (ex.: «limitações constitucionais ao poder de tributar»; ações de controle abstrato de constitucionalidade), contra-administrativas (ex.: lici-*

---

427 COSTA, Eduardo José da Fonseca. ABDPRO#15 – Breves meditações sobre o devido processo legal. Disponível em <https://bit.ly/3eqmmW3>. Acesso em 28 mai.2020.

428 COSTA, Eduardo José da Fonseca. ABDPRO#15 – Breves meditações sobre o devido processo legal. Disponível em <https://bit.ly/3eqmmW3>. Acesso em 28 mai.2020.

tação; concurso público) e contrajurisdicionais (ex.: duplo grau de jurisdição; ampla defesa).[429]

De largada, já se nota que o adjetivo "legal" é considerado imprescindível e insubstituível ao devido processo. Não pode ser amputado e tampouco permutado. Consequentemente, não se anui à transmutação realizada pela doutrina processual preponderante, que quase de modo uníssono subtrai, escancarada ou sorrateiramente, o adjetivo "legal" do "devido processo", afirmando de modo enfático que referida cláusula confere aos cidadãos o direito ao "processo justo" e à jurisdição o múnus de alcançá-lo. Contudo, *"o legal nem sempre é o justo; o justo nem sempre é o legal"* [430] e se o processo é uma garantia em si, positivado na CF/88 como "devido processo legal", e ele se faz concreto pelo procedimento, a princípio, tão-somente pode ser aquele pré-estabelecido na lei, salvo quando conformado por negócio jurídico processual, consoante positivado no art. 190 do CPC.

A partir daí, é fácil perceber que a ideia do "processo justo", defendida largamente pela doutrina, é refutada pelo garantismo processual. Inicialmente, pela opção do constituinte originário, que claramente adjetivou o devido processo de "legal" e não de "justo": inexiste no texto constitucional qualquer "garantia" de "processo justo" em prol do jurisdicionado, não encontrando sustentação dogmática na CF. Afirmar, como o fazem Marinoni, Arenhart e Mitidiero, que se prefere compreender o inciso LIV do art. 5º, CF, como direito ao *"processo justo"*, já que a expressão "devido processo legal" é criticável – pois conduz à ideia de se tratar *"apenas"* de um anteparo ao arbítrio estatal –,[431] é negar a positividade do texto constitucional, escapar da dogmática e adotar postura e discurso políticos em correção ao próprio constituinte originário. Não é possível se arvorar de uma proposição de *constitutionis lata* (devido processo legal), para a construção de um significante (processo justo) e de um significado de *constitutionis ferenda*. O dis-

---

429 COSTA, Eduardo José da Fonseca. O devido processo legal e os indevidos processos infralegal e extralegal. Disponível em <https://bit.ly/3cfLEom>. Acesso em 29 mai.2020.

430 COSTA, Eduardo José da Fonseca. O devido processo legal e os indevidos processos infralegal e extralegal. Disponível em <https://bit.ly/3cfLEom>. Acesso em 29 mai.2020.

431 MARINONI, Luiz Guilherme, ARENHART, Sérgio Cruz, MITIDIERO, Daniel. Novo Curso de Processo Civil: teoria do processo civil, v. 1. São Paulo: Editora Revista dos Tribunais, 2015, pp. 489-490.

curso apologético do trio em questão tem por destinatários potenciais constituintes originários de uma incerta "Constituição nova", já que o art. 5º, LIV, da CF, é cláusula pétrea (art. 60, § 4º, IV, da CF). Não pode ser considerada ciência jurídica, em sentido geral, ou dogmática jurídica, em sentido específico, já que, nestes termos, não se destina a juízes, advogados, promotores etc.[432]

Ademais, quando se atribui à leitura textual do inciso LIV do art. 5º, devido processo *legal,* a pecha de legalista – inerente a uma visão já ultrapassada de Estado Liberal ou de Estado de Direito (*Rechtsstaat*), superado, aliás, pelo Estado Constitucional (*Verfassungsstaat*) – e se defende que no Estado atual o direito ao "processo justo" é a resposta mais adequada, pratica-se verdadeira e substancial transmutação de um *"direito de resistência"*[433] do cidadão de impor limite ao Estado-Jurisdição em um suposto direito do cidadão a que o Estado intervenha positivamente na esfera jurídica das partes, apesar dos limites procedimentais. Realiza-se, antes de dogmática, política. O dever de abstenção (competência negativa) do Estado se metamorfoseia em dever de prestação (competência positiva) do Juiz. Repise-se, deturpa-se o limite que se volta contra o Estado em poder que se volta contra o jurisdicionado.[434]

---

[432] *A dogmática, conforme observado, procura iluminar o caminho dos juristas na resolução dos casos e problemas concretos que surgem diariamente. Com efeito, disso já é possível perceber que um bom critério para a identificação de um texto dogmático é justamente o seu alvo: se o texto contém razões e argumentos que só podem ser acolhidos por algum agente que exerça atividades legislativas (senador, deputado, vereador, etc.), trata-se de um texto desprovido de natureza dogmática".* Neste sentido: DIETRICH, William Galle. Coluna Garantismo Processual #62 - Ciência jurídica e garantismo processual – 2ª parte. Disponível em <https://bit.ly/3dcSBYB>. Acesso em 30 mai.2020.

[433] Adota-se aqui a nomenclatura conferida aos *Abwehrrechte* por Dimitri Dimoulis e Leonardo Martins, que preferem a tradução em "direitos de resistência" a "direitos de defesa". DIMOULIS, Dimitri; MARTINS, Leonardo. Teoria geral dos direitos fundamentais. 7. ed. rev., atual. e ampl. São Paulo : Thomson Reuters Brasil, 2020, p. 67. Sobre a compreensão dos direitos fundamentais como direitos de resistência à intervenção estatal, também conferir: SCHLINK, Bernhard; MARTINS, Leonardo. Liberdade mediante resistência à intervenção estatal: reconstrução da função clássica dos direitos fundamentais. Revista de Direito Civil Contemporâneo | vol. 11/2017 | p. 261 - 297 | Abr - Jun / 2017.

[434] CARVALHO FILHO, Antônio. Coluna Garantismo Processual #25 - Desmistificando o processo justo: pela reconstrução do devido processo legal. Disponível em: https://bit.ly/2T3Q9vx. Acesso em 28 mai.2020.

Além disso, não há que se falar em direito fundamental ao processo justo porque a realização de justiça material não é a função do processo, tampouco da jurisdição, gize-se. Já advertiu Rosemiro Pereira Leal que, nas democracias plenárias, é preciso se ter em mente que o Judiciário *"não é o espaço encantado (reificado) de julgamento de casos para revelação da justiça"*.[435] O debate sobre o "justo", próprio de uma concepção moral, se dá no campo da política, especificamente no parlamento, que tem a função constitucional de estabelecer o direito positivo através das leis e de emendas constitucionais.[436]

À luz do garantismo processual, incide-se em verdadeira deturpação semântica da cláusula do devido processo legal, porquanto falar em processo justo pressupõe a *"idealização do procedimento com alta carga valorativa em determinado sentido"*, abrindo-se o sistema jurídico (binômio lícito e ilícito) para outros sistemas, como a moral, a economia,[437] dentre outros.

Conquanto Alvaro de Oliveira coloque o devido processo legal como uma garantia contra o arbítrio estatal, ao mesmo tempo afirma que esse princípio deve ser lido como direito a um processo justo, o que se revela como um paradoxo do "melhor de dois mundos", porquanto se abrem as portas ao arbítrio judicial. Direitos e garantias fundamentais, categoria na qual se encaixa o devido processo legal, não podem servir de escusa retórica para que a doutrina opere no campo da política argumentativa para o reforço do Poder do Estado implicitamente. Interessante notar que, a pretexto de prever nos incisos XXXV e LXXVIII do art. 5º direitos e garantias implícitas aos jurisdicionados, na verdade a doutrina acaba por dar azo ao surgimento e à ampliação de poderes implícitos. Extraem de direitos de liberdade e de propriedade poderes de ingerência do Estado-juiz, o que não se admite, porquanto, por decorrência do princípio republicano, todo exercício de poder pressupõe a existência de uma garantia que o limite. E esta tensão entre o poder e a garantia está toda envolvida nessa ambiência republicana, donde se

---

[435] LEAL, Rosemiro Pereira. Teoria geral do processo: primeiros estudos. 13. ed. Belo Horizonte: Fórum, 2016, pp. 91-92.

[436] CARVALHO FILHO, Antônio. Coluna Garantismo Processual #25 - Desmistificando o processo justo: pela reconstrução do devido processo legal. Disponível em: https://bit.ly/2T3Q9vx. Acesso em 28 mai.2020.

[437] CARVALHO FILHO, Antônio, CARVALHO, Luciana Benassi Gomes. Coluna Garantismo Processual #49 – Medidas executivas atípicas e processo justo: duas deturpações. Disponível em <https://bit.ly/2zIEEmS>. Acesso em 01 jun.2020.

pode concluir que: a) o poder não pertence ao Estado, não é coisa estatal, mas *res publica* para ele; b) a garantia não pertence aos cidadãos, não é coisa privada, mas *res publica* para eles; c) porque *res publica* para os cidadãos, a garantia é inexpropriável pelo Estado e, portanto, não se pode enfraquecer ou converter em instrumento, ferramenta ou método a serviço do poder.[438]

A concepção do processo justo é debitária do neoconstitucionalismo como teoria do direito, plena de ativismo e autoritarismo,[439] que pretende ver na justiça a saída para todos os dilemas da sociedade, de modo que se permite e se incentiva o juiz a, segundo seus critérios pessoais de justiça, conformar o procedimento mais adequado, desprezando-se, ademais, aquele pré-fixado pelo legislador. É preciso rememorar que a doutrina constrói o "processo justo" a partir da constitucionalização do direito processual e da concepção do Estado Constitucional, conferindo grande enfoque, todavia, à jurisdição e não ao processo.[440] O neoconstitucionalismo é percebido pelo garantismo processual como um movimento[441] que segue apostando no protagonismo judicial *"desprendido dos limites constitucionais e legais mínimos estabelecidos pelo ordenamento jurídico pátrio"*.[442] Lavocat Galvão chama a atenção – crítica e ironicamente – para o trabalho que vem sendo desenvolvido pelos neoconstitucionalistas que, apostando no senso moral aguçado dos juízes, lhes confere mais instrumentos que assegurem uma atuação judicial expansiva e criativa, porque o que importam

---

[438] COSTA, Eduardo José da Fonseca, ABDPro #40 – Notas para uma garantística. Disponível em <https://goo.gl/Cifusf>. Acesso em 15 jan.2019.

[439] ROSSI, Júlio César. Garantismo processual versus "neoprocessualismo": as iniciativas probatórias oficiosas são constitucionais? Revista Brasileira de Direito Processual – RBDPro, Belo Horizonte, ano 28, n. 109, p. 319-341, jan./mar. 2020.

[440] RAATZ, Igor. Autonomia provada e processo: liberdade, negócios jurídicos processuais e flexibilização procedimental. 2ª ed. rev., atual. e ampl. Salvador: Editora Jus Podivm, 2019.

[441] Segundo Elival da Silva Ramos, aliás, a mera leitura de um dos maiores expoentes do neoconstitucionalismo no Brasil, Luis Roberto Barroso, para *"a cabal comprovação de que sequer os que assim se rotulam visualizam uma clara diretriz teórica a ser seguida, confessando operar em meio à fumaça e à espuma"*. Ativismo judicial: parâmetros dogmáticos. São Paulo: Saraiva, 2010, p. 279.

[442] ROSSI, Júlio César. Garantismo processual versus "neoprocessualismo": as iniciativas probatórias oficiosas são constitucionais? Revista Brasileira de Direito Processual – RBDPro, Belo Horizonte, ano 28, n. 109, p. 319-341, jan./mar. 2020.

são os valores e os princípios constitucionais em uma realidade em que interpretar a letra da lei se tornou *"coisa do passado", démodé*.[443]

A constitucionalização do processo, propugnada pelo neoconstitucionalismo, neoprocessualismo, formalismo-valorativo e cooperativismo processuais, não passa de discurso retórico, a bem da verdade, para o empoderamento judicial, sob a justificativa de se concretizarem os valores constitucionalmente assegurados, conferindo, todavia, liberdade ao julgador para que, se desvinculando das amarras da lei, substitua a lei por um ato de vontade seu.[444] Tratando sobre a "constitucionalização" do direito civil, mas em advertência que muito bem serve ao fenômeno doutrinário da constitucionalização do processo, precisa é a crítica de Otávio Luiz Rodrigues Jr:

> *A constitucionalização está muito longe de ser um conceito consensual. E, apesar de seu sucesso em diversos países, persiste carente de um conteúdo objetivo (e objetivável). (...) Apesar de centenas de páginas escritas sobre o tema, não se encontra em algumas dessas obras um conceito operacional de "constitucionalização" do Direito a que se refere. Tal fluidez semântica é ótima como estratégia de combate, pois transforma a constitucionalização em um conceito de guerrilha: nunca se sabe onde está, o que é, suas dimensões e seus efetivos. Pode estar em todos os lugares e em lugar algum. Como estratégia de combate, é um excelente modo de se fomentar o desenvolvimento de um conceito, até porque inviabiliza qualquer crítica sistemática ou tentativa de controle. Para quem decide e não tem grandes preocupações com os custos argumentativos ou a prestação de contas democrática, é um ótimo meio de justificar escolhas aleatórias e jogar com a constitucionalização e seu enorme acervo de princípios e direitos fundamentais para se liberar de qualquer conformação racional dos atos decisórios.*

---

443 GALVÃO, Jorge Octávio Lavocat. O neoconstitucionalismo e o fim do estado de direito. 2012. Tese (Doutorado em Direito do Estado) - Faculdade de Direito, Universidade de São Paulo, São Paulo, 2012. doi:10.11606/T.2.2012.tde-29082013-113523. Acesso em: 01 jun.2020, p. 199.

444 ABBOUD, Georges; PEREIRA, Mateus Costa. O instrumentalismo processual à luz de críticas dogmáticas, filosóficas e epistemológicas: do não respondido ao irrespondível. *In*: PEGINI, Adriana Regina Barcellos et al. (Org.). Processo e liberdade: estudos em homenagem a Eduardo José da Fonseca Costa. Londrina: Thoth, 2019. p. 364; ABBOUD, Georges; LUNELLI, Guilherme. Ativismo judicial e instrumentalidade do processo. Diálogos entre discricionariedade e democracia. Revista de Processo | vol. 242/2015 | p. 21 - 47 | Abr / 2015. Nesse mesmo sentido, também conferir: GALVÃO, Jorge Octávio Lavocat. O neoconstitucionalismo e o fim do estado de direito. 2012. Tese (Doutorado em Direito do Estado) - Faculdade de Direito, Universidade de São Paulo, São Paulo, 2012. doi:10.11606/T.2.2012.tde-29082013-113523. Acesso em: 01 jun.2020, pp. 199-200.

> Não se sabe se isso é possível, até por não se ter alcançado tal nível de desenvolvimento na maior parte do mundo, mas seria fundamental que a constitucionalização deixasse de servir como um conceito de guerrilha e se tornasse um conceito de combate convencional. Essa seria a única forma de se poder discutir cientificamente um tema que (...) permanece como uma cidade aberta.[445]

O "processo justo", consoante confessa a doutrina a ele adepta, amplia os poderes do juiz, que passa a ostentar a obrigação de encontrar a solução "ótima" para o caso concreto. Para galgar a justiça material, prega-se seja ela perseguida e obtida ainda que a despeito do direito, dotando-se o juiz de poderes muitas vezes implícitos, dentre os quais se destaca o de flexibilização procedimental, tanto no silêncio legislativo quanto na regra expressa, sempre que, para o caso concreto, o procedimento não se revele a opção mais "correta" e "adequada". Ou seja, o devido processo legal, de anteparo ao arbítrio estatal, se converte em "processo justo", real instrumento nas mãos do poder:

> O processo justo caminha de mãos dadas com o discurso da deformalização. Seus defensores necessitam se ver livres das amarras da lei para que possam empoderar o juiz. Para tanto, é indispensável que as formas procedimentais previstas em lei sejam relativizadas, deixando de ser aplicadas aquelas que trouxerem embaraço para o atingimento da decisão justa. As garantias do contraditório e da fundamentação são vistas para eles como figuras imunizantes do arbítrio judicial, soluções sanatórias contra o poder absoluto.
> Tal premissa ao garantista processual representa uma flagrante ofensa ao devido processo legal.[446]

A construção do "processo justo" realizou um verdadeiro baralhamento entre processo e jurisdição, dando ensejo à hipertrofia dos poderes judiciais e acarretando a captura do processo pela jurisdição, como se fosse um apetrecho nas mãos do julgador para a realização *"de fins imaginários e não previstos em lei"*.[447] Ao invés de se compreender que incumbe à jurisdição tutelar direitos materiais, passa-se a afirmar que cabe ao processo tutelá-los, ou seja, que o processo tem por esco-

---

[445] RODRIGUES JR., Otávio Luiz. Direito civil contemporâneo: estatuto epistemológico, constituição e direitos fundamentais. 2. ed., rev., atual. e ampl. Rio de Janeiro: Forense Universitária, 2019, pp. 236-237.

[446] CARVALHO FILHO, Antônio. Coluna Garantismo Processual #25 - Desmistificando o processo justo: pela reconstrução do devido processo legal. Disponível em: https://bit.ly/2T3Q9vx. Acesso em 28 mai.2020.

[447] CARVALHO FILHO, Antônio. SOUSA, Diego Crevelin. PEREIRA, Mateus Costa. Réquiem às medidas judiciais atípicas nas execuções pecuniárias. Londrina-PR: Thoth, 2020, p. 70.

po concretizar os direitos e interesses das partes, olvidando-se de seu caráter fundamental de limitar a atuação do Estado.[448]

Decorrência da noção de processo justo subjaz a defesa de um direito fundamental à tutela processual adequada, efetiva e tempestiva, que, para ser alcançada, demanda técnicas processuais diferenciadas e moldadas caso a caso pelo juiz, no afã de se garantir efetividade aos direitos materiais.[449]

Conforme a concepção garantista da cláusula do devido processo legal, pode-se afirmar que há confusão entre as expressões "tutela processual" e "tutela jurisdicional", porquanto não corresponde à função do processo a tutela dos direitos materiais, ao menos não se se admite que o processo é uma instituição de garantia contrajurisdicional.[450] Tutela significa "proteção", "amparo", de acordo com o sentido léxico. A tutela jurisdicional representa a proteção conferida pela jurisdição aos direitos materiais daqueles que exercem pretensões em juízo, disso não há dúvidas. A jurisdição tem como função primordial a aplicação do direito ao litígio, todavia tal proteção se concretiza pela decisão judicial após intenso debate em contraditório e da análise das alegações e das provas à luz do direito posto. De outro lado, a tutela processual (decorrente da cláusula do devido processo legal ou processo-garantia), que não se confunde com a jurisdicional, é a proteção conferida pela instituição-garantia "processo" às partes litigantes. O processo é, por si, uma instituição de garantia contrajurisdicional,[451] de forma que a tutela processual se une a outras garantias que protegem as partes do abuso do poder pelo juiz, tais como: a imparcialidade, a impartialidade, o contraditório, a ampla defesa, motivação das decisões, juiz natural, o duplo grau de jurisdição, a advocacia etc.

---

[448] RAATZ, Igor. Autonomia provada e processo: liberdade, negócios jurídicos processuais e flexibilização procedimental. 2ª ed. rev., atual. e ampl. Salvador: Editora Jus Podivm, 2019.

[449] CARVALHO FILHO, Antônio. Coluna Garantismo Processual #7 - Pequeno manual prático para o debate instrumentalistas (e afins) vs. garantistas processuais. Disponível em < https://bit.ly/2BvzHOK>. Acesso em 03 jun.2020.

[450] RAATZ, Igor. Autonomia privada e processo civil: negócios jurídicos processuais, flexibilização procedimental. 2. ed. rev., atual. e ampl. Salvador: Editora JusPodivm, 2019.

[451] COSTA, Eduardo José da Fonseca, O processo como instituição de garantia. Disponível em <https://goo.gl/UuCJtU>. Acesso em 18 jan.2020.

Com base na CF/88, art. 5º, é possível afirmar que há um direito fundamental à tutela jurisdicional adequada, tempestiva e efetiva, e todas as partes, independentemente do polo em que atuam, a ele fazem jus. A tutela jurisdicional, todavia, sempre se estabelece no processo, a ele está submetida, assim como o está às regras processuais que conformam o procedimento. Isso porque a tutela processual, que assegura a liberdade das partes em juízo, limita os atos de força do Estado, para que ele, exercendo o monopólio da jurisdição, preste a proteção aos direitos materiais, mas não a todo e qualquer custo e, principalmente, não ao custo do devido processo legal.

No que concerne ao direito à adequação da tutela jurisdicional, tem relação direta com aquilo que deve ser protegido pela atividade jurisdição e isso somente será verificado após atividade cognitiva do juiz, inclusive presente na execução. A tempestividade e a efetividade, a seu turno, possuem relação direta não com o processo, ou melhor, com o procedimento, mas com a melhoria da estrutura administrativa e gestão adequada dos recursos tecnológicos e de pessoal que o Poder Judiciário possui.[452] Daí decorre que a melhoria da atividade jurisdicional pode ser realizada através de uma gestão administrativa dos seus recursos, tais como a diminuição dos tempos mortos do procedimento, a melhoria das rotinas de secretaria, a organização cartorária, a distribuição de trabalho entre assessores em gabinete de acordo com critérios de matéria e complexidade. Tudo isso não se resolve a partir de uma dogmática processual ou procedimental, mas sim sobre os domínios da atividade administrativa-judicial, *interna corporis*. Sobre este ponto, aliás, a doutrina processualista pouco ou nada se debruçou. Trata-se do desenvolvimento daquilo que Eduardo Costa chama de *"ciência jurisdicionalística"*.[453] Há uma infinidade de rotinas e tarefas administrativas da secretaria (ou Cartório) e do gabinete do magistrado que podem ser implementadas para a diminuição dos tempos mortos (*blackholes*) do procedimento e o incremento da qualidade do trabalho e dos pronunciamentos judiciais. Essa atividade gerencial se volta exclusivamente à melhoria do funcionamento dos órgãos

---

[452] COSTA, Eduardo José da Fonseca. ABDPRO #8 – Ciência processual, ciência procedimental e ciência jurisdicional, Disponível em <https://goo.gl/xn5gDT>. Acesso em 14 jan.2019.

[453] COSTA, Eduardo José da Fonseca. ABDPRO #8 – Ciência processual, ciência procedimental e ciência jurisdicional. Disponível em <https://goo.gl/xn5gDT>. Acesso em 14 jan.2019.

de exercício da atividade jurisdicional, sem o comprometimento de quaisquer garantias processuais e tampouco a ultrapassagem dos limites constitucional e legalmente previstos.[454]

Quando a doutrina afirma[455] que o direito fundamental à tutela efetiva, adequada e tempestiva (art. 5º, LXXVIII, CF/88, e no art. 4º do CPC) na execução é a tutela processual ao crédito, decorre disso a leitura subliminar de que a jurisdição deve atuar elegendo *a priori* uma das partes a ser integralmente protegida em detrimento da outra, pois o juiz passa a agir no interesse de proteger o crédito do exequente, realizando atos parciais na busca de sua satisfação. No entanto, tal visão viola o direito fundamental da imparcialidade. Não fosse o bastante, quebra-se o equilíbrio processual, na medida em que o exequente ganha um aliado, qual seja, o juiz, *"precisamente o detentor de poder na relação processual, (...) melhor aparelhado para oprimir e desestruturar expectativas socialmente formalizadas em termos de segurança do agir humano e previsibilidade de suas consequências"*.[456] A jurisdição não possui "lado", não está a serviço da proteção de qualquer interesse. Sua atuação é total e absolutamente desinteressada, portanto, naturalmente assimétrica em relação às partes.[457] Aliás, outra conclusão não se há de

---

[454] DELFINO, Lúcio e COSTA, Eduardo José da Fonseca. Persiste a situação de desdém legislativo dos assessores judiciais. Disponível em <https://goo.gl/HdsqXr>. Acesso em 01 mai.2020.

[455] ZANETI JUNIOR, Hermes. Comentários ao Código de Processo Civil, vol. XIV, São Paulo, Ed. Revista dos Tribunais, 2016, p. 92; GUERRA, Marcelo Lima. Direitos fundamentais e a proteção do credor na execução civil. São Paulo: Editora Revista dos Tribunais, 2003; MINAMI, Marcos Youji. Da vedação ao *"non factibile"*: uma introdução às medidas executivas atípicas. Salvador: Editora JusPodivm, 2018.

[456] PASSOS, José Joaquim Calmon de. Instrumentalidade do processo e devido processo legal. Revista de Processo | vol. 102/2001 | p. 55 - 67 | Abr - Jun / 2001.

[457] Ao menos, é o que se tem como premissa por autores garantistas, como Diego Crevelin de Sousa, que questiona a afirmação dos defensores do modelo cooperativista de processo, qual seja, a de que o juiz é simétrico no debate e assimétrico na decisão: *"Vale dizer, não se admite que o juiz exerça função de parte – e vice-versa –, conclusão que aniquila por completo a tese da simetria do juiz no debate"*. SOUSA, Diego Crevelin de. ABDPRO #10 - O caráter mítico da cooperação processual. Disponível em <https://bit.ly/2VfayN9>. Acesso em 01 jun.2020. De igual modo, Lúcio Delfino e Fernando Rossi: *"Essa relação imperativa, que faz parte da disciplina daquilo que se denomina processo, não é paritária, mas assimétrica, ou seja, desigual, por implicar subordinação ou sujeição: de um lado encontra-se o Estado-juiz, terceiro imparcial com deveres a cumprir para assegurar o contraditório em toda a sua amplitude; de outro, as partes, que têm a faculdade de exigir e fiscalizar justamente os tais deveres decorrentes*

extrair da análise do texto constitucional que, dentre os direitos fundamentais, garante a inexistência de juízo ou tribunal de exceção, assim como assegura que ninguém será processado ou sentenciado senão pela autoridade competente – art. 5º, XXXII e LIII, CF/88. A imparcialidade subjetiva e a imparcialidade (imparcialidade objetiva) são notas características da jurisdição, dela indissociáveis.[458]

Dizer que a jurisdição serve à proteção do crédito é ignorar a proteção aos direitos do executado, inclusive quando ele tenha razão. Quem serve diretamente à tutela do crédito do exequente não é imediatamente a jurisdição, mas sim a ação de direito material, na expressão de Pontes de Miranda,[459] do próprio credor. O exercício de sua pretensão executiva é a principal e legítima proteção de seu direito, que, se demonstrado, será objeto de proteção jurisdicional. Discorda-se, portanto, de quem defende que, na execução, em razão de um direito fundamental à "tutela processual" ao crédito, esteja o juiz vinculado e obrigado a adotar o procedimento "ótimo", flexibilizando regras procedimentais postas pelo legislador infraconstitucional, para realizar o direito material do credor, em nome de palavras mágicas como efetividade, celeridade, processo justo etc. Enxergar no juiz alguém dotado de poderes suficientes para alterar o procedimento e romper com as garantias previstas na Constituição e nas leis, para obter o máximo de

---

da norma constitucional." (DELFINO, Lúcio; e ROSSI, Fernando F. Juiz contraditor?. Revista Brasileira de Direito Processual – RBDPro, Belo Horizonte, ano 21, n. 82, p. 229-254, abr./jun. 2013).

458 COSTA, Eduardo José da Fonseca. As garantias arquifundamentais contrajurisdicionais: não-criatividade e imparcialidade. Disponível em : < https://bit.ly/34j-80TG>. Acesso em 12 mai.2020. Ver também: RAMOS, Glauco Gumerato. Aspectos semânticos de uma contradição pragmática. O garantismo processual sob o enfoque da filosofia da linguagem. Revista Brasileira de Direito Processual – RBDPro, Belo Horizonte, ano 21, n. 82, p. 217227, abr./jun. 2013.

459 *A ação exerce-se principalmente por meio de 'ação' (remédio jurídico processual), isto é, exercendo-se a pretensão à tutela jurídica, que o Estado criou".* A primeira, conforme Pontes de Miranda, é a chamada de ação de direito material, enquanto a segunda é a ação de direito processual. MIRANDA, Pontes de. Eficácia jurídicas, determinações inexas e anexas, direitos, pretensões, ações / Pontes de Miranda: atualizado por Marcos Ehrhardt Jr., Marcos Bernardes de Mello. – São Paulo: Editora Revista dos Tribunais, 2013. – (coleção tratado de direito privado: parte geral; 5), p. 562.

resultado pretensamente justo,[460] é esvaziar a garanticidade do devido processo legal e anuir à sua redução a mero instrumento do poder:

> Não estamos negando que a efetividade seja atributo da função jurisdicional exercida pelo Estado para o povo – lembremos, no ponto, que jurisdição é poder cujo exercício legitima-se a partir da soberania popular, vale dizer, poder que emana do povo e que é exercido para o povo. De nada adiantaria pensarmos a jurisdição como um direito fundamental prestacional – como um serviço que o Estado presta ao cidadão –, se inefetiva fosse. Do mesmo modo, não estamos a negar que a organização judiciária possa estar pautada em atributos como o da eficiência e que tais atributos até mesmo possam ser estendidos à própria jurisdição a partir das noções de aproveitamento e rendimento. Porém, pensar o processo como mera técnica ou como instrumento a serviço da jurisdição corrói o que há de mais sagrado para as partes diante do poder jurisdicional: a garantia do processo.[461]

Na execução, em outras palavras, somente se admitem os atos de força executiva estatais se observados os limites do procedimento.

Nada obstante a bandeira doutrinária levantada em favor da positivação da flexibilização procedimental, ou *"princípio geral de adaptação procedimental"*, consoante defende Fredie Didier Jr., de largada já se nota que tal "princípio" não está positivado no ordenamento jurídico pátrio, sendo que a proposta de previsão de uma cláusula geral de adaptação procedimental, repise-se, foi reprovada durante a tramitação do processo legislativo do CPC/15. Há que se refletir, outrossim, se, mesmo que positivada uma cláusula geral de adaptação procedimental judicial, estaria ela em consonância com a CF/88, especificamente com o art. 5º, LIV. O direito fundamental ao devido processo legal é matéria-prima para a atividade legislativa[462] para o estabelecimento do procedimento. No Estado Democrático de Direito, é a lei que torna o procedimento rígido tal qual cerâmica nas mãos do juiz, que serve de anteparo das partes e, portanto, impede que o procedimento se plasti-

---

[460] COSTA, Eduardo José da Fonseca, *Los criterios de la legitimación jurisdiccional según los activismos socialista, facista y gerencial.* in: Revista Brasileira de Direito Processual, n. 82, abril/julho de 2013, Belo Horizonte, Editora Fórum, pp. 213-215.

[461] RAATZ, Igor. Autonomia privada e processo civil: negócios jurídicos processuais, flexibilização procedimental. 2. ed. rev., atual. e ampl. Salvador: Editora JusPodivm, 2019, p. 135.

[462] COSTA, Eduardo José da Fonseca. ABDPRO #8 – Ciência processual, ciência procedimental e ciência jurisdicional. Disponível em < https://bit.ly/2WjWchy>. Acesso em 11 mai.2020.

cize. A plasticidade procedimental por iniciativa judicial viola o disposto no art. 5º, LIV, da CF/88 e o seu conteúdo de proteção:

> A garantia do devido processo protege as partes contra regras processuais arbitrárias (...). Esse direito fundamental processual é a fonte primária da rigidez dos procedimentos predeterminados na lei processual. Do contrário, o processo não seria o devido, ou seja, conforme ao direito processual, mas caminho previamente desconhecido e alterado consoante os humores do órgão judiciário e diretor do processo. O rito há de ser previsível. É muito difícil, nessa matéria, aceitar procedimento 'mais ou menos aberto à criação do juiz' e admitir que, respeitadas as 'regras do jogo', reduzem-se as insatisfações com o resultado do processo. Ou se respeitam as regras do jogo, no procedimento rígido, ou as regras podem ser alteradas no curso do jogo, ope judicis, gerando desconfiança e revolta. A ideia só é boa no plano das abstrações e o art. 190 do NCPC a sepultou definitivamente. Trazida à realidade, a parte inevitavelmente perguntar-se-á o motivo pelo qual, na sua causa, a autoridade judiciária adotou certo procedimento, mas em outra causa análoga modificou o itinerário, e inexiste explicação satisfatória para essa diversidade. O direito fundamental do devido processo há de proteger as partes contra os surtos autoritários do próprio órgão judiciário e eles expressam-se, em geral, na manipulação do procedimento.[463]

É preciso lembrar, com Jorge Octávio Lavocat Galvão, que a legislação é resultado de um processo deliberativo para o qual contribuem vários pontos de vista, legitimamente representados, e que, nas democracias contemporâneas, ela se apresenta *"como o único medium em que as inúmeras identidades dos sujeitos podem ser unificadas de maneira não arbitrária"*.[464] Destarte, o atuar do juiz no procedimento inescapavelmente deve ser o "devido" e corresponder ao legalmente estabelecido. Tal qualidade, aliás, *"marca o modo de ser do processo"*, de modo que ele *"se desenvolve always under the law"*.[465] A morada do processo não é a lei, mas sim a Constituição,[466] que, como se vê no disposto no art.

---

[463] ASSIS, Araken de. Processo civil brasileiro, volume I: parte geral: fundamentos e distribuição de conflitos. São Paulo: Editora Revista dos Tribunais, 2015, p. 412.

[464] GALVÃO, Jorge Octávio Lavocat. O neoconstitucionalismo e o fim do estado de direito. 2012. Tese (Doutorado em Direito do Estado) - Faculdade de Direito, Universidade de São Paulo, São Paulo, 2012. doi:10.11606/T.2.2012.tde-29082013-113523. Acesso em: 01 jun.2020.

[465] CARVALHO FILHO, Antônio. SOUSA, Diego Crevelin. PEREIRA, Mateus Costa. Réquiem às medidas judiciais atípicas nas execuções pecuniárias. Londrina-PR: Thoth, 2020, p. 71.

[466] COSTA, Eduardo José da Fonseca, ABDPRO #8 – Ciência processual, ciência procedimental e ciência jurisdicional. Disponível em <https://goo.gl/xn5gDT>. Acesso em 14 jan.2019.

5º, LIV, estabelece a matéria-prima constitucionalizada para a criação do procedimento através da atividade legislativa.

A flexibilização procedimental é própria da visão do processo como instrumento servil à jurisdição, utilizada para a busca de um processo justo que realize a justiça material do caso concreto, ou seja, para a *"consecução de finalidades extragarantísticas"*[467] e no afã de se tutelar o interesse de uma das partes.

O mesmo pode ser dito da propagada atipicidade dos meios executivos, elevada por grande parcela da doutrina processual como um princípio consagrado no CPC/15, que teria superado o princípio da tipicidade até então vigente em nosso ordenamento jurídico. Como já referido no Capítulo 1, item 1.3, fala-se hoje em dia que, para se alcançar o resultado justo no processo de execução, outorgando-se ao exequente a tutela adequada, efetiva e tempestiva, a atipicidade dos meios executivos seria um avanço legislativo, a chancelar um poder geral do juiz, de modo que ele encontre, caso a caso, o meio executivo mais apto a satisfazer o credor. Mais uma vez, o que se nota é um empoderamento judicial *ad hoc*, chegando-se a conceder poderes de escolha ao julgador, segundo as peculiaridades do caso e do direito subjacente (conforme a avaliação do juiz, claro), do meio executivo "ótimo".

Entretanto, extrair de determinados dispositivos do CPC que houve uma mudança paradigmática como esta acarreta grave violação ao devido processo legal e, por conseguinte, ao processo. As críticas de Araken de Assis são contundentes nesse sentido:

> *Um aspecto particularmente importante dos limites políticos da execução avulta na tipicidade ou atipicidade dos meios executórios. A cláusula "entre outras medidas", inserida no art. 536, § 1.º, emprestando caráter exemplificativo ao catálogo das medidas em seguida enumeradas - imposição de multa por tempo de atraso, busca e apreensão, remoção de pessoas e coisas, e assim por diante -, sugeriu aos espíritos mais impressionáveis e autoritários a teoria da atipicidade. Se a regra comportasse essa interpretação, revelar-se-ia inconstitucional neste ponto. E a razão repousa no disposto no art. 5.º, LIV, da CF/1998, segundo o qual ninguém será privado dos seus bens sem o devido processo legal, ou seja, de modo diferente do modelo prefixado na lei processual. O problema se entronca nas bases ideológicas do processo civil. O caráter social, a intervenção do juiz no processo, posto sob sua direção material, não lhe autoriza, entretanto, repelir a aplicação das regras processuais, porque supostamente estorvam a satisfação do*

---

[467] CARVALHO FILHO, Antônio. SOUSA, Diego Crevelin. PEREIRA, Mateus Costa. Réquiem às medidas judiciais atípicas nas execuções pecuniárias. Londrina-PR: Thoth, 2020, p. 72.

exequente. Resta-lhe aplicá-las ou declará-las inconstitucionais. E, neste último caso, nem sequer a corte constitucional (STF) arvora-se explicitamente em legislador positivo. Por conseguinte, mostrar-se-ia ilegítimo engendrar um mecanismo próprio, específico para o caso concreto, em benefício de uma das partes e em detrimento da outra. Nada disso impede a incidência da adequação do meio ao fim como método de concretizar direitos; porém, no âmbito da tipicidade.[468]

A tipicidade procedimental executiva é corolária da noção de responsabilidade patrimonial limitada, como escolha política legislativa sedimentada no art. 789 do CPC, de maneira a impedir o avanço do poder estatal para além dos limites estabelecidos pelo legislador. Nas obrigações de pagar quantia certa, portanto, a satisfação do exequente esbarra na inexistência de patrimônio penhorável do executado, assim como no direito fundamental ao devido processo legal, que assegura às partes, exequente e executado, a liberdade de estar em juízo e do agir estratégico, assim como garante que não serão privados de seus bens e de sua liberdade sem o devido processo legal.

O alvo da execução direta são os bens patrimoniais do devedor e, por isso, a sua responsabilidade é patrimonial e dentro das balizas traçadas pela lei, como as situações de impenhorabilidade (art. 833, CPC), *"autêntico limite político à atividade executiva"*.[469] Os meios adequados para que o Estado preste a tutela jurisdicional nesse tipo de execução tradicionalmente são os sub-rogatórios, em que o juiz avança sobre o patrimônio do devedor, substituindo a sua vontade e o seu agir, utilizando-se de medidas pré-fixadas legalmente, como as espécies de penhora, avaliação, desapossamento, alienação etc. Porque a vontade do devedor não importa nas obrigações de pagar quantia certa e ele responde com seus bens, o Estado somente pode investir na esfera de sua responsabilidade pessoal, no afã de estimular o seu comportamento para pagamento voluntário, nos casos permitidos pelo legislador, tal qual a aplicação de multa coercitiva prevista no art. 523, §1º, CPC, o protesto da sentença condenatória ao pagamento de prestação alimentícia e da decisão interlocutória que fixe os alimentos (art. 528, §1º, CPC), dentre outros. A responsabilidade patrimonial limitada é uma conquista decor-

---

[468] ASSIS, Araken de. Processo civil brasileiro: parte geral: institutos fundamentais. v. 2. São Paulo: Revista dos Tribunais, 2016. Livro eletrônico. Item 952.

[469] CARVALHO FILHO, Antônio; SOUSA, Diego Crevelin de; PEREIRA, Mateus Costa. Réquiem às medidas judiciais atípicas nas execuções pecuniárias. Londrina-PR: Thoth, 2020, p. 56.

rente do próprio devido processo legal, garantindo ao devedor que não responderia com seu corpo ou liberdade pelas suas dívidas.

De outro lado, nas obrigações específicas, de fazer, não fazer e entrega, houve desenvolvimento legislativo e doutrinário no sentido de relativizar a regra do *nemo potest cogi ad factum* (ninguém poderá ser coagido a fazer algo), estabelecida primeiramente no Código Civil francês de 1804, viabilizando-se a responsabilidade pessoal do devedor de modo a se garantir ao credor ao menos a tentativa de obtenção da tutela específica, estimulando-se, com medidas indutivas, a vontade e o agir do executado, até mesmo porque a sua vontade é relevante para o alcance do resultado equivalente. Por essa razão, passou-se a prever no ordenamento jurídico meios indutivos – coercitivos e premiais – na execução indireta, voltados ao incentivo do *animus* do executado, haja vista que o Estado não pode obrigá-lo a agir, mas apenas estimulá-lo. A atipicidade desses meios decorre da inegável complexidade dos fatos mundanos e da incapacidade do legislador de prever todas as hipóteses de obrigações específicas que podem ser entabuladas entre as partes, de forma que, a depender das especificidades do caso concreto, o juiz – sempre provocado (ou seja, a requerimento do exequente), já que lhe é defeso atuar de ofício em virtude da garantia da imparcialidade *lato sensu* – aplicará o meio indutivo adequado e necessário ao incentivo da vontade do executado para que ele cumpra a obrigação específica. Não é demais lembrar que, mesmo assim, não há liberdade judicial absoluta na escolha das medidas indutivas executivas, sob pena de se chancelar o arbítrio, e a doutrina calhou de desenvolver limites à atuação do juiz para que a medida não descambasse para sanção retributiva. Uma vez, portanto, que os meios indutivos esbarrem nessas balizas, a obrigação específica se converte em perdas e danos e será executada como obrigação pecuniária, cujo limite é a responsabilidade patrimonial, a última fronteira do sistema executivo.

A questão das responsabilidades executivas patrimonial e pessoal será aprofundada no capítulo 3, item 3.2.2, assim como se abordará o âmbito de aplicação das medidas indutivas atípicas nas obrigações pecuniárias a partir de premissas garantistas (item 3.2.5), de modo que aqui se buscou apenas lançar algumas reflexões prévias sobre os limites dessas responsabilidades, conforme critério de política legislativa. Nunca é bastante recordar que o Judiciário tem o seu agir pautado sempre *under the law*, a ela e à Constituição está vinculado, não ostentando legitimidade constitucional para escolhas políticas ou para correção do direito posto e do procedimento a partir de critérios metajurídicos. A tipicidade executiva é garantia desse agir limitado do Judiciário, assim como o é a rigidez procedimental:

> Rigidez normativa deve produzir certeza do direito. Certeza do direito sempre foi desejo do cidadão. Queremos saber como devemos nos orientar, quais são as punições e os ganhos. Rigidez normativa deve produzir confiança no direito. Rigidez normativa deve ser geral e tratar todos de maneira igual. Ao fim e ao cabo, trata-se de justiça na terra. Ao contrário do que ocorre com a ponderação: ela ajuda no caso concreto. Ela se aproxima da equidade. Ela fez uma carreira surpreendente: de meio decisório da filosofia, da moral, da ética e da política a auxílio do jurista, de auxílio a solução para todos os problemas, de exceção a bala de prata metodológica da nossa prática jurídica. Essa dupla transformação funcional do não jurídico para o jurídico e, depois, dentro do próprio jurídico merece toda a nossa atenção, tanto atual como histórica, na teoria e na prática do direito.[470]

De tudo o que foi dito, mister o registro de que, ao que é possível se dessumir do desenvolvimento da doutrina processual no que respeita ao processo de execução, assim como pelas mudanças recebidas pelo CPC, se parte das premissas de que há um dever constitucional imposto ao juiz de satisfação do crédito do exequente, de atuar no sentido de realizar esse direito material, de modo a, assim, bem desempenhar o seu papel e colaborar para o resultado justo do processo. Para tanto, percebendo-se o processo como um instrumento a serviço da jurisdição, os obstáculos eventualmente por ele, ou pelo procedimento legal, impostos, hão que ser ultrapassados. Destarte, a aposta legislativa, e também doutrinária – já comum entre nós –, é de empoderamento do juiz. Calmon de Passos já advertiu que *"nada é mais significativo para diagnosticar o grau de saúde política de um povo do que fazer uma análise realística do papel que nela desempenha a magistratura."*[471] A relação é inversamente proporcional: quanto mais poder se atribui ao judiciário, mais débil é a sociedade politicamente.

---

[470] RÜCKERT, Joachim. Ponderação – a carreira jurídica de um conceito estranho ao direito ou: rigidez normativa e ponderação em transformação funcional. Tradução do artigo por Thiago Reis. Revista Direito GV | São Paulo | V. 14 N. 1 | 240-267 | JAN-ABR 2018.

[471] PASSOS, José Joaquim Calmon de. O magistrado, protagonista do processo jurisdicional. *In:* Ensaios e artigos, vol. II, Salvador: Editora JusPodivm, 2016, p. 38.

3
MEDIDAS ATÍPICAS DE EXECUÇÃO DAS OBRIGAÇÕES PECUNIÁRIAS

3.1. O AUMENTO DOS PODERES EXECUTIVOS DO JUIZ NAS OBRIGAÇÕES PECUNIÁRIAS – ART. 139, IV, DO CPC/2015 – E A SOLUÇÃO DOS INSTRUMENTALISTAS E DOS COOPERATIVISTAS

Aponta a doutrina processual que o CPC/73, em sua redação original, no âmbito do processo de execução, tinha como regra geral a tipicidade dos meios executivos para todo e qualquer tipo de obrigação, delineando-se um verdadeiro sistema típico, mediante o qual o juiz estava absolutamente adstrito aos meios executivos expressamente previstos em lei. Não era o juiz dotado de poder de utilizar meios outros que não aqueles nominados legalmente pelo legislador infraconstitucional, ainda que isso resultasse em frustração do exequente.

Tratava-se de uma forma de controlar a atividade judicial, evitando-se que o juiz atuasse de modo arbitrário e, consequentemente, assegurando-se a liberdade e/ou a segurança psicológica dos jurisdicionados.[472] O *"princípio da tipicidade dos meios executivos"* corresponderia

---

[472] MARINONI, Luiz Guilherme. Técnica processual e tutela dos direitos. São Paulo: Editora Revista dos Tribunais, 2004. pp. 43-44. Neste mesmo sentido: DIDIER JR., Fredie, CUNHA, Leonardo Carneiro da, BRAGA, Paula Sarno, OLIVEIRA, Rafael Alexandria de. Curso de direito processual civil: execução. 7. ed. rev., ampl. e atual. Salvador: Ed. JusPodivm, 2017. pp. 99-100; MONNERAT, Fábio Victor da Fonte. Tutela específica das obrigações de fazer, não fazer e entregar coisa. Revista Brasileira de Direito Processual RBDPro, Belo Horizonte, ano 18, n. 71, jul./set. 2010; MINAMI, Marcos Youji. Uma justificativa às medidas executivas atípicas – da vedação ao *non factibile*. In: TALAMINI, Eduardo, _____. Medidas executivas atípicas. Salvador: Editora JusPodivm, 2018. pp. 59-74.

à *"expressão jurídica da restrição do poder de execução do juiz e da ideia de que o exercício da jurisdição deve se subordinar estritamente à lei".*[473]

Com as reformas ocorridas nos anos de 1994 e 2002, especialmente com a nova redação conferida ao então art. 461, §§ 4º e 5º, bem como com a inclusão do art. 461-A – representantes da *"rebelião da prática contra o formalismo processual e a favor da efetividade dos novos direitos"* –,[474] teria ocorrido a migração do sistema típico para um sistema misto no modelo executivo, visto que a alteração legislativa passou a permitir que o juiz determinasse, nas obrigações de fazer, não fazer e entregar coisa certa ou incerta, medidas adequadas ao caso concreto, de modo a efetivar a tutela específica ou a obtenção do resultado prático equivalente.[475] Todavia, as obrigações de pagar quantia certa teriam sido deixadas de lado, mantendo-se a regra da tipicidade dos meios executivos.[476] Ainda assim, mesmo diante da falta de previsão no CPC/73 da possibilidade de utilização de meios executivos atípicos para as obrigações pecuniárias, parte da doutrina defendia tais poderes ao juiz, a exemplo da multa para compelir ao pagamento, antes de sua positivação,[477] sempre em nome da efetividade da tutela executiva e

---

[473] MARINONI, Luiz Guilherme. Controle do poder executivo do juiz. *In*: Revista de Processo | vol. 127/2005 | p. 54 - 74 | Set / 2005 Doutrinas Essenciais de Processo Civil | vol. 3 | p. 1317 - 1340 | Out / 2011.

[474] MARINONI, Luiz Guilherme. Controle do poder executivo do juiz. *In*: Revista de Processo | vol. 127/2005 | p. 54 - 74 | Set / 2005 Doutrinas Essenciais de Processo Civil | vol. 3 | p. 1317 - 1340 | Out / 2011.

[475] Marinoni afirma que o que houve foi a substituição do princípio da tipicidade dos meios executivos pelo princípio da concentração dos poderes de execução. MARINONI, Luiz Guilherme. Controle do poder executivo do juiz. *In*: Revista de Processo | vol. 127/2005 | p. 54 - 74 | Set / 2005 Doutrinas Essenciais de Processo Civil | vol. 3 | p. 1317 - 1340 | Out / 2011.

[476] GAVA FILHO, João Miguel, FAZANARO, Renato Vaquelli. Os novos ares da (a)tipicidade no processo civil: meios de prova e medidas executivas no CPC/2015. Revista dos Tribunais | vol. 1015/2020 | p. 213 - 239 | Maio / 2020; PINTO, Junior Alexandre Moreira. A defesa do executado no novo panorama executivo: primeiras impressões. Revista dialética de direito processual (RDDP), vol. 43. pp. 82-93. Outubro/2006.

[477] MARINONI, Luiz Guilherme. Técnica processual e tutela dos direitos. São Paulo: Editora Revista dos Tribunais, 2004, p. 640.

do direito fundamental a ela correlato, para os quais o Judiciário não poderia fechar os olhos.[478]

Em 2005, outra reforma ao CPC/73, concretizada pela Lei nº 11.232, trouxe modificação substancial à execução de sentença, em primeiro lugar, por consagrar o que se convencionou chamar de sincretismo ou unificação procedimental, eliminando a necessidade de separação entre procedimento de conhecimento e de execução do título judicial, porquanto as tutelas condenatória e executiva seriam concretizadas em um procedimento único, segregado apenas em fases, o que, segundo a doutrina, asseguraria maior celeridade e efetividade. A segunda grande inovação foi a adoção, pelo art. 475-J, incluído no CPC/73, de um meio coercitivo[479] *ope legis*, a multa de 10%, voltada ao estímulo do devedor para o adimplemento voluntário do título executivo judicial, mudança que teria partido do legislador imbuído do espírito de conferir maior efetividade à execução de sentença que condena ao pagamento de quantia certa. Tratou-se, portanto, de mudança comemorada pela doutrina, que clamava pela inserção de medidas indutivas, meios indiretos de execução, também nas obrigações pecuniárias, porque isso teria o condão de refletir na efetividade também no campo das execuções de pagar quantia, como vinha acontecendo com as obrigações específicas após as reformas de 1994 e 2002.[480]

---

478 Marcelo Lima Guerra há muito defende a possibilidade de medidas judiciais não previstas em lei como forma de tutelar integral e efetivamente o direito fundamental à tutela executiva, inclusive ao pagamento de soma em dinheiro. GUERRA, Marcelo Lima. Direitos fundamentais e a proteção do credor na execução civil. São Paulo: Editora Revista dos Tribunais, 2003, p. 150.

479 À época da inovação legislativa, houve divergência doutrinária sobre a natureza jurídica da multa prevista no art. 475-J, CPC/73. Uma corrente doutrinária rechaçava a natureza de medida coercitiva e afirmava se tratar de meio punitivo, como Luiz Guilherme Marinoni, Sérgio Cruz Arenhart. SILVEIRA, Felipe Feliz da. Proteção à probidade e celeridade processual: análise da multa prevista no art. 475-J do CPC e da nova redação do art. 600, IV, do CPC, como novas ferramentas no combate à má-fé processual. Revista de Processo | vol. 165/2008 | p. 157 - 184 | Nov / 2008.

480 WAMBIER, Luiz Rodrigues; WAMBIER, Tereza Arruda Alvim; MEDINA, José Miguel Garcia. Breves comentários à nova sistemática processual civil, II: Leis 11.187/2005, 11.232/2005, 11.276/2006, 11.277/2006 e 11.280/2006. São Paulo : Editora Revista dos Tribunais, 2006, pp. 142-143; COSTA, Daniela Balan Camelo da; VAL, Flávia Trindade do. Aspectos polêmicos do art. 475-J do CPC e sua necessária interpretação sistemática em face dos arts. 461, 461-A e 620 do CPC para garantia de sua efetividade. Revista de Processo | vol. 162/2008 | p. 150 - 167 | Ago / 2008; SANT'ANNA, Paulo Afonso de Souza. Primeiras observações sobre o novo

Sobrevém, então, o Código de Processo Civil de 2015 e setores doutrinários importantes se pronunciam no sentido de que o novel diploma promoveu uma *"revolução"* na ciência processual brasileira, não apenas pela previsão das *"normas fundamentais"* constantes nos arts. 1º a 12, pelo detalhamento dos requisitos da fundamentação das decisões judiciais (art. 489, § 1º), mas também pela reformulação dos poderes judiciais, com o seu inegável incremento, nos termos do art. 139 e seus incisos. Especificamente sobre os poderes executivos, chega-se a defender que houve uma *"revolução silenciosa"*[481] na sistemática, abrindo-se para a execução pecuniária a opção pelas medidas atípicas. Uma das inovações mais festejadas[482] foi o art. 139, IV, do CPC, que prevê, segundo leitura majoritária, a possibilidade de aplicação das medidas executivas atípicas, não só nas obrigações específicas de fazer, não-fazer e entrega, mas também nas obrigações pecuniárias. Trata-se, no que concerne às últimas, da positivação de "soluções" para o seu inadimplemento, para a crise de ineficiência e de inefetividade dos mecanismos instituídos no ordenamento jurídico, que já vinham sendo gestadas na processualística pátria.[483] A regra em questão vem sendo

---

art. 475-J do CPC. Revista de Processo | vol. 139/2006 | p. 156 - 181 | Set / 2006; MONNERAT, Fábio Victor da Fonte. Execução de títulos judiciais que reconhecem obrigação de pagar quantia. Revista de Processo | vol. 151/2007 | p. 26 - 58 | Set / 2007; LUCON, Paulo Henrique dos Santos. Multa de 10% (dez por cento) na Lei 11.232/2005.Revista do Instituto dos Advogados de São Paulo | vol. 19/2007 | p. 247 - 257 | Jan - Jun / 2007.

481 GAJARDONI, Fernando da Fonseca. A revolução silenciosa da execução por quantia. Disponível em: <https://bit.ly/2YGVJG0>. Acesso em 15 jun.2020.

482 Defendendo que o art. 139, IV, CPC, passa a conferir tratamento isonômico entre os credores de diferentes modalidades de obrigações, ver SILVA, Ricardo Alexandre da. Atipicidade dos meios executivos na efetivação das decisões que reconheçam o dever de pagar quantia no novo CPC. *In:* DIDIER JR., Fredie (coord. geral), MACÊDO, Lucas Buril de, PEIXOTO, Ravi, FREIRE, Alexandre (orgs.). Novo CPC doutrina selecionada, v. 5: execução. Salvador: Juspodivm, 2015. pp. 427-452. Em análise crítica, CARVALHO FILHO, SOUSA e PEREIRA afirmam que as medidas atípicas não são nenhuma grande novidade, ao contrário do que propugna festejada doutrina. Elas existem em nosso ordenamento desde 1994 e o art. 139 IV do CPC não difere do art. 461 do CPC/73 e do art. 84 do CDC. A única inovação foi a sua extensão às obrigações pecuniárias, cuja leitura precisa ser realizada de modo sistemático. Réquiem às medidas judiciais atípicas nas execuções pecuniárias. Londrina-PR: Thoth, 2020. p. 49.

483 Sobre os reclamos da doutrina pela ampliação, mormente de *lege ferenda*, da atipicidade das medidas executivas para as obrigações pecuniárias, antes do novo

tratada por grande parte da doutrina como uma cláusula geral de atipicidade de meios executivos,[484] agora também estendida às prestações pecuniárias, possibilitando a ampla flexibilização procedimental pelo juiz, de acordo com as "necessidades" do crédito perseguido e com a "adequação" para a satisfação. Teria andado bem o legislador, superando o tratamento diferenciado outrora conferido aos variados tipos de obrigações, que acabava por *"marginalizar"* o direito à prestação pecuniária.[485]

Afirma-se, ademais, que a atipicidade dos meios executivos estendida às obrigações de pagar quantia decorre, como revelado na ideia defendida por Marcos Youji Minami, da vedação ao *non factibile*, que se trata de uma *"situação velha vista por uma nova perspectiva"*. Tal proibição seria, a seu turno, consequência lógica da vedação ao *non liquet*, porque, se não se permite ao Judiciário deixar de julgar por falta de provas e/ou por insuficiência na convicção do juiz, também lhe é defeso se abster de efetivar prestação certificada em decisão ou título executivo extrajudicial. Proscrever o *non liquet*, porém permitir o *non factibile* seria uma contradição.[486] Ante a sua premissa de que a previsão legal de meios executivos típicos não garante *per se* que a execução alcance o seu objetivo de satisfazer o credor, tendo em vista que o inadimplemento pode remanescer em virtude de ausência simulada de bens, empecilhos legais que dificultem ou impeçam a satisfação – tais como as regras de impenhorabilidade –, a vedação ao *non factibile*, representada pela atipicidade, se mostra solução recomendável:

> ...para resolver os casos em que não há detalhamento do procedimento executivo, ou quando seguir o procedimento tipificado em lei não resolve o problema

---

CPC, por todos ver: MINAMI, Marcos Youji. Da vedação ao *non factibile*: uma introdução às medidas executivas atípicas. Salvador: Editora JusPodivm, 2018, pp. 174-186.

484 Neste sentido, NEVES, Daniel Amorim Assumpção. Medidas executivas coercitivas atípicas na execução de obrigação de pagar quantia certa – art. 139, IV, do novo CPC. *In:* Doutrinas Essenciais - Novo Processo Civil | vol. 6/2018 | | Revista de Processo | vol. 265/2017 | p. 107 - 150 | Mar / 2017.

485 DOUTOR, Maurício Pereira. Medidas executivas atípicas na execução por quantia certa: o recurso à ponderação como técnica de solução das colisões e a constitucionalidade da regra do art. 139, IV, do CPC/2015. *In:* Revista de Processo | vol. 286/2018 | p. 299 - 324 | Dez / 2018.

486 MINAMI, Marcos Youji. Da vedação ao *non factibile*: uma introdução às medidas executivas atípicas. Salvador: Editora JusPodivm, 2018.

do inadimplemento, a utilização de meios executivos atípicos pode ser a única solução a ser adotada. O que não pode acontecer, nesse caso, é deixar de dar uma resposta ao jurisdicionado com a alegação de que não há na lei mecanismos para isso. [487]

Desse modo, também a partir de premissas tributárias a concepções hiperpublicistas, como a suposta previsão de um direito fundamental à tutela de crédito adequada, tempestiva e efetiva, a consequente possibilidade de adaptação procedimental no estilo *made-to-measure* – conteúdos inerentes ao "processo justo" –, o CPC/2015, art. 139, inciso IV, estipulou como um dos poderes-deveres do Juiz o de *"determinar todas as medidas indutivas, coercitivas, mandamentais ou sub-rogatórias necessárias para assegurar o cumprimento de ordem judicial, inclusive nas ações que tenham por objeto prestação pecuniária"*. O dispositivo surge como a grande vedete do pensamento deformalista, atrelado ao processo justo e équo, e teria o condão de dotar o juiz de infinitos poderes para a satisfação dos direitos, mormente das obrigações pecuniárias, podendo utilizar medidas coercitivas e sub-rogatórias inominadas, imputando-lhe a atividade criativa de promover o ajustamento do procedimento executivo às especificidades do caso concreto. A inovação viria ao encontro do combate à crise de efetividade e de eficiência da atividade jurisdicional, a qual acabaria por contribuir *"negativamente para o descrédito do processo como instrumento efetivo para a tutela das situações jurídicas substantivas"*.[488]

Inclusive por se encontrar no Capítulo I do Título IV do CPC, que trata dos poderes, dos deveres, e da responsabilidade do juiz, é inegável que o art. 139, IV, incrementa o poder judicial. Essa posição de empoderamento coloca o Poder Judiciário no centro da atividade executiva, pois o juiz deverá encontrar os caminhos para passar de um

---

487 O autor utiliza, como exemplos dessas possíveis causas: o devedor que oculta seu patrimônio; a execução que apenas localiza bens de valor irrisório ou que não encontram interessados; regra de impenhorabilidade no caso de um credor que porte um crédito de 10 salários mínimos contra um devedor cuja renda é de 40 salários mínimos. MINAMI, Marcos Youji. Da vedação ao *non factibile*: uma introdução às medidas executivas atípicas. Salvador: Editora JusPodivm, 2018.

488 MAZZEI, Rodrigo Reis, ROSADO, Marcelo da Rocha. A cláusula geral de efetivação e as medidas indutivas no CPC/15. *In:* TALAMINI, Eduardo, MINAMI, Marcos Youji (coords.). Medidas executivas atípicas. Salvador: Editora JusPodivm, 2018. pp. 497-520.

meio de execução para o outro,[489] sem qualquer retrocesso no procedimento,[490] tudo para garantir a tutela adequada, efetiva e tempestiva.

Seguindo tal entendimento, portanto, pela inserção da expressão *"inclusive nas ações que tenham por objeto prestação pecuniária"*, teria havido significativa alteração no modo como o juiz passou a se relacionar com a execução de pagar quantia, ampliando significativamente seus poderes na implementação das medidas executivas e outorgando-lhe um *"poder geral de efetivação"*. Vale transcrever o entusiasmo de Leonardo Greco sobre o assunto e a inovação concretizada pelo art. 139, IV, do CPC:

> ...a mensagem mais vigorosa que o novo Código transmite, especialmente aos juízes, é que, para a sua maior eficácia, a função jurisdicional não pode mais ser exercida burocraticamente. O dever de cooperação, a boa-fé, a audiência prévia das partes sobre quaisquer questões, a fundamentação consistente de todos os pronunciamentos judiciais, entre outras diretrizes, constroem o perfil de juízes democráticos, transparentes, tolerantes e ao mesmo tempo corajosos, solidários, minimamente formalistas, humildes como costumam ser os sábios, sempre dispostos a aprender com o diálogo enriquecedor da convivência humana e conscientes da sua responsabilidade social.[491]

A aparente permissão legislativa em comento veio para concretizar a tutela adequada, efetiva e tempestiva no procedimento de execução de obrigações pecuniárias, sedimentando, conforme os seus defensores, um novo modelo de processo, *"constitucionalizado"*.[492] Aliás, afirma-se que tal dispositivo se revela consentâneo com o Estado Democrático de Direito, onde a prestação jurisdicional efetiva é um direito fundamental, o que exige seja o processo visto como uma ferramenta para

---

[489] MARINONI, Luiz Guilherme, ARENHART, Sérgio Cruz e MITIDIERO, Daniel. Novo Código de Processo Civil. 2ª ed. Ed. Revista dos Tribunais, 2016, p. 627.

[490] ZANETI JUNIOR, Hermes. Comentários ao Código de Processo Civil, vol. XIV, São Paulo, Ed. Revista dos Tribunais, 2016, p. 92.

[491] GRECO, Leonardo. Coações indiretas na execução pecuniária. In: TALAMINI, Eduardo, MINAMI, Marcos Youji (coords.). Medidas executivas atípicas. Salvador: Editora JusPodivm, 2018. pp. 395-420.

[492] Como exemplo do entusiasmo pelo art. 139 IV do CPC, e da sua contribuição para o processo constitucionalizado, que adote técnicas para que a tutela jurisdicional "disponha de efetividade", por todos ver DOUTOR, Maurício Pereira. Medidas executivas atípicas na execução por quantia certa: o recurso à ponderação como técnica de solução das colisões e a constitucionalidade da regra do art. 139, IV, do CPC/2015. In: Revista de Processo | vol. 286/2018 | p. 299 - 324 | Dez / 2018.

a sua concretização.[493] A suposta "*constitucionalização*" do processo, a partir do incremento dos poderes do juiz, possibilitada na execução de pagar quantia certa pelo dispositivo legal em comento, estaria umbilicalmente ligada ao direito fundamental à prestação jurisdicional efetiva, que tem como consectário o "*direito ao meio executivo adequado ao caso concreto*":[494]

> Isso quer significar que, para a efetivação do direito fundamental à tutela jurisdicional no plano da atuação prática da norma jurídica, o sistema processual, seguindo tendência albergada nas reformas operadas na codificação anterior, optou por não relegar a realização da atividade satisfativa ao engessamento de um roteiro executivo abstrato, taxativo e inflexível, o qual poderia não se revelar o mais adequado em determinados casos concretos. A cláusula geral do art. 139, IV consagra um modelo de atipicidade executiva, conferindo amplos poderes de efetivação ao juiz para cumprimento das determinações judiciais, contribuindo, assim, para a formação de um sistema de tutela executiva tendencialmente completo e pleno (...).[495]

Em análise da conformidade de uma cláusula geral de atipicidade dos meios executivos com a CF/88, isto é, da compatibilidade constitucional do poder do juiz de emprego de medidas que não estejam expressa e previamente estabelecidas na legislação, criadas a partir da "imaginação" do magistrado, Alexandre Freitas Câmara reflete:

> A legitimidade constitucional da cláusula geral de atipicidade de meios executivos provém de sua compatibilidade com dois princípios constitucionais: o princípio da tutela jurisdicional efetiva (art. 5º, XXXV) e o princípio da eficiência (art. 37). Aliás, vale a pena recordar que ambos esses dispositivos constitucionais são reafirmados como normas fundamentais do processo civil, como se vê pelos arts. 3º e 8º do CPC de 2015.[496]

---

493 MAZZEI, Rodrigo Reis, ROSADO, Marcelo da Rocha. A cláusula geral de efetivação e as medidas indutivas no CPC/15. *In:* TALAMINI, Eduardo, MINAMI, Marcos Youji (coords.). Medidas executivas atípicas. Salvador: Editora JusPodivm, 2018, pp. 497-520.

494 MARINONI, Luiz Guilherme. Controle do poder executivo do juiz. *In*: Revista de Processo | vol. 127/2005 | p. 54 - 74 | Set / 2005 Doutrinas Essenciais de Processo Civil | vol. 3 | p. 1317 - 1340 | Out / 2011.

495 MAZZEI, Rodrigo Reis, ROSADO, Marcelo da Rocha. A cláusula geral de efetivação e as medidas indutivas no CPC/15. *In:* TALAMINI, Eduardo, MINAMI, Marcos Youji (coords.). Medidas executivas atípicas. Salvador: Editora JusPodivm, 2018. pp. 497-520.

496 CÂMARA, Alexandre Freitas. O princípio da patrimonialidade da execução e os meios executivos atípicos: lendo o art. 139, IV, do CPC. *In:* TALAMINI, Eduardo, MINAMI, Marcos Youji (coords.). Medidas executivas atípicas. Salvador: Editora JusPodivm, 2018. pp. 231-239.

No âmbito do processo de execução de pagar quantia, referido direito fundamental será observado, numa relação proporcional, desde que sirva à tutela do crédito, e o art. 139, IV, do CPC, vem justamente ampliar a possibilidade de salvaguarda deste direito, sendo imprescindível no cotidiano forense, em virtude de uma experiência generalizada de frustração de execuções desta natureza.[497]

Defensor da atipicidade dos meios executivos, Minami sustenta haver dois mitos que precisam, de largada, ser rebatidos, porquanto se colocam como obstáculos à compreensão e aceitação dos meios atípicos: (a) o primeiro mito é o de que a tipicidade conduz, necessariamente, a uma segurança jurídica. Trata-se de mito porque, inicialmente, a estipulação de tipos fechados acarreta no engessamento e, por conseguinte, na impossibilidade de se acompanharem as mudanças sociais e, também, de se adotar uma solução pormenorizada para um caso concreto. A própria previsibilidade dos tipos fechados, como os meios executivos legalmente estabelecidos, possibilita um agir estratégico no intuito de se evitar a sua incidência; (b) o segundo mito se refere à falsa ideia de que a atipicidade, inarredavelmente, corresponde à ausência de parâmetros a justificarem a sua aplicação. No entanto, defende-se que essa concepção é equivocada, pois o problema pode ser resolvido com a compreensão aberta do tipo e os métodos de sua aplicação racional no caso concreto.[498]

Como cediço, a partir da vigência do novel diploma processual civil, variadas decisões surgiram com a aplicação das medidas executivas atípicas,[499] inclusive algumas tomadas de ofício – e sem o cumprimento do disposto no art. 10, do CPC, mesmo que realizado parcialmente com o exequente –, que impunham restrições à liberdade e aos atos civis de devedores de prestação pecuniária, tais como a suspensão de carteira nacional de habilitação, o cancelamento compulsório de car-

---

[497] CAETANO, Marcelo Miranda. A atipicidade dos meios executivos – coadjuvante com ares de estrela principal –, o art. 139, IV, CPC e o resguardo ao escopo social do processo. *In*: TALAMINI, Eduardo, MINAMI, Marcos Youji (coords.). Medidas executivas atípicas. Salvador: Editora JusPodivm, 2018, pp. 225-230.

[498] MINAMI, Marcos Youji. Da vedação ao *"non factibile"*: uma introdução às medidas executivas atípicas. Salvador: Editora JusPodivm, 2018.

[499] Decisão pioneira foi a proferida no processo 0121753-76.2009.8.26.0011/01, da 2ª Vara Cível do Foro Regional XI de Pinheiros, Comarca de São Paulo. O inteiro teor da decisão pode ser acessado pelo link <https://bit.ly/2FNV1yC>. Acesso em 01 abr.2019.

tões de crédito, a apreensão de passaportes, proibição de frequência a estádios e outros locais de lazer, dentre outras.

Por conta disso, a doutrina processual passou a se debruçar sobre a aplicação das medidas executivas atípicas nas obrigações pecuniárias, na tentativa de orientar a sua implementação e utilização pelos magistrados. Passa-se à busca de *"parâmetros de controle"*[500] da escolha judicial, critérios a serem observados para a mencionada fixação. De um modo geral, os defensores das medidas atípicas sustentam que a sua aplicação deve seguir o "postulado da proporcionalidade", com a verificação de seus elementos, quais sejam: (a) adequação, (b) necessidade e (c) proporcionalidade em sentido estrito,[501] em grande parte seguindo a tese apresentada por Humberto Ávila.[502] Na verdade, a doutrina e a jurisprudência já previam, teoricamente, tais requisitos desde a reforma do CPC/73 de 1994.[503]

Nada obstante a questão da observância do postulado da proporcionalidade seja a tônica entre os defensores das medidas executivas atípicas, há algumas posições doutrinárias díspares acerca da interpre-

---

[500] Expressão cunhada por Fredie Didier Jr., Leonardo Carneiro da Cunha, Paula Sarno Braga e Rafael Alexandria de Oliveira. DIDIER JR., Fredie, CUNHA, Leonardo Carneiro da, BRAGA, Paula Sarno, OLIVEIRA, Rafael Alexandria de. Curso de direito processual civil: execução. 7. ed. rev., ampl. e atual. Salvador: Ed. JusPodivm, 2017.

[501] TALAMINI, Eduardo. Poder geral de adoção de medidas coercitivas e sub-rogatórias nas diferentes espécies de execução. *In:* Revista de Processo | vol. 284/2018 | p. 139 - 184 | Out / 2018; DIDIER JR., Fredie, CUNHA, Leonardo Carneiro da, BRAGA, Paula Sarno, OLIVEIRA, Rafael Alexandria de. Curso de direito processual civil: execução. 7. ed. rev., ampl. e atual. Salvador: Ed. JusPodivm, 2017. pp. 110-116; DOUTOR, Maurício Pereira. Medidas executivas atípicas na execução por quantia certa: o recurso à ponderação como técnica de solução das colisões e a constitucionalidade da regra do art. 139, IV, do CPC/2015. *In:* Revista de Processo | vol. 286/2018 | p. 299 - 324 | Dez / 2018; CARREIRA, Guilherme Sarri, ABREU, Vinicius Caldas da Gama e. Dos poderes do juiz na execução por quantia certa: da utilização das medidas inominadas. In: TALAMINI, Eduardo; MINAMI, Marcos Youji (Coords.). Medidas executivas atípicas. Salvador: Editora JusPodivm, 2018. pp. 241-273; ARAGÃO, Nilsiton Rodrigues de Andrade. A utilização da prisão civil como meio executório atípico. *In:* TALAMINI, Eduardo; MINAMI, Marcos Youji (Coords.). Medidas executivas atípicas. Salvador: Editora JusPodivm, 2018. pp. 93-109.

[502] ÁVILA, Humberto. Teoria dos princípios: da definição à aplicação dos princípios jurídicos. 16ª ed., rev. e atual. São Paulo: Malheiros Editores Ltda., 2015. p. 205.

[503] MARINONI, Luiz Guilherme. Controle do poder executivo do juiz. *In:* Revista de Processo | vol. 127/2005 | p. 54 - 74 | Set / 2005 Doutrinas Essenciais de Processo Civil | vol. 3 | p. 1317 - 1340 | Out / 2011.

tação a ser conferida ao art. 139, IV, do CPC. De acordo com pesquisa realizada por Eduardo Talamini, é possível afirmar que há quem: (i) negue a incidência das medidas atípicas; (ii) rejeite um papel de interferência significativa, do art. 139 IV, no procedimento típico para a execução por quantia certa; (iii) pregue sua aplicação restrita neste tipo de execução, para casos *"de ocultação ou blindagem patrimonial, obstrução da justiça pelo devedor ou violação a deveres processuais de colaboração com o juízo executivo"*; (iv) defenda sua excepcionalidade ou subsidiariedade, mas admitindo-a mais brandamente do que o indicado no item anterior (iii); (v) e, finalmente, quem apenas se limita a destacar a necessidade de que a medida seja proporcional, adequada e não caracterizadora de punição.[504]

Portanto, os atipicistas[505] podem ser separados em dois grupos, (a) os radicais[506] e (b) os moderados.[507] Para os primeiros (a), o art. 139, IV, do CPC, teria abandonado por absoluto o sistema típico de meios executivos, que era visto como um obstáculo à tutela executiva efetiva. Assim, a adoção do sistema atípico, consentâneo ao "processo

---

[504] TALAMINI, Eduardo. Poder geral de adoção de medidas coercitivas e sub-rogatórias nas diferentes espécies de execução. *In*: Revista de Processo | vol. 284/2018 | p. 139 - 184 | Out / 2018.

[505] Assim chamados neste trabalho, para fins didáticos, os defensores das medidas executivas atípicas nas obrigações pecuniárias.

[506] Encorpam o grupo de atipicistas radicais, de outro lado, Luiz Guilherme Marinoni, Sérgio Cruz Arenhart, Daniel Mitidiero, Ricardo Alexandre da Silva, Marcos Youji Minami, Cassio Scarpinella Bueno, Rodrigo Reis Mazzei, Marcelo da Rocha Rosado etc. Marcelo Miranda Caetano os classifica em *"prima ratio"* e *"ultima ratio"*, afirmando que, no primeiro caso, se defende a aplicabilidade desde logo das medidas executivas atípicas, enquanto no segundo se preconiza a subsidiariedade e/ou o fracasso dos meios típicos e/ou circunstâncias extraordinárias. CAETANO, Marcelo Miranda. A atipicidade dos meios executivos – coadjuvante com ares de estrela principal –, o art. 139, IV, CPC e o resguardo ao escopo social do processo. *In*: TALAMINI, Eduardo, MINAMI, Marcos Youji (coords.). Medidas executivas atípicas. Salvador: Editora JusPodivm, 2018. pp. 225-239.

[507] Dentre os atipicistas moderados, podem ser citados Fredie Didier Jr., Leonardo Carneiro da Cunha, Paula Sarno Braga, Rafael Alexandria de Oliveira, Guilherme Sarri Carreira, Vinicius Caldas da Gama e Abreu, Nilsiton Rodrigues de Andrade Aragão, José Miguel Garcia Medina, Alexandre Freitas Câmara, Hermes Zaneti Jr., Daniel Amorim Assumpção Neves, Thiago Rodovalho, Andre Vasconcelos Roque, Luiz Rodrigues Wambier, Leonardo Greco, Eduardo Talamini, Luciano Henrik Silveira Vieira, José Henrique Mouta Araújo, Gabriela Expósito, Sara Imbassahy Levita, Gabriela Macedo Ferreira etc..

constitucionalizado", seria capaz de, finalmente, satisfazer o direito do credor. Para os segundos (b), todavia, a regra da tipicidade na execução de pagar quantia certa ainda vige, porém, a atipicidade deve ser aplicada subsidiariamente, a depender da observância de critérios estabelecidos doutrinariamente e que adiante serão esmiuçados.

Além da proporcionalidade, grande parcela da processualística, como mencionado anteriormente, adiciona a imperiosidade do esgotamento dos meios típicos estabelecidos previamente pelo legislador infraconstitucional como requisito para as medidas atípicas, já que adota a subsidiariedade da atipicidade.

3.1.1. SUBSIDIARIEDADE DAS MEDIDAS EXECUTIVAS ATÍPICAS NAS OBRIGAÇÕES PECUNIÁRIAS (OU ESGOTAMENTO DOS MEIOS TÍPICOS)

De acordo com a justificativa daqueles que aderem à subsidiariedade das medidas atípicas, como Didier Jr., Braga, Cunha, Oliveira, Rodovalho, dentre outros,[508] a regra nas obrigações pecuniárias é a tipicidade dos meios executivos, o que seria corroborado pela dicção dos arts. 921, III e parágrafos, e 924, V, todos do CPC/15, os quais preveem, respectivamente, a suspensão da execução quando constatada a inexistência de bens penhoráveis no patrimônio do executado, por um ano, prazo findo o qual começa a correr a prescrição intercorrente, e a consequente extinção do processo em virtude de tal prescrição.

Soma-se a esse argumento o extenso *"detalhamento legal da execução por quantia certa"*, que seria resultado de *"séculos de consolidação de regras"* ínsitas ao devido processo legal, tais como impenhorabilidade, previsão de medidas típicas voltadas à satisfação do crédito, como penhora, adjudicação, alienação, as quais não podem ser simplesmente olvidadas, sob pena de violação à própria noção de sistema do CPC. Compreender o art. 139, IV, do CPC, como um dispositivo que torna opcional a aplicação da tipicidade se revela perigoso, visto que abre

---

[508] DIDIER JR., Fredie, CUNHA, Leonardo Carneiro da, BRAGA, Paula Sarno, OLIVEIRA, Rafael Alexandria de. Curso de direito processual civil: execução. 7. ed. rev., ampl. e atual. Salvador: Ed. JusPodivm, 2017. p. 107; RODOVALHO, Thiago. O necessário diálogo entre a doutrina e a jurisprudência na concretização do NCPC, art. 139, inc. IV (atipicidade dos meios executivos). pp. 717-732; VIEIRA, Luciano Henrik Silveira. Atipicidade dos meios executivos: da discricionariedade à violação de preceitos garantidores do Estado Democrático de Direito. pp. 451-470. Todos *in*: TALAMINI, Eduardo; MINAMI, Marcos Youji (Coords.). Medidas executivas atípicas. Salvador: Editora JusPodivm, 2018.

espaço para que a execução de obrigações pecuniárias se desenvolva *"simplesmente de acordo com o que pensa o órgão julgador, e não de acordo com o que o legislador fez questão de, exaustivamente, pré-determinar"*.[509] Destarte, a observância prioritária do procedimento tipificado seria um imperativo de segurança jurídica e de confiança legítima.[510]

De outro lado, entretanto, afirmam que *"alguma atipicidade"* deve ser extraída do dispositivo legal em questão, sob pena de se ignorar uma opção legislativa, esvaziando-se o texto de normatividade e ferindo, por conseguinte, o *"postulado hermenêutico da integridade"*.[511] Assim, defende-se o uso dos meios executivos atípicos, para as obrigações pecuniárias, como *ultima ratio*, e não como *prima ratio*, devendo ser manejados pelo juiz quando esgotados e frustrados os meios executivos típicos, consistentes no desapossamento do devedor, como as espécies de penhora, desconsideração da personalidade jurídica etc., ou quando eles se revelarem ineficientes ante o caso concreto.[512]

Quanto à subsidiariedade e/ou à excepcionalidade da atipicidade, não há explicação pormenorizada sobre o que se deve se compreender acerca de esgotamento prévio e necessário dos meios executivos típicos, ou sobre a chamada ineficácia dos meios sub-rogatórios legalmente estabelecidos, antes de abrir as portas para a incidência de medidas executivas atípicas. Se por esgotar se deve compreender o uso de todas as espécies de penhora legalmente fixadas; se bastam os meios mais usuais, como BacenJud, RenaJud; se, ao contrário, é suficiente apenas a frustração de apenas um deles, de maneira que remanescem dúvidas

---

[509] DIDIER JR., Fredie, CUNHA, Leonardo Carneiro da, BRAGA, Paula Sarno, OLIVEIRA, Rafael Alexandria de. Curso de direito processual civil: execução. 7. ed. rev., ampl. e atual. Salvador: Ed. JusPodivm, 2017. p. 107. Adotando este entendimento, por todos ver: TALAMINI, Eduardo. Poder geral de adoção de medidas coercitivas e sub-rogatórias nas diferentes espécies de execução. *In*: Revista de Processo | vol. 284/2018 | p. 139 - 184 | Out / 2018.

[510] GRECO, Leonardo. Coações indiretas na execução pecuniária. *In*: TALAMINI, Eduardo; MINAMI, Marcos Youji (Coords.). Medidas executivas atípicas. Salvador: Editora JusPodivm, 2018. pp. 395-420.

[511] DIDIER JR., Fredie, CUNHA, Leonardo Carneiro da, BRAGA, Paula Sarno, OLIVEIRA, Rafael Alexandria de. Curso de direito processual civil: execução. 7. ed. rev., ampl. e atual. Salvador: Ed. JusPodivm, 2017. p. 107.

[512] RODOVALHO, Thiago. O necessário diálogo entre a doutrina e a jurisprudência na concretização do NCPC, art. 139, inc. IV (atipicidade dos meios executivos). *In*: TALAMINI, Eduardo; MINAMI, Marcos Youji (Coords.). Medidas executivas atípicas. Salvador: Editora JusPodivm, 2018. pp. 717-732.

quanto ao tema nesta perspectiva.[513] A propósito, de toda a doutrina atipicista consultada, é possível se inferir a falsa impressão de que o ordenamento jurídico brasileiro não traça os elementos normativos configuradores da execução frustrada e, igualmente, que ele não aponta a solução legal para referida frustração. Os esclarecimentos e as críticas sobre o ponto serão apresentadas no item 3.2.

3.1.2. O ALEGADO CARÁTER NÃO SANCIONATÓRIO DAS MEDIDAS EXECUTIVAS ATÍPICAS

Um limite estabelecido pelos atipicistas à aplicação das medidas executivas atípicas nas obrigações pecuniárias é que elas não podem configurar sanção retributiva, por isso rejeitam a caracterização punitiva sobre elas. Estabelece a doutrina, de início, a diferença entre medidas punitivas e medidas coercitivas, conforme leciona Marcelo Abelha Rodrigues:

> ...é preciso ter muito clara a percepção de que o que define uma medida processual como coercitiva ou punitiva é a sua finalidade imediata [inegável que como toda e qualquer sanção punitiva, há, sempre, embutida e inerente uma função coercitiva decorrente do risco da punição, mas este não é o fim primeiro da regra do artigo 77, §2º], ou seja, se ela serve de instrumento necessário e adequado para se obter um resultado a realizar ou se ela serve para punir uma conduta já realizada.

---

513 Em que pese cheguem a estabelecer 31 "standards" para a aplicação das medidas executivas atípicas na execução de pagar quantia certa, não é possível extrair com segurança se entendem que o esgotamento dos meios típicos é pressuposto ou não. DIDIER JR., Fredie, CUNHA, Leonardo Carneiro da, BRAGA, Paula Sarno, OLIVEIRA, Rafael Alexandria de. Curso de direito processual civil: execução. 7. ed. rev., ampl. e atual. Salvador: Ed. JusPodivm, 2017. pp. 140-142. Também mencionam a subsidiariedade da atipicidade, em razão do extenso rol de meios típicos estabelecido pelo legislador, mas não deixam claro sobre a imperiosidade do esgotamento e em que medida: ARAGÃO, Nilsiton Rodrigues de Andrade: A utilização da prisão civil como meio executório atípico. pp. 93-109; GRECO, Leonardo. Coações indiretas na execução pecuniária. pp. 395-420; CARREIRA, Guilherme Sarri, ABREU, Vinicius Caldas da Gama e. Dos poderes do juiz na execução por quantia certa: da utilização das medidas inominadas. pp. 241-273; GRECO, Leonardo. Coações indiretas na execução pecuniária. pp. 395-420. Ver todos *in*: TALAMINI, Eduardo; MINAMI, Marcos Youji (Coords.). Medidas executivas atípicas. Salvador: Editora JusPodivm, 2018.

> *Não é propriamente o seu nome, de onde emana ou o destinatário da medida processual que identificam se é coercitiva ou punitiva a medida processual. Frise-se, é a sua função, sua finalidade imediata.*[514]

Portanto, um dos traços distintivos entre medidas executivas atípicas e medidas punitivas, para essa doutrina, reside na finalidade imediata. Enquanto as primeiras ostentam qualidade instrumental, são utilizadas para se fomentar determinado resultado, as últimas buscam punir, sancionar em virtude de uma conduta ilícita prevista em lei.

Outro traço distintivo entre as medidas processuais punitivas e coercitivas é a questão afeta à atipicidade. No que concerne às primeiras, gênero no qual se encaixa, a título exemplificativo, a multa prevista no art. 774, parágrafo único, do CPC, não se admite a atipicidade das sanções, de modo que o magistrado não é livre para escolher a que seja mais adequada, razoável e necessária. De outro lado, quanto às segundas, seguem a atipicidade, conferindo-se liberdade ao juiz para escolher a medida que preencha aqueles requisitos.[515]

A transitoriedade também é apontada como diferenciadora entre ambas. Explica-se. Frequentemente, a doutrina afirma que as medidas executivas atípicas aplicadas nas obrigações pecuniárias não se revestem de caráter sancionatório porque são transitórias, no sentido de que, uma vez alcançado o resultado, elas desaparecem. O mesmo fenômeno não acontece com as medidas processuais punitivas, que não são instrumentos para o alcance de determinado fim, mas o fim em si mesmo.

Em suma, pode-se inferir que, para os atipicistas, as medidas executivas atípicas, uma vez atendidos critérios de adequação, necessidade e proporcionalidade *"stricto sensu"*,[516] não se revelam como sanção porque sua finalidade é instrumental, são meios para se alcançar um resultado, e porque são transitórias. Se o devedor contra o qual foram estipuladas cumprir o seu mister, elas desaparecem.

---

514 RODRIGUES, Marcelo Abelha. O que fazer quando o executado é um cafajeste? Apreensão de passaporte? Da carteira de motorista?. *In*: TALAMINI, Eduardo; MINAMI, Marcos Youji (Coords.). Medidas executivas atípicas. Salvador: Editora JusPodivm, 2018. pp. 75-92.

515 RODRIGUES, Marcelo Abelha. O que fazer quando o executado é um cafajeste? Apreensão de passaporte? Da carteira de motorista?. *In*: TALAMINI, Eduardo; MINAMI, Marcos Youji (Coords.). Medidas executivas atípicas. Salvador: Editora JusPodivm, 2018. pp. 75-92.

516 DIDIER JR., Fredie, CUNHA, Leonardo Carneiro da, BRAGA, Paula Sarno, OLIVEIRA, Rafael Alexandria de. Curso de direito processual civil: execução. 7. ed. rev., ampl. e atual. Salvador: Ed. JusPodivm, 2017. p. 115.

3.1.3. AS MEDIDAS EXECUTIVAS ATÍPICAS E O *"DEVEDOR OSTENTAÇÃO"*

Quando se fala em subsidiariedade das medidas executivas atípicas, frequentemente a doutrina apresenta a figura do *"devedor ostentação"*[517] ou *"executado cafajeste"*[518]. Essas figuras representam o devedor que, malgrado não adimpla a prestação da obrigação exequenda e não tenha bens penhoráveis disponíveis, frustrando a execução, tem um padrão de vida incompatível com a de uma pessoa desprovida de patrimônio. Com efeito, as medidas atípicas seriam um arsenal adequado para combater esse tipo de devedor. Dele se diferencia o devedor que, efetivamente, não possui bens livres e desembaraçados, que leva uma vida compatível com sua capacidade econômica e seu poder financeiro. Este, por conseguinte, não pode ser destinatário de medidas executivas atípicas, porque elas se revelariam, além de inócuas, punitivas:[519]

> *Agora, isso não é verdadeiro diante da conhecida figura do cenário brasileiro do <devedor-ostentação>, i.e., aquele que deve, não nega – até porque não pode (há coisa julgada contra ele) e também porque não precisa (o sistema no mais das vezes ineficiente o protege) –, mas não paga, o que não o impede de levar uma vida de luxo, incompatível com sua situação de suposta falta de bens, dirigindo bons carros, não raramente importados, jantando em bons e caros restaurantes, viajando ao exterior etc., enquanto o credor pena com a falta de bens penhoráveis (por vezes ocultados em estruturas complexas como o Trust ou mesmo em nome de terceiros, os 'laranjas', nem sempre alcançados pelos meios executivos típicos, como multas, desconsideração da personalidade jurídica, fraude, v.g.), o que, infelizmente, ainda é comum em nosso país, em que ainda impera a denominada cultura de transgressões. Para essas hipóteses, a atipicidade dos meios executi-*

---

517 Expressão cunhada por Thiago Rodovalho. RODOVALHO, Thiago. O necessário diálogo entre a doutrina e a jurisprudência na concretização do NCPC, art. 139, inc. IV (atipicidade dos meios executivos). *In*: TALAMINI, Eduardo; MINAMI, Marcos Youji (Coords.). Medidas executivas atípicas. Salvador: Editora JusPodivm, 2018. pp. 717-732.

518 A expressão é utilizada por RODRIGUES, Marcelo Abelha. O que fazer quando o executado é um cafajeste? Apreensão de passaporte? Da carteira de motorista?. *In*: TALAMINI, Eduardo; MINAMI, Marcos Youji (Coords.). Medidas executivas atípicas. Salvador: Editora JusPodivm, 2018. pp. 75-92.

519 Neste sentido, FERREIRA, Gabriela Macedo. Poder geral de efetivação: em defesa da constitucionalidade da técnica de execução dos direitos do art. 139, IV do Código de Processo Civil. *In*: TALAMINI, Eduardo; MINAMI, Marcos Youji (Coords.). Medidas executivas atípicas. Salvador: Editora JusPodivm, 2018. pp. 371-394.

vos, aprimoramento do NCPC, revela-se importante, que é consentâneo com uma de suas normas fundamentais, que consagra o princípio da eficiência (...).[520]

Como se disse, a doutrina é entusiasta da aplicação das medidas executivas atípicas ao "devedor ostentação", pois, nesse caso, o executado passa a se valer de artifícios elusivos para se furtar à realização da prestação devida. Assevera-se, ademais, que o sistema não oferece soluções aptas a tal situação de crise, pois nenhuma eficácia teria a desconsideração da personalidade jurídica ou reconhecimento de fraude à execução na vida do devedor que se comporta nesses moldes.[521] Assim, a solução seria a aplicação das medidas executivas atípicas, uma vez esgotados os meios típicos, ou quando se revelam insuficientes, e provado, pelo credor, que o que ocorre não é ausência total de bens, mas sim ausência relativa, impondo-se coações indiretas para estimular o devedor a revelar a *"existência e localização"* de bens. Somados a esses dois requisitos, aponta a doutrina se fazem imprescindíveis o respeito aos direitos fundamentais do devedor e a sua fixação com base nos critérios de adequação, necessidade e proporcionalidade,[522] sempre à luz do caso concreto, porquanto abstratamente essa análise é infactível.

3.1.4. ADEQUAÇÃO, NECESSIDADE E PROPORCIONALIDADE COMO LIMITES ÀS MEDIDAS EXECUTIVAS ATÍPICAS NAS OBRIGAÇÕES PECUNIÁRIAS

Para a incidência das medidas executivas atípicas nas obrigações pecuniárias, além do esgotamento das medidas típicas, a doutrina expõe a necessidade de observância do princípio da proporcionalidade como parâmetro de controle que, uma vez respeitado, transfere ao juiz o

---

[520] RODOVALHO, Thiago. O necessário diálogo entre a doutrina e a jurisprudência na concretização do NCPC, art. 139, inc. IV (atipicidade dos meios executivos). *In*: TALAMINI, Eduardo; MINAMI, Marcos Youji (Coords.). Medidas executivas atípicas. Salvador: Editora JusPodivm, 2018. pp. 717-732.

[521] CARREIRA, Guilherme Sarri, ABREU, Vinicius Caldas da Gama e. Dos poderes do juiz na execução por quantia certa: da utilização das medidas inominadas. In: TALAMINI, Eduardo; MINAMI, Marcos Youji (Coords.). Medidas executivas atípicas. Salvador: Editora JusPodivm, 2018. pp. 241-273.

[522] CARREIRA, Guilherme Sarri, ABREU, Vinicius Caldas da Gama e. Dos poderes do juiz na execução por quantia certa: da utilização das medidas inominadas. pp. 241-273. Também, GRECO, Leonardo. Coações indiretas na execução pecuniária. pp. 395-420. Todos *in*: TALAMINI, Eduardo; MINAMI, Marcos Youji (Coords.). Medidas executivas atípicas. Salvador: Editora JusPodivm, 2018.

poder de eleger os meios executivos atípicos aptos à consagração da tutela executiva.

Partindo das premissas de que todos os direitos fundamentais assumem o caráter normativo de princípio e, por conseguinte, se consubstanciam em mandados de otimização, eles se aplicam por meio da ponderação, exigindo do operador jurídico atividade valorativa intensa.[523] O princípio da proporcionalidade – como adotado pela maioria da doutrina –,[524] ou *"máxima da proporcionalidade"*,[525] é um método clássico da dogmática alemã, que serve ao intérprete[526] para resolver, no caso concreto, a colisão entre direitos fundamentais, avaliando-se a intervenção no âmbito de proteção desses direitos através da escolha de um meio, dentre vários possíveis, para se alcançar um fim.[527] O próprio enquadramento dessas normas jusfundamentais como mandados de otimização já implicaria a ideia de ponderação e, também, os critérios norteadores dessa mesma ponderação. A necessidade de se estabelecer uma técnica para solucionar as colisões decorre da compreensão de que os direitos fundamentais têm o seu conteúdo delimitado, em última análise, apenas diante dos limites impostos por outras normas que com eles colidam; e também da frequência cada vez maior de conflitos entre eles em ordenamentos jurídicos cujas constituições se pautam por forte pluralismo axiológico.[528]

---

523 Ao contrário das regras que, por se revelarem mandados definitivos, têm sua aplicação regida pela subsunção, na base do *all-or-nothing*. GUERRA, Marcelo Lima. Direitos fundamentais e a proteção do credor na execução civil. São Paulo: Editora Revista dos Tribunais, 2003, p.85.

524 GUERRA, Marcelo Lima. Direitos fundamentais e a proteção do credor na execução civil. São Paulo: Editora Revista dos Tribunais, 2003, p. 91. Destaca-se que Guerra prefere a expressão regra da proporcionalidade.

525 ALEXY, Robert. Teoria dos direitos fundamentais. Trad. Virgílio Afonso da Silva. São Paulo: Malheiros editores, 2008.

526 DOUTOR, Maurício Pereira. Medidas executivas atípicas na execução por quantia certa: o recurso à ponderação como técnica de solução das colisões e a constitucionalidade da regra do art. 139, IV, do CPC/2015. *In*: Revista de Processo | vol. 286/2018 | p. 299 - 324 | Dez / 2018.

527 MINAMI, Marcos Youji. Da vedação ao *non factibile*: uma introdução às medidas executivas atípicas. Salvador: Editora Juspodivm, 2018, p. 58.

528 GUERRA, Marcelo Lima. Direitos fundamentais e a proteção do credor na execução civil. São Paulo: Editora Revista dos Tribunais, 2003, p. 90.

A proporcionalidade deve ser aferida a partir da análise de suas três máximas parciais, ou *"sub-regras"*[529], a adequação, a necessidade e a proporcionalidade *stricto sensu*, o que há que ser feito, aliás, nessa ordem pré-definida em que as sub-regras se relacionam de forma subsidiária: *"a análise da adequação precede a da necessidade, que, por sua vez, precede a da proporcionalidade em sentido estrito"*, o que leva à consequência de que não é em todas as situações da aplicação da regra da proporcionalidade que se examinarão todas as sub-regras.[530] Explicando o postulado da proporcionalidade, esclarece Humberto Ávila:

> *Ele se aplica apenas a situações em que há uma relação de causalidade entre dois elementos empiricamente discerníveis, um meio e um fim, de tal sorte que se possa proceder aos três exames fundamentais: o da adequação (o meio promove o fim?), o da necessidade (dentre os meios disponíveis e igualmente adequados para promover o fim, não há outro meio menos restritivo do(s) direito(s) fundamental(is) afetado(s)?) e o da proporcionalidade em sentido estrito (as vantagens trazidas pela promoção do fim correspondem às desvantagens provocadas pela adoção do meio?).*[531]

A sub-regra, ou máxima parcial, da adequação consiste na busca de uma *"exata correspondência entre meios e fins"*,[532] ou seja, o meio escolhido deve ser logicamente compatível com o fim pretendido, apto a proporciona-lo.[533] Não é indispensável que tal fim seja alcançado sempre, o que se exige, todavia, é que o meio aplicado contribua poten-

---

[529] GUERRA, Marcelo Lima. Direitos fundamentais e a proteção do credor na execução civil. São Paulo: Editora Revista dos Tribunais, 2003, p. 90.

[530] SILVA, Luís Virgílio Afonso da. O proporcional e o razoável. Revista dos Tribunais | vol. 798/2002 | p. 23 - 50 | Abr / 2002.

[531] ÁVILA, Humberto. Teoria dos princípios: da definição à aplicação dos princípios jurídicos. 16ª ed., rev. e atual. São Paulo: Malheiros Editores Ltda., 2015. p. 205.

[532] GUERRA, Marcelo Lima. Direitos fundamentais e a proteção do credor na execução civil. São Paulo: Editora Revista dos Tribunais, 2003, p. 92.

[533] Luís Virgílio Afonso da Silva afirma que a tradução correta para a sub-regra da adequação não é a de que o meio deve ser adequado para alcançar o fim almejado, porquanto o verbo *fördern*, utilizado na decisão do Tribunal Constitucional alemão, é melhor compreendido como *"fomentar"*, *"promover"*, não podendo ser traduzido como *"alcançar"*: *"Adequado, então, não é somente o meio com cuja utilização um objetivo é alcançado, mas também o meio com cuja utilização a realização de um objetivo é fomentada, promovida, ainda que o objetivo não seja completamente realizado."* SILVA, Luís Virgílio Afonso da. O proporcional e o razoável. Revista dos Tribunais | vol. 798/2002 | p. 23 - 50 | Abr / 2002, item 5.1.

cialmente para o fim. Por isso, diz-se que adequado é o meio que, ao menos, estimule o atingimento do fim proposto e, consequentemente, o meio tão-somente pode ser considerado inadequado se a sua utilização em nada contribuir para fomentar a concretização do fim.[534]

A necessidade, a seu turno, exige a avaliação do meio na perspectiva dos prejuízos que dele possam resultar.[535] Consoante lições de Luís Virgílio Afonso da Silva, o meio através do qual o Estado limita um direito fundamental somente pode ser considerado necessário se a concretização do objetivo buscado não puder ser promovida, com a mesma intensidade, por meio que proporcione uma intervenção menos drástica nesse direito fundamental.[536]

Finalmente, a sub-regra da proporcionalidade *stricto sensu*, onde opera efetivamente a técnica da ponderação ou do sopesamento entre a intensidade da intervenção no direito fundamental, a ser atingida pelo meio adequado e necessário, e a relevância da realização do direito fundamental que com aquele colide.[537] A pergunta a ser respondida no exame da proporcionalidade em sentido estrito é: *"o grau de importância da promoção do fim justifica o grau de restrição causada aos direitos fundamentais?"*[538]

No âmbito da execução civil, a doutrina extrai da CF/88, como já exposto anteriormente, um direito fundamental à tutela processual executiva efetiva, de modo que, tendo isso como premissa, sustenta que o magistrado não apenas pode, mas deve, com base no princípio da proporcionalidade, afastar toda e qualquer regra que sirva de obstáculo irrazoável à sua concretização, a partir da ponderação entre aquele direito fundamental que ampara o credor e os direitos fundamentais do

---

[534] SILVA, Luís Virgílio Afonso da. O proporcional e o razoável. Revista dos Tribunais | vol. 798/2002 | p. 23 - 50 | Abr / 2002, item 5.1.; MINAMI, Marcos Youji. Da vedação ao *non factibile*: uma introdução às medidas executivas atípicas. Salvador: Editora JusPodivm, 2018, p. 61.

[535] GUERRA, Marcelo Lima. Direitos fundamentais e a proteção do credor na execução civil. São Paulo: Editora Revista dos Tribunais, 2003, p. 92.

[536] SILVA, Luís Virgílio Afonso da. O proporcional e o razoável. Revista dos Tribunais | vol. 798/2002 | p. 23 - 50 | Abr / 2002, item 5.2.

[537] SILVA, Luís Virgílio Afonso da. O proporcional e o razoável. Revista dos Tribunais | vol. 798/2002 | p. 23 - 50 | Abr / 2002, item 5.3.

[538] ÁVILA, Humberto. Teoria dos princípios: da definição à aplicação dos princípios jurídicos. 16ª ed., rev. e atual. São Paulo: Malheiros Editores Ltda., 2015. pp. 217-218.

executado, como patrimônio, liberdade pessoal etc.[539] Afirma-se que o juiz deverá *"esquadrinhar metodologicamente as condições jurídicas e fáticas que subjazem aos direitos em tensão visando a construir a regra do caso"*; somente assim, ele logrará êxito em verificar se a medida executiva atípica eleita causará restrição insuportável ao direito fundamental do devedor ou não.[540] À luz do caso concreto, por conseguinte, no afã de conferir efetividade à tutela executiva em favor do exequente, considerando, de mais a mais, a vedação ao *non factibile*, o juiz aplicará as medidas executivas atípicas nas obrigações pecuniárias, desde que elas passem nos testes da proporcionalidade.

Na escolha da medida executiva, destarte, o juiz deve se pautar por aquelas máximas parciais: (a) adequação, em que a perspectiva judicial é a do credor, critério com forte inspiração no postulado da proporcionalidade e no princípio da eficiência, conduzindo à escolha do meio apto a produzir o resultado, se não almejado, ao menos significativo. Como exemplo de uma medida inadequada, *mutatis mutandis*, apresentam a multa coercitiva de valor baixo para um devedor com alto poder financeiro; (b) necessidade, em que a perspectiva judicial passa a ser a do devedor, uma vez que não basta que a medida seja adequada, ela deve ser a estritamente necessária, mercê de lhe gerar sacrifício impróprio. Haveria aqui um critério inspirado nos postulados da proibição do excesso e da razoabilidade e no princípio da menor onerosidade; e (c) proporcionalidade *stricto sensu*, na perspectiva do equilíbrio, com inspiração em postulados da proporcionalidade e da razoabilidade,

---

[539] GUERRA, Marcelo Lima. Direitos fundamentais e a proteção do credor na execução civil. São Paulo: Editora Revista dos Tribunais, 2003, *passim*; MINAMI, Marcos Youji. Da vedação ao *"non factibile"*: uma introdução às medidas executivas atípicas. Salvador: JusPodivm, 2018, *passim*; DOUTOR, Maurício Pereira. Medidas executivas atípicas na execução por quantia certa: o recurso à ponderação como técnica de solução das colisões e a constitucionalidade da regra do art. 139, IV, do CPC/2015. *In*: Revista de Processo | vol. 286/2018 | p. 299 - 324 | Dez / 2018; FERREIRA, Gabriela Macedo. Poder geral de efetivação: em defesa da constitucionalidade da técnica de execução dos direitos do art. 139, IV do Código de Processo Civil. *In*: TALAMINI, Eduardo; MINAMI, Marcos Youji (Coords.). Medidas executivas atípicas. Salvador: Editora JusPodivm, 2018, pp. 371-394.

[540] DOUTOR, Maurício Pereira. Medidas executivas atípicas na execução por quantia certa: o recurso à ponderação como técnica de solução das colisões e a constitucionalidade da regra do art. 139, IV, do CPC/2015. *In*: Revista de Processo | vol. 286/2018 | p. 299 - 324 | Dez / 2018.

bem como no princípio da eficiência. Assim, as desvantagens do uso da medida não podem suplantar as vantagens.[541]

Para compreender a relação entre meio e fim na adequação do meio executivo atípico,[542] Minami afirma que é preciso responder a três perguntas: *"a) o que significa um meio ser adequado à realização de um fim? b) como deve ser analisada a relação de adequação? e c) qual deve ser a intensidade de controle das decisões tomadas?".*[543] No que diz respeito ao primeiro questionamento (a), a medida executiva atípica será adequada a partir da avaliação dos aspectos quantitativo (intensidade), qualitativo (qualidade) e probabilístico (certeza). Ela não necessita ser a mais intensa, a melhor e sequer a mais segura, desde que o resultado adimplemento seja alcançado. Segundo o autor, esse entendimento decorre da concepção de que o juiz, na execução, não pode restringir o seu atuar ao procedimento genérico previsto em lei.[544] Em (b), a análise da relação de adequação é feita dentro de três dimensões: abstração e concretude, generalidade e particularidade, antecedência e posteridade. Afirma-se que, na execução civil, a escolha judicial da medida executiva atípica adequada se pauta pela *concretude* (o meio será adequado se ele alcançar o fim, ainda que, abstratamente, não tenha se revelado o melhor), pela *particularidade* (o meio será adequado se, naquele caso, individualmente, ele puder atingir o fim) e

---

[541] DIDIER JR., Fredie, CUNHA, Leonardo Carneiro da, BRAGA, Paula Sarno, OLIVEIRA, Rafael Alexandria de. Curso de direito processual civil: execução. 7. ed. rev., ampl. e atual. Salvador: Ed. JusPodivm, 2017. pp. 110-116.

[542] Como exemplo de relação direta entre meio e fim na execução, a doutrina menciona a penhora de um bem do devedor, que, uma vez vendido, tem a quantia apurada para satisfazer a dívida. De outra banda, ilustração de relação mediata seria a restrição de viagens de um executado que viaje constantemente ao exterior, medida esta usada como forma de pressioná-lo a adimplir a obrigação. MINAMI, Marcos Youji. Da vedação ao *non factibile*: uma introdução às medidas executivas atípicas. Salvador: Editora JusPodivm, 2018. p. 61.

[543] MINAMI, Marcos Youji. Da vedação ao *"non factibile"*: uma introdução às medidas executivas atípicas. Salvador: Editora JusPodivm, 2018. p. 62.

[544] *Quando medidas mais brandas se mostrarem inadequadas, a partir das informações contidas no processo, é possível a adoção de um meio mais intenso, melhor e mais seguro para aquele caso concreto. Isso ocorre porque, diferentemente do legislador e do administrador, o judiciário, além de direcionar esforços a um caso específico e não a uma generalidade de situações, deve garantir o resultado."* MINAMI, Marcos Youji. Da vedação ao *"non factibile"*: uma introdução às medidas executivas atípicas. Salvador: Editora JusPodivm, 2018. p. 63.

pela *antecedência* (a análise da adequação do meio se dá no momento da escolha, não podendo ser simplesmente invalidado se, depois de aplicado, se revelar inidôneo). Finalmente, em (c), sobre a intensidade do controle da medida executiva eleita, anota-se que, no contexto da execução civil, ela perde força, pois, se a sua eficácia não se comprovar no caso concreto, ela será substituída pelo juiz.

Após o exame da adequação, passa-se para a necessidade. Ela se consubstanciaria na escolha, dentre dois ou mais meios semelhantemente adequados, daquele que implique na menor intervenção possível nos direitos do devedor. A processualística costuma encaixar esse elemento, no âmbito da execução, como decorrente do disposto no art. 805 do CPC, que estabelece a regra da menor onerosidade para o executado.[545] Há quem adira ao pensamento de J. J. Gomes Canotilho para caracterizar a necessidade com outros elementos, além do que o constitucionalista português chama de *"exigibilidade material"*: (a) exigibilidade espacial; (b) exigibilidade temporal; e (c) exigibilidade pessoal. A (a) exigibilidade espacial conduz à necessidade de se delimitar o âmbito da intervenção no direito fundamental proporcionada pela medida. A (b) temporal implica na *"rigorosa delimitação no tempo da medida coactiva do poder público"*. E, finalmente, a (c) pessoal exige que a medida se circunscreva à(s) pessoa(s) cujo interesse deva sofrer intervenção. A transposição desses critérios para a execução e as medidas atípicas é realizada por Minami. De início, registre-se que, ao tratar da exigibilidade *espacial*, o processualista modifica, sem apresentar justificativa alguma, o conteúdo definido por Canotilho, afirmando que se trata de uma limitação *"territorial"*. Não obstante não explique, tal como o constitucionalista português, em que consistiria tal limite, o fato é que a exigibilidade espacial de Canotilho tem relação com *âmbito* de intervenção e não com *"território"*. A exigibilidade temporal, aplicada às medidas executivas, determina que sejam elas temporárias e não permanentes. Aliás, é um argumento utilizado para combater a crítica aos meios executivos restritivos dos direitos do devedor, porque, ainda que sejam drásticos, são limitados no tempo e apenas duram o necessário para compelir ao cumprimento da obrigação ou o suficiente para constatar que não surtiram os efeitos esperados. Finalmente, sobre a exigibilidade pessoal, a medida executiva preenche o critério da ne-

---

[545] MINAMI, Marcos Youji. Da vedação ao *"non factibile"*: uma introdução às medidas executivas atípicas. Salvador: Editora JusPodivm, 2018. p. 66.

cessidade ao se voltar tão-somente ao devedor e não atingir direitos e interesses de terceiros alheios à obrigação.[546-547]

Por último, examina-se a proporcionalidade *stricto sensu*. O juiz, ao eleger a medida para o caso concreto, deve avaliar as vantagens que a sua utilização produzirá, mas também as desvantagens, ou seja, as restrições que causará aos direitos do executado. Esse *iter* é realizado pela técnica do sopesamento dos interesses e direitos em jogo (ponderação), e parte, como reconhece a doutrina processual, de uma avaliação *"fortemente subjetiva"*,[548] que concluirá sobre o que pesará mais na balança ao final: se as vantagens proporcionadas pelo meio, diretamente conectadas com o direito do credor, ou as desvantagens relacionadas às intervenções nos direitos fundamentais do devedor. Trata-se de etapa operativa extremamente relevante no desenvolvimento do método da ponderação, porque é nela que se assegura *"o balanceamento valorativo entre os direitos, nivelando distorções que as etapas anteriores nem sempre dão conta de evitar"*.[549]

A proporcionalidade *stricto sensu*, no contexto executivo, é também aclamada por valorizar, de certo modo, a perspectiva do credor e de seu direito fundamental à tutela executiva adequada, tempestiva e efetiva. Serviria como remédio a um campo da ciência processual cuja pecha é de se preocupar tão-somente com os direitos do executado e olvidar os do exequente. Destarte, criticando essa alegada obtusidade, a doutrina costuma pugnar pela necessidade de se observar o direito fundamental à tutela executiva que ampara o credor:

---

[546] CANOTILHO, J. J. Gomes. Direito constitucional e teoria da constituição. 6ª ed. Coimbra-Portugal: Almedina, 2002. p. 270. . É digno de nota que Canotilho trata a adequação, a necessidade e a proporcionalidade em sentido estrito como *"subprincípios constitutivos"* do princípio da proibição do excesso (ou princípio da proporcionalidade em sentido amplo).

[547] MINAMI, Marcos Youji. Da vedação ao *non factibile*: uma introdução às medidas executivas atípicas. Salvador: Editora JusPodivm, 2018. p. 66.

[548] ÁVILA, Humberto. Teoria dos princípios: da definição à aplicação dos princípios jurídicos. 16ª ed., rev. e atual. São Paulo: Malheiros Editores Ltda., 2015. p. 217; MINAMI, Marcos Youji. Da vedação ao *"non factibile"*: uma introdução às medidas executivas atípicas. Salvador: Editora JusPodivm, 2018. p. 68.

[549] DOUTOR, Maurício Pereira. Medidas executivas atípicas na execução por quantia certa: o recurso à ponderação como técnica de solução das colisões e a constitucionalidade da regra do art. 139, IV, do CPC/2015. *In*: Revista de Processo | vol. 286/2018 | p. 299 - 324 | Dez / 2018.

> *Uma medida executiva não deve ser evitada ou manejada a partir da perspectiva apenas do devedor ou do credor. Não se pode esquecer que ao agir no sentido de embaraçar ou atrasar uma execução, o executado, além de frustrar o direito do credor, atenta contra a dignidade da própria justiça. Embora existam mecanismos próprios de punição ao contempt of court, seu combate, por si só, não garante a realização da prestação devida.*
>
> *Pensar nos interesses do credor e zelar pela própria atividade jurisdicional não significa descuidar dos interesses do executado. Advogar pela efetividade da execução e realização da prestação devida não significa desprezar os direitos da personalidade do executado. A atividade executiva deve levar em consideração todos esses fatores.*[550]

É possível deduzir que, para grande parcela dos atipicistas, as medidas executivas atípicas, de ordinário, não podem ser afastadas aprioristicamente, pois é no caso concreto que será possível submetê-las aos testes de proporcionalidade. Regra geral, intuitivamente são rechaçadas aquelas que, por si, são vedadas pelo ordenamento jurídico – ou seja, as ilícitas, como privação do sono e outras técnicas de tortura – e a prisão civil, conquanto haja substancial polêmica sobre o tema.

Apenas a breve título de ilustração de considerações doutrinárias sobre algumas medidas executivas atípicas em espécie, à luz do princípio da proporcionalidade, registre-se que há quem rechace medidas atípicas como retenção ou suspensão de carteira nacional de habilitação (CNH) ou de passaporte, cancelamento de cartões de crédito, por considerá-las inadequadas – não há relação meio/fim entre elas e o objetivo perseguido – ou desnecessárias – porquanto outras medidas poderiam, em tese, *"ser utilizadas sem causar igual gravame ao executado"*, ou porque compreendem que elas ferem direitos fundamentais de liberdade.[551] Sem embargo, Didier Jr., Braga, Cunha e Oliveira, por exemplo, ao mesmo tempo em que aderem ao entendimento anterior,

---

[550] MINAMI, Marcos Youji. Da vedação ao *non factibile*: uma introdução às medidas executivas atípicas. Salvador: Editora JusPodivm, 2018. p. 68.

[551] DIDIER JR., Fredie, CUNHA, Leonardo Carneiro da, BRAGA, Paula Sarno, OLIVEIRA, Rafael Alexandria de. Curso de direito processual civil: execução. 7. ed. rev., ampl. e atual. Salvador: Ed. JusPodivm, 2017. pp. 110-116; CARREIRA, Guilherme Sarri; ABREU, Vinicius Caldas da Gama e. Dos poderes do juiz na execução por quantia certa: da utilização das medidas inominadas. In: TALAMINI, Eduardo, MINAMI, Marcos Youji (coords.). Medidas executivas atípicas. Salvador: Editora JusPodivm, 2018. pp. 241-273; EXPÓSITO, Gabriela; LEVITA, Sara Imbassahy. A (im)possibilidade de suspensão de CNH como medida executiva atípica. In: TALAMINI, Eduardo, MINAMI, Marcos Youji (coords.). Medidas executivas atípicas. Salvador: Editora JusPodivm, 2018. pp. 349-370.

consideram que a mera restrição do uso de cartões de crédito é uma medida executiva atípica que preenche os parâmetros estabelecidos.[552]

Já Maurício Pereira Doutor, utilizando como exemplo a medida executiva atípica de suspensão de CNH, propõe, em abstrato, os testes da proporcionalidade, iniciando sua análise a partir da máxima parcial da adequação, pelo que conclui que referida medida se revela adequada porque, abstratamente, tem o condão de fomentar a realização do direito de crédito. Numa segunda etapa, infere que também passaria no teste da necessidade acaso outras medidas (típicas), como penhora *on-line*, não se mostrarem igualmente capazes para realizar o direito executado. Finalmente, em um último passo, analisando-a pela lente da proporcionalidade em sentido estrito, se se tratar de um devedor que necessita da CNH para exercer seu trabalho – um motorista de aplicativo, por exemplo – a medida se revelaria desproporcional, uma vez que a desvantagem (restrição ao direito fundamental ao trabalho) seria maior do que a vantagem (direito fundamental à tutela executiva).[553]

Finalmente, registre-se que predomina o entendimento doutrinário de que o juiz não está adstrito ao requerimento do credor para aplicação de medida executiva atípica (logo, admite-se o uso *ex officio*) e, igualmente, à medida especificamente eleita pelo exequente, ficando livre para escolher outra, ainda que mais grave, mais branda ou de natureza diversa:

> *Isso tem uma razão de ser: considerando que, em nome do direito fundamental à tutela executiva, o legislador abriu mão, em maior ou menor grau, da tipicidade dos meios executivos, possibilitando a imposição, pelo magistrado, da providência que, à luz do caso concreto, se revele mais apropriada à efetivação do direito, naturalmente que a sua atuação não poderia ficar sujeita aos limites do pedido formulado pela parte.*[554]

---

552 DIDIER JR., Fredie, CUNHA, Leonardo Carneiro da, BRAGA, Paula Sarno, OLIVEIRA, Rafael Alexandria de. Curso de direito processual civil: execução. 7. ed. rev., ampl. e atual. Salvador: Ed. JusPodivm, 2017. pp. 110-116.

553 DOUTOR, Maurício Pereira. Medidas executivas atípicas na execução por quantia certa: o recurso à ponderação como técnica de solução das colisões e a constitucionalidade da regra do art. 139, IV, do CPC/2015. *In*: Revista de Processo | vol. 286/2018 | p. 299 - 324 | Dez / 2018.

554 DIDIER JR., Fredie, CUNHA, Leonardo Carneiro da, BRAGA, Paula Sarno, OLIVEIRA, Rafael Alexandria de. Curso de direito processual civil: execução. 7. ed. rev., ampl. e atual. Salvador: Ed. JusPodivm, 2017. p. 118.

Da mesma forma, à luz da proporcionalidade como critério de aplicação, a substituição, a alteração da medida executiva atípica inicialmente aplicada pode e deve ser realizada pelo juiz, ainda que oficiosamente, tão logo verifique não estar surtindo o efeito almejado, isto é, o adimplemento.[555]

3.1.5. FUNDAMENTAÇÃO DA DECISÃO E CONTRADITÓRIO COMO LIMITES AO POSSÍVEL ARBÍTRIO

A fundamentação exaustiva da decisão judicial que aplica as medidas atípicas e o respeito ao contraditório[556] são tomados, também, como limites pela doutrina majoritária. Ao lado da proporcionalidade, são considerados barreiras ao possível arbítrio estatal que pode advir de cláusulas gerais como a atipicidade trazida pelo art. 139, IV, CPC.

Quanto à necessidade de motivação da decisão judicial, é frequente encontrar na doutrina a defesa para que ela seja exaustiva, robusta, mormente quando se estiver diante da aplicação de uma medida executiva atípica,[557] pois *"é preciso ficar claro por que uma ou outra opção foi adotada, e se não está ocorrendo violação indevida de garantias constitucionais do executado ou do exequente"*. De outro lado, o mesmo não se exigiria da decisão judicial que aplicará um procedimento minudenciado em lei, uma vez que esta já se avulta como uma garan-

---

[555] DIDIER JR., Fredie, CUNHA, Leonardo Carneiro da, BRAGA, Paula Sarno, OLIVEIRA, Rafael Alexandria de. Curso de direito processual civil: execução. 7. ed. rev., ampl. e atual. Salvador: Ed. JusPodivm, 2017. p. 118; MINAMI, Marcos Youji. Da vedação ao *non factibile*: uma introdução às medidas executivas atípicas. Salvador: Editora JusPodivm, 2018.

[556] Registre-se que a doutrina ainda acrescenta outras formas de fiscalização da escolha judicial, como a imparcialidade do órgão jurisdicional, a previsão de recursos contra a decisão. Todavia, tendo em vista que os dois critérios aqui tratados são encontrados em maior abundância nos escritos consultados nesta pesquisa, optou-se por tratar deles com maior destaque.

[557] ARAÚJO, Luciano Vianna. A atipicidade dos meios executivos na obrigação de pagar quantia certa. Doutrinas Essenciais - Novo Processo Civil | vol. 6/2018 |. Revista de Processo | vol. 270/2017 | p. 123 - 138 | Ago / 2017; DOUTOR, Maurício Pereira. Medidas executivas atípicas na execução por quantia certa: o recurso à ponderação como técnica de solução das colisões e a constitucionalidade da regra do art. 139, IV, do CPC/2015. Revista de Processo | vol. 286/2018 | p. 299 - 324 | Dez / 2018; GAJARDONI, Fernando da Fonseca; AZEVEDO, Júlio Camargo. Um novo capítulo na história das medidas executivas atípicas. Disponível em: <https://bit.ly/2Fz0XOn>. Acesso em : 17 Ago.2020.

tia contra abusos.[558] Das lições de Didier Jr., Cunha, Braga e Oliveira, por exemplo, se extrai que, a partir da fundamentação, o jurisdicionado poderá controlar como a opção judicial passou pelos testes de proporcionalidade.[559]

Praticamente o mesmo raciocínio é desenvolvido para o contraditório como parâmetro de fiscalização da atividade judicial, que, sem embargo possa ser diferido, não pode ser ignorado. Assim, de regra, as partes devem ser ouvidas antecedentemente à escolha da medida executiva atípica que poderá ser realizada no caso concreto. Apenas se postergará a observância do contraditório nos casos em que a sua concretização antecipada possa tornar inócua a medida atípica. Ressalte-se que o contraditório é apontado como essencial inclusive para confirmar a medida executiva atípica se pretenda aplicar ou para apresentar meios aparentemente melhores.[560]

O contraditório e a fundamentação da decisão judicial que elege e aplica uma medida executiva atípica na execução de pagar quantia, outrossim, são vistos como pressupostos para a sua aplicação, assumindo caráter de verdadeiros critérios legitimadores, onde a decisão jurisdicional se legitima pelo procedimento. Logo, se o juiz, antes de deliberar, ouve as partes, lhes confere oportunidade de participação e influência, e, posteriormente, fundamenta analiticamente o seu pronunciamento, ele pode, no sentido de ter o poder, realizar inclusive o que não está previsto no procedimento legalmente estabelecido, em nome da efetividade dos direitos. O art. 139, IV, do CPC, teria dado carta branca para o juiz determinar as medidas aptas para tanto, mas

---

[558] MINAMI, Marcos Youji. Da vedação ao *non factibile*: uma introdução às medidas executivas atípicas. Salvador: Editora JusPodivm, 2018; Neste mesmo sentido, LEMOS, Vinicius Silva. A concessão de medidas atípicas de efetividade de ordem judicial e o necessário diálogo com as normas fundamentais do CPC/2015. In: TALAMINI, Eduardo, MINAMI, Marcos Youji (coords.). Medidas executivas atípicas. Salvador: Editora JusPodivm, 2018. pp. 471-496.

[559] DIDIER JR., Fredie, CUNHA, Leonardo Carneiro da, BRAGA, Paula Sarno, OLIVEIRA, Rafael Alexandria de. Curso de direito processual civil: execução. 7. ed. rev., ampl. e atual. Salvador: Ed. JusPodivm, 2017. pp. 118-120.

[560] MINAMI, Marcos Youji. Da vedação ao *non factibile*: uma introdução às medidas executivas atípicas. Salvador: Editora JusPodivm, 2018; DIDIER JR., Fredie, CUNHA, Leonardo Carneiro da, BRAGA, Paula Sarno, OLIVEIRA, Rafael Alexandria de.

uma carta branca que deve ser *"devidamente fundamentada"*, obstáculo bastante ao arbítrio.[561]

3.2. A PERSPECTIVA DO GARANTISMO PROCESSUAL SOBRE AS MEDIDAS ATÍPICAS NAS OBRIGAÇÕES PECUNIÁRIAS

3.2.1. DIFERENÇAS FUNDAMENTAIS ENTRE OS HIPERPUBLICISTAS E OS GARANTISTAS

De largada, é preciso analisar a afirmação, constante e prevalecente da doutrina, de que o processo de execução tem por objetivo a satisfação do exequente ou a tutela do crédito. E, para tanto, retomam-se aqui bases outrora lançadas no capítulo 2.

Já se mencionou anteriormente que, à luz do garantismo processual, o processo é garantia, um verdadeiro limite contrajurisdicional e, via de consequência, não é consentâneo com a CF/88 falar que o processo executivo se volta a satisfazer o interesse do exequente, ao contrário do que predominantemente se aduz. Essa noção, aliás, é própria de uma visão instrumentalista, em que o processo é concebido como uma ferramenta nas mãos do Estado e, neste caso, direcionado a tutelar os interesses de um dos litigantes, olvidando-se, em absoluto, a nota distintiva da jurisdição, que é a imparcialidade em sentido amplo.

É possível afirmar ser dever do Estado prestar a tutela executiva, ou seja, um dever de proteção, a quem seja portador de um título executivo judicial (direito já acertado) ou extrajudicial (direito presumidamente acertado), e não do processo. O processo, tal qual a atividade jurisdicional, não serve ao interesse específico de nenhuma das partes, já que também há dever de proteção em relação ao executado e aos eventuais direitos materiais e processuais em jogo.

Primeiramente, porque a atividade jurisdicional é necessariamente desinteressada, porquanto exercida por terceiro subjetivamente alheio no litígio (imparcialidade subjetiva). Aliás, a imparcialidade se trata de

---

[561] FERREIRA, Gabriela Macedo. Poder geral de efetivação: em defesa da constitucionalidade da técnica de execução dos direitos do art. 139, IV do Código de Processo Civil. *In*: TALAMINI, Eduardo; MINAMI, Marcos Youji (Coords.). Medidas executivas atípicas. Salvador: Editora JusPodivm, 2018. pp. 371-394.

uma garantia "*arquifundamental contrajurisdicional*" do cidadão,[562] que atua como limite ao exercício do poder do Estado.

Em segundo lugar, porque a atuação da jurisdição em defesa do interesse do credor converteria o juiz em parte, circunstância vedada pela impartialidade (imparcialidade objetiva), outra garantia contrajurisdicional. Repita-se, não existe qualquer interesse da jurisdição no procedimento executivo. Chamado a dirimir um conflito executivo, deve o juiz corrigir a realidade fática a partir do direito, segundo os pedidos e os impulsos das partes. Nessa atividade, não se revela interesse algum e sequer poderia ser diferente no Estado Democrático de Direito. Referida noção é um dos estandartes fundadores do pensamento garantista.[563]

Em terceiro, porque o processo (como uma garantia de liberdade contrajurisdicional e não como um instrumento de poder) garante às partes uma zona de agir estratégico na proteção de seus interesses e de suas liberdades. Outrossim, é lícito às partes o exercício de pretensões diversas no procedimento, as quais serão deliberadas pelo juiz e acolhidas ou rejeitadas de acordo com sua guarida pelo direito. A atividade interessada, de outro lado, é própria das partes, razão pela qual não se admite pelo juiz utilização alguma de estratégia para a tutela de qualquer direito. Portanto, como bem ressaltado por Eduardo Costa: "*a) a função da jurisdição é aplicar imparcialmente o direito e (...) b) a função do processo é garantir que essa aplicação não se faça com desvios e excessos*".[564]

---

[562] Utiliza-se aqui o termo trazido por Eduardo Costa. O autor ensina que as duas notas que distinguem a jurisdição das demais funções estatais – legislativa e administrativa – são a não criatividade e a imparcialidade. Se o juiz cria o direito, ele se desvirtua em legislador; se aplica o direito com parcialidade, transmuda-se em agente administrativo. Em suas palavras: "*Logo, há duas garantias primárias ou arquifundamentais contra os desvios e excessos judiciais, que antecedem racionalmente a própria positivação constitucional e que, por isso, a determinam: 1) a garantia arquifundamental da não-criatividade; 2) a garantia arquifundamental da imparcialidade. São elas a matriz dual originária-originante da qual se derivam no plano positivo-constitucional parte considerável das garantias secundárias ou fundamentais*". COSTA, Eduardo José da Fonseca. As garantias arquifundamentais contrajurisdicionais: não-criatividade e imparcialidade. Disponível em <https://bit.ly/34j80TG>. Acesso em 12 mai.2020.

[563] VELLOSO, Adolfo Alvarado. O garantismo processual. *In*: Ativismo judicial e garantismo processual, Salvador : Editora JusPodivm, p. 29.

[564] COSTA, Eduardo José da Fonseca. Processo como instituição de garantia. Disponível em <https://bit.ly/2zmtvHP>. Acesso em 08 mai.2020. Também:

O que se nota, em realidade, é que a doutrina brasileira, ordinariamente, teoriza a jurisdição e não o processo, faz ciência jurisdicional ao invés de ciência processual, inexistindo demarcação territorial entre jurisdição e processo e, portanto, entre poder e garantia (ou direito fundamental). Nas palavras acertadas de Lúcio Delfino:

> Por aqui, há tempos o paroquialismo doutrinário fez soberano o ensino do direito processual encimado em bases publicistas (ou hiperpublicistas), cujas elaborações teórico-conceituais privilegiam exatamente uma compreensão que prima a jurisdição pela superioridade.
> A diluição do processual pelo jurisdicional é um fenômeno deveras real, uma promiscuidade oriunda de pré-juízos que se enraizaram na tradição jurídica pela labuta impactante e serial da dogmática durante longo trajeto histórico, a ponto de fazer com que antevejamos o processo por uma via de pensamento profundamente aferrada à perspectiva da atividade jurisdicional e dos seus (denominados) escopos sociais, políticos e jurídicos. Grosso modo, ecoa de ponta a ponta no país o mantra: o processo é de somenos importância, ancilar e subserviente, mero instrumento a serviço da jurisdição.[565]

Para o garantismo processual, esse é um baralhamento inaceitável e não encontra respaldo na CF/88. Repise-se que, enquanto o processo se aloca no Título II, que trata dos direitos e garantias fundamentais, a jurisdição tem assento constitucional no Título IV, isto é, da organização dos poderes do Estado. A jurisdição, portanto, é poder, enquanto o processo é o limite ao seu exercício, um direito fundamental de *status negativus*.[566]

A doutrina processual brasileira é prolífica em teorizar a jurisdição, no sentido de desenhar a atuação do juiz para que, através do processo, se desincumba de seu poder/dever de tutelar o direito material, de realizar a justiça material, de alcançar a pacificação social através de uma decisão justa, após a concretização de um processo justo. Sempre que se concebe o processo como um instrumento da jurisdição, flexi-

---

SILVEIRA, Marcelo Pichioli, SOUSA, Diego Crevelin de. ABDPRO #65 - Entre alma e corpo: o que diz o garantismo processual sobre as competências legislativas dos arts. 22, I, E 24, XI, CRFB. Disponível em <https://bit.ly/3fSK79P>. Acesso em 24 jun.2020.

[565] DELFINO, Lúcio. Como construir uma interpretação garantista do processo jurisdicional? Revista Brasileira de Direito Processual – RBDPro, Belo Horizonte, ano 25, n. 98, p. 207-222, abr./jun. 2017.

[566] Sobre o conceito de direitos fundamentais de *status negativus*: PIEROTH, Bodo. SCHLINK, Berhand. Direitos Fundamentais; tradução de António Francisco de Sousa; António Franco. 2. ed. – São Paulo : Saraiva Educação, 2019, Kindle, pos. 1380-1382

bilizando-o, deformalizando-o, valorando-o conforme cumpra "seus papéis", inclusive o de conferir efetividade ao direito material, o que se faz é ciência jurisdicional e não ciência processual.[567]

A ampliação de poderes judiciais, não apenas consolidada em dispositivos do CPC/15, mas inspirada e defendida pela doutrina prevalecente, está intrinsecamente ligada a essa confusão proporcionada pela processualística, que reduz a ontologia do processo a um artefato de poder, confiando sobremaneira na sabedoria de seu manuseador:

> consigne-se a ausência da categoria "instrumento" em nossa dogmática, impossibilitando seja o processo encarado dessa maneira à luz da ordem jurídica brasileira. Sem embargo, há outro deslize epistêmico digno de nota. Aos cultores da terceira fase, o objeto (processo) é explicado a partir de sua instrumentalização, restando subordinado às preferências do sujeito cognoscente (no caso, do "Estado-juiz"). Em outras palavras, chamar algo de instrumento é falar mais (ou apenas) sobre as preferências do sujeito que, propriamente, acerca do objeto manuseado; aliás, com alguma dose de estímulo ou complacência ao assujeitamento da coisa, seguida da esperança ou fé no sujeito para que faça bom uso dela.[568]

De fato, se o processo é visto como um utensílio da jurisdição, ou um instrumento ético na chamada quarta fase metodológica da ciência processual, quem o manipula diretamente, o juiz, naturalmente ganha, além de poder, relevância. Deposita-se nele a confiança de direcionar o processo de modo ótimo, apto a alcançar a tão desejada justiça. Para tanto, ademais, ele precisa ter o poder necessário para a correção do direito, inclusive procedimental, que seja obstáculo a esse mister. Não é demais afirmar que o juiz, para a doutrina aqui chamada de hiperpublicista, é um ser sábio, portador de capacidade sobre-humana de compreensão, onisciente, bom, com senso inigualável de justiça, quase que dotado de divindade. É o *homo sapiens sapiens* de que trata criticamente Mateus Costa Pereira.[569]

---

[567] COSTA, Eduardo José da Fonseca. ABDPRO #8 – Ciência processual, ciência procedimental e ciência jurisdicional. Disponível em < https://bit.ly/2WjWchy>. Acesso em 11 mai.2020.

[568] PEREIRA, Mateus Costa. Introdução ao estudo do processo: fundamentos do garantismo processual brasileiro; coordenação da coleção por Antônio Carvalho Filho, Eduardo José Da Fonseca Costa. – Belo Horizonte : Letramento ; Casa do Direito, 2020. pp. 124-125.

[569] PEREIRA, Mateus Costa. Introdução ao estudo do processo: fundamentos do garantismo processual brasileiro; coordenação da coleção por Antônio Carvalho Filho, Eduardo José Da Fonseca Costa. – Belo Horizonte : Letramento ; Casa do Direito, 2020. pp. 124-125.

Os garantistas, ao perceberem o processo como um direito de resistência oponível contra o Estado (*Abwehrrecht*), uma garantia contrajurisdicional, notam claramente que ele não se confunde, e não pode ser confundido de fato, com a jurisdição. Pelo contrário, é o seu limite e, consequentemente, a primeira premissa para a aplicação das medidas executivas atípicas na obrigação de pagar quantia. Não há como se desenhar os lindes interpretativos e aplicativos do art. 139, IV, do CPC, sem ter como pressuposta a ideia de que o devido processo legal restringe, constrange, funciona como um campo de força a proteger os jurisdicionados do magistrado, e que o processo não é um utensílio em suas mãos, ao seu dispor, para que possa exercer o poder jurisdicional de acordo com valores e conceitos naturalmente subjetivos.

Nessa toada, outra premissa utilizada pelos hiperpublicistas para ancorar a defesa das medidas executivas atípicas nas obrigações pecuniárias, como se demonstrou anteriormente, é a de que haveria um direito fundamental à tutela adequada, efetiva e tempestiva, que, no âmbito do processo de execução de pagar quantia, serviria à tutela do crédito. A doutrina costuma defender que a finalidade da atividade executiva na execução da obrigação pecuniária seria a proteção do crédito previsto em título executivo, de maneira que, se a lei não fornece um procedimento apto – ou se o procedimento se revela insuficiente – a , no caso concreto, dar efetividade a este direito, é dever do juiz "fixa-lo", "moldá-lo", mercê de, não o fazendo, incorrer na vedação ao *non factibile*[570] ou ferir o direito fundamental à tutela executiva.[571] Aqui, mais uma vez, retomam-se as ideias, já lançadas no item 2.3 do capítulo 2, sobre a corriqueira confusão doutrinária entre tutela processual e tutela jurisdicional, que também decorre da utilização equivocada das figuras do processo e da jurisdição como praticamente sinônimas, assim como sobre a impropriedade de se afirmar que, na execução, o direito fundamental à tutela adequada, tempestiva e efetiva corresponde à tutela do crédito.

O que se identifica é a transformação indevida de direitos de resistência[572] (*Abwehrrechte*), tais como o direito do acesso à tutela jurisdicional (ou da inafastabilidade da jurisdição) – art. 5º, XXXV, CF/88 – e

---

570 Conforme construção de Marcos Youji Minami, já exposta neste trabalho.

571 Refere-se aqui à ideia defendida por Marcelo Lima Guerra e amplamente seguida pela doutrina.

572 DIMOULIS, Dimitri, MARTINS, Leonardo. Teoria geral dos direitos fundamentais. 7ª ed. rev., atual. e ampl. São Paulo: Thomson Reuters Brasil, 2002, p. 67.

o devido processo legal – art. 5º, LIV, da CF/88 –, em direitos prestacionais. Explica-se: são chamados *"direitos de resistência"* (*"pretensão de resistência à intervenção estatal"*), de *status negativus*, aqueles que permitem aos indivíduos resistirem ao agir do Estado, pois protegem a liberdade do indivíduo contra uma possível intervenção estatal. Eles encerram as competências negativas do Estado, dando aos indivíduos a pretensão de rechaçarem os atos estatais sempre que essa intervenção não tenha justificação constitucional, daí o nome direito de resistência. Já os *"direitos a prestações"*, de *status positivus*, são aqueles que permitem aos indivíduos *"exigir determinada atuação do Estado no intuito de melhorar suas condições de vida, garantindo os pressupostos materiais necessários para o exercício da liberdade incluindo as liberdades de status negativus"*. A diferenciação se revela importante não para hierarquizar os direitos fundamentais, atribuir maior valor ou relevância aos direitos de resistência ou aos direitos a prestações, mas sim para aclarar as funções diferenciadas entre eles. Mister ressaltar que, embora os direitos fundamentais tenham adquirido outras funções e dimensões no Estado Constitucional Democrático de Direito, a sua função original – resistir a intervenções – não pode ser ignorada ou excluída, tampouco mitigada.[573]

A partir dessas premissas, o direito fundamental de inafastabilidade da jurisdição (art. 5º, XXXV, da CF) revela-se como um direito fundamental de *status negativus*, cujo espectro de proteção sugere a *"imposição de uma competência negativa ao Poder Legislativo (...) para não editar leis lato sensu que visassem a excluir, impedir ou obstacularizar a tutela jurisdicional de interesses"*. Contudo, a processualística confere-lhe conteúdo de direito de acesso à ordem jurídica justa (direito a uma prestação, de *status positivus*) e, reflexamente, à obtenção de uma decisão justa, a qual, para ser alcançada, necessita de um juiz com poderes inflados. É por isso que se diz que os hiperpublicistas colonizaram o art. 5º, XXXV, da CF, por valores políticos e morais, os quais, *"ao fim e ao cabo, serviram como agentes empoderadores implícitos da própria jurisdição. É dizer, estabeleceu-se ao juiz a possibilidade de corrigir a legalidade constitucional pela "ponderação" do justo."*.[574]

---

[573] DIMOULIS, Dimitri, MARTINS, Leonardo. Teoria geral dos direitos fundamentais. 7ª ed. rev., atual. e ampl. São Paulo: Thomson Reuters Brasil, 2002, p. 68.

[574] CARVALHO FILHO, Antônio. Flexibilidade procedimental e (in)segurança jurídica. Texto ainda inédito e gentilmente cedido pelo autor. Consulta em 01 jul.2020.

O devido processo legal (art. 5º, LIV, da CF) igualmente sofreu colonização pela moral e pelo político, porquanto teve o seu conteúdo de limite ao arbítrio bastante esvaziado, sendo substituído por um suposto "direito fundamental prestacional" ao processo justo. Para se alcançar o idealizado processo justo, lembram-se aqui algumas das premissas a ele inerentes, como a adaptação procedimental, as tutelas diferenciadas conforme o direito em jogo e as peculiaridades do caso concreto.

Na realidade, observa-se que, sob a justificativa de que o Estado precisa se desincumbir desses deveres – prestar o acesso à ordem jurídica justa e concretizar o processo justo –, acaba-se por ampliar sobremaneira os poderes judiciais implícitos, haja vista que o julgador necessita de (certa, ou muita) liberdade para moldar o procedimento, corrigi-lo, retificando as "injustiças" do direito posto. Direitos de resistência, de não interferência estatal nas esferas jurídicas dos cidadãos, são retoricamente metamorfoseados em direitos prestacionais ao processo justo e ao acesso à ordem jurídica justa. Não é demais lembrar, com Calmon de Passos, que *"valores como 'certo', 'errado', 'justo', 'injusto', (...) não são inerentes às coisas, por isso mesmo são incapazes de percepção, precisando ser imputados pelos próprios homens"*, e, ainda assim, não podem ser considerados eternos, pois se alteram com o tempo, sofrem os influxos vários da história, da cultura.[575]

Os direitos fundamentais de *status negativus* marcam o âmbito de atuação do indivíduo e do Estado na relação entre eles. Enquanto o indivíduo *"pode exercer uma liberdade negativa"*, isto é, autodeterminar-se sem qualquer influência, interferência ou dominação, o Estado, simetricamente, *"tem uma obrigação negativa de não fazer alguma coisa, não interferir na esfera individual, salvo se houver legitimação ou justificação constitucional para tanto"*.[576] Quando se afirmou acima que a doutrina converte aqueles direitos fundamentais de resistência em direitos prestacionais, chama-se atenção para a retórica desse discurso, que tem como consequência, consciente ou inconsciente, hipertrofiar os pode-

---

[575] PASSOS, José Joaquim Calmon de. O magistrado, protagonista do processo jurisdicional?. In: Revista Brasileira de Direito Público – RBDP, Belo Horizonte, ano 7, n. 24, p. 9-17, jan./mar. 2009.

[576] DIMOULIS, Dimitri. MARTINS, Leonardo. Teoria geral dos direitos fundamentais, 7.ed. – São Paulo : Thomson Reuters Brasil, 2020. p. 151. MENDES, Gilmar Ferreira. Direitos fundamentais e controle de constitucionalidade : estudos de direito constitucional. 3. ed. rev. e ampl. São Paulo : Saraiva, 2004, p. 2.

res implícitos do juiz. Em realidade, o que acaba por se defender, sem respaldo na Constituição, é uma restrição aos direitos fundamentais de *status negativus*, que se veem limitados a partir de conteúdos subjetivos de justiça, em nome de valores e critérios metajurídicos, por sua vez conectados a concepções de ordem jurídica justa e processo justo. É dizer, as barreiras da liberdade negativa do indivíduo, que marcam os limites da competência negativa da atividade jurisdicional, são derrubadas pela atuação do juiz para o seu atuar corretivo em busca do justo. A ideia é bem delineada por Antônio Carvalho Filho:

> *O direito de acesso à tutela jurisdicional não visa o agigantamento do Poder Judiciário e a criação de poderes implícitos ou mesmo a correção do direito por uma ordem jurídica supostamente justa. Isso significaria a implosão da separação dos poderes estabelecida no art. 2º, da CF. Antes disso, o seu âmbito de proteção tem por conteúdo o resguardo da liberdade individual para buscar a tutela jurisdicional sempre que entender que outrem provoca lesão ou ameaça o seu direito subjetivo. Veda-se expressamente ao Estado, diretamente pela atuação legislativa e indiretamente pela atuação executiva e jurisdicional, a imposição de obstáculos para o exercício da ação (processual) ao Poder Judiciário. Não se vê no âmbito de proteção, por conseguinte, a hipertrofia de poderes jurisdicionais para o atingimento de um "ideal de justiça". A razão para isso é simples. Caso tal ocorresse, não estaríamos a tratar de um direito fundamental, mas sobre o poder jurisdicional (jurisdicionalística). Essa separação entre a dimensão subjetiva do direito fundamental e o exercício do poder é essencial para compreender a confusão empreendida pela tese da flexibilidade.*
>
> *Pode-se dizer o mesmo sobre o devido processo legal. Poucos conceitos foram tão distorcidos quanto o dele. A mixagem dos ideais de "acesso substancial à justiça" e "processo justo" massacraram o real âmbito de proteção do devido processo legal. Para o restabelecimento de sua dignidade constitucional, é necessário entender que esse direito fundamental protege a especial liberdade individual da defesa de interesses em juízo (no caso do processo perante a jurisdição). Assim, é dele que se extrai a estrutura esquelética do processo (Eduardo Costa). O devido processo legal e os demais direitos fundamentais processuais servem de matéria-prima para o estabelecimento do procedimento legal. Da matéria-prima das liberdades (dimensão da processualística) é que se concretiza o regramento procedimental das liberdades perante o poder judiciário (procedimentalística).*[577]

Ao converter os direitos fundamentais à inafastabilidade da jurisdição e ao devido processo legal em, respectivamente, direitos ao acesso à ordem jurídica justa e ao processo justo, ou deveres fundamentais prestacionais, sob a perspectiva do Estado, afirmando que o Poder Judiciário possui poderes implícitos para ajustar o procedimento

---

[577] CARVALHO FILHO, Antônio. Flexibilidade procedimental e (in)segurança jurídica. Texto ainda inédito e gentilmente cedido pelo autor. Consulta em 01/07/2020.

ótimo, de modo a prestar a tutela processual (*rectius*, jurisdicional) adequada, efetiva e tempestiva, olvidam-se, em absoluto, os titulares (sujeitos ativos) dos direitos fundamentais de resistência. Assim, o Estado, que é o destinatário (sujeito passivo) dos direitos fundamentais, passa a agir faticamente como se fosse o seu titular, pois adquire a prerrogativa de invadir injustificadamente a esfera de liberdade dos indivíduos para prestar justiça. Quem defende uma visão como essa se apega à dimensão objetiva dos direitos fundamentais,[578] pelo empoderamento latente do Judiciário, realizando *"um giro pragmático de titularidade do direito do indivíduo para o próprio Estado".*[579]

Com fulcro nessas ideias, os direitos fundamentais ao acesso à tutela jurisdicional (art. 5º, XXXV, CF) e ao devido processo legal (art. 5º, LIV, CF) não podem *"ser vistos como normas jurídicas de ampliação de poder estatal",*[580] e tratados com frouxidão dogmática e semântica pela doutrina pátria, plena de enunciados performativos,[581] que dão ensejo ao enfraquecimento de tais direitos com o consequente empoderamento do julgador, para que realize um ideal de justiça, assim como à sua penetração por valores morais, políticos, econômicos, dentre outros,

---

[578] MENDES, Paulo. Segurança Jurídica e Processo, São Paulo : Editora Revista dos Tribunais, 2018, *passim*.

[579] CARVALHO FILHO, Antônio. Flexibilidade procedimental e (in)segurança jurídica. Texto ainda inédito e gentilmente cedido pelo autor. Consulta em 01/07/2020.

[580] CARVALHO FILHO, Antônio. Flexibilidade procedimental e (in)segurança jurídica. Texto ainda inédito e gentilmente cedido pelo autor. Consulta em 01/07/2020.

[581] Um *performative utterance* (enunciado performativo), segundo J. L. Austin, é um enunciado que não descreve, reporta, constata ou informa coisa alguma, não pode ser considerado verdadeiro ou falso; apenas performa, realiza uma ação, o que normalmente não pode ser descrito como dizer alguma coisa. AUSTIN, J. L. *How to do things with Words. Second Edition.* Cambridge, Massachusetts: Harvard University Press, 1975. Abboud nos traz exemplos de enunciados performativos: *"Os termos frequentemente utilizados com função performática são interesse público, conveniência e oportunidade, livre convencimento motivado, proporcionalidade, vontade da lei, princípio republicano e justiça. Em regra, esses conceitos são usados para conferir verniz normativo a decisões ativistas. Julga-se de acordo com a subjetividade do intérprete e, para mascarar esse voluntarismo, os enunciados performáticos são lançados como elemento de suposta normatividade ao decisum."* ABBOUD, Georges. Processo Constitucional Brasileiro. 4. ed., rev., atual. e ampl. São Paulo : Thomson Reuters Brasil, item 10.2.1. Ativismo performático. Neste mesmo sentido: ABBOUD, Georges e SANTOS, Maira Bianca Scavuzzi de Albuquerque. A relativização da coisa julgada material injusta: um estudo à luz da teoria dos enunciados performativos de Jonh L. Austin, *in*: Revista de Processo vol. 284/2018, São Paulo : Editora Revista dos Tribunais, out. 2018, p. 77/113.

fazendo ruir o império da lei (*rule of law*) a que todos, inclusive o Poder Judiciário, estão vinculados no Estado Democrático de Direito.

O Poder Judiciário, de fato, encontra-se adstrito à legalidade constitucional, não possuindo competência, sob o manto da CF/88, para rechaçar a aplicação da lei, a não ser em caso de inconstitucionalidade expressamente declarada.[582] Trata-se, inclusive, de um limite à função jurisdicional, estabelecido por uma outra garantia fundamental dos jurisdicionados, que é a não-criatividade, resultado da leitura sistemática dos arts. 5º, II; 22; 24; 44; 45; 48; e 93, IX, todos da CF, o que significa dizer que o juiz deve se manter restrito aos limites semânticos dos textos normativos, no reduto tedioso da legalidade.[583] A jurisdição, além de imparcial, é não-criativa, sendo proscrito ao julgador corrigir o direito posto por critérios metajurídicos, aí inserto o de justiça, tão rígido quanto uma mola. Aliás, a opção pelo justo, correto, *"enquanto atributo republicano, é algo que faz parte da essência política que orienta as condutas do Executivo e do Legislativo, jamais do Judiciário"*,[584] e o direito é um grilhão que reprime os impulsos humanos do juiz.[585] Desde o giro ontológico linguístico, tornou-se lugar comum dizer que a norma é o produto da interpretação e aplicação pelo intérprete. Toda atividade interpretativa é, em certa medida, criativa, pois interpretar é atribuir sentido (*Sinngebung*) a alguma coisa. Essa criatividade interpretativa não permite ao intérprete, todavia, a *"atribuição arbitrária de sentido"* e tampouco uma *"atribuição de sentido arbitrária"*.[586] Como

---

[582] ABBOUD, Georges; LUNELLI, Guilherme. Ativismo judicial e instrumentalidade do processo. Diálogos entre discricionariedade e democracia. Revista de Processo | vol. 242/2015 | p. 21 - 47 | Abr / 2015, p. 6.

[583] COSTA, Eduardo José da Fonseca. As garantias arquifundamentais contrajurisdicionais: não-criatividade e imparcialidade. Disponível em < https://bit.ly/34j-80TG>. Acesso em 12 mai.2020.

[584] RAMOS, Glauco Gumerato. Ativismo e garantismo no processo civil: apresentação do debate. *In:* DIDIER JR., Fredie; NALINI, José Renato; _____; LEVY, Wilson. Ativismo judicial e garantismo processual. Salvador: Editora Juspodium, 2013, p. 286.

[585] CARVALHO FILHO, Antônio; CARVALHO, Luciana Benassi Gomes. Recuperação judicial e o voluntarismo judicial. Revista Brasileira de Direito Processual – RBDPro, Belo Horizonte, ano 27, n. 106, p. 83-95, abr./jun. 2019.

[586] STRECK, Lenio Luiz. Dicionário de hermenêutica.: quarenta temas fundamentais da teoria do direito à luz da crítica hermenêutica do Direito. Belo Horizonte : Letramento: Casa do Direito, 2017, p. 98.

adverte Hans-Georg Gadamer, quem quer compreender um texto, deve estar disposto a deixá-lo dizer alguma coisa.[587] Assim, relevante deixar claro que a não-criatividade, como garantia, não significa que o juiz não realizará interpretação. É óbvio que a norma do caso concreto será proferida pelo juiz, mas ele sempre partirá do texto, ou seja, nessa perspectiva, é-lhe vedado ser criativo com relação ao direito posto legislativamente. A propósito, a não-criatividade já se encontra em Kelsen, quando, em sua teoria pura, estabelece o âmbito de interpretação conforme o direito dentro do que chama de moldura.[588]

A legalidade (art. 5º, II, da CF) é o direito fundamental que constitui a essência do próprio Estado de Direito e, nele, é o processo decisório político que consolidará as discordâncias naturais entre os indivíduos que integram uma comunidade, divergências essas sobre os assuntos mais irrelevantes até questões fulcrais, em uma *"posição da comunidade"*, por sua vez identificada como o *direito* dessa comunidade. O Estado de Direito, portanto e conforme Jeremy Waldron, não se caracteriza tão somente pelo princípio de que seus funcionários (e aqui se incluem, inevitavelmente, os juízes) e cidadãos devem obediência à lei, ainda que contrária aos seus interesses. É mais do que isso, quer dizer, revela-se como a regra de que todos devem respeito à lei mesmo quando ela, *"na sua opinião confiante, for injusta, moralmente incorreta ou mal orientada como questão de política"*. A existência da lei pressupõe a presença de uma opinião quanto à sua justiça, moralidade e/ou conveniência, significa que houve quem fosse a seu favor ou a achasse uma boa ideia, de modo que o juiz deixar de aplica-la por parâmetros subjetivos significa o abandono à própria ideia de lei, caracterizando *"um retorno à situação em que cada pessoa simplesmente age com base no próprio julgamento e faz o que lhe parece bom ou correto"*.[589] Tomam-se de empréstimo as palavras de Liebman:

---

[587] GADAMER, Hans-Georg. Verdade e método I: traços fundamentais de uma hermenêutica filosófica. Tradução de Flávio Paulo Meurer; revisão da tradução de Enio Paulo Giachini. 15. ed. Petrópolis: Vozes, 2015, pp. 600 e ss.

[588] KELSEN, Hans. Teoria pura do direito. 7. ed. São Paulo : Martins Fontes, 2006.

[589] WALDRON, Jeremy. A dignidade da legislação, tradução Luís Carlos Borges : revisão da tradução Marina Appenzeller. São Paulo: Martins Fontes, 2003, pp. 44-45.

> *la política es tarea del gobierno, oficio del juez es en cambio el de juzgar imparcialmente de conformidad con la ley. Aparte de cualquier consideración, falta en la magistratura aquella envestidura representativa que en un Estado democrático es indispensable para ejercitar legítimamente un poder político.*[590]

A dobra da lei pautada por impulsos metajurídicos do julgador, que assim age motivado a corrigir o direito positivo a partir de atos subjetivos de sentir, querer, pensar, o faz incidir em um "déficit de fundamentação", porquanto substitui a legalidade vigente por suas convicções "superiores", incluído aí o conteúdo do significante do adjetivo "justo", constantemente atribuído ao processo.[591] Aliás, o déficit de fundamentação aqui tratado, analisado qualitativamente, é gênero do qual pode ser considerado espécie o ativismo judicial, compreendido como toda e qualquer decisão do Judiciário que pretenda a retificação do direito com base em parâmetros com alta carga subjetiva, como morais, culturais, religiosos, econômicos, de justiça, extrapolando os limites semânticos dos textos constitucional e legal,[592] abrindo o flanco para o arbítrio ilimitado.[593]

A vinculação do Judiciário às leis e à Constituição, além de ser uma garantia consectária dos direitos fundamentais à legalidade e ao devido processo legal, também decorre do respeito à repartição republicana de

---

[590] LIEBMAN, Enrico Tullio. Manual de direito processual civil, II. nota 12, p. 83. Editora Milano, 1981.

[591] CARVALHO FILHO, Antônio, CARVALHO, Luciana Benassi Gomes. Falta de fundamentação como "estado de exceção": uma visão a partir da deficiência de endoprocessual e do ativismo judicial. *In*: PEGINI, Adriana Regina Barcellos ... (et al) (Orgs.). Processo e liberdade: estudos em homenagem a Eduardo José da Fonseca Costa. Londrina: Editora Thoth, 2019. pp. 123-143. Neste sentido, também: ABBOUD, Georges. Processo Constitucional Brasileiro. 4. ed., rev., atual. e ampl. São Paulo: Thomson Reuters Brasil, 2020, item 10.1.1.4. Ativismo judicial consiste em postura discricionária do Judiciário.

[592] Elival da Silva Ramos conceitua o ativismo judicial como: *"o exercício da função jurisdicional para além dos limites impostos pelo próprio ordenamento que incumbe, institucionalmente, ao Poder Judiciário fazer atuar, resolvendo litígios de feições subjetivas (conflitos de interesse) e controvérsias jurídicas de natureza objetiva (conflitos normativos)"*. RAMOS, Elival da Silva. Ativismo Judicial: parâmetros dogmáticos. Edição do Kindle (pos. 1890 de 8918).

[593] SANT'ANNA, Lara Freire Bezerra de. Judiciário como guardião da Constituição : democracia ou guardiania? Rio de Janeiro: Lumen Juris, 2014, p. 107.

poderes. "*A liquefação da lei*"[594] pelo juiz subverte o direito e dá ensejo à abertura das sendas para uma perversa *"juristocracia"* [595]:

> *Rompe-se com isso um dos limites mínimos do republicanismo que deveria governar o fenômeno bipolar de uma politicidade judicial contramajoritária e, portanto, antidemocrática. A desvinculação do juiz à lei faz dele um ditador do "seu direito" e arruína, a priori, o seu dever de fundamentação que sempre se assenta no princípio da legalidade.*
>
> *(...)*
>
> *Tal criatividade é vedada ao Poder Judiciário, justamente porque não pode atuar politicamente na resolução de casos concretos, circunstância a fundamentar a sua atuação contramajoritária. Assim, há uma garantia fundamental da legalidade (princípio da legalidade e da hierarquia – art. 5º, II, da CF), que impinge ao magistrado a necessidade de "manter-se no reduto tedioso da legalidade. A lei – aprovada por representantes eleitos democraticamente pelo povo – é o limite normativo do seu movimento." No plano pré-positivo verifica-se a existência de uma arquigarantia fundamental de não-criatividade judicial que foi forjada nos últimos 200 anos do desenvolvimento teórico do republicanismo. Essa não-criatividade coloca o judiciário no seu ethos republicano, circunstância fundamental para a obediência clara a precisa da garantia fundamental do processo (=devido processo legal). Aplicando conteúdo semântico extralegal, o juiz passa de julgador a legislador, pois não está a interpretar e aplicar criação legislativa, mas criação sua, o que é absolutamente vedado pela constituição.*[596]

No Estado de Direito, é a lei, o direito da comunidade, a responsável pela visão do que é justo. Sua integridade somente pode ser garantida quando a força do Estado é utilizada para assegurar essa visão de justiça institucionalizada. Ou seja, é a percepção de justiça da sociedade, através de seus representantes eleitos, decorrente de texto escrito, que estabelece regra geral e abstrata, que pode ser apreendida por qual-

---

[594] Liquefação" no sentido atribuído pela construção história de BAUMANN, Zygmunt. Modernidade líquida. Rio de Janeiro : Zahar, 2001, p. 07-24.

[595] NERY JUNIOR, Nelson; ABBOUD, Georges. O CPC/2015 e o risco de uma juristocracia: a correta compreensão da função dos tribunais superiores entre o ativismo abstrato das teses e o julgamento do caso concreto. Revista Brasileira de Direito Processual – RBDPro, Belo Horizonte, ano 24, n. 93, p. 225-254, jan./mar. 2016.

[596] CARVALHO FILHO, Antônio, CARVALHO, Luciana Benassi Gomes. Falta de fundamentação como "estado de exceção": uma visão a partir da deficiência de endoprocessual e do ativismo judicial. In: PEGINI, Adriana Regina Barcellos ... (et al) (Orgs.). Processo e liberdade: estudos em homenagem a Eduardo José da Fonseca Costa. Londrina: Editora Thoth, 2019. pp. 123-143. Neste mesmo sentido, ver por todos: COSTA, Eduardo José da Fonseca. As garantias arquifundamentais contrajurisdicionais: não criatividade e imparcialidade. Disponível em <https://bit.ly/34j-80TG>. Acesso em 12 mai.2020.

quer indivíduo, independentemente de suas opiniões pessoais sobre o assunto.[597] A mudança, portanto, do senso de justiça da sociedade merece tratamento adequado no *locus* legislativo, para que sua institucionalidade seja recalibrada.

Não se trata de defender aqui a repristinação do positivismo legalista, da Escola da Exegese, mas sim de pregar o resgate da dignidade da lei e do princípio da legalidade, de *status* constitucional, com o consequente respeito ao texto normativo, a consciência de que princípios e regras convivem, mas aqueles não podem afastar as últimas *sic et simpliciter*, que o ordenamento jurídico como um todo deve ser considerado na solução de um caso concreto, que o procedimento legalmente estabelecido deve ser observado pelo julgador.[598]

Parafraseando Calmon de Passos, o papel do magistrado atende ao que o "senhor", isto é, o povo soberano, traçou como seu objetivo, em vontade que somente pode ser externada mediante normas de caráter geral, produzidas por aqueles a quem a Constituição previamente atribui legitimação e respeitado o procedimento antecedentemente estabelecido no pacto político fundamental. O povo soberano expressa a sua determinação pela Constituição e, consequentemente, somente se podem admitir poderes judiciais que com ela se revelem consentâneos, lembrando que ali está consagrado o princípio da legalidade.[599]

A suposta insuficiência do legislador em estabelecer tantos procedimentos em lei quantas situações de direito material necessitem ser tuteladas pelo Estado, assim como a sua alardeada incapacidade de prever a complexidade das relações jurídico-materiais, não transfere ao juiz a atribuição de inovar no ordenamento jurídico para retificar presumidas injustiças, de acordo com os seus subjetivismos, até porque, jamais se pode olvidar, o juiz é o presentante do Estado, isto é, do Poder, que se torna desenfreado sem balizas claras e legalmente estabelecidas. O direito positivado é a condição de possibilidade da

---

597 WALDRON, Jeremy. A dignidade da legislação, tradução Luís Carlos Borges : revisão da tradução Marina Appenzeller. São Paulo: Martins Fontes, 2003. p. 46.

598 CARVALHO FILHO, Antônio. SOUSA, Diego Crevelin. PEREIRA, Mateus Costa. Réquiem às medidas judiciais atípicas nas execuções pecuniárias. Londrina-PR: Thoth, 2020. p. 76.

599 PASSOS, José Joaquim Calmon de. O magistrado, protagonista do processo jurisdicional?. *In*: Revista Brasileira de Direito Público – RBDP, Belo Horizonte, ano 7, n. 24, p. 9-17, jan./mar. 2009.

decisão jurisdicional e, como manifestação cultural, ele imprescinde de objetividade:

> Não importa ao direito positivo os atos de querer, de pensar e de sentir quando ontologicamente subjetivos. Segundo Lourival Vilanova, é na linguagem que 'os atos subjetivos de pensar, de querer, de sentir (para simplificar as classes mais gerais) projetam-se, exteriorizam-se, dessubjetivizam-se, corporificando-se no vasto campo dos bens – objetos dotados de significados (...)", para adquirir significado jurídico. Sem linguagem não há objetividade. Sem objetividade não há cultura. Logo, o direito positivo, por ser bem cultural, requer linguagem e objetividade" (Tárek Moysés Moussallem. Revogação em Matéria Tributária. Noeses. 2011, p. 223). No caso do direito constitucional positivo brasileiro, tal objetividade, via de regra, provém do Legislativo, não do Judiciário. De modo que o Judiciário só pode decidir com base em razões públicas introduzidas no sistema do direito positivo pelo Legislativo. Afinal, sem isso não se separa jurislação e jurisdição. Não se trata de mera proposta ideológica, mas de opção posta na CRFB.[600]

Outorgar ao juiz, a cada caso concreto e suas peculiaridades, a competência para apresentar uma solução, procedimental e material, que esteja de acordo com a sua visão de justiça, na tentativa de realizar uma ordem jurídica justa, não encontra respaldo em nossa Constituição e em nosso Estado Democrático de Direito, que encampa o direito fundamental ao devido processo legal. Mais uma vez, nas pegadas de Calmon de Passos, em reflexão crítica sobre a efetividade e a sua busca pela realização de uma ordem jurídica justa, quando se persegue a justiça que não a legal, incorre-se *"no subjetivismo, no ideológico, no político-partidário e somos perturbados por outros muitos fatores de desvio e distorção, senão de arbítrio"*.[601]

A atuação jurisdicional não se legitima democraticamente pela realização de uma decisão justa, pela concretização de uma utópica justiça material no caso concreto, porque o direito é simultaneamente *limite* do poder e *proteção* daqueles que se encontram dentro do suporte fático da norma. É da vinculação do Poder Judiciário ao direito que se extrai a legitimidade democrática dos juízes, os quais são representantes do povo – e não poderia ser diferente, já que a CF diz que todo poder emana do povo –, não eleitos, tecnicamente escolhidos para aplicar

---

[600] SANTOS, Bruno Aguiar. Neoconstitucionalismo e ativismo: a ideologia fadada ao fracasso do arbítrio. Disponível em http://bit.do/ePtzD. Acesso em 15 abr.2019.

[601] PASSOS, José Joaquim Calmon de. 14. Conferência: efetividade do processo cautelar. *In:* _____. DIDIER JR., Fredie, BRAGA, Paula Sarno (Orgs.). Ensaios e artigos. V. II. Salvador : Juspodivm, 2016, pp. 191-204.

imparcialmente o direito posto. Tal premissa leva à conclusão de que pensar o Judiciário de modo diverso, deturpar a função jurisdicional, atribuindo-lhe poderes ocultos para retificar as leis a partir dos valores "justo", "correto", "bom", significa realizar uma predação do próprio Estado contra o povo, pois os juízes, como exercentes do poder, encontram-se adstritos aos limites constitucionais: *"o Poder que tenta se desgarrar de suas amarras constitucionais, mais cedo ou mais tarde, tornar-se-á autoritário e arbitrário e derrubará as estruturas que sustentam o Estado Democrático de Direito"*.[602]

Com base nas premissas até aqui desenvolvidas, passa-se a analisar se é possível aderir ao entendimento da doutrina publicista que afirma ser extraível do ordenamento jurídico brasileiro, quer da CF, quer do direito infraconstitucional, uma cláusula geral de adaptação procedimental, que conceda ao juiz um poder geral de flexibilização do procedimento para que entregue, no caso *sub judice*, a tutela jurisdicional *"justa"*.

À luz do garantismo processual, o juiz não possui competência constitucional para criar, moldar, adaptar e tampouco afastar o procedimento legal a depender do direito material subjacente e conforme as peculiaridades do caso concreto, a pretexto de, concretizando o processo justo, prestar a tutela jurisdicional adequada, efetiva e tempestiva. O Estado tem, inegavelmente, o poder e o dever de solucionar os conflitos de interesses ocorridos entre os jurisdicionados, lhe sendo defeso, inclusive em virtude do direito fundamental à inafastabilidade da jurisdição, negar a tutela jurisdicional. Entretanto, referido poder não é ilimitado, e sequer poderia sê-lo no Estado Democrático de Direito, no qual a todo poder corresponde um limite e, ao poder jurisdicional, se contrapõe o processo, direito fundamental que àquele resiste.

Em que pese a Constituição possa instituir procedimento, via de regra, quem o estabelece é o legislador ordinário, sempre calcado na sua matéria-prima constitucional – o processo. Ele, a seu turno, funciona como estribo inarredável para que o legislador conforme o procedimento à luz dos direitos materiais que necessitam de proteção estatal. Tendo isso em mente, é inevitável concluir que ao legislador infraconstitucional é proscrito instituir *"preceitos normativos procedimentais"*

---

[602] CARVALHO, Luciana Benassi Gomes. Coluna Garantismo Processual #58 – Juízes representantes do povo?. Disponível em <https://bit.ly/2RQ6EdU>. Acesso em 11 jul.2020.

que tenham o condão de redefinir *"preceitos normativos de processo"*, pois, absurdamente, seria o mesmo que admitir que a lei infraconstitucional tem a aptidão de alterar o sentido da Constituição:

> Porque legisla sobre procedimentos – condição em que está vinculado e limitado à (con)textualidade constitucional –, não pode o legislador ordinário dar a uma garantia processual conteúdo que repute "adequado" a esta ou daquela espécie de procedimento, muito menos atribuir ao Estado-juiz a titularidade de garantia processual, algo que, como visto acima, nem o constituinte derivado poderia fazer.[603]

O procedimento, outrossim, é a materialização do processo e, à luz do direito material a ser tutelado pelo Estado, o legislador, ao mirar o poder jurisdicional, estabelece em lei, sempre calcado no devido processo legal, o procedimento que – não apenas traçará, mas também – limitará a atuação do juiz na prestação da tutela jurisdicional, numa engrenagem que funciona como barreira ao arbítrio. De outra perspectiva, ao mirar os jurisdicionados, o legislador prescreve o procedimento legal que serve ao exercício de liberdades pelas partes, para que ali operem suas pretensões e defesas.

Vale lembrar, como já se externou anteriormente, que, por opção do constituinte, ao falar em processo, fala-se em direito fundamental ao "devido processo *legal*", ou seja, a clareza e a positividade do texto exigem a compreensão de que não quis o constituinte que o devido processo fosse judicial, regimental, portarial, ou coisas parecidas, mas sim concretizado em procedimento sob contraditório, regulado exclusivamente pela lei.[604] O procedimento, portanto, extrai a sua normatividade constitucional de leis procedimentais (civis, penais etc.), armando-se segundo a lei e não à sua margem. A lei estabelece, *ante causam*, as condições procedimentais de diálogo entre as partes,[605] de modo que a defesa doutrinária de um princípio de adaptação procedimental pelo juiz, ou poder judicial geral de adequação procedimental, ao que

---

[603] SOUSA, Diego Crevelin de. ABDPPRO#35 - Dever (ou garantia) de (não) provar contra si mesmo?(!) o dilema em torno do art. 379, CPC. Disponível em <https://bit.ly/3eqY52u>. Acesso em 24 jun.2020.

[604] COSTA, Eduardo José da Fonseca. ABDPRO#15 – Breves meditações sobre o devido processo legal. Disponível em <https://bit.ly/3eqmmW3>. Acesso em 28 mai.2020.

[605] COSTA, Eduardo José da Fonseca. ABDPRO#15 – Breves meditações sobre o devido processo legal. Disponível em <https://bit.ly/3eqmmW3>. Acesso em 28 mai. 2020.

parece, não apenas não encontra guarida em nossa Constituição, como a viola frontalmente.

Consoante destacado, soma-se ao direito fundamental ao devido processo legal o princípio da legalidade, previsto na CF/88, em seu art. 5º, II, cuja redação textual estabelece que *"ninguém será obrigado a fazer ou deixar de fazer alguma coisa senão em virtude de lei"*, colocando em xeque a adequação oficiosa do procedimento preconizada pelos publicistas, pois, enquanto o processo é em si um direito fundamental, uma conquista histórica de índole liberal, a circunscrever a atuação do Estado, a propagandeada flexibilização retira os grilhões do exercício do poder, abrindo as portas para o arbítrio. Digna de referência é a contundente crítica efetuada por Araken de Assis e direcionada àqueles que preconizam a adequação procedimental pelo magistrado:

> [O] problema se entronca nas bases ideológicas do processo civil. O caráter social, a intervenção do juiz no processo, posto sob sua direção material, não autoriza esse órgão do Estado, sem ofender a Constituição, repelir a aplicação das regras processuais, porque supostamente estorvam a satisfação do exequente. Resta-lhe aplica-las ou declará-las inconstitucionais (...). E, de toda sorte, nem sequer a corte constitucional (STF) arvora-se explicitamente em legislador positivo. Por conseguinte, mostrar-se-ia ilegítimo engendrar um mecanismo próprio, específico para o caso concreto, em benefício de uma das partes e em detrimento da outra.[606]

A defesa da existência de uma cláusula geral de adaptação procedimental[607] tem como pano de fundo, de ordinário, o inexistente direito fundamental ao processo justo, que não poderia ser concretizado, segundo afirmam, com um procedimento rígido, estático. Retome-se aqui o pensamento de Alvaro de Oliveira, para quem a rigidez procedimental, que decorre da interpretação *"liberal e garantística"* da cláusula do devido processo legal, acarreta um excesso de segurança a atrapalhar a realização dos direitos fundamentais.[608] O aludido princípio da adaptação procedimental estaria conectado ao direito fundamen-

---

[606] ASSIS, Araken de. Cabimento e adequação dos meios executórios "atípicos". *In*: TALAMINI, Eduardo, MINAMI, Marcos Youji (coords.). Medidas executivas atípicas. Salvador: Editora JusPodivm, 2018. pp. 111-133.

[607] Nada obstante reconheçam a ausência de sua positivação e, até mesmo, a refutação da ideia pela Câmara dos Deputados durante a tramitação do projeto do novo CPC.

[608] OLIVEIRA, Carlos Alberto Alvaro de. Do formalismo no processo civil: proposta de um formalismo-valorativo. 4. ed. rev., atual. e aumentada. São Paulo: Saraiva, 2010, pp. 100-107.

tal a um procedimento concretamente destinado à tutela do direito material, sendo, por sua vez, consectário do direito à inafastabilidade da jurisdição, conformando e densificando o direito ao processo justo – percepção dinâmica do devido processo legal – e teria o condão de conferir maior efetividade ao processo para que ele realize o direito material e promova a famigerada justiça. Seria ele mesmo um direito fundamental, vinculando o Poder Judiciário e obrigando-o a estabelecer, oficiosamente, um procedimento *haute couture* ao caso concreto. Nota-se, como sempre, a confusão entre processo e jurisdição, quase que tradicionalmente tratados como sinônimos, já que o primeiro é visto como instrumento do último, ainda que ético, segundo a denominada atual fase metodológica da ciência processual brasileira.

Ao que parece, o encaixe que a doutrina publicista realiza do devido processo legal como um direito fundamental prestacional também se estrutura no direito alemão ao direito fundamental *à organização e ao procedimento* (*Recht auf Organization und auf Verfahren*), nomenclatura usada para definir todo e qualquer direito fundamental que dependa, para a sua concretização, de uma atuação estatal para criar e conformar órgãos, setores ou repartições e, também, de providências normativas "*destinadas a ordenar a fruição de determinados direitos ou garantias, como é o caso das garantias processuais-constitucionais (direito de acesso à Justiça, direito de proteção judiciária, direito de defesa)*".[609] De fato, não se pode ignorar que, além dos direitos à prestação estatal – de *status positivus* –, os direitos de resistência – de *status negativus* –, como o é o devido processo legal, vinculam o legislador infraconstitucional, obrigando-o a legislar, isto é, a agir dentro de sua competência constitucional para assegurar a realização desses direitos. Todavia, o dever de legislar não transforma os direitos de resistência, de não interferência estatal, em direitos prestacionais, mormente quando isso leva, ou ao menos pode levar, em uma retórica-discursiva, à hipertrofia dos poderes do juiz para, ancorado no pretexto de entregar uma decisão justa, liquefazer o procedimento legal.

Há muitas décadas, a doutrina processual vem defendendo, como um dos elementos imprescindíveis à realização do processo justo, a necessidade de tutelas processuais diferenciadas para se garantir a realização da justiça material do caso concreto, porquanto não poderia

---

[609] MENDES, Gilmar Ferreira. Direitos fundamentais e controle de constitucionalidade : estudos de direito constitucional. 3. ed. rev. e ampl. São Paulo : Saraiva, 2004, p. 8.

o juiz estar engessado em um procedimento rígido, o que conduz à defesa da flexibilização procedimental. É preciso que se esclareça, mais uma vez, que os reclamos da doutrina não foram abraçados pelo legislador infraconstitucional, quer nas reformas sofridas pelo CPC/73, quer na confecção do CPC/15 – sendo mister chamar a atenção para o fato de que a cláusula geral de adaptação do procedimento fazia parte do projeto original do CPC/15, contudo foi refutada no processo legislativo. Não obstante o "recado" legislativo, grande parcela dos processualistas segue defendendo que a flexibilização é um direito fundamental, ou um princípio, a nortear o processo civil brasileiro e a vincular o juiz e até mesmo as partes.

Já se mencionou alhures que a conversão dos direitos de resistência – devido processo legal e inafastabilidade da jurisdição – em direitos prestacionais (deveres prestacionais, sob a ótica do Estado) ao processo justo e à ordem jurídica justa – está intimamente conectada à dimensão objetiva dos direitos fundamentais[610] e dela decorreria a flexibilidade procedimental, à qual se encontraria adstrito o juiz, sobre quem recairia o dever de conformar o procedimento e torna-lo apto a prestar adequada, efetiva e tempestivamente a tutela aos direitos.[611] Contudo, o dever de flexibilizar o procedimento aqui, em realidade, é utilizado como uma chave de empoderamento do Judiciário, objetivizando-se os direitos fundamentais e ignorando-se a dimensão dos seus titulares, percepção com a qual o garantismo processual não pode concordar:

> *O dever de tutela deve ser entendido a partir da conformação da eficácia horizontal indireta dos direitos fundamentais. Sua compreensão parte da dimensão subjetiva de direito fundamental. Por consequência, o dever de tutela não provoca a hipertrofia dos poderes do Estado, pelo contrário, gera a dignificação constitucional do direito fundamental em jogo. Mais do que isso, não há vinculação direta dos direitos fundamentais entre particulares. Isso acarretaria a nulificação da sua força normativa, uma vez que haveria a confusão entre o titular (sujeito ativo) e o destinatário (sujeito passivo) do direito.*
> *Caso o conflito seja regulado por regra legal explícita e de densidade normativa média ou alta, a questão não se resolve através da eficácia horizontal indireta. O julgamento se dá com vistas na lei. Assim, somente se afastará o disposto na regra se, e somente se, a lei for inconstitucional, seja na intervenção abstrata,*

---

[610] CARVALHO FILHO, Antônio. Flexibilidade procedimental e (in)segurança jurídica. Texto ainda inédito e gentilmente cedido pelo autor. Consulta em 01 jul.2020.

[611] MENDES, Paulo. Segurança Jurídica e Processo, São Paulo : Editora Revista dos Tribunais, 2018, *passim*.

seja na intervenção concreta. Registre-se: a lei apenas não será aplicada em caso de inconstitucionalidade, que deve ser declarada expressamente pelo Poder Judiciário.[612]

Tendo em vista que cabe apenas ao legislador a realização da tutela preventiva dos direitos fundamentais, é ele quem ostenta a competência constitucional para estipular as regras infraconstitucionais que conferirão proteção aos direitos fundamentais constitucionalmente estabelecidos. Assim, o Legislativo – vinculado aos direitos fundamentais por força do §1º do art. 5º da CF/88 e limitado pelo devido processo legal e por todas as garantias processuais constitucionais –, de modo a viabilizar a tutela jurisdicional aos direitos materiais, tem o dever de regrar os procedimentos que materializarão o *due process of law*. O Judiciário, de outro lado, não ostenta a competência legislativa procedimental, até mesmo porque a sua função republicana precípua é aplicar o direito de modo imparcial, impartial e não-criativo.[613] Da sua vinculação aos direitos fundamentais, decorre que, se e somente se provocado pela parte interessada, no caso concreto, acerca da inconstitucionalidade de determinada regra procedimental – inclusive por violação a um direito fundamental – deverá realizar o seu controle constitucional para afastá-la.

O devido processo legal protege o jurisdicionado contra o atuar jurisdicional do Estado, contra o desempenho de sua tarefa de tutelar os bens jurídicos, de forma que afirmar que o juiz, no caso concreto e a depender das peculiaridades, deve simplesmente afastar o procedimento que o densifica, por não se revelar adequado à tutela jurisdicional justa, significa esvaziar, sem justificação constitucional, aquele direito, retirar as amarras do juiz, permitindo que ele tenha, a partir de uma análise solipsista do que seja justo, correto e melhor para os litigantes, o poder de escolher quando deve respeitar o direito fundamental ao devido processo legal e quando, de outro lado, ele se torna um empecilho para a concretização da justiça. Antes de o Estado tentar alcançar a sua sanha de realizar "justiça" nos casos submetidos à sua análise, rechaçando a aplicação das leis procedimentais por parâmetros meta-

---

612 CARVALHO FILHO, Antônio. Flexibilidade procedimental e (in)segurança jurídica. Texto ainda inédito e gentilmente cedido pelo autor. Consulta em 01 jul. 2020.

613 Repise-se, como já exposto anteriormente, que a não-criatividade não significa não interpretar, mas sim limitar o juiz à interpretação cujo ponto de partida é o texto do direito positivado legislativamente, vedada a atribuição arbitrária de sentidos e a atribuição de sentidos arbitrários.

jurídicos, ele esbarra em uma trincheira intransponível – por opção do constituinte, diga-se –, que é o direito fundamental consagrado no art. 5º, LIV, da CF/88, resguardado a todos, quer seja autor ou réu.

O processo, repise-se, é garantia contrajurisdicional, enquanto a jurisdição é poder. A doutrina processual prevalecente vende a ilusão de que o juiz é um ser sobre-humano, dotado de altíssima capacidade cognitiva, portador de habilidades heroínas de captar a verdade por trás das provas e alegações carreadas aos autos, dos gestos humanos materializados em prova oral, de compreender melhor do que as partes qual a justiça do caso concreto, um ser bom, cônscio de seu dever – e apto para tanto – de produzir e entregar uma decisão justa, no sentido mais divino que se possa emprestar ao termo. Contudo, ignora, consciente ou inconscientemente, que o procedimento previsto em lei controla o juiz em prol da liberdade das partes, enquanto a flexibilização, tão cara aos publicistas, dá azo a que o controlado manipule o controlador:[614]

> ...aceitar a alteração do procedimento por iniciativa judicial durante o processo (enquanto situação jurídica) significa fulminar qualquer capacidade de calculabilidade (segurança para o futuro) e cognoscibilidade (segurança atemporal – conhecimento prévio do texto normativo e inteligibilidade) das partes a respeito do procedimento que será aplicado no caso concreto.
>
> As partes, em procedimentos regidos pela lei, estabelecem suas estratégias para a defesa de seus interesses e pretensões de acordo com as interpretações sobre o texto. Ou seja, conhecem e determinam os sentidos possíveis do texto (cognoscibilidade) e calculam as suas opções (calculabilidade). Mesmo que o juiz consulte as partes antes da mudança episódica do procedimento e fundamente a sua decisão, é de clareza solar que não haverá cognoscibilidade e tampouco calculabilidade sobre os destinos procedimentais.[615]

Ao contrário do juiz, as partes ostentam liberdade para, mediante negócio jurídico processual – art. 190, CPC – ou aplicação das técnicas procedimentais especiais no procedimento ordinário, no caso de cumulação de pedidos – art. 327 §2º, CPC –, proceder à adaptação procedimental. Além dessas hipóteses, também ostentam legitimidade para a conformação do procedimento legal mediante a alegação, perante o juiz, da inconstitucionalidade de determinada regra procedimental. Nesses casos, o procedimento poderá ser conformado judicialmente, quer por ajuste entre as partes, quer pelo reconhecimento

---

[614] Credita-se esta frase a Eduardo José da Fonseca Costa, em inúmeras palestras e aulas a que tivemos oportunidade de assistir.

[615] CARVALHO FILHO, Antônio. Flexibilidade procedimental e (in)segurança jurídica. Texto ainda inédito e gentilmente cedido pelo autor. Consulta em 01 jul.2020.

de uma regra inconstitucional, porém jamais pela atuação oficiosa do julgador, sob a justificativa de estar em busca de um procedimento correto, ótimo, justo e/ou adequado para tutelar o direito material subjacente, para tutelar o exequente, pois, como já se disse noutro momento, quando o juiz direciona o seu agir de modo a proteger uma das partes, instantaneamente a outra se queda sem juiz.

Às críticas endereçadas à defesa da flexibilização procedimental, mormente no que refere ao empoderamento judicial e à abertura da possibilidade para que o julgador atue de modo arbitrário, os doutrinadores que lhe são adeptos costumam responder que ela pode ser controlada mediante o respeito ao contraditório e à fundamentação. Ou seja, o juiz, para moldar o procedimento, deve antes ouvir as partes, com elas conversar, tanto as auxiliando como as consultando e, então, fundamentar exaustivamente a sua decisão, de maneira que a observância a esses requisitos, por si só, teria a aptidão de evitar os abusos no desempenho da atividade jurisdicional. Todavia, o contraditório e a fundamentação não são remédios legitimadores ou autorizadores de condutas ilegais praticadas pelo juiz:

> A noção de que o juiz PODE (= tem competência) fazer algo, desde que "dialogue" com as partes através da consulta e do esclarecimento, deixando-se influenciar (noção de contraditório forte do formalismo-valorativo) e posteriormente fundamente sua decisão, representa uma autorização para descumprir os seus próprios limites. Dando ares de "democraticidade" para sua decisão, com a "participação ativa" das partes, ele tem licença para (quase) tudo. Assim, o contraditório e a fundamentação (que são direitos de resistência também) passam a servir como mola propulsora do empoderamento judicial. É o típico raciocínio judicial do "posso, porque decido". O contraditório e a fundamentação servem como um "007 jurisdicional", dando ao agente "licença para matar" o direito. No entanto, o contraditório e a fundamentação não servem como legitimadores de condutas judiciais ou como autorizadores de descumprimento da legalidade constitucional. Eles são LIMITES (competências negativas) para a atuação estatal, pois, como direitos fundamentais do cidadão dirigidos contra o Estado, "desservem" a jurisdição. É dizer, caso haja o desrespeito a esses direitos fundamentais, a parte poderá resistir (juridicamente) ao ato estatal violador. Assim, eles não são um antídoto ao comportamento autoritário.[616]

Por certo, a regra inserta no art. 139, IV, CPC – assim como os demais dispositivos do código, constantemente apontados como cláusulas gerais de onde se extrairia um poder geral de adaptabilidade (art.

---

[616] CARVALHO FILHO, Antônio. Flexibilidade procedimental e (in)segurança jurídica. Texto ainda inédito e gentilmente cedido pelo autor. Consulta em 01 jul.2020.

536, §1º, por exemplo) – não serve como carta branca ao arbítrio judicial,[617] o que levaria ao decisionismo e autoritarismo.[618] O juiz não está autorizado a reescrever as regras procedimentais ao seu bel-prazer, surpreendendo todos os litigantes, atuando com arrogância[619] no caso concreto. Essa postura, tipicamente instrumentalista, poderá levar a um ambiente de "*juristocracia*".[620] Aliás, o respeito à Constituição e aos limites ali previstos não permite se façam leituras que concedam ou ampliem poderes implícitos do juiz, mormente quando isso signifique admitir poder que interfira diretamente em direitos fundamentais dos cidadãos, categoria na qual se encaixa o processo.

O procedimento executivo, à luz do garantismo processual, apesar de desenhado em virtude de um direito acertado em título executivo judicial ou presumidamente acertado em título executivo extrajudicial, não *serve* – não é servil – à tutela do crédito ou à satisfação do exequente. O procedimento executivo é um campo de proteções para o exercício das pretensões do exequente e também do executado, sofre a irradiação da própria garantia do processo e de todas as demais garantias processuais àquela imanentes; simultaneamente, impõe limite, demarca a atuação do poder jurisdicional na tutela dos direitos do exe-

---

[617] STRECK, Lenio Luiz e NUNES, Dierle. Como interpretar o artigo 139, IV, do CPC? Carta branca para o arbítrio?. Disponível em https://bit.ly/2ANEbAj. Acesso em 10 jul.2020.

[618] É vedado, pois, ao magistrado pautar-se pela escolha procedimental a partir de sua observação daquilo que é mais ou menos "*adequado*" para a satisfação do credor. Não há este âmbito de escolha. Em sentido contrário: MARINONI, Luiz Guilherme, ARENHART, Sérgio Cruz e MITIDIERO, Daniel. Novo Curso de Processo Civil [livro eletrônico]: tutela de direitos mediante procedimento comum, volume II. São Paulo: Editora Revista dos Tribunais, 2015, Parte III, item 1.6.12. Sentença com eficácia executiva extrínseca e sentenças de executividade intrínseca. O problema do art. 513, § 1º, do CPC. ALMEIDA, Roberto Sampaio Contreiras de. *Art. 139*. In: Teresa Arruda Alvim Wambier, Fredie Didier Junior, Eduardo Talamini e Bruno Dantas (orgs.). Breves Comentários ao Novo Código de Processo Civil. São Paulo: Editora Revista dos Tribunais, 2015, p. 452.

[619] NERY JUNIOR, Nelson e NERY, Rosa Maria de Andrade. Comentários ao Código de Processo Civil [livro eletrônico] – Novo CPC – Lei 13.105/2015. 1. ed. em *ebook* baseada na 1. ed. impressa. São Paulo. Editora Revista dos Tribunais, 2015. Art. 139, item 7. Medidas para efetivação das decisões judiciais.

[620] NERY JUNIOR, Nelson; ABBOUD, Georges. O CPC/2015 e o risco de uma juristocracia: a correta compreensão da função dos tribunais superiores entre o ativismo abstrato das teses e o julgamento do caso concreto. Revista Brasileira de Direito Processual – RBDPro, Belo Horizonte, ano 24, n. 93, p. 225-254, jan./mar. 2016.

quente e do executado, de forma que o poder não invada, indevida e arbitrariamente, as esferas jurídicas de ambas as partes.

Mesmo a doutrina mais entusiasta sobre a ampliação de poderes executivos do juiz[621] leciona que, de ordinário, não se pode simplesmente substituir o procedimento previsto em lei para a expropriação do devedor, com a tipicidade dos meios executivos, por um procedimento desconhecido e desenhado postecipadamente por ato judicial, premissa que vai ao encontro da cláusula do devido processo legal[622] (art. 5º, LIV, da CF), pois garante a aplicação isonômica[623] (art. 5º, I, da CF, arts. 7º e 139, I, do CPC) das regras processuais previstas, evitando-se a loteria executiva, sem surpresas e sobressaltos procedimentais pelo *"viés criativo do julgador"*[624] e seu consequente utilitarismo.

---

[621] Mesmo grandes entusiastas da utilização mais difusa do disposto no art. 139, IV, do CPC já manifestaram-se neste sentido: MARINONI, Luiz Guilherme, ARENHART, Sérgio Cruz e MITIDIERO, Daniel. Novo Código de Processo Civil. 2ª ed. Ed. Revista dos Tribunais, 2016, p. 627; ZANETI JUNIOR, Hermes. Comentários ao Código de Processo Civil, vol. XIV, São Paulo, Ed. Revista dos Tribunais, 2016, p. 113. GAJARDONI, Fernando da Fonseca. *A revolução silenciosa da execução por quantia*. Disponível em <http://migre.me/wtLVl>. Acesso em 21 abr.2020. MINAMI, Marcos Youji. *Breves Apontamentos sobre a generalização das medidas de efetivação no CPC/2015 – do processo para além da decisão*. In: Lucas Buril de Macêdo, Ravi Peixoto, Alexandre Freire (orgs.). Novo CPC doutrina selecionada, v. 5: execução. Salvador: Juspodivm, 2015, p. 225. Contudo, algumas vozes defendem que a técnica da sub-rogação típica não representa meio executivo preferencial: SILVA, Ricardo Alexandre da. *Atipicidade dos meios executivos das decisões que reconheçam o dever de pagar quantia no novo CPC*. In: Lucas Buril de Macêdo, Ravi Peixoto, Alexandre Freire (orgs.). Novo CPC doutrina selecionada, v. 5: execução. Salvador: Juspodivm, 2015, pp. 444 e 445.

[622] Sobre a cláusula do devido processo legal: NERY JUNIOR, Nelson. Princípios do processo na constituição federal. 12. ed., São Paulo: Editora Revista dos Tribunais, 2016, pp. 105-119.

[623] NERY JUNIOR, Nelson. Princípios do processo na constituição federal. 12. ed., São Paulo: Editora Revista dos Tribunais, 2016, pp. 128-129. NERY JUNIOR, Nelson e ABBOUD, Georges. *Direito constitucional brasileiro*. São Paulo: Editora Revista dos Tribunais, 2017, p. 143 a 146.

[624] Ao contrário da postura ora adotada, Benedito Cerezzo Pereira Filho defende ferrenhamente a possibilidade de que o juiz atue de forma criativa no processo. Ver por todos: PEREIRA FILHO, Benedito Cerezzo. *A evolução da tutela executiva da obrigação de pagar quantia certa: do Código de Processo Civil de 1973 ao de 2015*. In: Lucas Buril de Macêdo, Ravi Peixoto e Alexandre Freire (orgs.), Novo CPC doutrina selecionada, v. 5: execução, Salvador: Juspodivm, 2015, p. 400. Posição que é

Não interessa aqui saber se se está diante de um julgador dotado de cultura jurídica, formação técnica, inteligência, sensibilidade, talento sobre-humano e muito boa intenção, ou se de um juiz obtuso, desatualizado e despreparado para o exercício da função jurisdicional. O direito deve ser aplicado de forma desvinculada de elementos subjetivos do magistrado.[625]

Ressalte-se que qualquer atividade pela qual o juiz deixa de se pautar pela lógica normativa, principalmente a decorrente da legalidade constitucional, e passa a preencher as decisões judiciais com sua vontade, configura-se como ato discricionário judicial de elevada carga autoritária e vedada em nosso regime jurídico.[626] Inexiste *locus* seguro no ambiente democrático de direito para que o julgador atue discricionariamente imprimindo seus valores pessoais às decisões, em espécie de "ponderação" dos meios executivos.[627-628] Tampouco, a suposta in-

---

acompanhada por Ricardo Alexandre da Silva. Atipicidade dos meios executivos das decisões que reconheçam o dever de pagar quantia no novo CPC. In: Lucas Buril de Macêdo, Ravi Peixoto, Alexandre Freire (orgs.). Novo CPC doutrina selecionada, v. 5: execução. Salvador: Juspodivm, 2015, p. 446.

625 DIAS, Ronaldo Brêtas de Carvalho. *Processo Constitucional e Estado Democrático de Direito*. 2ª ed. Belo Horizonte: Del Rey, 2012, p, 128.

626 ABBOUD, Georges. Discricionariedade administrativa e judicial [livro eletrônico]: o ato administrativo e a decisão judicial. São Paulo: Editora Revista dos Tribunais, 2014, tópico 3.4. Discricionariedade judicial.

627 NERY, Carmen Lígia. Decisão judicial e discricionariedade [livro eletrônico]: a sentença determinativa no processo civil. São Paulo: Editora Revista dos Tribunais, 2014, Capítulo 3, item 3.2. A busca pela resposta correta no paradigma pós-positivista.

628 Esse argumento cria barreiras praticamente intransponíveis para a doutrina de Marinoni, Arenhart e Mitidiero: "*Ao fazer a ligação entre condenação, execução forçada e ressarcimento, o legislador infraconstitucional sopesou a adequação entre o meio e o fim, a necessidade do meio e a proporcionalidade em sentido estrito entre a realização do fim e a intensidade da restrição aos direitos fundamentais das partes. A mesma atividade se exige do juiz para variação do meio a ser empregado para obtenção da tutela ressarcitória em pecúnia. Tem de demonstrar, na motivação da decisão, as razões pelas quais, naquela circunstância em específico, (a) mostra-se adequado ordenar sob pena de emprego de medida de indução ou de sub-rogação (deve justificar por que esse meio leva à realização do fim), (b) oferece-se necessário ordenar sob pena de emprego de medida de indução ou de sub-rogação (tem de justificar por que esse meio é imprescindível para a ótima realização do fim) e (c) revela-se proporcional ordenar sob pena de emprego de medida de indução ou de sub-rogação (precisa apontar a razão pela qual o alcance do fim fundamenta uma maior restrição à defesa daquele que deve cumprir a ordem). Uma vez realizada essa*

suficiência do procedimento legalmente estabelecido – assim como a frustração da satisfação do credor, no caso concreto – autoriza o juiz a se desvencilhar dos meios executivos típicos voltados à execução de obrigações pecuniárias, atuando criativamente para determinar meios executivos atípicos, quer indutivos ou sub-rogatórios, no intuito de levar ao pagamento do crédito pelo devedor, tudo isso calcado em uma cláusula geral de flexibilização procedimental que não encontra guarida na legislação infraconstitucional e sequer se sustenta à luz da Constituição. Assim, possível concluir que o juiz não tem poder para escolher o procedimento "ótimo" para as partes, tampouco para adequá-lo em defesa de uma delas, no caso o credor. A regra é a contenção em relação ao previsto em lei.

3.2.2. A RESPONSABILIDADE EXECUTIVA PESSOAL E PATRIMONIAL

O estudo do âmbito da responsabilidade é imprescindível para se perquirirem os limites da atuação jurisdicional nas execuções de obrigações de fazer, não fazer, entrega de coisa certa ou incerta e pagar quantia, mesmo porque, como se sabe, a existência de medidas executivas atípicas em nosso ordenamento não é contemporânea ao advento do CPC/15, mas remonta às reformas de 1994 e 2002 ao CPC/73, que as relacionaram às chamadas obrigações específicas.

A grande novidade do atual código processual, ao menos para a doutrina em geral, é a suposta previsão da possibilidade de utilização de referidos meios executivos nas obrigações pecuniárias, de modo que investigar se há diferença ou não no limite imposto ao Estado para prestar a tutela jurisdicional, quer se esteja diante de uma obrigação específica, quer de uma obrigação pecuniária, é fundamental para se chegar aos critérios de aplicação das medidas atípicas quando se está diante de uma obrigação de pagar quantia. Outrossim, a primeira e fulcral distinção que necessita ser realizada é sobre a responsabilidade do devedor a depender da espécie de obrigação a que está submetido.

De largada, é preciso assentar que a intervenção constante na esfera jurídica do executado é característica marcante dos atos executivos, pois, em regra, visa à satisfação da obrigação exequenda, seja com o estímulo da vontade do devedor, seja com a sub-rogação de sua von-

---

valoração, e devidamente motivada, legitima-se o emprego das medidas de indução ou de sub-rogação para obtenção de quantia em dinheiro (art. 139, IV, CPC)". MARINONI, Luiz Guilherme, ARENHART, Sérgio Cruz e MITIDIERO, Daniel. Novo Código de Processo Civil. 2ª ed. Ed. Revista dos Tribunais, 2016, pp. 615 a 616.

tade. Eles têm o potencial de deslocar compulsoriamente pessoas e coisas e provocar a transferência de valores para outrem. Encadeados em procedimento com contraditório postecipado, por excelência, tais atos formam o caldo dos meios executivos disponíveis em nosso ordenamento e é mediante os atos de excussão que o Estado responde à pretensão do exequente.[629]

Os meios executivos são estabelecidos conforme o bem jurídico objeto da prestação exequenda, que pode ser coisa certa – determinada ou determinável – ou incerta (*corpus*), soma em dinheiro ou conjunto de coisas que possa ser monetariamente convertido (*genus*) e ação ou abstenção do devedor (*facere* ou *non facere*). O objeto da prestação pode ser excutido mediante meios sub-rogatórios, assim chamados aqueles que prescindem da vontade do executado, uma vez que consistem na intervenção estatal em seu patrimônio, e meios indutivos – premiais ou coercitivos –, em referência aos meios que têm como objetivo prefacial incidir sobre o *animus* do executado, premiando-o ou ameaçando-o com uma piora de sua situação jurídica, acaso não atue voluntariamente na satisfação do exequente.[630]

Como sustenta Araken de Assis, "*a natureza do bem, e o envolvimento, ou não, da própria pessoa do executado*"[631] se revelam como os dados mais úteis para fins classificatórios, de modo que a doutrina convencionou chamar a execução que se faz predominantemente por meios sub-rogatórios de execução direta, enquanto aquela que tem como meios prevalecentes os indutivos – coercitivos e premiais – de execução indireta. Os meios sub-rogatórios se revelam frutíferos quando se está diante de bens apreensíveis independentemente da vontade do executado, como ocorre nas obrigações pecuniárias, cujo bem jurídico é o dinheiro. De outro lado, os meios indutivos visam satisfazer as obrigações que têm como objetos bens que envolvem aptidões pessoais

---

[629] ASSIS, Araken de. Manual de execução. 18.ª ed. rev., atual. e ampl. São Paulo: Editora Revista dos Tribunais, 2016. pp. 181 e ss.

[630] ASSIS, Araken de. Manual de execução. 18.ª ed. rev., atual. e ampl. São Paulo: Editora Revista dos Tribunais, 2016. pp. 181 e s. Por todos ver: CARVALHO FILHO, Antônio. SOUSA, Diego Crevelin. PEREIRA, Mateus Costa. Réquiem às medidas judiciais atípicas nas execuções pecuniárias. Londrina-PR: Thoth, 2020. P. 55.

[631] ASSIS, Araken de. Manual de execução. 18.ª ed. rev., atual. e ampl. São Paulo: Editora Revista dos Tribunais, 2016. p. 184.

ou atos que dependam diretamente da manifestação da vontade do devedor, compelindo-o ao adimplemento.[632]

Partindo dessas premissas, e com apoio em recente doutrina, é possível dizer que, a depender do objeto da obrigação exequenda, a responsabilidade do devedor pode ser dividida em pessoal e patrimonial:

> Note-se que o alvo da execução direta é o próprio patrimônio do devedor, razão pela qual acarreta sua responsabilidade patrimonial, autêntico limite político à atividade executiva. Por outro lado, a execução indireta se volta contra a vontade do devedor, ou seja, o estímulo ao cumprimento, per se, da prestação, razão pela qual passa a caracterizar uma responsabilidade pessoal do devedor. (...)
> O que fundamenta a responsabilidade pessoal do devedor é, simplesmente, a motivação de sua vontade e somente nas hipóteses de execução de obrigações específicas é que se abre a possibilidade de sua utilização 'ope iudicis'.[633]

É preciso se ter em mente que, quando se fala em obrigações específicas, nas quais o exequente tem contra o executado a pretensão de que ele entregue coisa – certa, determinada ou determinável, ou incerta –, faça ou deixe de fazer algo, o interesse primevo do exequente, de ordinário, é que o executado adimpla especificamente a obrigação, de modo que o legislador infraconstitucional, atento a esta peculiaridade, vem criando mecanismos para viabilizar a concretização forçada dessas prestações e prevendo, outrossim, poderes para que o juiz utilize meios executivos atípicos, como se depreende dos arts. 536, §1º; 538, §3º, 806; e 814, todos do CPC/15. Portanto, infere-se que, para esses tipos de obrigações, a vontade do devedor é relevante, senão determinante, para o adimplemento da obrigação tal como contratada e as medidas executivas atípicas, tanto coercitivas como premiais, se voltam ao estímulo desta vontade. É nessa perspectiva que se fala em responsabilidade pessoal do executado.

Crucial esclarecer que aqui não se está a fazer referência à responsabilidade pessoal do devedor pela dívida, ou seja, à vinculação de seu corpo e de sua liberdade, nos moldes dos meios executivos punitivos e cruéis atinentes aos direitos romano e medievo. Quanto ao primeiro, durante o período das *legis actiones* (754 a.C. a 149 a.C.), principalmente após a edição da Lei das XII Tábuas, a responsabilização do

---

[632] ASSIS, Araken de. Manual de execução. 18.ª ed. rev., atual. e ampl. São Paulo: Editora Revista dos Tribunais, 2016. pp. 184-185.

[633] CARVALHO FILHO, Antônio. SOUSA, Diego Crevelin. PEREIRA, Mateus Costa. Réquiem às medidas judiciais atípicas nas execuções pecuniárias. Londrina-PR: Thoth, 2020, p. 56.

devedor era pessoal no sentido de que seu corpo e sua liberdade respondiam pela dívida e ele se vinculava ao credor (*corpus obnoxium*) em uma relação que, de creditícia, passava a ser de castigo (*nexum*) quando do inadimplemento.[634] Fazendo um salto no tempo, até mesmo porque o estudo histórico das mudanças na responsabilidade do devedor não é objeto deste trabalho, no ano 326 a.C., com o advento da *Lex Poetelia Papiria*, proíbe-se a execução da dívida pela morte do devedor e por sua redução à condição eterna de escravo – nada obstante ainda se permitisse a sua submissão a essa condição temporariamente –, surgindo a responsabilidade patrimonial ilimitada mediante a venda de todos os seus bens pelo *magister bonorum*.[635] Finalmente, com a edição da *Lex Iuliae Iudiciorum*, institui-se a *cessio bonorum* romana, ou seja, o devedor insolvente passa a ter a possibilidade de entregar todos os seus bens ao credor, mesmo que eles alcancem um valor total inferior ao da dívida, e, assim, ver-se livre da responsabilização pessoal.[636] É o instituto que *"representa o ancestral romano da insolvência civil e passa a estabelecer a referência entre o limite patrimonial para a execução civil"*.[637]

A limitação da responsabilidade do devedor ao seu patrimônio – classicamente denominada responsabilidade patrimonial – constitui conquista civilizacional histórica e está corporificada no devido processo legal, que, além de proibir seja alguém privado de sua liberdade e de seus bens sem o processo, também veda que o devedor responda com seu corpo e liberdade por suas dívidas. A incolumidade do devedor, a

---

[634] MEIRA, Silvio A. B. Instituições de direito romano. 3. ed., rev. e aumentada. São Paulo : Max Limonad, 1968. pp. 308-311. Para aprofundamento histórico no desenvolvimento da responsabilidade do devedor, remete-se o leitor a esta obra, aqui citada, assim como a José Carlos Moreira Alves, Direito Romano, I volume, Rio de Janeiro: Forense, também referenciada neste estudo.

[635] ALVES, José Carlos Moreira. Direito Romano. I volume. 3. ed. rev. e acrescentada. Rio de Janeiro : Forense, 1971. pp. 253-254. Ver por todos: CARVALHO FILHO, Antônio. SOUSA, Diego Crevelin. PEREIRA, Mateus Costa. Réquiem às medidas judiciais atípicas nas execuções pecuniárias. Londrina-PR: Thoth, 2020. pp. 56-59.

[636] PAKTER, Walter Jay. *The origins of bankruptcy in medieval canon and Roman law*. In: LINEHAN, Peter. Monumenta Iuris Canonici, Series C: Subsidia, vol. 8, Città del Vaticano : Biblioteca Apostolica Vaticana, 1988, pp. 486-489. Disponível em <https://bit.ly/3iYHiqf>. Acesso em 13 jul.2020.

[637] CARVALHO FILHO, Antônio. SOUSA, Diego Crevelin. PEREIRA, Mateus Costa. Réquiem às medidas judiciais atípicas nas execuções pecuniárias. Londrina-PR: Thoth, 2020, p. 59.

dignidade da pessoa humana, bem como os direitos fundamentais, são limites políticos ao poder de executar, de maneira que a doutrina costuma deles extrair um outro limite, o da responsabilidade patrimonial, rechaçando qualquer ideia de responsabilidade pessoal, uma vez que se costuma conecta-la ao tempo em que o credor podia assenhorar-se do devedor.[638]

Outro elemento importante a envolver o desenvolvimento legislativo e doutrinário da responsabilidade do devedor diz respeito à regra *nemo potest cogi ad factum* (ninguém poderá ser coagido a fazer algo), que deita raízes nas ideias liberais ínsitas à Revolução Francesa e decorre do valor liberdade, tratado com *"caráter quase absoluto"* naquela época. Sua primeira positivação se deu no Código Civil Francês de 1.804, proibindo a intervenção do Estado na autonomia da vontade, o que conduzia invariavelmente à conversão em perdas e danos de todas as obrigações específicas que não eram cumpridas pelo executado (*toute obligation de faire ou de ne pas faire se résout en dommages et intérets em cas d'inexécution de la part du débiteur*). Por conseguinte, quando a prestação dependesse da vontade do devedor para o seu cumprimento – um fazer ou não fazer, ou então a entrega de bem infungível não localizável –, surgia um limite intransponível para a plena satisfação do exequente. Ninguém, tampouco o Estado, poderia obrigar o devedor a agir de uma forma ou de outra, porque ele era *"intocável em sua liberdade pessoal"*.[639] Tomam-se aqui de empréstimo as palavras de Pereira, Pimentel e Luna:

> é importante registrar que nos países caudatários da tradição romano-canônica - sob os influxos iluministas e liberais que concorreram à Revolução Francesa -, fatores ideológicos incorporados pelo modelo de Estado da época inibiram o desenvolvimento da tutela preventiva; além das liberdades públicas balizarem a atuação do Estado à não intervenção nas relações particulares (prestações negativas), a autonomia privada também implicava na impossibilidade de coagir alguém a prestar um fato (nemo ad factum praecise cogi potest). A mencionada ambiência não permitiu o desenvolvimento de técnicas processuais preocupadas com a tutela específica das obrigações e, pois, tanto a tutela preventiva quanto a tutela executiva: tudo se resolvia em perdas e danos.

---

638 ASSIS, Araken de. Cabimento e adequação dos meios executórios "atípicos". *In*: TALAMINI, Eduardo, MINAMI, Marcos Youji (coords.). Medidas executivas atípicas. Salvador: Editora JusPodivm, 2018, p. 121. pp. 111-133.

639 THEODORO JR., Humberto. Tutela específica das obrigações de fazer e não fazer. Revista de Processo | vol. 105/2002 | p. 9 - 33 | Jan - Mar / 2002 Doutrinas Essenciais de Processo Civil | vol. 8 | p. 761 - 789 | Out / 2011.

Pelo cenário descrito não é difícil perceber que os efeitos perniciosos do tempo eram indiferentes ao direito e ao processo - inclusive, os valores da certeza e da segurança jurídica, tão caros à época, seriam garantidos pela igualdade em sentido formal, coibindo-se eventuais arbítrios da magistratura, visto que fora reduzida à condição de ventríloquo do legislador (la bouche de la loi). Se toda e qualquer violação de direitos poderia ser convertida em perdas e danos, como acenava o art. 1.142 do CC/2002 (LGL\2002\400) napoleônico; e considerando que o Estado devia o máximo respeito às cercanias da autonomia da vontade, decerto que não havia a necessidade de tutelas preventivas, o que passou pelo banimento de tutelas imperativas mediante a separação - ideológica - dentre a natureza das atividades desempenhadas pelo iudex e pelo praetor, restringindo-se a herança dos países de tradição romano-canônica às primeiras.[640]

Como também ressaltam Carvalho Filho, Crevelin de Sousa e Pereira, a regra sob análise criou um verdadeiro *"anacronismo"*,[641] pois concedia ao executado fazer opção entre adimplir especificamente a obrigação a que se vinculara ou, ao descumpri-la, convertê-la em perdas e danos, renegando ao credor o direito a ver satisfeita a sua pretensão específica, o que, naturalmente, gerou críticas e reações ao longo do tempo e culminou, no Brasil, com a positivação, já no CPC/39, art. 999, da multa coercitiva (*astreinte*) como meio executivo típico a incidir sobre a vontade do devedor, de modo a compeli-lo a satisfazer as obrigações de fazer e não fazer, regra que foi repetida no CPC/73, art. 644. Destaque-se que não era possível, contudo, aplicar o preceito cominatório nas obrigações de entrega de coisa, por falta de previsão legal, de modo que, não satisfeita a obrigação específica, poderia o exequente se valer de meios sub-rogatórios típicos como a busca e apreensão, quer se tratassem de bens móveis, e a imissão na posse, para os casos de bens imóveis. De qualquer modo, não havia previsão legislativa para a aplicação judicial de medidas executivas inominadas, ou seja, sem tipificação legal, inovação que adveio apenas com o CDC, art. 84, §5º, e posteriormente com as reformas ao CPC/73, de 1994 e

---

[640] PEREIRA, Mateus Costa, PIMENTEL, Alexandre Freire, LUNA, Rafael Alves de. Da – suposta – provisoriedade da tutela cautelar à "tutela provisória de urgência" no novo Código de Processo Civil brasileiro: entre avanços e retrocessos. Revista de Processo Comparado | vol. 3/2016 | p. 15 - 40 | Jan - Jun / 2016.

[641] CARVALHO FILHO, Antônio. SOUSA, Diego Crevelin. PEREIRA, Mateus Costa. Réquiem às medidas judiciais atípicas nas execuções pecuniárias. Londrina-PR: Thoth, 2020, p. 61.

2002, consectárias de uma *"valorização da tutela específica e da maturação da tutela preventiva"*,[642] conforme elucidam as lições a seguir:

> Muito embora tutelas específica e preventiva não possam ser baralhadas – a repressão também pode ter feição específica (ex. ação demolitória) –, a gradual valorização da primeira fomentou o amadurecimento da última. Diferentes fatores concorreram para tanto: i) ruptura com o modelo processual francês do século XIX, recrudescendo-se a atividade judicial à efetivação das decisões; ii) superação do dogma de que ninguém poderia ser coagido a prestar um fato; iii) surgimento de "novos direitos", é dizer, reconhecimento de situações jurídicas de vantagem destituídas de conteúdo patrimonial ou mensuração econômica imediata (direitos da personalidade, sociais, coletivos etc.), o que colocou o "paradigma do dano" em xeque, eis que imprestável a chamada tutela pelo equivalente monetário; iv) resgate doutrinário das tutelas mandamental e executiva, com destaque à contribuição de Pontes de Miranda e de Ovídio A. Baptista da Silva, assim como a procedimentalização e generalização da tutela provisória de urgência satisfativa por força de sugestão do último (a impropriamente chamada de generalização da "tutela antecipada"); v) redimensionamento do acesso à jurisdição com a CF/1988 (art. 5º, XXXV) para, ao contrário do art. 153, §4º, CF/1969, estender a tutela jurisdicional também à ameaça a direito; vi) retomada do "sincretismo processual" com as ondas reformistas do CPC/73; vii) fundamentação e sistematização das tutelas contra o ilícito por Luiz Guilherme Marinoni etc.[643]

Naturalmente, ao mesmo tempo em que surgem as novidades legislativas, aumentando-se os poderes judiciais com a autorização legal para que, em obrigações específicas, o juiz utilizasse meios executivos inominados voltados a estimular o executado a satisfazê-las, a doutrina, partindo das premissas de que a responsabilidade pessoal não poderia ser ilimitada e de que era preciso se balizar a atuação judicial para que não descambasse em arbítrio, desenvolveu critérios norteadores gerais para sua aplicação, que podem ser consolidados em duas premissas basilares. *Ab initio*, as medidas executivas atípicas, e aqui se fala especialmente sobre as indutivas (coercitivas e premiais), somente se justificam quando buscam estimular o adimplemento pelo execu-

---

[642] CARVALHO FILHO, Antônio. SOUSA, Diego Crevelin. PEREIRA, Mateus Costa. Réquiem às medidas judiciais atípicas nas execuções pecuniárias. Londrina-PR: Thoth, 2020, p. 62.

[643] PAULA FILHO, Alexandre de; GOUVEIA, Lúcio Grassi de; PEREIRA, Mateus Costa. Tutela voltada ao ilícito, prescindibilidade do dano e limites da cognição judicial: estudo de caso envolvendo a transgressão reiterada da legislação de trânsito (ACP nº 5009543-84.2015.4.04.7204/SC) visando a inibir futuros equívocos. Revista Brasileira de Direito Processual – RBDPro, Belo Horizonte, ano 28, n. 110, p. 17-36, abr./jun. 2020.

tado, quando incidem sobre a sua vontade, rigorosamente porque ela importa, é relevante para que o Estado possa prestar a tutela jurisdicional específica ao titular da prestação, o que está conectado à responsabilidade pessoal limitada. A outra fundação sobre a qual se estruturou o uso de tais medidas pelo juiz é a sua temporariedade, isto é, elas devem ser inevitavelmente temporárias, não podendo gerar efeitos uma vez caracterizado o inadimplemento absoluto, mercê de se tornarem medidas punitivas inconstitucionais, já que configurariam, neste caso, penas não previstas em lei, em clara afronta ao art. 5º, XXXIX, parte final, da CF/88 – *nulla poena sine lege*.[644]

Dessa maneira, é possível traçar um paralelo entre o que a doutrina convencionou chamar de execução indireta, aquela que depende da participação ativa do executado, de seu envolvimento pessoal, e a responsabilidade pessoal limitada,[645] já que os meios executivos aí se voltam ao induzimento de sua vontade, *"área deixada a descoberto pelo princípio da incolumidade do executado"*.[646] De outro turno, o mesmo paralelo pode ser estabelecido entre a chamada execução direta e a responsabilidade patrimonial, sendo que nas obrigações que ensejam a execução direta, a participação do devedor é irrelevante para o Estado agir mediante meios executivos que atacam forçadamente o patrimônio do devedor.[647] Por todas as razões até aqui apresentadas, quando se menciona responsabilidade pessoal na execução, a premissa de que ela se conecta ao estímulo da vontade do devedor nas obrigações específicas necessita estar deveras clara, de forma a não induzir a equívoco de compreensão.

---

[644] CARVALHO FILHO, Antônio. SOUSA, Diego Crevelin. PEREIRA, Mateus Costa. Réquiem às medidas judiciais atípicas nas execuções pecuniárias. Londrina-PR: Thoth, 2020, p. 63.

[645] Aqui se utiliza expressão desenvolvida por CARVALHO FILHO, Antônio, SOUSA, Diego Crevelin de, PEREIRA, Mateus Costa. Réquiem às medidas judiciais atípicas nas execuções pecuniárias. Londrina-PR: Thoth, 2020. p. 59

[646] ASSIS, Araken de. Cabimento e adequação dos meios executórios "atípicos". *In*: TALAMINI, Eduardo, MINAMI, Marcos Youji (coords.). Medidas executivas atípicas. Salvador: Editora JusPodivm, 2018, p. 126. pp. 111-133.

[647] Araken de Assis diferencia a execução indireta da direta justamente com base na necessidade ou não da cooperação do executado. ASSIS, Araken de. Cabimento e adequação dos meios executórios "atípicos". *In*: TALAMINI, Eduardo, MINAMI, Marcos Youji (coords.). Medidas executivas atípicas. Salvador: Editora JusPodivm, 2018, p. 126. pp. 111-133.

Na execução de pagar quantia, vige a responsabilidade patrimonial, consoante se depreende do próprio art. 789, CPC/15, que preconiza que o devedor deve responder com todos os seus bens, presentes e futuros, para o cumprimento de suas obrigações, ressalvadas as restrições impostas pela lei. Aliás, é o que se infere também do art. 824 do CPC/15, cuja redação estabelece que a execução por quantia certa se realiza pela expropriação de bens do devedor, e do art. 825, CPC/15, que elenca que a expropriação consiste em adjudicação, alienação e apropriação de frutos e rendimentos. A escolha do sistema, portanto e como forma de densificar o devido processo legal, é pelo estabelecimento de meios sub-rogatórios típicos, segmentados – penhora, avaliação, adjudicação, alienação etc. –, que representam verdadeira invasão no patrimônio do executado pelo juiz, em inequívoca substituição da vontade do devedor inadimplente, para satisfazer a pretensão do credor. Em outras palavras, a vontade do devedor para o cumprimento da obrigação pecuniária somente tem relevância até a sua citação para pagamento. A partir daí, o método expropriatório para a satisfação do exequente dota o juiz de poderes executivos de sub-rogação da vontade do devedor renitente.[648]

A responsabilidade patrimonial também encontra limites à interferência estatal, ou seja, há barreiras que não podem ser transpostas pelo juiz sob a justificativa de satisfazer a pretensão do exequente. Tais fronteiras, em virtude de opção política, são estabelecidas pelo legislador, como as regras das impenhorabilidades, da adjudicação, da

---

[648] Em interessante estudo sobre a aplicação do art. 139, IV, do CPC, nas execuções pecuniárias, tendo como ponto de partida a classificação das ações de direito material e das sentenças de procedência, Igor Raatz e Natascha Anchieta, afirmam que há uma tentativa doutrinária, decorrente de capacidade inventiva, de transformar sentenças condenatórias em mandamentais, o que não se revela possível diante dos limites estabelecidos no ordenamento jurídico. Enquanto as primeiras têm vocação para atuar sobre o patrimônio do devedor, as segundas agem sobre sua vontade, e o uso do dispositivo em análise no âmbito da condenação seria uma infeliz tentativa de transpor os limites da função executiva – da responsabilidade patrimonial e do regime de impenhorabilidades – , por via oblíqua e, desta maneira, desconforme ao modelo constitucional de processo. RAATZ, Igor, ANCHIETA, Natascha. Da capacidade de invenção dos juristas brasileiros e o fenômeno da transformação das ações condenatórias em mandamentais: ou o que Pontes de Miranda e Ovídio Baptista da Silva diriam a respeito das leituras (equivocadas) do art. 139, IV, do Código De Processo Civil Brasileiro. Doutrinas Essenciais - Novo Processo Civil | vol. 2/2018 | p. 299 - 327 | | Revista de Processo | vol. 276/2018 | p. 153 - 181 | Fev / 2018.

alienação judicial, e restringem o campo do poder. Não há respaldo constitucional para que o juiz escolha qual limite vai cumprir e se vai cumprir, já que está vinculado à lei.

Especificamente sobre o regime das impenhorabilidades, não pode o juiz, ao contrário do que já decidiu o STJ,[649] afastar a sua aplicação por critérios metajurídicos, como a justiça ou injustiça do dispositivo legal. A impenhorabilidade representa um direito do executado a resistir à sub-rogação estatal na excussão de determinados bens e direitos listados em regra legal, como são os casos do art. 833 do CPC e da Lei nº 8.009/90. As hipóteses de impenhorabilidade do novo diploma civil talvez pudessem ter sofrido melhor tratamento pelo legislador como forma de dar concretude ao estatuto jurídico do patrimônio mínimo, evitando definitivamente a salvaguarda de posturas evasivas ou de blindagem patrimonial pelo devedor.[650] Contudo, a simples discordância com o texto não pode servir de motivo para sua inobservância.

A execução pecuniária é a *ultima ratio* do sistema executivo, conclusão que pode ser extraída da análise criteriosa das escolhas legislativas. É nela que, diferentemente do que ocorre nas execuções de obrigações específicas, o Estado despreza totalmente a vontade, o *animus* do devedor, e ataca forçadamente o seu patrimônio, mediante atos de desapossamento. Não fosse isso o bastante, as obrigações específicas, quando absolutamente inadimplidas, são convertidas em perdas e danos e, desse modo, passarão a ser executadas nos moldes das obrigações pecuniárias.[651] A participação do executado não é essencial nessa espécie de

---

[649] Reiteradamente, o STJ vem decidindo pela relativização da impenhorabilidade de salário, como nos exemplos dos seguintes julgados: AgInt no REsp 1.855.767-DF; AgInt nos EREsp 1701828-MG; EREsp 1582475/MG.

[650] Anui-se aqui às críticas apresentadas por REDONDO, Bruno Garcia. Art. 833. In: ALVIM, Teresa Arruda, DIDIER JUNIOR, Fredie, TALAMINI, Eduardo e DANTAS, Bruno (orgs). *Breves Comentários ao Novo Código de Processo Civil*. São Paulo: Ed. Revista dos Tribunais, 2015, p. 1924; VICTOR, Alexandre Gois de. Art. 833. In: STRECK, Lenio Luiz, NUNES, Dierle, CUNHA, Leonardo Carneiro da (orgs). *Comentários ao Código de Processo Civil*. São Paulo: Saraiva, 2016, p. 1100.

[651] CARVALHO FILHO, Antônio. SOUSA, Diego Crevelin. PEREIRA, Mateus Costa. Réquiem às medidas judiciais atípicas nas execuções pecuniárias. Londrina-PR: Thoth, 2020, p. 65. Neste sentido, por todos conferir: SILVA, Bruno Campos, SOUSA, Diego Crevelin de, ROCHA, Jorge Bheron. Medidas indutivas inominadas: o cuidado com o fator shylockiano do art. 139, IV, CPC. In: TALAMINI, Eduardo, MINAMI, Marcos Youji (coords.). *Medidas executivas atípicas*. Salvador: Editora JusPodivm, 2018, p. 714. pp. 703-715.

obrigação, sua vontade pouco ou nada importa para o adimplemento. Nas palavras de Araken de Assis, *"a inércia do executado, ou a respectiva resistência, dificultam e perturbam a atividade executória, mas não a impedem, existindo patrimônio (bens corpóreos e bens incorpóreos)"*.[652]

Com supedâneo na irrelevância da vontade do executado para o adimplemento da obrigação, as medidas indutivas, cuja característica é estimular um comportamento do devedor, são exceções na responsabilidade patrimonial e, para sua aplicação, devem estar previstas tipicamente em lei. No CPC/15, há hipóteses que confirmam essa excepcionalidade, ou seja, medidas indutivas que, por escolha do legislador, incentivam o devedor ao pagamento em si, como as contidas no art. 528, §3º; e no art. 517:

> Apresentamos dois casos clássicos: (a) a prisão civil do devedor de alimentos por filiação (art. 528, § 3º, do CPC); (b) o protesto da decisão judicial (art. 517, do CPC). Ambos representam meios coercitivos para o cumprimento da obrigação. Em (a) temos que a prisão não poderá exceder 3 (três) meses, ou então o período aplicado pelo juiz, nunca inferior a 1 (um) mês. Esse lapso é fundamental para entender a temporalidade da coerção. Ultrapassado o período máximo para a prisão do obrigado, ele deverá ser colocado em liberdade, mesmo que não tenha realizado a satisfação da obrigação. Por opção legislativa, entendeu-se que o período máximo para "estimular" o devedor ao pagamento dos alimentos seria de 3 (três) meses. Qualquer prisão por tempo superior caracterizaria a aplicação de pena retributiva sem previsão legal respectiva. Em (b), temos medida de restrição de crédito potencialmente eficaz, mas que, por opção legislativa, só pode ser aplicada após o trânsito em julgado da decisão judicial. O pressuposto revela benfazeja prudência, incontestes que são as lesões à honra e à imagem de quem tem seu nome inscrito irregularmente – no mérito e na forma – nos cadastros de inadimplentes. Inaceitável, portanto, que se sugira a realização do protesto judicial antes do trânsito em julgado sob o jugo de medida executiva atípica. Isso seria burla pura e simples da decisão política tomada pelos representantes democraticamente eleitos pelo povo, violando a separação de poderes. Ora, nada restaria da legalidade enquanto edificadora dos limites da Jurisdição se se considerasse lícito aplicar como medida executiva atípica tudo aquilo que não é expressamente proibido. Somente é possível o protesto da decisão antes do trânsito em julgado no caso da decisão interlocutória que fixa alimentos, porque assim permitido pelo art. 528, § 3º, CPC. Mesmo nesse caso, a medida restritiva

---

[652] ASSIS, Araken de. Cabimento e adequação dos meios executórios "atípicos". In: TALAMINI, Eduardo, MINAMI, Marcos Youji (coords.). Medidas executivas atípicas. Salvador: Editora JusPodivm, 2018, p. 125. pp. 111-133.

de crédito só é possível após a rejeição da defesa do réu. Fora dessas hipóteses é vedado o protesto de decisão judicial.[653]

A partir da diferenciação entre responsabilidade pessoal e responsabilidade patrimonial, em que a primeira está intimamente conectada às obrigações específicas, cujo adimplemento depende da vontade, da participação ativa do devedor, e na segunda esse elemento anímico é desprezado pelo Estado, levando-se em conta que as medidas executivas atípicas – indutivas – se voltam ao estímulo da vontade, é possível concluir que a sua utilização se revela pertinente tão-somente nas obrigações de entrega de coisa, fazer ou não fazer. O seu uso na obrigação pecuniária, visando à satisfação da obrigação, é inconsistente com o procedimento executivo posto,[654] porquanto nessa espécie, reafirme-se, a vontade do executado é absolutamente irrelevante para o adimplemento e satisfação do exequente.

3.2.3. A RETÓRICA DO ESGOTAMENTO DOS MEIOS TÍPICOS

Como já se expôs previamente, há, dentre os adeptos da atipicidade dos meios executivos e sua aplicação nas obrigações pecuniárias, aqueles que se filiam à tese de sua subsidiariedade[655] e, portanto, da imprescindibilidade de esgotamento prévio dos meios típicos ou então da demonstração de sua insuficiência.

Todavia, a doutrina não explica o conteúdo dessas premissas, isto é, se é necessária a utilização de todos os meios sub-rogatórios típicos previstos em lei, se basta a frustração das penhoras mais comuns, como penhora *online* de dinheiro em depósito ou em aplicação financeira e Renajud, se é preciso estar caracterizado o esgotamento con-

---

[653] CARVALHO FILHO, Antônio. SOUSA, Diego Crevelin. PEREIRA, Mateus Costa. Réquiem às medidas judiciais atípicas nas execuções pecuniárias. Londrina-PR: Thoth, 2020, pp. 64-65.

[654] CARVALHO FILHO, Antônio. SOUSA, Diego Crevelin. PEREIRA, Mateus Costa. Réquiem às medidas judiciais atípicas nas execuções pecuniárias. Londrina-PR: Thoth, 2020, pp. 66.

[655] Araken de Assis afirma que tão arbitrária quanto a defesa da atipicidade dos meios executivos nas obrigações pecuniárias é a limitação que pretende seja conferida ao poder do juiz, referindo-se especificamente sobre a subsidiariedade, já que, segundo percebe, esse requisito não pode ser inferido do art. 139, IV, do CPC. ASSIS, Araken de. Cabimento e adequação dos meios executórios "atípicos". In: TALAMINI, Eduardo, MINAMI, Marcos Youji (coords.). Medidas executivas atípicas. Salvador: Editora JusPodivm, 2018, p. 130. pp. 111-133.

forme previsto no ordenamento jurídico, de modo que a questão fica bastante aberta e nebulosa, dando margem a variadas conclusões.[656-657]

A primeira pergunta que precisaria ser respondida – e não é – por aqueles que defendem o esgotamento dos meios típicos é pontualmente em que ele consiste e, caso seja a frustração da penhora, quais os requisitos a serem cumpridos para a sua concretização. Observe-se que o art. 824 do CPC estabelece que a execução de quantia certa contra devedor solvente se faz através da expropriação de bens do executado, aplicando-se a mesma regra para o correlato cumprimento de sentença. O dispositivo seguinte, art. 825 do CPC, preconiza que a expropriação ocorre pela adjudicação, alienação ou apropriação de frutos e rendimento de empresas ou de estabelecimentos e de outros bens, passando previamente pelo desapossamento e afastamento dos direitos decorrentes do domínio dos bens do devedor através da penhora (arts. 831 a 875 do CPC).

Se se considerar que a subsidiariedade defendida tem como suporte fático a frustração da penhora, voltando os olhos para o CPC, há ali a previsão de 07 (sete) espécies de penhora, as quais, diga-se, podem ser cindidas ainda em inúmeras subespécies: a) sobre dinheiro em espécie, depósito ou aplicação financeira (arts. 854 e ss., CPC); b) sobre créditos (arts. 855 e ss., CPC); c) sobre quotas ou ações de sociedades personificadas (art. 861, CPC); d) sobre empresa, outros estabelecimentos e semoventes (arts. 862 e ss., CPC); e) sobre percentual de faturamento de empresa (art. 866, CPC); f) sobre frutos e rendimentos de coisa

---

[656] CARVALHO FILHO, Antônio. SOUSA, Diego Crevelin. PEREIRA, Mateus Costa. Réquiem às medidas judiciais atípicas nas execuções pecuniárias. Londrina-PR: Thoth, 2020, p. 78.

[657] Em tese de doutorado, Marcus Vinícius Motter Borges afirma que a insuficiência do sistema sub-rogatório típico estará caracterizada com a frustração da tentativa de penhora de bens do devedor logo após a intimação para pagamento voluntário, no caso de título judicial, em aplicação aos arts. 523 e ss. do CPC, e após a não localização de bens penhoráveis no patrimônio do devedor, mesmo depois de intimado para pagamento voluntário e com a aplicação da medida coercitiva prevista no art. 782, §3º, CPC (possibilidade de inscrição em cadastro de inadimplentes). A efetividade da prestação jurisdicional executiva e as medidas coercitivas atípicas nas execuções pecuniárias: proposta de parâmetros mínimos para a aplicação adequada diante do caso concreto. Tese (doutorado) - Universidade Federal de Santa Catarina, Centro de Ciências Jurídicas, Programa de Pós-Graduação em Direito, Florianópolis, 2018.Disponível em < https://bit.ly/3jpAphJ>. Acesso em 20 jul.2020, pp. 262-263

móvel ou imóvel (art. 867, CPC); g) e sobre bens móveis e imóveis.[658] Digno de nota que, dentre todas elas, há as penhoras sobre créditos e direitos, cujo âmbito de aplicação é deveras vasto, haja vista existir uma plêiade inominável de direitos e créditos possíveis no patrimônio do devedor e que podem ser objeto de constrição na execução.

A frouxidão doutrinária em criar requisito *ad hoc* para aplicar as medidas executivas atípicas nas obrigações pecuniárias, sem delimitar o seu conteúdo, pode levar a conclusões variadas e ao equívoco de se compreender como esgotamento dos meios típicos, por exemplo, a necessidade de se recorrer previamente a todas as espécies e subespécies de penhora.

Diante desse cenário, indaga-se: (i) o que é esgotamento dos meios típicos ou frustração da execução? (ii) a frustração da execução seria o suporte fático para o uso das medidas indutivas atípicas nas obrigações pecuniárias, voltadas a compelir o devedor ao pagamento?

A resposta para a primeira pergunta (i) é extraída do próprio ordenamento jurídico, que considera frustrada a execução com a "*tríplice omissão*"[659] do devedor, isto é, quando, sem embargo de intimado para tanto, não paga, não deposita e não indica bens à penhora. Para a segunda pergunta (ii), a única resposta dogmaticamente possível é *não*, a frustração da execução *não é* suporte fático para o uso dos meios executivos atípicos nas obrigações de pagar quantia.

O ordenamento jurídico, ao contrário do que pode parecer da leitura de grande parte da doutrina defensora das medidas executivas atípicas, não é silente diante da frustração da execução pecuniária.

O sistema, conformando-se com a ausência ou insuficiência formal de bens, prevê a hipótese de suspensão da execução, pelo prazo de 01 (um) ano, com a consequente suspensão do prazo prescricional, consoante art. 921, III e §§1º ao 5º, do CPC, finda a qual se inicia a contagem da prescrição intercorrente.[660] Durante todo esse lapso temporal,

---

[658] CARVALHO FILHO, Antônio. SOUSA, Diego Crevelin. PEREIRA, Mateus Costa. Réquiem às medidas judiciais atípicas nas execuções pecuniárias. Londrina-PR: Thoth, 2020, p. 77.

[659] A expressão é de autoria de Antônio Carvalho Filho, Diego Crevelin de Sousa e Mateus Costa Pereira, referindo-se ao não pagamento, ao não depósito e à não nomeação de bens à penhora. Réquiem às medidas judiciais atípicas nas execuções pecuniárias. Londrina-PR: Thoth, 2020, p. 78

[660] ASSIS, Araken de. Cabimento e adequação dos meios executórios "atípicos". *In*: TALAMINI, Eduardo, MINAMI, Marcos Youji (coords.). Medidas executivas atípicas. Salvador: Editora JusPodivm, 2018, p. 130. pp. 111-133.

frise-se, o exequente pode continuar a buscar bens no patrimônio do executado e, os encontrando, retomar o curso do procedimento executivo. Essa hipótese, advirta-se, não configura a frustração da execução, mas é uma resposta do sistema à não localização de bens penhoráveis no patrimônio do devedor, e sua aplicação independe de tal frustração. A suspensão da execução é consequência da inércia do exequente em se desincumbir do seu ônus expropriatório. Se dele não se desincumbe, não indicando bens do executado, incide o art. 921, III, do CPC.

O esgotamento dos meios típicos – ou frustração da execução –, por outro lado, tem como pressuposta a presunção legal que se volta contra o devedor. Noutras palavras, ele se caracteriza com a sua tríplice omissão – falta de pagamento, de depósito e de indicação de bens penhoráveis – e é suporte fático para a pretensão insolvencional, noutros termos, insolvência civil, quando se tratar de devedor pessoa natural e jurídica não empresária – art. 750, CPC/73, c/c art. 1.052, do CPC/15 –, e falência, quando pessoa jurídica empresária – art. 94, II, da Lei 11.101/2005 –. Portanto, preenchidos os respectivos requisitos legais e caracterizado o aparente estado insolvente, nasce a pretensão ao credor insatisfeito de postular a decretação da insolvência *lato sensu* do devedor.[661] Em síntese, ante a crise de inexistência de bens penhoráveis, é possível extrair da escolha legislativa (a) o alerta ao exequente de que o seu crédito não será tutelado eternamente e (b) a opção do exequente em perseguir a sua satisfação mediante execução universal.

A insolvência civil da pessoa natural ou da pessoa jurídica não empresária é caracterizada quando as suas dívidas superam a importância de seus bens (art. 748, CPC/73), presumindo-se nas situações de inexistência de bens livres e desembaraçados para nomeação à penhora, bem como no caso de arresto cautelar de bens alicerçado em dilapidação patrimonial (art. 750, I e II, CPC/73).[662] Um adendo aqui se faz

---

[661] CARVALHO FILHO, Antônio. SOUSA, Diego Crevelin. PEREIRA, Mateus Costa. Réquiem às medidas judiciais atípicas nas execuções pecuniárias. Londrina-PR: Thoth, 2020, p. 79.

[662] TAVARES JÚNIOR, Homero Francisco. Execução por quantia certa contra devedor insolvente: as interfaces de um procedimento comumente esquecido pelos operadores do direito. Revista de Processo | vol. 120/2005 | p. 9 - 41 | Fev / 2005; SAMPAIO, Patrícia Regina Pinheiro, NOGUEIRA, Rafaela, SILVA, Gabriela Borges. Superendividamento e insolvência civil no Brasil: oportunidade de reforma no marco regulatório. *Overindebtedness and civil insolvency in Brazil: an opportunity for a legal reform*. Revista de Direito do Consumidor | vol. 118/2018 | p. 293 - 329 | Jul - Ago / 2018.

necessário: o inciso II do art. 750 do CPC/73 faz expressa referência ao antigo procedimento de arresto cautelar, estabelecido no art. 813, I, II e III do CPC/73, que não encontra dispositivo legal correspondente no CPC/15, já que o novel diploma processual não previu procedimentos cautelares típicos. Sem embargo, ainda assim é possível extrair da regra que, deferido arresto cautelar com base em condutas típicas de dilapidação patrimonial, estará presumida a insolvência civil nos termos do inciso II do art. 750, do CPC/73. Ocorrida qualquer dessas hipóteses, nasce para o credor a pretensão de ver declarada a insolvência civil do devedor, com consequências drásticas para o último, pois, uma vez reconhecida, acarretará a perda do direito de administração e disposição de todos os seus bens, vencimento antecipado da totalidade de suas dívidas, dentre outras (arts. 751, I; 752, todos do CPC/73).[663]

No que diz respeito à pessoa jurídica empresária, configurada a frustração executiva, a Lei nº 11.101/2005, no art. 94, II, prevê a possibilidade de decretação de falência, em hipótese em que a pessoa jurídica empresária, executada por qualquer quantia líquida, não paga, não deposita e não nomeia à penhora bens suficientes dentro do prazo legal. Logo, constatada a *"tríplice omissão"*, considera-se perfectibilizado o fracasso executivo e, ato contínuo, exsurge para o exequente/credor a pretensão para o ajuizamento da ação falimentar. Os efeitos a serem suportados pelo falido, com a decretação da falência, também são bastante severos, o que leva à possibilidade de se afirmar que, na prática, tudo indica que o simples ajuizamento de uma ação declaratória de insolvência civil pelo credor, bem como a propositura de uma ação falimentar, motivadas pelo insucesso das penhoras na execução singular, têm a potência de funcionar como medida indutiva típica voltada a estimular o devedor – que possui patrimônio, porém oculto – a adimplir a obrigação pecuniária por intermédio do depósito elisivo (art. 757, CPC/73; art. 98, parágrafo único, da Lei nº 11.101/2005).

Ambas as espécies de execução universal acima referidas possuem uma fase de conhecimento prévia, que demanda propositura através de petição inicial instruída com documentos hábeis à demonstração do suporte fático imprescindível à declaração da insolvência *lato sensu*, com consequente abertura de contraditório ao requerido, que terá a oportunidade de realizar depósito elisivo e oferecer defesa, ou seja,

---

[663] CARVALHO FILHO, Antônio. SOUSA, Diego Crevelin. PEREIRA, Mateus Costa. Réquiem às medidas judiciais atípicas nas execuções pecuniárias. Londrina-PR: Thoth, 2020, p. 78.

um procedimento que requer tempo e trabalho pelo credor interessado em receber seu crédito. Todavia, é a resposta legal conferida pelo ordenamento jurídico, não podendo ser afastada, ignorada ou substituída pela aplicação de medidas indutivas atípicas que, ao fim e ao cabo, servem como verdadeiro *bypass* de cunho moralizante e sancionatório, como se verá a seguir.

Em fase antecedente à constatação de inexistência ou insuficiência real de bens no patrimônio do devedor, o que leva à execução singular infrutífera e, portanto, abre as portas para os procedimentos de execução universal, existe a situação do executado que oculta bens, pratica atos de *"dissimulação executiva"*,[664] exemplo frequentemente dado pela doutrina para justificar o uso de medidas executivas atípicas – inclusive por aqueles que, via de regra, aderem à tipicidade dos meios executivos e, por conseguinte, à subsidiariedade dos meios atípicos. Diferentemente do que comumente se propugna, entretanto, o ordenamento jurídico também confere alternativas para que o credor, tomando conhecimento de que o devedor oculta bens, se valha de incidentes aptos a desvelar o patrimônio, tais como fraude à execução, desconsideração da personalidade jurídica, desconsideração inversa, propositura de ação pauliana para demonstrar fraude contra credores etc., todos eles caminhos intrincados, sem dúvidas, mas que, por opção legislativa, são meios de se encontrar bens na esfera patrimonial do devedor renitente.

Esse tipo de executado recebe da doutrina a alcunha de *"devedor ostentação"* ou *"devedor cafajeste"*, ou seja, aquele que, apesar de não localizados bens penhoráveis em seu patrimônio, leva um padrão de vida incompatível com a realidade demonstrada no procedimento executivo, dirigindo carros luxuosos, viajando para o exterior, frequentando restaurantes caros, ou seja, exteriorizando riquezas que não são encontradas pelo exequente.[665] Costuma-se afirmar que, nesses casos,

---

[664] CARVALHO FILHO, Antônio. SOUSA, Diego Crevelin. PEREIRA, Mateus Costa. Réquiem às medidas judiciais atípicas nas execuções pecuniárias. Londrina-PR: Thoth, 2020, p. 79.

[665] CAMARGO, Luiz Henrique Volpe. O art. 139, IV, do CPC e os instrumentos de defesa do executado. *In*: TALAMINI, Eduardo, MINAMI, Marcos Youji (coords.). Medidas executivas atípicas. Salvador : JusPodivm, 2018, p. 866. pp. 855-872; GRECO, Leonardo. Coações indiretas na execução pecuniária. *In*: TALAMINI, Eduardo, MINAMI, Marcos Youji (coords.). Medidas executivas atípicas. Salvador : JusPodivm, 2018, p. 413. pp. 395-420.

o executado se utiliza de "laranjas" ou "testas de ferro" para se blindar patrimonialmente e, assim, escapar dos meios executivos sub-rogatórios típicos, o que leva alguns processualistas a empunharem a bandeira da utilização das medidas executivo-indutivas atípicas para coagir o executado a pagar. Seria imprescindível empoderar o juiz, portanto, para se coibirem esses comportamentos indesejáveis, porque o sistema legal não daria respostas satisfatórias a esse problema. Contudo, em realidade, essa conclusão não é consentânea com algumas soluções de *lege lata*, não examinadas por essa mesma corrente, e que são extraíveis do ordenamento jurídico sem maiores dificuldades.

Quando se pensa no executado *"ostentação"* – aquele que, sem embargo de não ser formalmente proprietário de bens em sua esfera jurídica, faticamente se apresenta como se proprietário fosse, como, por exemplo, dirigindo carros que estão registrados no DETRAN em nome de terceiro, exercendo atos próprios de domínio sobre bens imóveis, que também têm registro em nome de terceiros, dentre outras situações específicas próprias da complexidade da vida –, é inevitável analisar seus atos a partir do fato jurídico[666] da aparência.

A teoria da aparência, *"circunstância pela qual uma pessoa é considerada por todos como titular de um direito, embora não o seja"*, surgiu para proteger o terceiro de boa-fé que adquire bens de pessoa que, embora não sendo proprietária, se apresenta como tal em todas as suas circunstâncias, acarretando a necessidade de proteção da confiança legítima do adquirente.[667] Todavia, em nosso ordenamento, a aparência

---

[666] De acordo com as lições de Pontes de Miranda sobre o conceito de fato jurídico, como o fato ou complexo de fatos sobre o qual incidiu a regra jurídica; portanto, o fato de que dimana, agora ou mais tarde, talvez condicionalmente, ou talvez não dimane, eficácia jurídica.   MIRANDA, Pontes de. Tratado de direito privado: parte geral : bens, fatos jurídicos, atualizado por Ovídio Rocha Barros Sandoval. v. 2. São Paulo: Revista dos Tribunais, 2012, pp. 253 e ss. E também as lições de Marcos Bernardes de Mello: *"O ser fato jurídico e o poder irradiar consequências jurídicas, portanto, constituem, respectivamente, uma qualificação e uma imputação que a norma jurídica faz a fatos da vida por sua relevância para o homem no meio social"*. MELLO, Marcos Bernardes de. Teoria do Fato Jurídico: Plano da eficácia, 1ª parte. 6. ed. São Paulo: Saraiva, 2010. p. 19.

[667] RIZZARDO, Arnaldo. Teoria da aparência. Ajuris 24/222-223, Porto Alegre-RS, mar. 1982; SOUZA, Gelson Amaro de. Teoria da aparência e a fraude à execução. Revista de Processo | vol. 112/2003 | p. 268 - 277 | Out - Dez / 2003; OLIVEIRA, Alexandro Adriano Lisandro de. Citação. Pessoa jurídica. Teoria da aparência. Revista de Processo | vol. 128/2005 | p. 185 - 206 | Out / 2005; MARTINS-COSTA,

não é suporte fático apenas e tão-somente para essa situação, mas também foi acolhida em vários outros dispositivos legais, tais como o art. 167, §1º, I (simulação); art. 1.817 (herdeiro aparente); art. 309 (credor putativo), todos do Código Civil.

O devedor que aparenta possuir bens em seu patrimônio, mas não os tem formalmente, se utiliza, via de regra, de interpostas pessoas em nomes das quais os bens se encontram registrados ("laranja" ou "testa de ferro"). A relação entre o executado e o terceiro pode dar ensejo a negócios jurídicos simulados, o que conduziria à nulidade por simulação, consoante art. 167, §1º, I, do CC, ao abuso de direito (art. 178, CC),[668] à caracterização de fraude contra credores (art. 171, II, CC) ou à fraude à execução (art. 792, CPC), todas elas hipóteses de fraudes, em sentido aberto, que podem levar à invalidação ou à ineficácia do negócio jurídico respectivo.

Porém, a realidade é mais pródiga em exemplos. Essas interpostas pessoas também podem ser utilizadas pelo executado para praticar genuína blindagem patrimonial, como acontece em uma das hipóteses que, a propósito, enseja a desconsideração da personalidade jurídica da pessoa jurídica – a da confusão patrimonial –, na qual os bens particulares dos sócios ou administradores são atacados para responder a obrigações da pessoa jurídica (art. 50, CC). Como desmembramento da *disregard doctrine*, surgiu a possibilidade da desconsideração inversa da personalidade jurídica da pessoa natural, dado que o sócio – pessoa natural – se utiliza de um terceiro ente ficticiamente personificado– a pessoa jurídica – para ocultar seu patrimônio[669] (art. 50, §2º, CC, incluído em recente inovação legislativa, em 2019). Todas essas situações estão positivadas em nosso ordenamento jurídico e são, da mesma maneira, meios hábeis a localizar bens escondidos na esfera jurídica do devedor renitente.

Essa mesma relação de confusão patrimonial, apurada entre pessoa jurídica-sócio ou sócio-pessoa jurídica, pode se dar entre o executado

---

Judith. A boa-fé no direito privado : critérios para a sua aplicação. 2. ed. São Paulo: Saraiva Educação, 2018, p. 122.

668 MAZZEI, Rodrigo e MERÇON-VARGAS, Sarah. Art. 833. In: CABRAL, Antonio do Passo e CRAMER, Ronaldo (orgs). Comentários ao Novo Código de Processo Civil. Rio de Janeiro: Forense, 2015, p. 1188.

669 ANDRADE JUNIOR, Mozart Vilela. A desconsideração da personalidade jurídica para fins de responsabilidade: uma visão dualista da *disregard doctrine*. Revista de Processo | vol. 252/2016 | p. 59 - 77 | Fev / 2016.

"*ostentação*" e o "testa de ferro", ambos pessoas naturais, os quais instituem uma autêntica sociedade de fato, cujo objeto social precípuo é beneficiar o devedor com a blindagem patrimonial e, consequentemente, prejudicar os seus credores. Deixando ainda mais clara a ideia, traz-se como exemplo o devedor que, para se livrar de sua responsabilidade patrimonial perante suas obrigações e não ter seus bens excutidos em procedimentos executivos, coloca-os em nome de terceiro, que anui a esse comportamento fraudulento.

A sociedade de fato é um fato jurídico, um acontecimento da vida, regido pelo CC, arts. 986 e ss, e a sua existência pode ser provada por terceiros de qualquer modo, inclusive pelo credor que se vê por ela prejudicado – art. 990, CC. O exequente, portanto, ao perceber, pela aparência, que a sociedade entre executado e terceiro existe e que serve ao propósito de blindagem patrimonial do devedor, tem a pretensão de, mediante incidente de desconsideração da personalidade jurídica, buscar o reconhecimento da existência da sociedade de fato entre o executado e o "testa de ferro" e, na sequência, obter a desconsideração da personalidade jurídica de um sócio (o executado) para ataque ao patrimônio do outro sócio (o "laranja").

O que se propõe aqui, note-se, não é a desconsideração da personalidade jurídica da sociedade de fato, até mesmo porque ela é uma sociedade não personificada, mas sim a desconsideração da personalidade jurídica de uma pessoa natural para outra pessoa natural, na esteira, de mais a mais, do previsto no art. 990 do CC, que diz que a responsabilidade dos sócios de uma sociedade de fato é solidária e ilimitada. Trata-se de uma possibilidade de *lege lata*, a partir de interpretação que se encaixa nos limites semânticos do texto legal, revelando-se como uma forma apta a retirar o véu de uma sociedade de fato que existe para obstar a satisfação do exequente.

Guilherme Carreira e Vinícius Abreu defendem a aplicação das medidas indutivas atípicas no caso do devedor com patrimônio escondido em paraísos fiscais ou em *trust*, porque, segundo afirmam, os institutos da fraude à execução e da desconsideração da personalidade jurídica seriam ineficazes.[670] Essa afirmação, todavia, não se mostra verdadeira, uma vez que há entidades hoje no Brasil se especializando cada vez

---

[670] CARREIRA, Guilherme Sarri; ABREU, Vinicius Caldas da Gama e. Dos poderes do juiz na execução por quantia certa: da utilização das medidas inominadas. In: In: TALAMINI, Eduardo, MINAMI, Marcos Youji (coords.). Medidas executivas atípicas. Salvador: Editora JusPodivm, 2018, p. 251. pp. 241-273.

mais no rastreamento de ativos ocultos em paraísos fiscais e *trusts*, com técnicas como *forward tracing* e *reverse tracing*, as quais têm instrumentos para desvelar, além de corrupção, também fraudes.[671] Obviamente, não se trata de um caminho barato ou fácil a ser trilhado pelo exequente, porém é legal e é mais um meio para que possa encontrar bens na esfera jurídica do devedor e, assim, mantendo-se nos limites da responsabilidade patrimonial, perseguir a tutela de seu direito.

Cabe, finalmente, observação sobre o uso de meios sub-rogatórios atípicos, defendidos por parcela da processualística, mormente a partir de críticas às impenhorabilidades estabelecidas pelo legislador no art. 833, CPC, e na Lei 8.009/90. O regime legal das impenhorabilidades e seu socorro pelo executado ou a situação de insolvência do devedor não podem servir como fundamento para a necessidade de aplicação das medidas inominadas, inclusive sub-rogatórias. Discorda-se, por exemplo, da proposta apresentada por Zaneti Júnior ao sustentar a aplicabilidade da penhora das rendas e vencimentos decorrentes da cláusula de atipicidade dos meios executivos prevista no art. 139, IV, para permitir a constrição em valores inferiores a 50 (cinquenta) salários mínimos nas obrigações em geral.[672]

Muito embora a permissão legal de penhora de rendas e vencimentos superiores a 50 (cinquenta) salários mínimos[673] tenha a potencialidade de inviabilizar as constrições dos valores em tela, notadamente porque poucos são os profissionais que percebem remuneração mensal para além de tais montantes – apenas como referência, o teto constitucional do funcionalismo público encontra-se abaixo disso –, é certo que não existe por ora solução de *lege lata* para a redução do valor, já que o legislador impediu penhoras sobre remunerações inferiores. O deba-

---

[671] Como o Instituto Brasileiro de Rastreamento de Ativos – IBRA: < https://bit.ly/3asDxoY>. Acesso em 14 Ago.2020; Entrevista de um de seus diretores disponível em: <https://bit.ly/3anFi79>. Acesso em 14 Ago.2020.

[672] ZANETI JUNIOR, Hermes. Comentários ao Código de Processo Civil, vol. XIV, São Paulo, Ed. Revista dos Tribunais, 2016, p. 183. Também em defesa da relativização das impenhorabilidades, por todos ver: CÂMARA, Alexandre Freitas. A eficácia da execução e a eficiência dos meios executivos: em defesa dos meios executivos atípicos e da penhora de bens impenhoráveis. In: ALVIM, Arruda, *et al* (coords.). Execução civil e temas afins: do CPC/1973 ao novo CPC : estudos em homenagem ao professor Araken de Assis. São Paulo : Editora Revista dos Tribunais, 2014, p. 18. pp. 13-18.

[673] Atualmente, corresponde a R$ 52.250,00 (cinquenta e dois mil e duzentos e cinquenta reais).

te acerca dessa alteração, por legitimação constitucional, deve ocorrer no âmbito legislativo,[674] construindo-se uma solução de *lege ferenda*, inclusive com a possibilidade de flexibilização da regra de penhorabilidade à luz da realidade financeira do devedor e de sua família, trazendo para ele o ônus de demonstração de quais são os valores que devem ser utilizados em benefício do sustento próprio e dos seus.

Coisa diversa, mas que ainda conta com sérias dificuldades de aceitação por parte da jurisprudência,[675] são os valores decorrentes de rendas e remuneração percebidos pelo devedor, mesmo que inferiores ao patamar de 50 (cinquenta) salários mínimos e que não foram aplicados para o seu sustento ou de sua família durante o período de 30 (trinta) dias. Assim, essa verba deixa de integrar a classe impenhorável da remuneração e passa a pertencer à classe da riqueza patrimonial do devedor, sendo, por conseguinte, penhorável de forma ordinária, mesmo que sem a propalada aplicação do art. 139, IV, do CPC. Qualquer posição diferente levaria a situações anacrônicas e inadmissíveis em nosso ordenamento, como por exemplo o caso de promotor de justiça que percebe remuneração inferior a 50 (cinquenta) salários mínimos, mas que, por mês, "*economize*" o equivalente a 10 (dez) salários mínimos. Em 10 (dez) anos, desprezando-se a correção monetária e os rendimentos decorrentes de investimentos, ele teria uma fortuna equivalente a R$ 1.254.000,00 (um milhão e duzentos e cinquenta e quatro mil reais), mas, seguindo-se a lógica de que todos os recursos da fonte de remuneração seriam impenhoráveis, mesmo os que não foram utilizados no sustento da pessoa, nenhum centavo desse montante seria penhorável.[676]

---

674 RAATZ, Igor, ANCHIETA, Natascha. O juiz "arauto da moral" e o fim dos limites políticos da execução. Disponível em < https://bit.ly/2CLT8U1>. Acesso em 20 jul.2020.

675 Ainda sob a égide do CPC/73 o STJ, contudo, interpretou a regra disposta no vetusto art. 649, IV, como sendo a impenhorabilidade da própria "conta-salário", que tinha o condão de proteger todo e qualquer valor lá constante, independentemente de seu montante, mesmo que em aplicação financeira "*para melhor aproveitamento do depósito*", como se vê no REsp 978.689-SP, julgado que está a merecer revisão de acordo com os parâmetros ora apresentados.

676 Incidentalmente, Araken de Assis apresenta solução parecida, ressalvando, contudo, que os valores penhorados somente podem ser superiores à permissão legal, mantendo-se intangíveis os valores incluídos na restrição de 50 (cinquenta) salários-mínimos, mesmo que, dizemos nós de acordo com a interpretação do ilustre professor, proveniente da sobra de vários períodos de recebíveis (ASSIS, Araken de. Manual da Execução. 18. ed. São Paulo: Editora Revista dos Tribunais, 2016, p. 343).

Outrossim, a aplicação de medidas indutivas inominadas em decorrência da frustração da expropriação pela impenhorabilidade seria o mesmo que forçar o devedor que possui uma posição jurídica favorável decorrente de lei a abrir mão do limite político-processual para cessar o constrangimento decorrente da atuação judicial por força do art. 139, IV, do CPC.[677] Além disso, a aplicação de medida sub-rogatória inominada representaria a quebra de isonomia com relação aos demais credores, por vezes de classe preferencial, sobre o patrimônio que deveria ser realizado em concurso universal e/ou ainda o ataque ao patrimônio mínimo e essencial do devedor, constitucionalmente garantido.

Importante verificar que qualquer ato nessas circunstâncias é vedado ao magistrado, pois lhe é defesa a imposição de comportamento diverso do que aquele previsto em lei (direito fundamental à legalidade, art. 5º, II, da CF). Com efeito, medidas indutivas desse cariz teriam apenas a finalidade de impor castigo ou sanção ao executado, sem qualquer adequação sobre a satisfação da obrigação, situação que configura a ilicitude e a inconstitucionalidade do provimento judicial.

3.2.4. A CARACTERIZAÇÃO DAS MEDIDAS ATÍPICAS COMO SANÇÃO RETRIBUTIVA

Os atipicistas costumam refutar o caráter sancionatório das medidas executivas atípicas, de início as diferenciando dos atos atentatórios à dignidade da justiça (art. 774, CPC) e das sanções à litigância de má-fé, afirmando que, para que o juiz aplique medidas processuais punitivas, inevitavelmente elas devem estar previstas em lei – tipicidade.[678] Aliás, essa seria a primeira diferença entre medidas indutivas *lato sensu* e medidas punitivas, já que aquelas prescindem de tipificação, enquanto estas a exigem.

---

[677] SILVA, Bruno Campos, SOUSA, Diego Crevelin de, ROCHA, Jorge Bheron. Medidas indutivas inominadas: o cuidado com o fator shylockiano do art. 139, IV, CPC. In: TALAMINI, Eduardo, MINAMI, Marcos Youji (coords.). Medidas executivas atípicas. Salvador: Editora JusPodivm, 2018, p. 714. pp. 703-715.

[678] Nesse sentido: MINAMI, Marcos Youji. Da vedação ao *"non factibile"*: uma introdução às medidas executivas atípicas. Salvador: Editora JusPodivm, 2018, p. 155.; RODRIGUES, Marcelo Abelha. O que fazer quando o executado é um "cafajeste"? Apreensão de passaporte? Da carteira de motorista? Disponível em <>. Acesso em 10 jul.2020; GRECO, Leonardo. Coações indiretas na execução pecuniária. In: TALAMINI, Eduardo; MINAMI, Marcos Youji (Coords.). Medidas executivas atípicas. Salvador: Editora JusPodivm, 2018. pp. 395-420.

Outra diferença diz respeito à finalidade: as medidas punitivas teriam como finalidade imediata sancionar uma conduta já realizada, em virtude de um dever processual violado; as medidas indutivas, de outro lado, são aplicadas com a finalidade imediata de estimular a realização de algo, logo são instrumentos para obtenção de um determinado resultado.[679] A inevitabilidade também costuma ser apontada como distinção entre as medidas indutivas e as punitivas, ou seja, enquanto a medida punitiva é inevitável *"no sentido de que o punido não tem como se livrar dela"*, a medida indutiva pode ser evitada *"bastando ao executado que realize a prestação devida"*.[680] A exigência do contraditório prévio existiria apenas para as medidas punitivas, porquanto, de outro lado, há hipóteses em que as medidas indutivas podem ser aplicadas com o diferimento do contraditório, como em situações de urgência. E, finalmente, enquanto as medidas indutivas atípicas admitem negócio jurídico processual entre as partes, ampliando-as ou restringindo-as, as medidas punitivas não o aceitam, *"pois a lisura do processo é indisponível"*.[681]

Feita essa breve apresentação, passa-se às críticas. Afirmar que um dos critérios que diferencia as medidas indutivas atípicas das medidas processuais punitivas é a finalidade imediata daquelas, que seria estimular a vontade do devedor e ensejar o pagamento da prestação pecuniária, é um argumento que cai por terra quando se observa que a vontade do devedor é irrelevante, conforme opção legislativa, para a satisfação desse tipo de obrigação, porquanto o Estado atua em sub-rogação, isto é, substituindo a sua vontade para produzir resultado prá-

---

[679] RODRIGUES, Marcelo Abelha. O que fazer quando o executado é um "cafajeste"? Apreensão de passaporte? Da carteira de motorista? Disponível em http://migre.me/wsUU1. Acesso em 10/07/2020. Neste mesmo sentido: BORGES, Marcus Vinícius Motter. BORGES, Marcus Vinícius, Motter. A efetividade da prestação jurisdicional executiva e as medidas coercitivas atípicas nas execuções pecuniárias: proposta de parâmetros mínimos para a aplicação adequada diante do caso concreto. Tese (doutorado) - Universidade Federal de Santa Catarina, Centro de Ciências Jurídicas, Programa de Pós-Graduação em Direito, Florianópolis, 2018. Disponível em < https://bit.ly/3jpAphJ>. Acesso em 20/07/2020. pp. 224-225.

[680] De acordo com Minami, para Fredie Didier Jr., esta é a principal diferença entre as medidas punitivas e as "coercitivas". MINAMI, Marcos Youji. Da vedação ao *"non factibile"*: uma introdução às medidas executivas atípicas. Salvador: Editora JusPodivm, 2018, p. 158, NR 466.

[681] MINAMI, Marcos Youji. Da vedação ao *"non factibile"*: uma introdução às medidas executivas atípicas. Salvador: Editora JusPodivm, 2018, p. 157.

tico equivalente ao do adimplemento voluntário. Ora, se a vontade do devedor é desprezada, não há lógica interna no sistema legal a amparar esse critério quanto às obrigações de pagar quantia.

Os argumentos utilizados pelos atipicistas, todavia, partem do observador que enxerga as coisas como elas deveriam ser (dever ser) e não como elas realmente são (ser). Mirando as medidas executivas atípicas e as sanções, quer processuais, civis, ou penais, por uma perspectiva externa, realmente elas se diferem substancialmente como modelos ideais. As sanções são impostas pelo Estado como consequências pelo cometimento de fatos típicos, ilícitos e culpáveis, o que não se dá, em abstrato, com as medidas executivas atípicas.

Contudo, ao se observar de uma perspectiva interna da aplicação das medidas executivas atípicas para as prestações pecuniárias, tal qual proposto por seus adeptos, levando em consideração todas as soluções de *lege lata* apresentadas acima neste estudo – as respostas conferidas pelo sistema à frustração da execução *lato sensu* –[682] o que vem sendo defendido e propugnado, inevitavelmente, é que o juiz, utilizando-se de seus poderes supostamente ampliados pelo art. 139, IV, do CPC, insira no procedimento executivo punições, sem previsão legal, ao executado que não paga a dívida, que não coopera para a satisfação do exequente. Afinal de contas, a frustração da execução marca-se por elementos normativos previstos na legislação, quer dizer, pela tríplice omissão do devedor (intimado não paga, não deposita e não indica bens penhoráveis). Se isso representa o suporte fático para a aplicação das medidas atípicas, não há outra conclusão a não ser que elas se prestam como meio retributivo ao comportamento inadequado do devedor, sanção, portanto. A pretexto de se aplicar o art. 139, IV, CPC, em realidade se faz incidir o art. 139, III, CPC.[683] Melhor explicando, utilizam-se medidas de cunho sancionatório, com a intenção de repreender condutas tidas por contrárias à dignidade da justiça, à lealdade e à boa-fé processuais, sem autorização legal, contudo, uma vez que o inciso III do art. 139 não confere ao julgador poderes implícitos

---

[682] Refere-se aqui a todas as hipóteses antes mencionadas, pelo insucesso das espécies e subespécies de penhoras por inexistência ou insuficiência de bens no patrimônio do devedor, para as suspeitas de ocultação, dilapidação e confusão patrimonial (seja entre pessoas jurídica e natural, seja entre pessoas naturais), dentre outras.

[683] CARVALHO FILHO, Antônio; SOUSA, Diego Crevelin de; PEREIRA, Mateus Costa. Réquiem às medidas judiciais atípicas nas execuções pecuniárias. Londrina, PR: Thoth, 2020, p. 127.

para aplicação de medidas punitivas atípicas, já que isso significaria violação ao art. 5º, XXXIX, da CF/88.

Denota-se, aliás, como ressaltam Igor Raatz e Natascha Anchieta, que o pano de fundo para a aplicação de medidas executivas atípicas nas obrigações pecuniárias corresponde, a bem da verdade, à tentativa de moralização do processo, que se baseia no discurso assaz frequente de que o executado, que não tem como pagar a dívida, não pode ter dinheiro para possuir veículo, viajar, principalmente para fora do país, o que nos conduz de volta ao modelo processual austríaco de Franz Klein, que via o processo como um mal social e depositava no aumento dos poderes judiciais e na eliminação dos direitos das partes a solução para acabar com o processo de modo mais célere e efetivo possível:

> Por detrás desse discurso moralizador, coloca-se em xeque, contudo, a própria autonomia do Direito, na medida em que os limites da função executiva passam a ser facilmente superados com argumentos morais, consagrando-se, com isso, uma visão funcionalizada do Direito (e do processo), em que sua intencionalidade jurídico-problemática é deixada de lado em favor de critérios e discursos econômicos, políticos e, em sentido lato, morais.[684]

Consoante se nota a partir de todas as soluções demonstradas acima, o exequente encontra no ordenamento jurídico pátrio várias respostas para as dificuldades ou inviabilidade de localização de bens penhoráveis no patrimônio do executado. Todas elas, de ordinário, têm o seu sucesso atrelado a um caminho com percalços, trabalhoso, cujo ônus de demonstração dos requisitos e suportes fáticos que lhes sustentam é, inegavelmente, do credor. Nem sempre os bens serão encontrados e a prestação adimplida, simplesmente porque não há medida indutiva atípica que tornará possível o impossível, que transformará fumaça em ouro, fazendo surgir bens que não existem formalmente e tampouco estão ocultos.

Desse modo, a doutrina que ignora ou despreza o arsenal de institutos jurídicos, legalmente estabelecidos, para fazer frente à crise executiva de ausência de bens para responder à execução, e prega como saída a utilização de medidas indutivas atípicas, busca a estratégia de *"subversão da obra legislativa"*, empreendida por um pensamento que aposta em hipertrofiar os poderes do juiz para que ele despreze o *"di-*

---

[684] RAATZ, Igor, ANCHIETA, Natascha. O juiz "arauto da moral" e o fim dos limites políticos da execução. Disponível em < https://bit.ly/2CLT8U1>. Acesso em 20 jul.2020.

reito positivo em favor de soluções compromissadas tão só à particular ideia de justiça daquele que interpreta":

> De dentro para fora, o modus operandi interpretativo escorou-se em dispositivo legal cuja abertura aparentemente legitima pretensões às mais criativas (e perigosas) destinadas a materialização de atos práticos – espécie de "cavalo de Troia legislativo", que autoriza a determinação de todas as medidas indutivas, coercitivas ou sub-rogatórias necessárias para assegurar o cumprimento de ordem judicial, inclusive nas ações que tenham por objeto prestação pecuniária (CPC/2015, art. 139, IV). Em miúdos: o preenchimento judicante dessa cláusula legal de efetivação deu-se à revelia das minudências do ordenamento jurídico, como se estivesse o julgador diante de um deserto legislativo, e por consequência uma medida caracteristicamente penal metamorfoseou-se em ato direcionado a dobrar a vontade do executado. Por força alquímica, uma sanção penal assumiu natureza de medida coercitiva.[685]

Inexiste no ordenamento brasileiro qualquer regra que permita ao juiz a aplicação, por provocação ou mesmo de ofício, de medidas processuais punitivas atípicas.[686] Na verdade, segundo direito fundamental estampado no texto constitucional, não há pena sem lei anterior que a preveja e tampouco crime sem lei anterior que o defina (art. 5º, XXXIX, da CF). Com efeito, é imperioso notar que, seja na esfera civil, penal ou administrativa,[687] as sanções devem estar taxativamente previstas na legislação infraconstitucional e sempre deverão ser interpretadas de modo restritivo.

Todas as medidas indutivas atípicas pensadas até o momento, tais como suspensão de CNH, apreensão de passaporte, cancelamento de cartão de crédito e quaisquer outras restrições dessa ordem represen-

---

[685] Em análise à decisão do STJ, no Recurso Ordinário em Habeas Corpus nº 99.606, que interpretou o art. 139, IV, do CPC. DELFINO, Lúcio. Coluna Garantismo Processual #24 - Poder judicial *versus* garantia fundamental à liberdade: recurso ordinário em habeas corpus n. 99.606 (ensaio crítico acerca do mau uso das medidas executivas atípicas). Disponível em < https://bit.ly/32FCPTB>. Acesso em 20 jul.2020.

[686] RODRIGUES, Marcelo Abelha. O que fazer quando o executado é um "cafajeste"? Apreensão de passaporte? Da carteira de motorista? Disponível em < https://bit.ly/31EoCEy >. Acesso em 10 jul.2020.

[687] FERREIRA, Daniel. Sanções administrativas: entre direitos fundamentais e democratização da ação estatal. Revista de Direitos Fundamentais e Democracia, Curitiba, v. 12, n. 12, p. 167-185, julho/dezembro de 2012; FERREIRA, Daniel. Infrações e sanções administrativas. In: DALLARI, Adilson Abreu, NASCIMENTO, Carlos Valder do, MARTINS, Ives Gandra da Silva (coords.). Tratado de direito administrativo, 1. São Paulo : Saraiva, 2013. Livro eletrônico, item 4; item 4.1.

tam, em última análise, graves punições ao comportamento de não adimplemento do devedor, ou pela falta ou ocultação de patrimônio, sem previsão legal e sem tipo correspondente. Nenhuma delas se volta efetivamente ao alcance da satisfação, tampouco são indispensáveis, porquanto o sistema possui outras soluções possíveis. E mesmo se se vai para o plano da pragmática, verifica-se que tais medidas não têm surtido qualquer efeito na satisfação dos créditos, o que reforça o argumento de que são simples sanções pessoais ao executado, lembrando que o ônus de demonstração prática da eficiência de tais medidas é de quem alega o seu sucesso.

A prática mostra, na verdade, que os credores pouco ou nada fazem na busca de bens ocultos. Raramente, atuam na revelação de fraudes à execução ou contra credores e mais raramente realizam o passo seguinte para a decretação da falência da empresa devedora ou da insolvência civil da pessoa natural ou jurídica não empresária. Nesse sentido, as medidas atípicas surgem como verdadeiras muletas à disposição do credor.

A experiência do foro revela que os credores não levam a cabo todas as medidas existentes para garantir antecedentemente o seu crédito, tais como a realização da hipoteca judiciária (art. 495, do CPC) – pouquíssimo utilizada entre nós, porém de grande utilidade para assegurar o resultado de futura execução –, a utilização de cautelares patrimoniais, como o arresto, o sequestro ou mesmo o protesto contra a alienação de bens. Nota-se que muitas diligências quedam olvidadas pelos credores, como a possibilidade de protesto da decisão transitada em julgado (art. 517, § 1º, do CPC), a alienação antecipada de bens, sejam daqueles sujeitos à depreciação, sejam nas hipóteses de vantagem ou necessidade do credor (art. 852, do CPC).

Assim, a vigorar a aplicação de medidas executivas atípicas nas obrigações pecuniárias, como majoritariamente defendido pela doutrina processual, produto da visão do processo justo, seria mais adequado ao devedor que a simples mora ou então o não pagamento da execução fosse crime, com a previsão de tais medidas restritivas como pena. Ao menos assim, haveria o exercício por parte do "acusado" do contraditório e da ampla defesa, bem como da segurança em conhecer o tipo penal.

3.2.5. UTILIZAÇÃO CONCORRENTE DAS MEDIDAS TÍPICAS E ATÍPICAS: IMPOSSIBILIDADE

A utilização concorrente de medidas executivas típicas e atípicas na execução pecuniária, tal qual defendida por parte da doutrina, encontra seus limites na própria inexistência de uma cláusula geral de adaptação procedimental, como outrora referido, não podendo tal conclusão ser extraída da conjugação dos arts. 139, IV; 536, §1º, do CPC. É preciso lembrar que o projeto do novo diploma processual civil continha, em seu bojo, a previsão de cláusula semelhante, todavia ela foi rechaçada, não podendo a doutrina simplesmente usurpar a competência legislativa e se arvorar na autoridade retórica do discurso para afirmar que esse poder existe e paira em nosso ordenamento. Sobre as dificuldades de harmonização do art. 139, IV, do CPC, com a execução por quantia certa contra devedor solvente, observem-se as lições de Talamini:

> Bem mais difícil é a compatibilização do art. 139, IV, com o sistema de execução por quantia certa. Essa via executiva peculiariza-se pela razoável tipicidade dos meios sub-rogatórios e coercitivos nela autorizados. Há todo um detalhamento normativo nos arts. 513 a 535 (título judicial) e 824 a 913 (título extrajudicial). E o modelo regrado passa ao largo da mera atribuição ao juiz de um poder geral de adoção de medidas sub-rogatórias e coercitivas atípicas. Há a previsão de diversas providências sub-rogatórias e, pontualmente, também de medidas coercitivas – mas todas elas razoavelmente tipificadas.
> Some-se a isso o fato de que a proposta de criação de um modelo relativamente atípico de execução por quantia foi apresentada no processo legislativo do CPC/2015, mas foi rejeitada.
> Logo, não há sentido em supor que o art. 139, IV, pura e simplesmente aniquilaria, tornaria inútil, faria tabula rasa daquele sistema detalhadamente disciplinado nas regras dedicadas à execução. É insustentável a ideia de que todas aquelas regras deveriam ser deixadas de lado, com o juiz estando liberado para adotar providências atípicas.[688]

De fato, a execução pecuniária segue sendo regida tipicamente por meios sub-rogatórios, sob a batuta da responsabilidade patrimonial, consoante dispõe o art. 789, do CPC. O art. 139, IV, do CPC, não tem aptidão para afastar esse regramento. Ademais, referido dispositivo não pode ser lido como uma carta branca para que o juiz, conforme a sua percepção subjetiva, adote o procedimento ótimo, correto, para obtenção de uma tutela justa, em claro e inolvidável desprezo à natu-

---

[688] TALAMINI, Eduardo. Poder geral de adoção de medidas coercitivas e sub-rogatórias nas diferentes espécies de execução. Revista de Processo | vol. 284/2018 | p. 139 - 184 | Out / 2018, p. 12.

reza garantística do processo, com assento constitucional no rol dos direitos fundamentais.

Para que o juiz afaste o procedimento detalhadamente tipificado em lei, ou seja, para que deixe de aplicar os meios sub-rogatórios e indutivos típicos estabelecidos na execução pecuniária, primeiramente se faz imprescindível a provocação da parte interessada – o credor, haja vista que o magistrado não pode atuar de ofício, mercê de ofensa inaceitável à garantia da imparcialidade, corolária do devido processo legal. Em segundo lugar, o afastamento da regra legal pode se dar tão-somente pela declaração expressa e fundamentada de sua inconstitucionalidade. Essa premissa decorre, obviamente, do fato de que o Judiciário não ostenta competência constitucional, e tampouco legitimidade, para escolher qual regra vai aplicar e qual não vai, de acordo com critérios metajurídicos e valores de justiça. Somente se provocado pela parte, garantindo o contraditório e reconhecendo a inconstitucionalidade do procedimento legal típico, é que o juiz poderá afastar a regra que se aplicaria ao caso concreto. Discordando da possibilidade de o juiz adaptar o procedimento para as execuções pecuniárias, sob as premissas frequentes de que é preciso construir o procedimento adequado ao caso concreto, conforme as peculiaridades, de que o processo de execução somente é justo quando se destina à tutela do crédito, seguem as reflexões:

> *Daí dissentirmos profundamente de teses fluidas como "o processo de execução só é justo quando voltado à tutela do crédito", é "necessário construir o procedimento adequado ao caso concreto, consideradas as suas especificidades", deve-se "ponderar os direitos fundamentais em jogo", e estratégias que tais. Isso porque (i) são lançadas sem dialogar com os princípios da separação de funções estatais e democrático, de um lado, e as garantias da legalidade e da imparcialidade, de outro, e (ii) concedem margem incontrolável de liberdade interpretativa aos juízes. Vale dizer, não enfrentam o debate prévio sobre a competência do Judiciário para tanto – (i) – e, dando-a por pressuposta, lançam suas fichas em solução insatisfatória para impedir que o seu exercício resulte em substituição do direito pelas preferências pessoais dos juízes – (ii).*[689]

Os discursos de que há execuções pecuniárias que exigem uma postura mais "ativa" do juiz para que seja garantida a efetividade sempre têm como pano de fundo a mixagem entre jurisdição e processo, ou seja, o processo é visto como o artefato para que a jurisdição alcance o

---

[689] CARVALHO FILHO, Antônio; SOUSA, Diego Crevelin de; PEREIRA, Mateus Costa. Réquiem às medidas judiciais atípicas nas execuções pecuniárias. Londrina, PR: Thoth, 2020, p. 96.

seu mister. Ignora-se ou não se dá a devida importância ao *status* constitucional do processo como um limite ao exercício do poder, como um campo de força a proteger as partes do Estado. Inferir que é necessário se ampliar os poderes do juiz no processo para se assegurar a efetividade da tutela jurisdicional é, sem dúvidas, menoscabar um direito de resistência previsto na Constituição para as partes, para que ali elas exerçam a sua liberdade, tanto positiva como negativa.

Justificar a ampliação dos poderes do juiz para a flexibilização do procedimento na imperiosa necessidade de se conferir efetividade – *"uma palavra em si mesmo ambígua"*[690] – às decisões judiciais, adaptando os meios executivos conforme a complexidade do direito material e das especificidades do caso concreto, é um argumento autoritário, que tem como consequência a colonização do processo pelo poder:

> *Ainda que inconscientemente, quantos tecem loas à efetividade como valor em si mesma representam, na verdade, a sobrevivência atávica da vocação despótica dos detentores de poder.*
>
> *(...) ao predicarmos a efetividade como valiosa por si mesma, deixamos de nos preocupar com a qualidade ou valor do decidido, dando prevalência à concreção do que foi decidido, pouco importando sua bondade ou valia. Desse prisma, mencionar-se efetividade da tutela e efetividade do processo é um modo de falar apenas sobre a necessidade (política) de se tornar incontrastável o ato de poder do magistrado. O que foi decidido, sendo um dizer autoritativo, deve gerar conseqüências materiais, precisamente aquelas postas como objeto do ato de poder. O discurso, nesse prisma, torna-se oblíquo e despistador, pois sob a coloração de porfiarmos em prol de uma garantia individual constitucionalmente assegurada e de um benefício para o usuário, preocupamo-nos exclusivamente em prestigiar, tout court, o ato de poder, a autoridade da decisão do magistrado.*[691]

Ainda na esteira do que leciona Calmon de Passos, quando se postula pela efetividade do processo como um valor em si mesmo e, ato contínuo, se lhe equipara à efetividade do que decidido pelo juiz, retrocede-se no tempo com uma valorização de decisionismo e mascara-se *"o propósito, consciente ou inconsciente, de se recuperar o exercício antidemocrático do poder político na sua dimensão jurisdicional"*. A efetividade que deve ser buscada é aquela que decorre da vinculação do juiz às normas positivadas, diretrizes para a solução dos conflitos, de

---

[690] PASSOS, José Joaquim Calmon. Conferência: efetividade do processo cautelar. In: _____. Ensaios e artigos v. II. Fredie Didier Jr. e Paula Sarno Braga (orgs.). Salvador: JusPodivm, 2016, p. 202. pp. 191-204.

[691] PASSOS, José Joaquim Calmon de. Cidadania e Efetividade do Processo. RDC Nº 1 SetOut/99. Disponível em <https://bit.ly/2YHNEm9>. Acesso em 07 mai.2020.

modo que apenas assim, quando devemos obedecer ao governo das normas e não dos homens, permanecemos livres, *"ao passo que nada mais somos do que servos ou súditos quando obedecemos apenas a quem formalmente se diz investido de poder para submeter-nos"*.[692] Portanto, entregar ao juiz o poder de, em nome da efetividade do processo justo, afastar o ordenamento jurídico com fundamento em valores, a partir de uma análise necessária e impiedosamente subjetiva, para moldar o procedimento e escolher a medida executiva atípica que se revele "melhor" do que o meio típico, estabelecido pelo legislador, é impor ao jurisdicionado o governo dos juízes e lhe solapar o governo das leis a que está, por força constitucional, submetido. Não é demais reforçar, com Igor Raatz e Natascha Anchieta, que, sob o fundamento da efetividade da tutela jurisdicional executiva, subjaz um discurso moralizador, que coloca em grave perigo a autonomia do Direito e do processo e não é consentâneo com o modelo democrático e constitucional.[693]

Nada obstante todos os limites até aqui estabelecidos para a aplicação das medidas executivas atípicas nas execuções pecuniárias, é evidente a vagueza dos conceitos abertos presentes no art. 139, IV, do CPC, nomeadamente a possibilidade de aplicação de *"todas as medidas"* para o *"cumprimento das decisões judiciais"*. Deste modo, o uso de meio atípico nessas execuções, no mínimo, desafia o preenchimento satisfatório e integral deste vazio normativo, nos termos do art. 489, § 1º, II, do CPC,[694] que considera não fundamentada a decisão pela qual o julgador emprega conceitos jurídicos indeterminados sem explicitar

---

692 PASSOS, José Joaquim Calmon de. Cidadania e Efetividade do Processo. RDC Nº 1 SetOut/99. Disponível em <https://bit.ly/2YHNEm9>. Acesso em 07 mai.2020.

693 RAATZ, Igor, ANCHIETA, Natascha. Da capacidade de invenção dos juristas brasileiros e o fenômeno da transformação das ações condenatórias em mandamentais: ou o que Pontes de Miranda e Ovídio Baptista da Silva diriam a respeito das leituras (equivocadas) do art. 139, IV, do Código De Processo Civil Brasileiro. Doutrinas Essenciais - Novo Processo Civil | vol. 2/2018 | p. 299 - 327 | | Revista de Processo | vol. 276/2018 | p. 153 - 181 | Fev / 2018.

694 O enunciado nº 12 do FPPC estabeleceu premissas parecidas, mas que precisam de melhores contornos: "12. (arts. 139, IV, 523, 536 e 771) A aplicação das medidas atípicas sub-rogatórias e coercitivas é cabível em qualquer obrigação no cumprimento de sentença ou execução de título executivo extrajudicial. Essas medidas, contudo, serão aplicadas de forma subsidiária às medidas tipificadas, com observação do contraditório, ainda que diferido, e por meio de decisão à luz do art. 489, § 1o, I e II. (Grupo: Execução)."

concretamente sua aplicação ao caso concreto.[695] É preciso, portanto, no intuito de se extrair a normatividade do dispositivo em comento, se delimitar, à luz da CF/88, o seu âmbito de aplicação e, na sequência, os critérios constitucionais para tanto.

3.2.6. ÂMBITO DE APLICAÇÃO DAS MEDIDAS EXECUTIVAS ATÍPICAS NAS OBRIGAÇÕES PECUNIÁRIAS

Os meios executivos indutivos *lato sensu* têm por finalidade atuar sobre a vontade do executado, estimular a sua participação na prestação da obrigação que consubstancia o título executivo. Daí extrai-se o campo de incidência das medidas executivas atípicas. Elas apenas podem ser utilizadas quando o seu objeto for obrigação específica, pois a vontade do devedor, nesse caso, é relevante para a satisfação da obrigação, tal como prevista, na lei ou no contrato.

Ora, todo o desenvolvimento das medidas executivo-indutivas atípicas na ciência processual se deu sob a justificativa de se assegurar ao exequente a tutela específica das prestações das quais é titular, no intuito de se evitar que o executado optasse, ao seu bel prazer, entre cumprir a obrigação de dar, fazer ou não fazer ou manter-se inerte e, então, tê-la convertida em perdas e danos e, por conseguinte, sofrer execução por quantia certa.[696] Dessa maneira, não se afigura congruente que elas sejam utilizadas para a obtenção de uma tutela que não é específica, mas sim genérica (de pagar quantia), e que, para ser concretizada, perpassa pela vontade do devedor, em um agir estatal que substitui e ataca diretamente o patrimônio, dentro das balizas da responsabilidade patrimonial.

O ordenamento jurídico prevê, para a execução pecuniária, medidas indutivas típicas, como a multa prevista no art. 523, §1º, do CPC, estipulada em 10% sobre o valor da condenação e que incide na exe-

---

[695] No mesmo sentido: SILVA, Bruno Campos, SOUSA, Diego Crevelin de, ROCHA, Jorge Bheron. Medidas indutivas inominadas: o cuidado com o fator shylockiano do art. 139, IV, CPC. *In:* TALAMINI, Eduardo, MINAMI, Marcos Youji (coords.). Medidas executivas atípicas. Salvador: Editora JusPodivm, 2018, pp. 703-715, *passim*.

[696] RAATZ, Igor, ANCHIETA, Natascha. Da capacidade de invenção dos juristas brasileiros e o fenômeno da transformação das ações condenatórias em mandamentais: ou o que Pontes de Miranda e Ovídio Baptista da Silva diriam a respeito das leituras (equivocadas) do art. 139, IV, do Código De Processo Civil Brasileiro. Doutrinas Essenciais - Novo Processo Civil | vol. 2/2018 | p. 299 - 327 || Revista de Processo | vol. 276/2018 | p. 153 - 181 | Fev / 2018.

cução pecuniária contra devedor solvente fundada em título judicial; o protesto do título executivo judicial, nos moldes do art. 517, CPC; e a inclusão do devedor em cadastro de inadimplentes, quer se baseie a execução em título extrajudicial ou judicial – art. 782, §§3º a 5º, do CPC.[697] Ainda, para a execução de prestação alimentícia, há a possibilidade de execução pelas medidas indutivas típicas do protesto, mesmo quando a decisão não esteja transitada em julgado (art. 528, § 1º, do CPC), e da prisão civil (art. 528, § 3º, do CPC).

É interessante notar que esses exemplos tratam de medidas indutivas, porquanto decorrem de lei e se destinam a estimular o devedor a efetuar o pagamento da obrigação. Por opção legislativa, após análise política da relação de meio (medida indutiva) e fim (satisfação da obrigação), estabeleceram-se hipóteses legais e, portanto, típicas de incentivo do devedor para o pagamento da obrigação pecuniária.[698]

Afora essas possibilidades, apenas nas obrigações específicas acessórias à obrigação pecuniária, que demandem um agir do executado para a sua satisfação, é que se pode falar em medidas indutivas atípicas. Por conseguinte, apenas nas obrigações de dar, fazer ou não fazer decorrentes da lei (obrigações legais) ou de ordens judiciais, nas quais se vê conteúdo eficacial mandamental, é possível pensar na aplicação do disposto no art. 139, IV, do CPC, e na sua interpretação conforme à Constituição.

Como exemplo de obrigações legais, a doutrina menciona as hipóteses previstas no art. 774 do CPC, afirmando que nas situações ali previstas, as medidas atípicas do art. 139, IV, CPC, poderão ser ampla-

---

697 TALAMINI, Eduardo. Poder geral de adoção de medidas coercitivas e sub-rogatórias nas diferentes espécies de execução. Revista de Processo | vol. 284/2018 | p. 139 - 184 | Out / 2018, p. 14; DELFINO, Lúcio. Coluna Garantismo Processual #24 - Poder judicial versus garantia fundamental à liberdade: recurso ordinário em habeas corpus n. 99.606 (ensaio crítico acerca do mau uso das medidas executivas atípicas). Disponível em < https://bit.ly/32FCPTB>. Acesso em 20 jul.2020.

698 RAATZ, Igor, ANCHIETA, Natascha. Da capacidade de invenção dos juristas brasileiros e o fenômeno da transformação das ações condenatórias em mandamentais: ou o que Pontes de Miranda e Ovídio Baptista da Silva diriam a respeito das leituras (equivocadas) do art. 139, IV, do Código De Processo Civil Brasileiro. Doutrinas Essenciais - Novo Processo Civil | vol. 2/2018 | p. 299 - 327 | | Revista de Processo | vol. 276/2018 | p. 153 - 181 | Fev / 2018.

mente adotadas.[699] Entretanto, não se está plenamente de acordo com essa posição. Explica-se.

O rol do art. 774, do CPC, traz condutas proibidas que, uma vez praticadas pelo executado, configuram ato atentatório à dignidade da justiça e darão ensejo a uma medida sancionatória retributiva. Há o preceito primário – o tipo –, como o ato de fraudar a execução (inciso I do art. 774), e o preceito secundário – a sanção –, isto é, a multa aplicada em até 20% sobre o valor exequendo (parágrafo único do art. 774).

As medidas sancionatórias retributivas se distinguem das medidas executivas indutivas atípicas também sob esse aspecto, porquanto as indutivas não partem de um preceito primário, de uma conduta proibida pelo ordenamento – não é esse o seu pressuposto. Por essas razões, aliás, é que não se pode afirmar que o art. 774, em todos seus incisos, enseja aplicação das medidas executivo-indutivas atípicas, porque de alguns não é possível se inferir, para além de uma conduta vedada, também uma obrigação legal cujo cumprimento dependa da vontade do executado.

O inciso V do referido dispositivo legal, todavia, contém, além de uma conduta proibida, as obrigações legais de o executado indicar quais são os seus bens sujeitos à penhora, as suas localizações e os seus valores, exibir prova das propriedades e, se se tratarem de bens sujeitos a registro, a certidão negativa de ônus. Corresponde a um dever legal que encerra uma prestação de fazer do devedor frente ao Poder Judiciário. Nada obsta que, para estimular o cumprimento dessas obrigações específicas, que dependem da vontade do executado, o juiz, a requerimento do exequente, aplique medidas indutivas atípicas com objetivo de estimular o comportamento do devedor. Outros exemplos de obrigações legais, específicas e acessórias da obrigação pecuniária podem ser encontrados no CPC, como: o dever de o depositário entregar o bem penhorado, para a realização do leilão ou para o arrematante (art. 840, CPC, c/c art. 652, CC – vedada a prisão civil do depositário infiel, registre-se); o dever atribuído ao banco de responder à consulta do Sisbajud[700], assim como de proceder ao bloqueio e transferência para conta judicial (art. 854, CPC); o dever atribuído ao

---

[699] TALAMINI, Eduardo. Poder geral de adoção de medidas coercitivas e sub-rogatórias nas diferentes espécies de execução. Revista de Processo | vol. 284/2018 | p. 139 - 184 | Out / 2018, p. 14.

[700] Sistema de busca de ativos do Poder Judiciário, que substituiu o BacenJud.

devedor de não dispor de créditos penhorados, em relação a terceiros, dentre outros.[701]

O âmbito de aplicação das medidas executivo-indutivas atípicas nas ordens judiciais decorre da força eficacial mandamental do provimento, ou seja, cuja força preponderante da decisão se volta ao atendimento pelo executado daquilo que o juiz manda.[702] Para tanto, o juiz utiliza-se de medidas indutivas com aptidão para estimular a vontade do executado (ou de outra pessoa que esteja vinculada à ordem), diante da impossibilidade fática de o juiz substituir a atuação do ordenado.[703] As ordens judiciais encerram obrigações específicas de entregar, fazer ou não fazer e, para o seu cumprimento, exigem uma atuação positiva do destinatário. O descumprimento da ordem judicial, além de poder configurar ato de *contempt of court* – art. 77, IV, CPC, dando ensejo à aplicação de medida sancionatória retributiva prevista no §2º do mesmo dispositivo, pode servir de suporte fático para a aplicação de medidas indutivas atípicas, no afã de incentivar o devedor, ou outro destinatário da ordem, ao seu cumprimento.[704] A título de ilustração, após a desconstituição da adjudicação ou da arrematação em razão de quaisquer vícios, caso o bem já tenha sido entregue ao adjudicante ou ao arrematante, é possível que o juiz determine a restituição do bem adjudicado ou arrematado, utilizando-se de medidas indutivas para tanto.

Desta feita, partindo-se da premissa de que o processo é um direito fundamental dos jurisdicionados, uma garantia contrajurisdicional em si, em virtude de seu assento constitucional no art. 5º, LIV, CF/88, de-

---

[701] CARVALHO FILHO, Antônio; SOUSA, Diego Crevelin de; PEREIRA, Mateus Costa. Réquiem às medidas judiciais atípicas nas execuções pecuniárias. Londrina, PR: Thoth, 2020, p. 72.

[702] MIRANDA, Pontes de. Tratado das ações – Tomo VI – Ações mandamentais. Campinas: Bookseller, p. 13.

[703] SILVA, Ovídio Baptista da, GOMES, Fábio Luiz. Teoria geral do processo civil. Jaqueline Mielke Silva, Luiz Fernando Baptista (atualizadores). 6. ed. rev. e atual. São Paulo: Editora Revista dos Tribunais, 2011, pp. 242-246; e também OLIVEIRA, Carlos Alberto Alvaro de. Direito material, processo e tutela jurisdicional. *In*: FUX, Luiz, NERY JR., Nelson, WAMBIER, Teresa Arruda Alvim (coords.). Processo e Constituição : estudos em homenagem ao professor José Carlos Barbosa Moreira. São Paulo : Editora Revista dos Tribunais, 2006. pp. 758-778.

[704] CARVALHO FILHO, Antônio; SOUSA, Diego Crevelin de; PEREIRA, Mateus Costa. Réquiem às medidas judiciais atípicas nas execuções pecuniárias. Londrina, PR: Thoth, 2020, p. 73.

ve-se concluir que a interpretação conforme do art. 139, IV, CPC, nas execuções de pagar quantia, está adstrita ao seu campo de aplicação restrito às obrigações legais específicas e às ordens judiciais de conteúdo mandamental, porquanto as medidas indutivas inescapavelmente atuam sobre a vontade do devedor e, desse modo, somente podem incidir nas situações em que a vontade é – mais uma vez – por opção legislativa, relevante.[705] Qualquer outra interpretação que se tente extrair do art. 139, IV, CPC, esbarra no direito fundamental ao devido processo legal e nos limites por ele impostos, assim como nas divisas da responsabilidade executiva patrimonial e, igualmente, da responsabilidade executiva pessoal limitada, afigurando-se, outrossim, inconstitucional.

3.3. AS MEDIDAS EXECUTIVAS ATÍPICAS NA PRÁTICA: EXAME SOBRE SUAS ILEGALIDADES E INCONSTITUCIONALIDADES

Desde o advento do CPC/15 e da "descoberta", pelo Poder Judiciário, da existência dos poderes, em tese, previstos no art. 139, IV, especialmente os que se referem à suposta abertura para aplicação das medidas executivas atípicas nas obrigações pecuniárias, como meios para compelir os executados ao adimplemento dos créditos, várias foram as decisões que se alastraram pelo País, plenas de criatividade, determinando apreensão de passaporte, suspensão de CNH (carteira nacional de habilitação), suspensão de outros direitos, proibição de participação

---

[705] Eduardo Talamini destoa do pensamento prevalecente na doutrina, ao dizer que, na obrigação de pagar quantia, o uso das medidas atípicas não pode se voltar ao seu cumprimento próprio, mas apenas e tão somente para assegurar a prática de atos executivos e o cumprimento de condutas de boa-fé e cooperação, das quais seriam exemplos: apresentação de rol de bens penhoráveis, não oposição maliciosa à execução, não colocação de obstáculos para busca e apreensão de bens, dentre outras. Elas seriam utilizadas, portanto, em casos de ocultação patrimonial, transferência fraudulenta dos bens, obstrução de acesso aos bens e violação de deveres de colaboração pelo executado. Tais condutas configuram deveres de fazer e não fazer e não se confundem com a obrigação de pagar, o que autoriza de modo amplo a utilização das medidas executivas atípicas, sempre observadas a proporcionalidade, a razoabilidade e a eficiência da medida. sem embargo de restringir a aplicação das medidas executivas atípicas, nas obrigações pecuniárias, apenas às condutas de fazer e não fazer, Talamini não demarca, por exemplo, quais seriam as violações aos deveres de colaboração pelo devedor que autorizariam o uso aqui mencionado, dando azo, de certa forma, a uma frouxidão dogmática que, em termos de restrição de direitos, não pode remanescer. TALAMINI, Eduardo. Poder geral de adoção de medidas coercitivas e sub-rogatórias nas diferentes espécies de execução. *In*: Revista de Processo | vol. 284/2018 | p. 139 - 184 | Out / 2018.

em concursos públicos e, até mesmo, medidas consistentes em privação de sono. Parte-se, agora, à análise das mais corriqueiras, com o escopo de se examinar, a partir das premissas e dos limites aqui postos, as suas ilegalidades e inconstitucionalidades. Para tal desiderato, utilizam-se decisões oriundas do Superior Tribunal de Justiça e de outros tribunais, com a aplicação de cada uma delas.

3.3.1. APREENSÃO DE PASSAPORTE

O STJ, no *Habeas Corpus* nº 478.963 – RS, se debruçou sobre a possibilidade do uso do art. 139, IV, do CPC, para determinar a apreensão de passaporte como meio executivo indutivo atípico em obrigação pecuniária no emblemático e midiático caso do ex-jogador de futebol Ronaldo de Assis Moreira – "Ronaldinho Gaúcho" – e de seu irmão e empresário Roberto de Assis Moreira.

Em suma, o pano de fundo do debate judicial consistiu em cumprimento de sentença proferida em ação civil pública dos autos nº 0006488-89.2012.8.21.0001, em trâmite perante a 3ª Vara Cível do Foro Central, Comarca de Porto Alegre/RS, que condenou "Ronaldinho" e seu irmão ao pagamento de indenização por danos ambientais impassíveis de restauração *in natura*, provocados em área de preservação permanente, no valor de R$ 800.000,00 (oitocentos mil reais). Iniciada a fase do cumprimento de sentença, o juízo de primeiro grau, além de instituir hipoteca judiciária[706] sobre imóvel de propriedade dos executados, determinou a intimação dos devedores para pagamento voluntário do débito. Decorrido o prazo, não pago, sobreveio deferimento de ordem de penhora eletrônica de ativos, via Sistema Bacenjud, que restou infrutífera, porque localizou apenas R$ 24,36 (vinte e quatro reais e trinta e seis centavos) nas contas. Ante a situação fática, o exequente, Ministério Público do Rio Grande do Sul, postulou pela aplicação de medidas executivas atípicas consistentes na apreensão de passaporte e/ou CNH, em 1º grau indeferidas pelo juízo, com a seguinte fundamentação:

> (...) 5) Por fim, indefiro o requerimento de depósito em juízo do passaporte e/ou carteira nacional de habilitação até o adimplemento da dívida por implicar o pleito em interdição temporária de direitos, espécie de medida restritiva (art. 43, V, do Código Penal), equiparável, portanto, a pena criminal, sem anterior e

---

[706] A hipoteca judiciária foi instituída sobre o imóvel objeto da petição inicial, cujo valor indicado no acórdão do HC era de R$ 24.250.000,00 (vinte e quatro milhões e duzentos e cinquenta mil reais).

específica cominação legal, a ferir o disposto no art. 5º, XXXIX, da Constituição Federal. Com efeito, a interpretação do novel art. 139, IV, do Novo Código de Processo Civil, encontra limites teleológico e sistêmico em nosso direito, não podendo um juiz cível, aproveitando-se de uma faculdade legal aberta, impor sanção de nítido caráter criminal. Encontra o pedido formulado, ainda, óbices de temporalidade e de risco de alteração da ordem de pagamento de credores, impondo ao réu inadimplente a obrigação judicial de satisfazer o crédito não em razão de sua natureza (qualificação legal), mas em face da coerção exercida. De mais a mais, o Supremo Tribunal Federal já declarou inconstitucional a prisão por dívida civil no caso de depositário infiel, assentando em nosso direito a exclusividade da prisão civil por alimentos, demonstrando, a Suprema Corte, a evolução de nosso sistema jurídico, a fim de que as dívidas civis não se satisfaçam mediante restrições à liberdade da pessoa.[707]

Inconformado com o indeferimento, o Ministério Público interpôs recurso de agravo de instrumento nº 0061369-58.2018.8.21.7000, julgado pela 1ª Câmara Cível do Tribunal de Justiça do Rio Grande do Sul, cujo acórdão lhe deu provimento, para determinar a apreensão dos passaportes dos executados (Ronaldinho e Assis). Em síntese, o TJRS utilizou os seguintes fundamentos para a aplicação da medida executiva atípica: a) a conduta reiteradamente omissiva dos executados, o que contribuiu para tornar a prestação jurisdicional, até então, inócua; b) os executados são pessoas de alto poder aquisitivo e, ainda assim, não cumprem sequer as obrigações pecuniárias que lhes foram impostas; c) os executados praticaram vários atos atentatórios à dignidade da justiça, recusando-se a receber citações e intimações, não cumprindo determinações judiciais, deixando de indicar bens penhoráveis; d) nada obstante serem fotografados rotineiramente viajando pelo mundo, não possuem paradeiro certo no Brasil; e) os ilícitos ambientais por eles cometidos são bastante graves; f) a omissão dos executados fez com que os danos ambientais se concretizassem e se potencializassem, apesar do Ministério Público ter ajuizado ações preventivas. O relator asseverou que os executados ferem os princípios reitores da ordem jurídica, quais sejam, a eficiência e a efetividade da prestação jurisdicional, e a medida atípica imposta busca fazer prevalecer a tutela jurisdicional adequada, útil e eficaz, revelando-se pertinente ante a reiterada desídia dos réus em cumprirem a obrigação judicial imposta,

---

[707] Decisão proferida pelo Juiz de Direito, Ramiro Oliveira Cardoso, em 16/01/2018, na Ação Civil Pública nº 0006488-89.2012.8.21.0001, da 3ª Vara Cível do Foro Central, Comarca de Porto Alegre/RS, em que são exequente o Ministério Público do Estado do Rio Grande do Sul (autor) e executados Reno Construções e Incorporações Ltda., Roberto de Assis Moreira e Ronaldo de Assis Moreira.

o grave dano ambiental e o desrespeito manifesto ao Judiciário, *"à luz do disposto no art. 77, IV, do CPC e do art. 139, III, do CPC/15"*. Somou a esse fundamento a autorização do art. 139, IV, do CPC, e a interpretação que lhe vem sendo conferida pela doutrina, como um poder geral de efetivação, determinando, outrossim, a apreensão dos passaportes dos executados até o pagamento da dívida.[708]

Contra a decisão proferida no agravo de instrumento acima, impetrou-se o *Habeas Corpus* 478.963/RS em favor de Ronaldinho Gaúcho e de Assis, alegando-se violação, por via reflexa, ao direito de ir e vir dos pacientes, assegurado pelo art. 5º, XV, da CF, e também ao direito de trabalhar, já que possuiriam muitos compromissos profissionais fora do país. Outro fundamento aventado foi a falta de justificativa para imposição da medida, porque haveria vários imóveis penhorados nos autos de cumprimento de sentença, sendo que um deles foi avaliado em mais de vinte e quatro milhões de reais. O *Habeas Corpus* teve a ordem denegada pela segunda turma do STJ, sob os seguintes fundamentos: a) a regra insculpida no art. 139, IV, parte final, do CPC, tem a sua serventia atrelada a situações sintomáticas de postura desleal e não cooperativa do devedor; b) as medidas executivas atípicas agregam-se aos meios típicos para permitir que o juiz encontre a tutela mais adequada a proporcionar a efetividade da tutela do direito material; c) de ordinário, nas obrigações pecuniárias, o esgotamento dos meios típicos se faz necessário, porém, nalguns casos, mormente quando o comportamento da parte se revela desleal, há que ser relativizada essa exigência; d) a inobservância da boa-fé objetiva não gera apenas sanções processuais, mas também deve acarretar efeitos jurídicos *"para repelir as consequências da atuação maliciosa"*, de modo que se deve permitir que o juiz utilize meios executivos atípicos, antes mesmo do exaurimento dos meios típicos, para fazer cessar ou remediar as condutas nocivas; e) no caso concreto, não há que se falar em constrangimento ilegal, porque a decisão foi fundamentada de modo adequado e houve respeito ao contraditório; f) ademais, durante todo o processo, inclusive na fase de conhecimento, os executados adotaram conduta evasiva e não cooperativa, o que revela que seguir no caminho executivo típico não trará qualquer sucesso à execução; g) finalmente, ponderados os direitos fundamentais em colisão – direito à tutela ambiental efetiva e direito de ir e vir –, *"a tutela aos direitos ao meio ambiente sadio e ao*

---

[708] TJRS, AI nº 0061369-58.2018.8.21.7000, 1ª Câmara Cível, Relator Des. Newton Luís Medeiros Fabrício.

processo efetivo e probo realmente justifica a restrição a uma fração da liberdade de locomoção dos pacientes". Consigna o acórdão, ao final, que os então pacientes disporiam de patrimônio de sobra para depositar o valor devido e, assim, evitar a medida coercitiva.[709] Passa-se, outrossim, à análise da aplicação do art. 139, IV, do CPC, em concreto.

Denota-se do exame conjunto dos argumentos utilizados pelos julgadores, tanto pelo TJRS, quanto pelo STJ, que o propósito condutor da aplicação da medida executiva atípica de apreensão dos passaportes dos executados foi a afirmada *"conduta omissiva e desleal"* por eles cometida durante todo o processo, não apenas ao não pagar voluntariamente a obrigação pecuniária – já na fase executiva –, mas também pelos diversos atos não-cooperativos na fase de conhecimento. Ao longo dos votos dos relatores do agravo de instrumento e do *habeas corpus*, notam-se várias referências aos comportamentos dos executados, enquadrando-os em atos atentatórios à dignidade da justiça, tipificados no art. 774 do CPC.[710]

No agravo de instrumento, é possível verificar que toda a fundamentação para a aplicação da medida atípica de apreensão de passaporte vai sendo desenvolvida com espeque no art. 139, III, do CPC, que outorga poderes ao juiz para prevenir ou reprimir qualquer ato contrário à dignidade da justiça. Várias condutas tidas como omissivas, desleais e violadoras dos princípios da eficiência e da efetividade da tutela jurisdicional são indicadas no acórdão referido para fundamentar o meio executivo atípico. No *habeas corpus*, a seu turno, o relator, sem embargo de não referir o art. 139, III, CPC, é bastante claro em dizer que a infração ao dever de boa-fé objetiva não deve gerar apenas sanções processuais, mas também tem aptidão para acarretar *"efeitos jurídicos para repelir consequências da atuação maliciosa"* e que o inciso IV do art. 139 tem a sua incidência atrelada à conduta desleal e não cooperativa do devedor.

---

[709] Acórdão proferido no HC 478963 / RS, de relatoria do Ministro Francisco Falcão, Segunda Turma do STJ. DJ 14/05/2019.

[710] Digno de nota, a propósito, que o relator do agravo de instrumento se equivoca no enquadramento, porquanto faz menção ao art. 77 do CPC, que trata dos deveres das partes e de seus procuradores, quando, na verdade, nos procedimentos de execução, a tipificação desses atos se encontra no art. 774, que traz um rol de condutas omissivas e comissivas que, uma vez praticadas, acarretam as medidas sancionatórias retributivas típicas legalmente estabelecidas.

No entanto, o art. 139, III, do CPC, não confere poderes implícitos ou inominados ao julgador para aplicar sanções processuais não previstas em lei, justamente porque toda sanção retributiva, como no caso das processuais, deve estar antecedentemente prevista em lei. Os atos atentatórios à dignidade da justiça estão tipificados no CPC, art. 774 (dentre outros), e, uma vez caracterizado qualquer de seus tipos processuais, o juiz, desde que provocado pela parte contrária, somente pode aplicar as sanções processuais legalmente estabelecidas, em observância aos direitos fundamentais do *nullum crimen nulla poena sine lege* – inciso XXXIX, do art. 5º, CF.

A real finalidade da aplicação da medida de apreensão do passaporte não foi gerar estímulo ou incentivo dos devedores ao adimplemento da obrigação pecuniária, mas sim sancioná-los em virtude do suposto modo de atuação no processo.

Partindo da premissa de que os executados adotaram posturas desleais, fica evidente que os julgados esgarçaram a hipotética abertura conferida pelo art. 139, IV, do CPC, de poder de aplicação de medidas executivas atípicas nas obrigações pecuniárias, para lhes impor genuína sanção a castigar atos que entenderam como atentatórios à dignidade da justiça, em um real travestir medida punitiva (art. 139, III, CPC) em vestes de coercitiva (art. 139, IV, CPC).[711]

A interpretação conferida ao art. 139, IV, do CPC, se revelou ilegal e inconstitucional, na medida em que não guardou qualquer correspondência com a obrigação pecuniária que se pretendia ver adimplida. As medidas de coerção nas demandas executivas voltam-se ao estímulo da vontade do devedor, para que ele cumpra as obrigações que, para serem adimplidas, necessitam de sua vontade, nos limites constitucionais de sua responsabilidade pessoal limitada.

Não existe amparo legal para que elas sejam aplicadas, ao contrário do que consta no acórdão do *Habeas Corpus*, por exemplo, para fazer cessar ou remediar condutas "*nocivas*". Interessante observar que, nos julgados referidos, não há sequer esforço argumentativo no sentido de justificar a aplicação de uma medida executiva atípica, de apreensão de passaporte, com escopo de estimular ou incentivar o adimplemento da prestação pecuniária pelos devedores.

---

[711] CARVALHO FILHO, Antônio; SOUSA, Diego Crevelin de; PEREIRA, Mateus Costa. Réquiem às medidas judiciais atípicas nas execuções pecuniárias. Londrina-PR: Thoth, 2020, p. 123.

Sem embargo, ainda que houvesse referido esforço, como já se demonstrou antes, a medida escolhida também seria ilegal porque, para o adimplemento das obrigações de pagar quantia, a vontade do devedor não importa, é irrelevante, estando o Estado dotado de poderes de sub-rogação para, invadindo o patrimônio do executado, satisfazer o crédito do exequente. Porque a regra legal, para obrigações dessa natureza, é a responsabilidade patrimonial, apenas nos casos especificados em lei – arts. 517; 523, §1º; 528, §§1º e 3º; 782, §§3º a 5º, todos do CPC –, é que é possível a aplicação de medidas executivas indutivas voltadas ao estímulo do devedor para o seu cumprimento.

Quanto ao argumento de que, em regra, o esgotamento dos meios típicos se faz necessário para incidência do art. 139, IV, do CPC, mas, diante de conduta desleal e não cooperativa do devedor, essa orientação deve ser relativizada, além da conclusão não encontrar guarida no direito positivo, ante a inexistência de autorização constitucional para que o Judiciário escolha o procedimento ótimo a depender do caso concreto e de suas especificidades, ele, em realidade, confirma o agir moralizante dos órgãos julgadores, que, em virtude da repulsa ao comportamento dos devedores durante o processo, buscam a correção do direito, das regras postas, do procedimento fixado pelo legislador, por critérios metajurídicos, o que lhes é vedado no Estado Democrático de Direito legislado, em que o Judiciário se encontra vinculado à lei *lato sensu*.

O instinto moralizante fica ainda mais evidente quando se verifica que, no cumprimento de sentença, havia ao menos um imóvel garantido com hipoteca judiciária, cujo valor de avaliação era superior a vinte e quatro milhões de reais, mais do que suficiente para a satisfação do crédito, e, ainda assim, ante um aparente sentimento de inconformismo e repulsa pelo não pagamento voluntário do *quantum debeatur* por devedores internacionalmente famosos e com "alto poder aquisitivo", foi aplicada uma medida com nítido caráter sancionatório.

O argumento do impetrante do HC de que o direito fundamental de ir e vir estava a sofrer intervenção estatal indevida foi retoricamente enfrentado, decidindo o STJ que, sob a perspectiva de haver colisão de direitos fundamentais entre aquele direito fundamental e o direito à tutela efetiva do meio ambiente e ao processo efetivo e probo, o direito de ir e vir cederia aos dois últimos, ante a aplicação da *"máxima da proporcionalidade"*.

De início, é preciso se ter em mente que o direito de ingressar e o de deixar o País, viabilizado pela utilização do passaporte,[712] decorre do direito fundamental de liberdade de locomoção, estampado no art. 5º, XV, da CF,[713-714] de *status negativus*, ou seja, um *"direito de resistência" (Abwehrrecht)*,[715] que protege o indivíduo contra ingerências, restrições, limitações ou violações do Estado, impondo-lhe o dever de não interferência no seu âmbito de proteção sem que, para tanto, haja justificação jurídico-constitucional.[716]

Da análise da "ponderação" realizada pela segunda turma do STJ, percebe-se que, em realidade, se tratou de mera retórica despida de conteúdo jurídico, porquanto a decisão sequer disse o que seria ponderar e não realizou a "ponderação" da suposta colisão, já que não explicou como chegou à conclusão de que os direitos fundamentais à tutela efetiva do meio ambiente e ao processo "probo" deveriam prevalecer sobre o direito fundamental de ir e vir, impossibilitando, totalmente, o controle racional da decisão, em evidente violação ao disposto no art. 489, § 1º, II, do CPC, por se tratar de conceito jurídico indeterminado.

---

712 Como lembram Carreira e Abreu, a expedição de passaporte é ato vinculado da administração pública e, uma vez cumpridos os requisitos previstos no art. 20 do Decreto 5.978/06, se faz compulsória. Ademais, o uso do documento é imprescindível para que se possa entrar e sair do país de maneira controlada pelo Brasil e pelas outras nações. CARREIRA, Guilherme Sarri, ABREU, Vinicius Caldas da Gama e. Dos poderes do juiz na execução por quantia certa: da utilização das medidas inominadas. In: TALAMINI, Eduardo; MINAMI, Marcos Youji (Coords.). Medidas executivas atípicas. Salvador: Editora JusPodivm, 2018. pp. 241-273.

713 O direito de entrar e sair do país também é reconhecido como direito humano em tratados internacionais dos quais o Brasil é signatário, como a Convenção Americana de Direitos Humanos (Pacto de San Jose da Costa Rica), o Pacto Internacional de Direitos Civis e Políticos, a Declaração Universal de Direitos Humanos, dentre outros.

714 CARREIRA, Guilherme Sarri, ABREU, Vinicius Caldas da Gama e. Dos poderes do juiz na execução por quantia certa: da utilização das medidas inominadas. In: TALAMINI, Eduardo; MINAMI, Marcos Youji (Coords.). Medidas executivas atípicas. Salvador: Editora JusPodivm, 2018. pp. 241-273.

715 DIMOULIS, Dimitri; MARTINS, Leonardo. Teoria geral dos direitos fundamentais. 7. ed. rev., atual. e ampl. São Paulo : Thomson Reuters Brasil, 2020, p. 67.

716 PIEROTH, Bodo; SCHLINK, Bernhard. Direitos fundamentais. Tradução de António Francisco de Sousa, António Franco. 2. ed. São Paulo : Saraiva Educação, 2019. Edição Kindle, posição 2710.

O que se dessume do voto do Ministro Relator é que houve, ao fim e ao cabo, uma "ponderação" política, isto é, a escolha política sobre qual dos direitos fundamentais deveria prevalecer no caso concreto, conferindo-se, a partir de valores e, portanto, de subjetivismos, *"maior peso ao direito fundamental que exorbita o interesse particular do indivíduo e se ocupa da preservação da sadia qualidade de vida de todos"*.[717] Não é demais lembrar que o Judiciário não constitui o espaço democrático, constitucionalmente autorizado, para tal desiderato, encontrando-se vinculado à lei em sentido amplo.

Em hipótese, admitindo-se existir, no caso concreto, colisão entre direitos fundamentais a justificar interferência no âmbito de proteção do direito fundamental do art. 5º, XV, da CF, o STJ deveria ter aplicado a proporcionalidade "prussiana", na perspectiva da dogmática dos direitos fundamentais proposta por Bernhard Schlink e Bodo Pieroth,[718] bem difundida no Brasil por Leonardo Martins e Dimitri Dimoulis. A proporcionalidade serve como a métrica constitucional para *"verificar a constitucionalidade de intervenções estatais a um direito fundamental mediante a avaliação de sua licitude e da licitude dos fins pretendidos, assim como da adequação e necessidade da intervenção para fomentar determinada finalidade"*.[719]

Apesar de não ser objeto desse trabalho o desenvolvimento das intervenções estatais por força da colisão dos direitos fundamentais, aplicando-se a proporcionalidade na "medida coercitiva" determinada no caso sob exame, verifica-se que o meio escolhido, apreensão do passaporte, sequer passaria pelo *"teste da licitude do meio"*, o que acarreta a inconstitucionalidade da intervenção. Melhor explicando: a apreensão de passaporte, como intervenção ao direito fundamental de ir e vir, tem previsão no ordenamento jurídico pátrio apenas como medida cautelar diversa da prisão, nos termos do art. 320 do CPP, com a finalidade de assegurar que o réu ou investigado não fuja do país e inviabilize a aplicação da lei penal ou instrução ou investigação do fato delitivo. Assim, ao invés de se decretar a prisão preventiva ou tempo-

---

[717] STJ, HC 478963 / RS, de relatoria do Ministro Francisco Falcão, Segunda Turma do STJ. DJ 14/05/2019.

[718] PIEROTH, Bodo; SCHLINK, Bernhard. Direitos fundamentais. Tradução de António Francisco de Sousa, António Franco. 2. ed. São Paulo : Saraiva Educação, 2019. Edição Kindle, posição 3033.

[719] DIMOULIS, Dimitri; MARTINS, Leonardo. Teoria geral dos direitos fundamentais. 7. ed. rev., atual. e ampl. São Paulo : Thomson Reuters Brasil, 2020, p. 220.

rária, ante o perigo de fuga para o exterior, apreende-se o passaporte, por ser uma intervenção no direito fundamental de ir e vir menos gravosa do que a prisão em si.[720] Trata-se de meio que encerra privação do direito fundamental à liberdade, porém previsto em lei, em obediência ao que determina o art. 5º, LIV, da CF. A medida executiva atípica de apreensão de passaporte, por conseguinte, se revela como meio ilícito e, consequentemente, não passa pelo teste da proporcionalidade.

Sobre o princípio da proporcionalidade e a ponderação principiológica, como vêm sendo largamente desenvolvidos e encampados no Brasil pela corrente processualista majoritária, é importante consignar as severas críticas que lhes são dirigidas, pois teriam viabilizado o esvaziamento dogmático dos direitos fundamentais, os quais, ao serem inseridos em um sistema de valores, têm a sua qualidade intrínseca alterada, não mais se encaixando em direitos de defesa contra intervenções estatais, mas como pretensões de validade autônoma e generalizante, vinculando indistintamente particulares e órgãos estatais.[721] Consequentemente, em razão da universalização e da expansão dos efeitos desses direitos, cada vez mais se entende que entre eles há colisão e, para saná-la, se recorre à ponderação, mesmo porque todos os direitos fundamentais são princípios e, por conseguinte, dignos de serem otimizados, o que dá margem a subjetivismos e, no caso do Judiciário – que não ostenta competência constitucional para promover a *"otimização jurídica dos direitos fundamentais, i.e., realizar proporcionalidade em sentido estrito"* –[722] acarreta a prática de autoritarismo judicial:

> Quando normas constitucionais e direitos fundamentais são convertidos em valores, quando todos os parâmetros constitucionais são nivelados e não há mais ponto de vista dogmático estável e, enfim, quando a proporcionalidade é convertida em um conceito universal e indeterminado, que serve igualmente à proteção

---

[720] CARVALHO FILHO, Antônio; SOUSA, Diego Crevelin de; PEREIRA, Mateus Costa. Réquiem às medidas judiciais atípicas nas execuções pecuniárias. Londrina-PR: Thoth, 2020, p. 122; CARREIRA, Guilherme Sarri, ABREU, Vinicius Caldas da Gama e. Dos poderes do juiz na execução por quantia certa: da utilização das medidas inominadas. In: TALAMINI, Eduardo; MINAMI, Marcos Youji (Coords.). Medidas executivas atípicas. Salvador: Editora JusPodivm, 2018. pp. 241-273.

[721] LAURENTIIS, Lucas Catib de. A proporcionalidade no direito constitucional: origem, modelos e reconstrução dogmática. São Paulo : Malheiros, 2017, p. 80.

[722] CARVALHO FILHO, Antônio; SOUSA, Diego Crevelin de; PEREIRA, Mateus Costa. Réquiem às medidas judiciais atípicas nas execuções pecuniárias. Londrina-PR: Thoth, 2020, p. 107.

> *do indivíduo e à expansão do poder do Estado, o caminho para a mudança contínua de perspectivas valorativas está sempre aberto.*
>
> *(...) Nesse ponto, em que toda a interpretação é também uma valoração e em que o modelo submete todo aquele que dele discorda a um julgamento e a um desvalor, a universalidade da ponderação e a mutação da proporcionalidade se completam. O desígnio e o destino universalista do modelo dos valores se revela aqui na forma mais pura de seu absolutismo e, sem aceitar que o pensamento também possa trabalhar sem se render ao conjunto de oposições e relativismos da ponderação, ameaça todo aquele que ouse interpretar sem valorar: pondera ou te devoro.*[723]

Na esteira das lições de Dimoulis e Martins, o sopesamento ou ponderação principiológica de cariz alexyana desemboca em escolhas políticas e não jurídicas. Apenas e tão-somente o legislador possui legitimidade democrática e constitucional para realizar a ponderação nestes moldes, ou seja, somente ele pode aferir a existência da proporcionalidade *stricto sensu* na intervenção em direitos fundamentais.

Sem embargo de seus defensores afirmarem que a discricionariedade judicial é reduzida em razão de limites de racionalidade, admitem que a decisão do julgador sempre terá elementos subjetivos, impassíveis de controle e, a partir do momento em que há subjetividade na interpretação – inerente à proporcionalidade *stricto sensu* –, o juiz excede os limites constitucionais de seu poder, ferindo o princípio da separação das funções e o princípio democrático. A ponderação, aliás, para além de carecer de critérios seguros que impeçam a discricionariedade de quem a aplica, se trata de construção irracional, pois é juridicamente impossível *"quantificar e comparar os direitos fundamentais"* e decidir qual possui maior relevância no caso sob análise:[724]

> Como acreditar que um juiz possa comparar de forma confiável a "valia" de um direito e a "desvalia" do outro ou que tenha a capacidade de avaliar se um direito possui peso suficiente? E como admitir o manuseio da proporcionalidade no sentido estrito como "mandamento de uma ponderação mais justa".
>
> Nem a doutrina nem o Poder Judiciário são detentores de uma balança de precisão ("ponderômetro"!) que permitiria medir e comparar direitos e decidir o que

---

[723] LAURENTIIS, Lucas Catib de. A proporcionalidade no direito constitucional: origem, modelos e reconstrução dogmática. São Paulo : Malheiros, 2017, pp. 129-130.

[724] DIMOULIS, Dimitri. MARTINS, Leonardo. Teoria Geral dos Direitos Fundamentais. 6 ed. São Paulo: Thomson Reuters, 2018, pp. 270-273; Nesse sentido, também conferir: SCHLINK, Bernhard; MARTINS, Leonardo. Liberdade mediante resistência à intervenção estatal: reconstrução da função clássica dos direitos fundamentais. Revista de Direito Civil Contemporâneo | vol. 11/2017 | p. 261 - 297 | Abr - Jun / 2017.

é mais "justo". Persistir em tal crença, como o faz parte da doutrina, aplaudida pelos órgãos da justiça constitucional, que veem na proporcionalidade stricto sensu um meio para ampliar seus poderes de criação do direito, prejudica a credibilidade da dogmática jurídica e a estrutura do Estado constitucional.[725]

Embora sem o desenvolvimento que aqui se procurou apresentar, o que se observa é que a decisão proferida pelo juízo de 1º grau foi a única que respeitou os limites constitucionais e legais do ordenamento jurídico pátrio: a) entendeu pela limitação da responsabilidade pessoal dos executados, ao concluir que apreender os passaportes configurava restrição ao direito fundamental de liberdade; b) compreendeu que a medida coercitiva postulada pelo exequente possuía nítido cunho de sanção, sem qualquer previsão legal a respaldá-la, o que macularia o art. 5º, XXXIX, da CF; c) argumentou que o sistema apresentava saída para o caso de inadimplemento, ou seja, a execução universal, uma vez que reconheceu que aplicar medida coercitiva desse jaez seria burlar o concurso de credores; d) e, finalmente, concluiu que a interpretação do art. 139, IV, do CPC, encontra limitação teleológica e sistêmica na ordem jurídica interna, sendo possível afirmar que o juízo de 1º grau realizou interpretação do dispositivo em comento conforme à CF. Ou seja, a única solução correta do caso foi a primeira a ser abandonada.

3.3.2. SUSPENSÃO DE CARTEIRA NACIONAL DE HABILITAÇÃO (CNH)

Outra medida executiva atípica aplicada nas execuções de obrigações pecuniárias que se popularizou foi a suspensão e/ou apreensão da carteira nacional de habilitação dos devedores. O Superior Tribunal de Justiça teve oportunidade de se debruçar sobre a questão e vem, reiteradamente, entendendo pela possibilidade de uso desse meio atípico, com base no art. 139, IV, do CPC.

Nada obstante não se encontrem decisões em que o STJ efetivamente tenha aplicado a medida executiva atípica de suspensão de CNH, houve o estabelecimento de diretrizes para a sua aplicação, firmadas em entendimento reiterado da 3ª Turma, nos REsps nos 1.788.950/MT e 1.782.418/RJ, ambos de relatoria da Ministra Nancy Andrighi. Pois bem, de acordo com a fundamentação externada nos acórdãos dos recursos ora indicados, compreendeu-se que, com o art. 139, IV, CPC, o legislador teria abandonado o princípio da tipicidade das formas executivas, *"conferindo maior elasticidade ao desenvolvimento do processo*

---

[725] DIMOULIS, Dimitri. MARTINS, Leonardo. Teoria Geral dos Direitos Fundamentais. 6 ed. São Paulo: Thomson Reuters, 2018, p. 274.

satisfativo", a depender do caso concreto. O princípio da patrimonialidade não seria um obstáculo porque as medidas coercitivas são apenas medidas de execução indireta, a atuarem sobre a vontade do devedor, e não sanções de natureza material. Partindo dessas premissas, os pressupostos para que o juiz imponha a medida executiva atípica de suspensão de carteira nacional de habilitação seriam: a) esgotamento prévio dos meios típicos, sob pena de se burlar a sistemática processual legalmente estabelecida; b) respeito ao contraditório; c) devida fundamentação da decisão judicial, demonstrando o juiz que a medida executiva atípica se revela adequada, necessária e razoável; d) a demonstração de que o devedor possui patrimônio apto a saldar o débito:

> Frise-se, aqui, que a possibilidade do adimplemento – ou seja, a existência de indícios mínimos que sugiram que o executado possui bens aptos a satisfazer a dívida – é premissa que decorre como imperativo lógico, pois não haveria razão apta a justificar a imposição de medidas de pressão na hipótese de restar provada a inexistência de patrimônio hábil a cobrir o débito.[726]

No que diz respeito aos argumentos sobre o suposto abandono pelo legislador do princípio da tipicidade na execução pecuniária, remete-se o leitor ao desenvolvimento realizado anteriormente neste estudo, especialmente sobre a inexistência de uma cláusula geral de adaptação procedimental em nosso ordenamento jurídico (item 3.2.1, capítulo 3), acerca da vinculação do Judiciário à lei (item 3.2.1, capítulo 3) e, finalmente, sobre a perseverança da responsabilidade patrimonial como regra inescapável nas obrigações de pagar quantia (item 3.2.2, capítulo 3).

Se o mote das medidas indutivas, como já se disse, é estimular a vontade do devedor ao adimplemento da obrigação, o que é reconhecido pelo próprio STJ nos recursos acima tratados, elas têm o seu âmbito de aplicação delimitado para as hipóteses em que a vontade do devedor é relevante para o alcance da tutela específica. Isso significa que, a *contrario sensu*, para as situações em que a vontade é irrelevante – como nas obrigações pecuniárias –, qualquer medida indutiva que extrapole aquelas tipicamente estabelecidas na lei, autorizadas

---

[726] REsp 1.788.950/MT, 3ª Turma, STJ, Rel. Ministra Nancy Andrighi. Nesse recurso, a conclusão foi pela não aplicação da medida executiva atípica porque, apesar de esgotados os meios típicos, não havia sinais de ocultação de patrimônio do devedor, mas sim de ausência material de bens. As mesmas premissas foram estabelecidas no REsp nº 1.782.418-RJ, 3ª Turma, STJ, Rel. Ministra Nancy Andrighi, e vêm sendo acolhidas, como se observa do REsp 1.837.309 e REsp REsp 1.837.680.

pelo legislador infraconstitucional, viola as balizas da responsabilidade executiva pessoal.

O esgotamento dos meios executivos típicos como pressuposto para a utilização de medidas executivas atípicas nas obrigações de pagar quantia também já foi enfrentado no item 3.2.3 deste capítulo, apresentando-se todas as alternativas conferidas pelo sistema legal para os casos em que, sem embargo de exauridas todas as espécies e subespécies de penhora, assim como utilizados os institutos aptos a desvelar patrimônio oculto ou na posse de terceiras pessoas, quer naturais, quer jurídicas, não se encontram bens suficientes para saldar a dívida, de modo que restaria ao credor a execução universal. Aliás, relembre-se aqui a afirmação feita naquela oportunidade de que o ordenamento jurídico traça os elementos normativos do que caracteriza a frustração da execução (ou esgotamento dos meios típicos) e os configura como suporte fático da pretensão insolvencional em sentido amplo.

Qualquer medida indutiva atípica que venha a ser imposta nesse contexto se trata de medida retributiva sancionatória, sem previsão legal, ainda que retoricamente denominada de indutiva, e, desse modo, se afigura ilegal e inconstitucional.

Repise-se que a situação de supostos indícios de ocultação de patrimônio, de se estar diante de devedor *"ostentação"*, também encontra respostas no direito positivado, o que leva à conclusão de que aplicar a medida de suspensão de CNH em casos que tais nada mais é do que colonizar o direito por valores, por critérios moralizantes, o que não se altera, aliás, com observância do contraditório prévio e da fundamentação adequada, que não são instrumentos legitimadores de decisões judiciais que não se escoram no direito, mas sim direitos fundamentais que resguardam a liberdade dos jurisdicionados contra possível arbítrio estatal.

Importante referir, ainda, ao excerto extraído dos recursos especiais aqui analisados, acima citado, em que a Ministra relatora afirma que a possibilidade do adimplemento – ou seja, a existência de *"indícios mínimos"* que sugiram que o executado possui bens aptos a satisfazer a dívida – é premissa que decorre como imperativo lógico à aplicação de medidas indutivas atípicas, pois não haveria razão apta a justificar a imposição de medidas de pressão na hipótese de restar provada a inexistência de patrimônio hábil a cobrir o débito. Há um paradoxo na premissa: se, para o uso do art. 139, IV, é imprescindível haver indícios de patrimônio, o que justifica se escapar da responsabilidade patrimonial e não utilizar os meios sub-rogatórios típicos, buscando-se a responsabilização pessoal? Em realidade, mais uma vez, trata-se de uma atuação que se pretende moralizadora do Judiciário, que desrespeita as barreiras da responsabilidade patrimonial e da responsabilidade pessoal executiva.

No ordenamento jurídico pátrio, a suspensão da CNH está prevista pelo legislador como medida restritiva de direitos, no art. 47, III, do CP, enquanto a cassação do direito de dirigir é pena acessória – efeito da condenação penal quando utilizado o veículo para cometer o crime doloso –, cuja previsão assenta no art. 92, III, do CP. No CTB, várias infrações ali previstas podem acarretar a suspensão ou a cassação do direito de dirigir. Desse contexto, extrai-se que a suspensão e a cassação sempre se tratam de medidas de caráter sancionatório, cujas hipóteses encontram previsão legal, e o pressuposto para sua imposição passa necessariamente pelo devido processo legal, de forma que aceitar a suspensão da CNH como medida coercitiva, com fulcro no art. 139, IV, CPC, seria o mesmo que aceitar a criação, pelo Judiciário, de uma hipótese de suspensão do direito de dirigir, fora daquelas estatuídas no CTB e no CP, âmbito de reserva legal.[727]

3.3.3. OUTRAS SUSPENSÕES DE DIREITOS

Outras medidas atípicas postuladas por exequentes e que foram enfrentadas pelos tribunais pátrios são pedidos de bloqueio de cartões de crédito, proibição de executados frequentarem clubes de lazer dos quais possuam títulos, proibição de participação em concursos públicos e licitações etc. Muitas das decisões prolatadas, principalmente pelos tribunais locais e pelo STJ, são de indeferimento das medidas, consoante argumentos vários, como ausência de demonstração de indícios de ocultação de patrimônio pelo devedor, inadequação do meio atípico para o alcance da finalidade satisfativa, consoante se apresentará abaixo, mediante as ementas dos julgados selecionados.

No agravo de instrumento nº 2160606-70.2020.8.26.0000, a 30ª Câmara de Direito Privado do TJSP manteve decisão proferida em 1º

---

[727] CARREIRA, Guilherme Sarri, ABREU, Vinicius Caldas da Gama e. Dos poderes do juiz na execução por quantia certa: da utilização das medidas inominadas. In: TALAMINI, Eduardo; MINAMI, Marcos Youji (Coords.). Medidas executivas atípicas. Salvador: Editora JusPodivm, 2018. pp. 241-273, p. 259; CARVALHO FILHO, Antônio; SOUSA, Diego Crevelin de; PEREIRA, Mateus Costa. Réquiem às medidas judiciais atípicas nas execuções pecuniárias. Londrina-PR: Thoth, 2020, p. 127.

grau de jurisdição, que indeferiu o bloqueio dos cartões de crédito do devedor. Na decisão colegiada, entenderam os desembargadores que: a medida postulada não assegura a satisfação da obrigação de pagar quantia;[728] nada obstante a busca infrutífera de bens no patrimônio do devedor, ser inadimplente *"não significa necessariamente desonestidade ou outro defeito moral"*; a medida representaria esvaziamento dos direitos fundamentais do devedor e, além disso, medida punitiva, a qual deve obediência à estrita legalidade.[729]

Em outra oportunidade, na qual o exequente postulava, além de suspensão de CNH, também o bloqueio de cartões de crédito do devedor, o TJSP, em agravo de instrumento, indeferiu a medida executiva atípica porque não pode o art. 139, IV, do CPC, ser utilizado de forma absoluta, além disso, exigem-se *"o esgotamento dos meios tradicionais de satisfação do crédito e a ocultação de patrimônio pelo devedor"*, ainda mais quando os meios postulados têm o condão de restringir direitos individuais, requisitos que não foram demonstrados pelo exequente.[730]

Muitas foram as decisões encontradas, ainda, que justificam o indeferimento de medidas como suspensão de CNH, retenção de passaporte, bloqueio de cartões de crédito, na ausência de correlação entre a medida postulada e a satisfação da obrigação pecuniária, ou na falta de demonstração de adequação do meio para o alcance da finalidade.[731]

Nada obstante o acerto do indeferimento dos meios executivos atípicos, observa-se que os argumentos utilizados, de ordinário, não se revelam os mais consentâneos ao ordenamento jurídico. Com efeito, em grande parte das decisões, utilizam-se como premissas para as medidas atípicas o esgotamento dos meios típicos e indícios de ocultação de

---

[728] Neste sentido, também decisão do TJES no Agravo de instrumento nº Agravo de Instrumento, 056189000880, Relator: Álvaro Manoel Rosindo Bourguignon, Órgão julgador: Segunda Câmara Cível, Data de Julgamento: 06/08/2019, Data da Publicação no Diário: 13/08/2019.

[729] Agravo de instrumento nº 2160606-70.2020.8.26.0000, rel. Des. Lino Machado, 30ª Câmara de Direito Privado, TJSP. Registre-se que também havia pedido de medidas de suspensão de passaporte e da CNH do devedor, todas refutadas sob os mesmos fundamentos do bloqueio de cartões de crédito.

[730] Agravo de Instrumento nº 2249977-84.2016.8.26.0000, rel. Des. Hugo Crepaldi, 25ª Câmara de Direito Privado, TJSP, j. 02-02-2017.

[731] Exemplos: AI Nº 70083710186, TJRS; AI nº 70083746057, TJRS; TJMG - AI-Cv 1.0080.11.003092-3/00; TJMG - AI-Cv 1.0699.13.003126-2/002; TJSP, AI nº 2093758-04.2020.8.26.0000.

patrimônio pelo devedor. Mais uma vez, é preciso lembrar que nenhuma das duas corresponde ao suporte fático de incidência dos meios executivos atípicas nas execuções de pagar quantia.

A falta de adequação apontada nos julgados parte da ideia de que inexiste correlação entre o meio e o fim almejado, porém acarreta, de outro lado, a falsa impressão de que a apreensão de passaporte se revelaria adequada para o caso de um devedor que, sem embargo de se manter inadimplente, com frequência empreende viagens ao exterior, fundamento que não encontra justificação no direito positivo, conforme já se expôs no item 3.3.1.

Outra crítica a ser feita às decisões consultadas diz respeito à falta de justificação na aplicação dos testes de proporcionalidade, visto que, geralmente, as fundamentações se revelam performáticas e não enfrentam substancialmente as razões pelas quais as medidas não são "adequadas", "necessárias", "razoáveis" e "proporcionais", o que impede o controle racional pelos jurisdicionados e fere o art. 93, IX, da CF/88.

Finalmente, apesar de partirem de premissas distintas das defendidas neste estudo, algumas decisões chegam à conclusão de que as medidas executivas atípicas pretendidas pelos exequentes costumeiramente têm caráter de sancionatórias retributivas, sem previsão legal, cujo móvel precípuo é punir devedores inadimplentes em virtude da convicção de que se tratam de litigantes imorais, não cooperativos. Para solucionar este problema, nada melhor do que um processo tido como instrumento maleável a ser manejado por um Judiciário dotado de superpoderes implícitos para extirpar as mazelas do mundo e concretizar a tão almejada justiça. Entretanto, esse remédio só encontra um "pequeno" obstáculo: a Constituição Federal de 1988, plataforma de lançamento do processo-garantia, direito fundamental dos cidadãos a resistirem às investidas sem justificação correlata do Estado, quer se pretenda "amigo", quer se revele "inimigo".

CONCLUSÃO

Ao final deste trabalho, propõem-se as conclusões em notas sobre os pontos investigados, com a finalidade de apresentar ao leitor o resultado do estudo:

1. A transição do privatismo processual para o publicismo processual, efetuada pelo processualismo científico alemão, abraçada e desenvolvida pelo processualismo italiano, ao mesmo tempo, alçou o processo à posição de instrumento a servir o Estado no desempenho da atividade jurisdicional, acarretando um incremento dos poderes judiciais, de modo que o juiz abandona sua posição inerte e assume papel ativo, ideias que influenciaram o desenvolvimento da ciência processual brasileira, com a Escola Processual de São Paulo, arraigada ao processualismo científico italiano.

2. Cândido Rangel Dinamarco é o responsável pela sistematização do instrumentalismo processual no Brasil, no célebre Instrumentalidade do Processo, doutrina que parte da premissa de que a ordem processual encontra a sua justificação em seu mister de proporcionar ao Estado meios para atingir seus próprios fins, os quais são perseguidos mediante o exercício do poder, de modo que a ação, a defesa e o processo integram o contorno da disciplina da jurisdição. Assim, se afigura clara a visão da centralidade da jurisdição na teoria geral do processo.

3. Com a fundação da doutrina da instrumentalidade do processo, Dinamarco desloca a "ação" do epicentro da teoria geral do processo, substituindo-a pela jurisdição, determinando que o processo é um instrumento a serviço do poder jurisdicional e, assim, sendo ele um meio e não um fim em si mesmo, exsurge a necessidade de se identificar e de se compreender seus escopos social, político e jurídico; ademais, para que alcance tais escopos, as regras processuais não podem servir de obstáculo para a pacificação dos conflitos sociais com justiça, e muito menos suplan-

tar as regras de direito material. O que se nota de sua construção é que, quando ele fala em escopos do processo, na verdade está a tratar dos escopos da jurisdição, os quais, para serem atingidos, necessitam do instrumento processo e de um juiz com poderes implícitos hipertrofiados para a correção do direito pelos anseios e valores da sociedade.

4. A efetividade do processo é um dos desdobramentos – o endereçamento positivo – do raciocínio instrumental do processo, tendo como uma de suas premissas a relativização do binômio direito-processo, e o processo-instrumento deve ser aperfeiçoado e adaptado às exigências do direito substancial a merecer tutela.

5. O formalismo-valorativo defende que ao centro da teoria do processo não deve estar a jurisdição, mas o processo, que, aliás, há de ser repensado à luz da Constituição, na perspectiva dos direitos fundamentais, como consequência inarredável da dimensão participativa que a democracia conquistou no direito contemporâneo. O formalismo do processo deve ser moldado "a partir de valores – justiça, igualdade, participação, efetividade, segurança –", superando a noção de mera técnica. Aliás, a técnica passa a um segundo plano, é o meio para alcançar os valores, pois o que realmente importa no processo é a concretização da justiça material. O incremento dos poderes do juiz está intimamente ligado "à natureza e à função do processo civil", na busca da eficiência na realização de seus objetivos, de modo que o ativismo judicial resulta da evolução social, política e cultural de nossa época, assim como da tomada de consciência de que o juiz é agente político do Estado. Consequentemente, não pode ser enclausurado em "cubículos formais do procedimento, sem liberdade de movimentos e com pouquíssima liberdade criativa", pois isso levaria "à exaltação das prescrições formais como fim em si mesmo, de modo incompatível com as finalidades sociais do processo moderno". Dispositivos infraconstitucionais que impeçam o alcance do "processo justo", para esta doutrina, ferem um direito fundamental e, portanto, são inconstitucionais.

6. A doutrina da cooperação processual, que decorre do caldo do formalismo-valorativo, prega que a colaboração é o modelo de processo que teria como objetivo proceder à divisão equilibrada das posições jurídicas do juiz e das partes – com aumento concorrente dos poderes dos sujeitos processuais –, formando uma comunidade de trabalho. O modelo cooperativo de processo seria

consentâneo com a Constituição e dela extraível, pois alicerce do direito ao "processo justo". A cooperação seria não apenas o modelo de processo, mas também um princípio, do qual se inferem deveres de esclarecimento, prevenção, debate e auxílio do magistrado para com as partes.

7. Nesse modelo, o papel do juiz na condução do processo ganha uma nova dimensão e ele passa a ocupar um lugar de isonomia para com as partes. O juiz do processo cooperativo, diferentemente daquele cunhado na fase do processualismo, agora desempenha duplo papel, quer dizer, é paritário no diálogo e assimétrico na decisão. Ademais, é aquele que compreende a sua responsabilidade no desenvolvimento da atividade processual e vê o processo como um utensílio para a entrega de uma tutela jurisdicional efetiva e que concretize os direitos materiais.

8. A doutrina cooperativista enxerga o processo como um instrumento para se alcançarem objetivos do Estado, que podem ser resumidos à obtenção de uma decisão justa, embora não diga exatamente o que isso significa. Para alcançá-la, é imprescindível que o processo seja "justo" e que o juiz participe, seja ativo, colabore, auxilie, esclareça e consulte as partes. Ainda que se afirme, na esteira dos cooperativistas, que o modelo cooperativo consagra o "fortalecimento" do contraditório, o "empoderamento" das partes, os "deveres cooperativos" do juiz, o processo continua a ser percebido e defendido como um instrumento da jurisdição.

9. Em decorrência das ondas da instrumentalidade processual, da efetividade processual, do formalismo-valorativo, do neoprocessualismo e congêneres, parcela significativa da doutrina passou a ver no direito de acesso ao judiciário (art. 5º, XXXV, da CF) a existência de um direito fundamental ao "processo justo", que abarcaria direitos ao ingresso em juízo, à observância das garantias insertas na cláusula do devido processo legal (inciso LIV do art. 5º da CF/88), à efetividade do contraditório, à adequada e tempestiva análise das questões debatidas no processo, por um juiz natural e imparcial, em decisão justa e motivada, e à construção de técnicas processuais adequadas para tutelar os direitos materiais. O modelo cooperativo de processo, assim como a capacidade de prestar a tutela jurisdicional adequada e efetiva, também compõem a noção de "processo justo", segundo a doutrina majoritária.

10. Visto como um instrumento ético de realização dos valores constitucionais pela jurisdição, prega-se que o processo deve ser analisado em consonância com a garantia do acesso à justiça e esta, por sua vez, está conectada ao processo justo, revelado como o meio pertinente para a aplicação do direito material com justiça aos casos concretos. Imprescindível, para tanto, se compreender a cláusula do devido processo legal com um conteúdo flexível à verificação concreta, caso a caso, da correção e da justiça procedimental. A exigência, portanto, de observância de um regramento legal, rígido, fora do qual a jurisdição não possa atuar, seria um empecilho para a efetividade do processo-instrumento disponível para a realização da justiça material.
11. O "processo justo", como direito a uma tutela jurisdicional efetiva, passaria, necessariamente, pelo procedimento. Ao direito fundamental à tutela efetiva corresponderia o dever do juiz de concretizá-la, de modo que há que estar atento à adequação ou inadequação, eficiência ou ineficiência do procedimento previsto em lei, para se desincumbir de seu dever.
12. Com base nas premissas do direito fundamental ao "processo justo", quando mira a execução, a doutrina aponta dele decorrer o direito fundamental à tutela executiva, o que acarreta a vinculação e a atuação do juiz direcionadas à satisfação do crédito do exequente, atribuindo ao juiz um verdadeiro poder jurisdicional implícito de encontrar, caso a caso, o meio executivo pertinente e apto a conceder ao exequente a satisfação de seu direito. A atipicidade das medidas executivas nas obrigações pecuniárias viria ao encontro, portanto, do "processo justo".
13. No Brasil, as críticas doutrinárias ao discurso prevalecente se voltaram à instrumentalidade do processo, a suas ideias pilares e ao aumento dos poderes do juiz. A instrumentalidade do processo é apontada como uma corrente doutrinária que, através das reformas processuais sobre ela alicerçadas, deu ensejo ao desequilíbrio no processo, na medida em que sobrevalorizou o papel do juiz, colocando-o em posição de proeminência e favorecendo o arbítrio estatal. Apesar da escola instrumentalista do processo tentar se desvencilhar da postura técnico-jurídica atribuída à fase autonomista, pregando a necessidade de que os operadores jurídicos tomem ciência do caráter teleológico do processo, a verdade é que ela apenas altera a finalidade da técnica, que deve se voltar à realização dos valores do Estado e da sociedade atual.

Trata-se de uma doutrina que preconiza um modelo falacioso de *"juiz antena"*, ou seja, um intérprete qualificado, capacitado e legitimado para captar os anseios sociais dominantes – as escolhas axiológicas da sociedade – construindo as suas decisões/interpretações com base nos valores majoritários por ele 'receptados', o que pode levar a um perigoso ativismo judicial.

14. A defesa da efetividade do processo, da efetividade da tutela jurídica, como se fossem fins valiosos em si mesmos, atrelada à ideia de que o processo é um instrumento a ser utilizado pelo juiz na persecução de um resultado justo, corresponderia ao mesmo que se buscar o exercício antidemocrático do poder político no âmbito jurisdicional.

15. Para a corrente brasileira do garantismo processual, em virtude do seu assento constitucional dentre os direitos e garantias fundamentais, inciso LIV do art. 5º, o processo se enquadra como uma *"garantia de liberdade contrajurisdicional"*. Nada obstante o devido processo legal seja, efetivamente, a garantia de outras garantias que lhe são inerentes, como contraditório, ampla defesa, imparcialidade, juiz natural, ele é em si uma garantia com conteúdo típico.

16. Para o garantismo processual, o processo serve de escudo a proteger os jurisdicionados do poder estatal, regra geral, inibindo e coibindo possíveis abusos e arbítrios do Estado-juiz ao desempenhá-lo e assegurando a liberdade das partes para atuar na defesa de seus interesses. Portanto, o Estado somente pode exercer a sua função jurisdicional de maneira legítima e constitucional, se o fizer em respeito absoluto e estrito à garantia do processo.

17. A partir da concepção garantista, o processo não pode ser compreendido como um "instrumento" a serviço da jurisdição, ou a legitimar a atuação do juiz, ou como método cooperado de trabalho entre juiz e partes, ou como técnica a salvaguardar a tutela efetiva, adequada e em tempo razoável, até porque tais perspectivas não encontram guarida no texto constitucional, que é a fonte normativa sobre a qual se debruça o garantismo.

18. O garantismo processual não se confunde com o privatismo, pois, diferentemente do liberalismo processual, compreende que o processo é coisa pública para as partes, já que garantia, não podendo ser caracterizado como coisa privada das partes. Reconhece, portanto, o seu caráter público, mas coloca o juiz na posição de garante da observância das regras legais fixadas previamente.

19. Para os garantistas, a ciência processual brasileira tem constantemente se desvirtuado e se descurado daquele que deveria ser seu objeto de estudo – o processo –, ora debruçando-se essencialmente sobre a jurisdição – o que a torna uma ciência jurisdicional – ora sobre o procedimento – revelando-se uma ciência procedimental.
20. Os instrumentalistas, os cooperativistas (e aqui se incluem os adeptos ao formalismo-valorativo) e congêneres não logram êxito em traçar a diferenciação entre jurisdição – instituição de poder – e processo – instituição de garantia contrajurisdicional, o que se deve ao fato de que eles enxergam e elaboram o processo a partir da perspectiva judicial, sob o ponto de vista do julgador. Para que o processo seja esse instrumento para a realização do direito material ou para a pacificação social com justiça, dirigido por um juiz que seja o legítimo canal receptor dos influxos axiológicos da sociedade, manietam-no *"para que sirva aos propósitos eleitos pelo soberano (o Poder Judiciário)"*. O juiz-instrumentalista é o juiz rebelde, sensível e destemido, que possui uma *"antena permanentemente atenta às infelicidades, às angústias e sofrimentos"* e pode transformar a sociedade a partir de sua interpretação qualificada de um contexto normativo propiciador da realização da justiça, pelo menos daquilo que seja justo a partir do seu ideal e do da comunidade a que serve.
21. Os garantistas processuais, por outro lado, visualizam o processo a partir da perspectiva do indivíduo-parte frente ao Estado-Juiz, retirando a sua substancialidade da Constituição – art. 5º, LVI –, que o abraça como um direito fundamental do cidadão. O garantismo opera sobre a imperiosidade de se constranger o exercício do poder estatal, de modo a impedir ou conter o arbítrio e o abuso: *"é, portanto, uma doutrina de liberdade e resistência legítima às forças estatais"*. Para os garantistas, o juiz-antena é um disfarce para que o juiz julgue conforme seus anseios pessoais ou a influência direta de seu grupo, uma vez que inexiste forma de controle racional da captação dos influxos sociais. Para além disso, propugnar que o juiz julgue de modo contrário à lei, porque de acordo com um suposto sentimento social, gera a ruptura da neutralidade política do Judiciário, cujo matiz é a contramajoritariedade. O juiz-garantista, portanto, se reconhece como presentante do Poder e vê no processo a garantia contrajurisdicional que impõe as balizas à sua atuação.

22. O devido processo legal é compreendido como *conditio sine qua non* do atuar jurisdicional, ou como a *"inafastável interface comunicativa entre a jurisdição e os jurisdicionados"*. O qualitativo "legal" é percebido como um imperativo de que *"o procedimento se arma segundo a lei"*, entendida como ato normativo produzido pelo legislador infraconstitucional.
23. A ideia do "processo justo" é refutada pelo garantismo processual em virtude da opção do constituinte originário, que claramente adjetivou o devido processo de "legal" e não de "justo": inexiste no texto constitucional qualquer "garantia" de "processo justo" em prol do jurisdicionado, não encontrando sustentação dogmática na CF/88. Além disso, não há que se falar em direito fundamental ao processo justo porque a realização de justiça material não é a função do processo, tampouco da jurisdição. O debate sobre o "justo", próprio de uma concepção moral, se dá no campo da política, especificamente no parlamento, que tem a função constitucional de estabelecer o direito positivo através das leis e de emendas constitucionais.
24. O "processo justo", consoante confessa a doutrina a ele tributária, amplia os poderes do juiz, que passa a ostentar a obrigação de encontrar a solução "ótima" para o caso concreto. Para galgar a justiça material, prega-se seja ela perseguida e obtida ainda que a despeito do direito, dotando-se o juiz de poderes muitas vezes implícitos, dentre os quais se destaca o de flexibilização procedimental, sempre que, para o caso concreto, o procedimento não se revele a opção mais "correta" e "adequada". Ou seja, o devido processo legal, de anteparo ao arbítrio estatal, se converte em "processo justo", real instrumento nas mãos do poder.
25. No Estado Democrático de Direito, é a lei que torna o procedimento rígido tal qual cerâmica nas mãos do juiz, que serve de anteparo das partes e, portanto, impede que o procedimento se plasticize. A plasticidade procedimental por iniciativa judicial viola o disposto no art. 5º, LIV, da CF/88 e o seu conteúdo de proteção.
26. O Judiciário tem o seu agir pautado sempre *under the law*, a ela e à Constituição está vinculado, não ostentando legitimidade constitucional para escolhas políticas ou para correção do direito posto e do procedimento a partir de critérios metajurídicos. A tipicidade executiva é garantia desse agir limitado do Judiciário, assim como o é a rigidez procedimental.

27. Para os hiperpublicistas, com a inserção da expressão *"inclusive nas ações que tenham por objeto prestação pecuniária"* no art. 139, IV, do CPC, teria havido significativa alteração no modo como o juiz passou a se relacionar com a execução de pagar quantia, ampliando significativamente seus poderes na implementação das medidas executivas e outorgando-lhe um poder geral de efetivação.
28. Em regra, os parâmetros de controle para a aplicação das medidas executivas atípicas nas obrigações pecuniárias, defendidos pela doutrina majoritária, são: (*i*) a subsidiariedade das medidas atípicas, ou seja, a necessidade do esgotamento prévio dos meios executivos típicos; (*ii*) a demonstração de insuficiência dos meios típicos, principalmente nos casos de devedor com indícios de patrimônio, mas sem bens demonstrados no processo; respeito ao contraditório; (*iii*) decisão judicial fundamentada; observância da proporcionalidade *lato sensu*, com análise da adequação, necessidade e proporcionalidade *stricto sensu* da medida executiva atípica. Há parcela minoritária da doutrina, todavia, que defende que o art. 139, IV, do CPC, previu uma cláusula geral de atipicidade, de modo que o sistema executivo passa a ser misto, inclusive nas obrigações pecuniárias, possuindo o juiz amplos poderes de eleição do meio executivo mais adequado à tutela do crédito do exequente.
29. Os garantistas, ao perceberem o processo como um direito de resistência oponível contra o Estado (*Abwehrrecht*), uma garantia contrajurisdicional, notam claramente que ele não se confunde com a jurisdição, mas, ao contrário, é o seu limite e, consequentemente, a primeira premissa para a aplicação das medidas executivas atípicas na obrigação de pagar quantia. Não há como se desenhar os lindes interpretativos e aplicativos do art. 139, IV, do CPC, sem ter como pressuposta a ideia de que o devido processo legal funciona como um campo de força a proteger os jurisdicionados do magistrado.
30. O processo, tal qual a atividade jurisdicional, não serve ao interesse específico de nenhuma das partes, já que também há dever de proteção em relação ao executado e aos eventuais direitos materiais e processuais em jogo. Primeiramente, porque a atividade jurisdicional é necessariamente desinteressada, uma vez que exercida por terceiro subjetivamente alheio no litígio (imparcialidade subjetiva). Em segundo lugar, porque a atuação da

jurisdição em defesa do interesse do credor converteria o juiz em parte, circunstância vedada pela imparcialidade (imparcialidade objetiva), outra garantia contrajurisdicional. Em terceiro, porque o processo (como uma garantia de liberdade contrajurisdicional e não como um instrumento de poder) garante às partes uma zona de agir estratégico na proteção de seus interesses e de suas liberdades.

31. Identifica-se na doutrina majoritária a transformação indevida de direitos de resistência (*Abwehrrechte*), tais como o direito do acesso à tutela jurisdicional (ou da inafastabilidade da jurisdição) – art. 5º, XXXV, CF/88 – e o devido processo legal – art. 5º, LIV, da CF/88 –, em direitos prestacionais. Os direitos fundamentais ao acesso à tutela jurisdicional (art. 5º, XXXV, CF) e ao devido processo legal (art. 5º, LIV, CF) não podem *"ser vistos como normas jurídicas de ampliação de poder estatal"*. Embora os direitos fundamentais tenham adquirido outras funções no Estado Democrático de Direito, a sua função original – resistir a intervenções – não pode ser ignorada ou excluída, tampouco mitigada.

32. O Poder Judiciário encontra-se adstrito à legalidade constitucional, não possuindo competência, sob o manto da CF/88, para rechaçar a aplicação da lei, a não ser em caso de inconstitucionalidade expressamente declarada. A vinculação do Judiciário às leis e à Constituição, além de ser uma garantia consectária dos direitos fundamentais à legalidade e ao devido processo legal, também decorre do respeito à repartição republicana de poderes.

33. A dobra da lei pautada por impulsos metajurídicos do julgador, que assim age motivado a corrigir o direito positivo a partir de atos subjetivos de sentir, querer, pensar, o faz incidir em um "déficit de fundamentação", porquanto substitui a legalidade vigente por suas convicções "superiores", incluído aí o conteúdo do significante do adjetivo "justo", constantemente atribuído ao processo.

34. À luz do garantismo processual, o juiz não possui competência constitucional para criar, moldar, adaptar e tampouco afastar o procedimento legal a depender do direito material subjacente e conforme as peculiaridades do caso concreto, a pretexto de, concretizando o processo justo, prestar a tutela jurisdicional adequada, efetiva e tempestiva. Da sua vinculação aos direitos fundamentais, decorre que, se e somente se provocado pela parte interessada, no caso concreto, acerca da inconstitucionalidade de

determinada regra procedimental – inclusive por violação a um direito fundamental – deverá realizar o seu controle constitucional para afastá-la.

35. O objeto da prestação pode ser excutido mediante meios sub-rogatórios, assim chamados aqueles que prescindem da vontade do executado, uma vez que consistem na intervenção estatal em seu patrimônio, e aqui se fala em responsabilidade patrimonial do devedor; e meios indutivos – premiais ou coercitivos –, em referência aos meios que têm como objetivo prefacial incidir sobre o *animus* do executado, premiando-o ou ameaçando-o com uma piora de sua situação jurídica, acaso não atue voluntariamente na satisfação do exequente, podendo se falar, então, em responsabilidade pessoal, sob a perspectiva da relevância da vontade do devedor para o adimplemento da obrigação específica.

36. As medidas indutivas atípicas somente se justificam quando buscam estimular o adimplemento pelo executado, quando incidem sobre a sua vontade, rigorosamente porque ela é relevante para que o Estado possa prestar a tutela jurisdicional específica ao titular da prestação, o que está conectado à responsabilidade pessoal limitada. Já na execução das obrigações pecuniárias, a participação do devedor é irrelevante para o Estado agir mediante meios executivos que atacam forçadamente o patrimônio do devedor, os sub-rogatórios. A execução pecuniária é a *ultima ratio* do sistema executivo, conclusão que pode ser extraída da análise criteriosa das escolhas legislativas, inclusive porque, quando caracterizado o inadimplemento absoluto das obrigações específicas, elas são convertidas em perdas e danos e serão executadas como obrigação pecuniária.

37. As medidas indutivas na execução pecuniária são exceções com previsão reservada à lei, ou seja, apenas o legislador pode eleger e tipificar meios que se voltem ao estímulo do devedor ao adimplemento, justamente porque a sua vontade é irrelevante e a tutela jurisdicional se dá através de meios sub-rogatórios, como se dá nos casos dos arts. 517; 528, §3º, ambos do CPC.

38. Os atipicistas não costumam explicar o conteúdo do requisito de esgotamento dos meios típicos nas obrigações pecuniárias, ou seja, se é necessária a utilização de todos os meios sub-rogatórios previstos em lei, se basta a frustração das penhoras mais comuns, como BacenJud e Renajud, de modo que a questão fica bastante aberta e nebulosa, dando margem a variadas conclusões.

39. No CPC, há previsão de 07 espécies de penhora, as quais podem ser divididas ainda em várias subespécies. Dentre todas elas, há as penhoras sobre créditos e direitos, cujo âmbito de aplicação é deveras vasto, existindo uma plêiade inominável de direitos e créditos possíveis no patrimônio do devedor e que podem ser objeto de constrição na execução. Se o esgotamento dos meios típicos significa o uso de todas essas penhoras, ainda assim não é possível afirmar que essa situação configura suporte fático da aplicação de medidas indutivas atípicas nas obrigações pecuniárias porque, além da limitação do seu uso para obrigações em que a vontade é relevante, o ordenamento jurídico conforma-se com a ausência ou insuficiência formal de bens, conferindo ao exequente as pretensões de suspensão da execução e do prazo prescricional, por um ano; e a pretensão da execução universal – insolvência civil, quando se tratar de devedor pessoa natural e jurídica não empresária – art. 750, CPC/73, c/c art. 1.052, do CPC/15 –, e falência, quando pessoa jurídica empresária – art. 94, II, da Lei 11.101/2005 –. Esta é a resposta do sistema vigente, não podendo ser afastada, ignorada ou substituída pela aplicação de medidas indutivas atípicas que, ao fim e ao cabo, servem como verdadeiro *bypass* de cunho moralizante e sancionatório.

40. Para os casos do executado que oculta bens, praticando atos de dissimulação executiva, o ordenamento jurídico também confere alternativas para que o credor se valha de incidentes aptos a desvelar o patrimônio, tais como fraude à execução, desconsideração da personalidade jurídica, desconsideração inversa, propositura de ação pauliana para demonstrar fraude contra credores etc., todos eles caminhos intrincados, sem dúvidas, mas que, por opção legislativa, são meios de se encontrar bens na esfera patrimonial do devedor renitente.

41. A mesma relação de confusão patrimonial, apurada entre pessoa jurídica-sócio ou sócio-pessoa jurídica (que dá ensejo aos incidentes de desconsideração da personalidade jurídica direta e inversa), pode se dar entre o executado "*ostentação*" e o "testa de ferro", ambos pessoas naturais, os quais instituem uma autêntica sociedade de fato, cujo objeto social precípuo é beneficiar o devedor com a blindagem patrimonial e, consequentemente, prejudicar os seus credores. A sociedade de fato é um fato jurídico, um acontecimento da vida, regido pelo CC, arts. 986 e ss, e a

sua existência pode ser provada por terceiros de qualquer modo, inclusive pelo credor que se vê por ela prejudicado – art. 990, CC. O exequente, portanto, ao perceber, pela aparência, que a sociedade entre executado e terceiro existe e que serve ao propósito de blindagem patrimonial do devedor, tem a pretensão de, mediante incidente de desconsideração da personalidade jurídica, buscar o reconhecimento da existência da sociedade de fato entre o executado e o "testa de ferro" e, na sequência, obter a desconsideração da personalidade jurídica de um sócio (o executado) para ataque ao patrimônio do outro sócio (o "laranja"). Ou seja, desconsideração da personalidade jurídica de uma pessoa natural para outra pessoa natural, na esteira do previsto no art. 990 do CC, que diz que a responsabilidade dos sócios de uma sociedade de fato é solidária e ilimitada. Trata-se de uma possibilidade de *lege lata*, a partir de interpretação que se encaixa nos limites semânticos do texto legal, revelando-se como uma forma apta a retirar o véu de uma sociedade de fato que existe para obstar a satisfação do exequente.

42. Ao se observar de uma perspectiva interna da aplicação das medidas executivas atípicas para as prestações pecuniárias, tal qual proposto por seus adeptos, levando em consideração todas as soluções apresentadas acima neste estudo, as respostas conferidas pelo sistema à frustração da execução *lato sensu*, o que vem sendo defendido e propugnado é que o juiz, utilizando-se de seus poderes supostamente ampliados pelo art. 139, IV, do CPC, insira no procedimento executivo punições, sem previsão legal, em frontal violação ao art. 5º, XXXIX, da CF, a partir de tentativa de moralização do processo.

43. O uso de medidas indutivas atípicas nas obrigações de pagar quantia está atrelado a obrigações específicas acessórias (obrigações legais ou ordens judiciais com força eficacial mandamental) da obrigação genérica, porque se voltam ao estímulo da vontade do devedor, relevante para o adimplemento específico da obrigação. Esta é a interpretação conforme à CF/88 do art. 139, IV, do CPC.

POSFÁCIO

"Sou a favor da liberdade.
Acho a liberdade mais importante que o pão."

(Nelson Rodrigues).

"Mesmo ao se admitir que a nebulosa expressão 'justiça social' possa ter um significado discernível, ela parece indicar, contudo, que a mera justiça *formal* não é o suficiente, mas precisa ser suplementada e sobreposta por um tipo de justiça baseado em resultados sociais desejados. De qualquer forma, o regime das leis, 'um governo baseado nas leis e não na vontade dos homens', apresenta-se como antítese da política jurídica 'socialmente engajada', pois nessa última os resultados sociais serão determinados segundo as preferencias de indivíduos particulares, os quais receberão poder para selecionar e apanhar resultados desejáveis, em vez de se guiarem pelas regras conhecidas, as quais se aplicam tanto aos cidadãos quanto aos juízes."

(Thomas Sowell).

I.

A *liberdade*: uma joia cuja importância é inversamente proporcional à sua fragilidade. Quem a perdeu sabe disso muito bem! Se antes a ela sequer reservava atenção, estava afinal integrada no seu cotidiano, *como o ar que se respira*, quando de repente a viu faltar, a preocupação dá seu primeiro alerta. *Uma pontada de desconfiança...* Depois, percebendo-a se dissipar de bocados em bocados cada vez maiores, a sombra do desespero se faz sentir incisiva no espírito, espécie de angústia misturada a um sentimento lancinante de culpa.

Infelizmente, a democracia nunca mostrou eficiência no seu papel de escudeira da liberdade. Em sua essência não foi pensada para se defender daqueles que a querem arruinada, é menos apática que covarde e até se inclina a ignorar ou negar as inúmeras ameaças de que é alvo. Revela-se *paradoxal* por oferecer "aos que querem aboli-la a possibilidade única de preparar-se na legalidade, com a garantia do direito, e mesmo de receber para tanto o apoio quase patente do inimigo externo, sem que isso seja considerado como violação realmente grave do pacto social."[732]

A democracia dá de comer para seus algozes, trata-os bem, com dignidade e, ainda pior, é de uma ingenuidade cega de fazer inveja a um cãozinho de estimação. Daí o risco sempre presente de ser aniquilada *de dentro para fora*. De pouco a pouco vai se colapsando, com as muitas liberdades individuais sendo minadas, manipuladas ou engolidas pela infindável fome do poder totalitário que nela se instala a partir de um aparelhamento gradual e furtivo em múltiplos setores, públicos e privados, da sociedade. E, ao final, completado o circuito, a doente morre vítima de infecção generalizada, em seu lugar surgindo impávida uma "democracia aperfeiçoada" (regimes totalitários fazem questão de se autoafirmarem democráticos), que no fundo representa nada mais que o seu inverso.

Os inimigos da democracia enxergam as liberdades individuais com hostilidade. São uma *pedra em seus sapatos*, pois atrapalham os projetos de poder, as revoluções silenciosas e o atingimento da plenitude da força estatal sobre a vontade dos cidadãos. Por isso não medem esforços para anulá-las: ausentes as liberdades individuais a democracia não se sustenta; *é arvore sem seiva, seca e acabada*.

Nada é fortuito, há métodos bem pensados e elaborados, e um deles, à guisa de ilustração, é a subversão da linguagem. A intelectualidade entra em cena para distorcer, *a modo de argila*, os significados já conhecidos de palavras de prestígio. Palavras que nomeiam coisas muitíssimo valorizadas em regimes democráticos e que lhes são simplesmente vitais. Não há limites para essa *alquimia semântica* cujo objetivo não é outro senão alterar comportamentos e maneiras de pensar. *Frequentemente confundir*. Pois a liberdade é uma dessas palavras desde sempre submetida a revisões de sentidos, até porque sempre foi difícil defini-la, o que facilita bastante o empreendimento. É maleável e camaleônica, sendo que o problema começa pelo fato de não possuir materialidade – não se pode apontar e gritar: "lá está ela, a Magnífica!"

---

732 REVEL, Jean-François. *Como terminam as democracias*. São Paulo: Difusão Editorial, 1984. pp. 7-8.

O campo do Direito – adentrando naquilo que importa para este texto – igualmente se rendeu ao jogo político e tem servido a práticas atentatórias às liberdades individuais, com resultados assaz positivos para os inimigos da democracia. Veja-se, para mencionar somente um emblemático exemplo, o vergonhoso episódio do "inquérito das *fake news*". O Supremo Tribunal Federal, numa performance lastimável e nada republicana, decidiu atrair para si a prerrogativa de instaurar inquéritos por conta e risco (= *ex officio*) quando em jogo a "autoproteção" de seus ministros ou da instituição. Entre os votos que mantiveram o monstrengo de pé, um deles, pautado no que chamou de "interpretação evolutiva", chegou a sustentar a ideia de *tirania do relativismo* para, ao final e contraditoriamente, relativizar e subverter o pacote todo: liberdade de expressão, proibição da censura, sistema acusatório, imparcialidade judicial, transparência, essencialidade da advocacia, direito de defesa, separação de poderes e legalidade. O Estado de Direito, para dizer o mínimo, sofreu uma tremenda *indigestão constitucional*.

De forma habitual as liberdades individuais têm sido banalizadas inclusive pelo próprio Judiciário: não caindo aqui, nada em absoluto as protege de serem destruídas acolá, e se depois seu uso, porém, interessar por qualquer razão obscura, basta simplesmente resgatá-las, sem preocupação com o já decidido. *Ativismo* e *garantismo* revezam-se numa dança macabra a depender da conveniência, de modo que coerência e integridade são slogans que ficam bonitinhos apenas em manuais de graduação. No plano da realidade, enfim, vige uma atmosfera de fomento à esquizofrenia decisória, que ajuda fortemente a corromper a democracia e tudo aquilo que lhe é caro e indispensável.

II.

Em reforço às reflexões até aqui elaboradas, quero agora fixar o olhar na *jurisdição* e no *processo* segundo uma perspectiva garantística, análise que, aliás, já dediquei esforços noutra oportunidade. Limitar-me-ei então a repisá-la com um ou outro acréscimo.

Entre nós, o edifício teórico e legislativo tem sido forjado a partir de miradas compromissadas sobretudo com o empoderamento da atividade jurisdicional. É que o *paroquialismo doutrinário* fez soberano o ensino do direito processual (que é menos *processual* que *jurisdicional* e *procedimental*) encimado em bases publicistas (e até hiperpublicistas), privilegiando uma compreensão que prima a jurisdição pela superioridade.

Trata-se, em suma, de uma visão *fagocitária*, que beneficia o *jurisdicional* em detrimento do *processual*, diluindo ou dissolvendo o último em favor do primeiro, hoje firmemente enraizada na tradição jurídica pela labuta impactante e serial da doutrina instrumentalista (e congêneres) durante longo trajeto histórico. Por isso os profissionais do direito rotineiramente prejulgam o *processo* por uma via de pensamento aferrada à perspectiva da atividade jurisdicional e dos seus (denominados) escopos sociais, políticos e jurídicos.[733]

Resumo da ópera: o *processo* (= devido processo legal) esvaziou-se de substância constitucional a ponto de se ver forçado a ajoelhar-se miseravelmente perante o poder estatal-jurisdicional. Tornou-se acessório e subserviente. E, claro, *e aqui está o enlace com o propósito destas linhas*, diminuir ou relativizar o processo, *a garantia das garantias*, é obviamente atraiçoar as liberdades individuais. *É deixar o cidadão-jurisdicionado nu*, dependente da sorte, da conjunção dos astros, quem sabe até de uma macumba bem-feita, em especial dos humores e preferências da autoridade exercente da jurisdição.

Quando perdem vigor os freios processuais contrajuridicionais, *as amarras que legitimam e controlam a própria atividade jurisdicional*, o resultado não é outro senão o surgimento de juízes audaciosos, *desprovidos daquele senso de prudência que lhes impõe o republicanismo*, ou seja, *engenheiros sociais* que, malgrado não terem recebido o voto popular, dedicam-se com furor à reforma da realidade. Buscam acelerar os rumos da história que reputam já predeterminados e inevitáveis (= determinismo histórico), razão por que à Constituição antepõem uma agenda política e, para cumpri-la, entra em cena o emprego de artifícios retórico-criativos sem limites, com vulgarizações de direitos

---

[733] É, aliás, exatamente essa doutrina uma das *molas propulsoras* a permitir o rompimento da *camisa de força* chamada devido processo legal e a diabolização das elevadas rigidez e resistência que o distinguem no âmbito constitucional, sendo ainda responsável pela criação da figura mítico-ideológica do *juiz antena* (que tão bem traduz uma jurisdição hiperbólica e desconectada com a Constituição). Recordando: *juiz antena* é o decisor profissional-intelectual ungido, dotado de capacidade sobre-humana para decifrar os "impulsos sociais" e os "clamores de moralidade" prevalecentes na sociedade, decodificar a "consciência da nação" e as "necessidades da época", habilitado assim a solucionar conflitos a partir de "critérios de justiça e igualdade", se necessário até ao arrepio das leis democraticamente produzidas. *Sobre o tema, consultar:* FILHO, Antônio Carvalho. Precisamos falar sobre o instrumentalismo processual. *Empório do Direito*. 11/10/2017. Disponível: www.emporiododireito.com.br. Acessado em: 10/11/2020.

fundamentais, atropelo e perversão de regras, piruetas interpretativas principiológicas, ponderações amalucadas, ausência de previsibilidade e perda do senso de hierarquia normativa. *Vivemos no reinado do solipsismo judicial!*

É a *libertinagem relativista* colocando na lona o devido processo legal e as liberdades individuais para fazer exasperar a jurisdição e o furor político-ideológico daqueles que nela encontram-se investidos.

III.

O CPC/2015 acompanha o perfil marcadamente autoritário de antanho, ou seja, aposta fichas em um juiz com amplos poderes, *cada vez menos neutro e mais intrusivo*, que não apenas impulsiona a atividade jurisdicional mas igualmente exerce iniciativa probatória, redistribui o ônus da prova, determina o comparecimento pessoal das partes a fim de interrogá-las, decide liminarmente com base na evidência, dilata prazos processuais e aplica sanções *ex officio* por ato de litigância de má-fé.

A doutrina, *em especial aquela entusiasta do state of affairs*, cumpre com devoção seu papel e, paulatinamente, vai pavimentando o chão interpretativo a partir do qual ocorre o jogo jurisdicional da litigância. Deita e rola, mesmo porque caiu no gosto da nossa (preguiçosa) legislatura a instituição imoderada de princípios e cláusulas gerais. A criatividade corre solta, de modo que os juristas não se restringem a preencher de sentidos os buracos deixados pelo legislador, fazendo surgir, sem lá muita preocupação com a dogmática, uma lista sem fim de "princípios" noviços louquinhos para caírem na graça dos tribunais. É autoexplicativo, além disso, o apreço que doutrinadores de perfil autoritário-publicista, em sua labuta ininterrupta de priorização e reforço da jurisdição, valendo-se de artifícios como boa-fé, cooperação, proporcionalidade e processo "justo", têm por uma "hermenêutica" de resultados.

Uma novidade, que causou excitação na comunidade jurídica, ilustra maravilhosamente bem o fenômeno: a regra que autoriza o manejo das chamadas *medidas executivas atípicas* também nas execuções de pagamento em dinheiro (CPC/2015, art. 139, IV). Parcela da comunidade jurídica não se fez de rogada e logo passou a advogar, com gradações variadas, o uso da força coercitiva estatal como alternativa viável para induzir devedores a honrarem obrigações pecuniárias. Em paralelo, decisões judiciais pulularam no cotidiano forense ordenando pagamentos sob pena, por exemplo, de suspensão de carteiras de habilitação, apreensão de passaportes, cancelamento de cartões de crédito, proibição de frequência em estádios, vedação de participação em concursos públicos ou licitações e assim por diante.

Falou mais alto o ideal utilitarista. Bastou um único artigo de lei, *genérico e tecnicamente mal elaborado*, para convencer juristas e profissionais do direito a relativizarem a lógica subrogatória das execuções pecuniárias, o regime de impenhorabilidade, a legalidade estrita, o devido processo e as respostas fornecidas pelo ordenamento jurídico em situações de ocultamento e ausência de bens em nome do executado. As medidas executivas atípicas foram equiparadas, enfim, a verdadeiros *aríetes da efetividade*, com a mitigação de regras sobre responsabilidade patrimonial, a conversão absurda de sanções penais e medidas acautelatórias penais em meios coercitivos e a derrubada do mínimo existencial do cidadão-devedor e das suas liberdades individuais, estas últimas que deveriam funcionar como fronteiras intransponíveis de proteção do homem contra a força asfixiadora do Estado.

O "remédio", que tem pouca potencialidade curativa, está se provando mais prejudicial e cancerígeno que a doença.

IV.

Recebi com alegria o convite da Professora Luciana Benassi Gomes Carvalho para posfaciar seu livro, "Medidas Executivas Atípicas nas Obrigações Pecuniárias", versão comercial da dissertação de mestrado que defendeu, *com o brilho que lhe é característico*, perante o Centro Universitário Internacional (UNINTER).[734]

Sou um leitor assíduo de tudo o que ela escreve. Absolutamente tudo. E nem poderia ser de outro modo, pois somos adeptos – ao lado de outros queridos amigos (Antonio Carvalho Filho, Diego Crevelin de Sousa, Eduardo José da Fonseca Costa, Glauco Gumerato Ramos, Igor Raaz, Júlio Cesar Rossi, Marco Paulo Di Spirito, Mateus Costa Pereira, William Gale e Natascha Anchieta) – da chamada *garantística*

---

[734] *Sobre o mesmo tema, é indispensável também a consulta do excelente:* FILHO, Antônio Carvalho; SOUSA, Diego Crevelin de; PEREIRA, Mateus Costa. *Réquiem às medidas judiciais atípicas nas execuções pecuniárias* (art. 139, IV, CPC). Londrina: Editora Thoth, 2020.

processual, vertente teórico-dogmática do direito constitucional especializada no devido processo legal.[735]

Não há jeito: no Brasil de hoje o garantista processual é um incorrigível (e necessário) antagonista do senso comum teórico e daquilo que hodiernamente prevalece na praxe forense. Enxerga problemas, sobretudo aqueles que favoreçam o exercício desmesurado da jurisdição, e os aponta na tentativa de dialogar, corrigir rumos e evitar a sua repetição. Isso exige muito esforço e provoca até alguma sequela de ordem pessoal.

Confesso que enfrento uma fase de esmorecimento. Advogado contencioso há 22 anos, estou no olho do furacão, portanto testemunha viva dos acontecimentos, de maneira que fica difícil, sendo muito sincero, manter o otimismo intacto diante do Judiciário brasileiro, *um dos mais caros do mundo*, o qual, não bastasse sua lerdeza característica, peca por comumente oferecer serviços de precária qualidade, com exemplos vindo de cima, dos tribunais superiores, que parecem se esforçar para romper com o tecido da legalidade, incluída a própria ordem constitucional.

O ativismo judicial (que desemboca em puro autoritarismo), visceralmente alavancado por doutrinas iluministas-salvacionistas (instrumentalismo, neoconstitucionalismos e semelhantes), as quais nutrem fascínio quase religioso pela "força normativa" dos princípios, atingiu patamar pandêmico e está inculcado na mente de advogados, representantes do Ministério Público, magistrados e professores. Tornou-se, em suma, algo *normalizado* e habilmente capaz de embotar o pensamento desses profissionais em relação a aspectos pertinentes à própria legitimidade do poder estatal-jurisdicional.

Mas a Professora Luciana – pesquisadora talentosa e juíza de direito dedicada – não se insensibilizou. E nem vai, tenho certeza! Ela sabe para o que veio e mira seus alvos com maestria. Suas armas: a Constituição, as leis e um afinado raciocínio lógico-dogmático. Sabe também que o embate atualmente travado na arena jurídico-doutrinária envolve, nas bandas opostas do *cabo de força*, intelectuais de perfis diversos: de um lado, os progressistas e revolucionários, para os quais as leis e mesmo a Constituição são documentos opcionais e de mera consulta, que buscam acelerar as mudanças sociais que entendem per-

---

[735] FONSECA COSTA, Eduardo José da. Garantismo ou garantística? *Empório do Direito.* 07/09/2020. Disponível em: www.emporiododireito.com.br. Acesso: 03/11/2020

tinentes na base do custe o que custar; de outro lado, os conservadores e originalistas (entre eles os *garantistas processuais*), que respeitam o ordenamento jurídico e, sobretudo, têm reverência pela Constituição e por sua função primacial de limitar os poderes estatais.

Seu livro, escrito em linguagem fluída e elegante, é daqueles que prendem e fascinam. Não há, em suas páginas, apego a modismos, fantasias ou fins utópicos. Nele, do princípio ao fim, nota-se a preocupação intransigente com a substância constitucional do processo e seu papel de tutela das liberdades individuais. Está tudo ali: i) desvelamento das premissas publicistas e arbitrárias do instrumentalismo processual; ii) origem, desenvolvimento e bases teóricas da garantística processual; iii) cotejamento entre instrumentalismo do processo e garantística processual; iv) execução civil vista à luz de premissas garantísticas; v) análise acurada das medidas executivas atípicas, com a descrição de posicionamentos teóricos atentatórios aos direitos fundamentais e às normas nas quais se escoram as execuções civis de obrigações pecuniárias; vi) âmbito constitucionalmente aceitável (e reduzido) de aplicação das medidas executivas atípicas nas execuções de soma em dinheiro. Sem rodeios, *o leitor tem em mãos uma genuína barreira contra o arbítrio judicial!*

A mim resta agradecer, em primeiro lugar, pelo livro e, por último, pela oportunidade generosa que me foi oferecida para fazer o registro destas tão breves quanto honestas e amontoadas reflexões. Termino mais feliz do que quando comecei porque o desabafo é sempre libertador.

Obrigado!

LÚCIO DELFINO
Pós-doutor pela Universidade do Vale do Rio dos Sinos (UNISINOS). Doutor pela Pontifícia Universidade Católica de São Paulo (PUC-SP). Membro fundador e Diretor de Publicações da Associação Brasileira de Direito Processual (ABDPro). Diretor da Revista Brasileira de Direito Processual (RBDPro). Advogado.

REFERÊNCIAS BIBLIOGRÁFICAS

ABBOUD, Georges. Discricionariedade administrativa e judicial: o ato administrativo e a decisão judicial. São Paulo : Editora Revista dos Tribunais, 2014.

———. Processo constitucional brasileiro. 4ª ed. rev., atual. e ampl. 2020. São Paulo: Thomson Reuters Brasil, 2020. Livro eletrônico.

———; LUNELLI, Guilherme. Ativismo judicial e instrumentalidade do processo. Diálogos entre discricionariedade e democracia. Revista de Processo, vol. 242/2015, p. 21 – 47, Abr / 2015.

———; OLIVEIRA, Rafael Tomaz de. O dito e o não-dito sobre a instrumentalidade do processo: críticas e projeções a partir de uma exploração hermenêutica da teoria processual. Revista de Processo | vol. 166 | p. 27 | Dez / 2008.

———; PEREIRA, Mateus Costa. O instrumentalismo processual à luz de críticas dogmáticas, filosóficas e epistemológicas: do não respondido ao irrespondível. *In*: PEGINI, Adriana Regina Barcellos et al. (Org.). Processo e liberdade: estudos em homenagem a Eduardo José da Fonseca Costa. Londrina: Thoth, 2019.

———; SANTOS, Maira Bianca Scavuzzi de Albuquerque. A relativização da coisa julgada material injusta: um estudo à luz da teoria dos enunciados performativos de Jonh L. Austin. *In*: Revista de Processo vol. 284/2018, São Paulo : Editora Revista dos Tribunais, out. 2018, pp. 77/113.

ALCALÁ-ZAMORA Y CASTILLO, Niceto. *Evolución de la doctrina procesal*. Revista de la universidad de Costa Rica. Volumen 5, 1951, pp. 327-349. Disponível em: <https://bit.ly/3jyGEQA>. Acesso em: 26 set.2019.

———. *Influencia de Wach y de Klein sobre Chiovenda*. In Estudios de teoría general e historia del proceso (1945-1972), t. II, 1a. reimp. Universidad Nacional Autónoma de México – Instituto de Investigaciones Jurídicas. México. Disponível em <https://bit.ly/3eWMO9J>. Acesso em 09 out.2019.

———. *Proceso, autocomposición y autodefensa*. Universidad Nacional Autónoma de México. México, 2000.

ALEXY, Robert. Teoria dos direitos fundamentais. Trad. Virgílio Afonso da Silva. São Paulo: Malheiros editores, 2008.

ALMEIDA, Roberto Sampaio Contreiras de. Art. 139. *In*: Teresa Arruda Alvim Wambier, Fredie Didier Junior, Eduardo Talamini e Bruno Dantas (orgs.). Breves Comentários ao Novo Código de Processo Civil. São Paulo: Editora Revista dos Tribunais, 2015.

ALMENDRA, Matheus Leite. Deveres das partes em matéria probatória: contornos sobre a influência (ou não) do princípio da cooperação processual instituído pelo novo código de processo civil. Doutrinas Essenciais - Novo Processo Civil | vol. 1/2018 |. Revista dos Tribunais | vol. 988/2018 | p. 261 - 281 | Fev / 2018.

ALSINA, Hugo. Prólogo. *In:* CALAMANDREI, Piero. Direito processual civil. Tradução de Luiz Abezia e Sandra Drina Fernandez Barbiery. Campinas: Bookseller, 1999. pp. 49-58.

ALVARADO VELLOSO, Adolfo. *La imparcialidad judicial y el sistema inquisitivo de juzgamento. In:* MONTERO AROCA, Juan (coord). *Proceso civil e ideología.* Valencia: Tirant lo Blanch, 2006. pp. 217-247.

———. O garantismo processual. . *In:* DIDIER JR., Fredie, NALINI, José Renato, RAMOS, Glauco Gumerato, e LEVY, Wilson. Ativismo e garantismo processual. Salvador: Ed. Jus Podivm, 2013, pp. 13-34.

———. *Proceso y República.* Fundación para el Desarrollo de las Ciencias Jurídicas, 2017.

ALVES, José Carlos Moreira. Direito Romano. I volume. 3. ed. rev. e acrescentada. Rio de Janeiro : Forense, 1971.

———. História do Direito Romano – Instituições de Direito Romano : A) Parte geral; B) Parte especial: Direito das coisas. 3ª ed. rev. e atual. Rio de Janeiro: Forense, 2002.

ALVES, Rafael Francisco *et. al.* Cândido Rangel Dinamarco e a instrumentalidade do processo: uma entrevista. Cadernos Direito GV, São Paulo, Direito GV, v. 7, n. 4, jul. 2010.

ALVIM, Arruda. Direito processual civil, vol. I; São Paulo : Editora Revista dos Tribunais, 1972.

———. Manual de direito processual civil, vol. I, 7ª ed., São Paulo : Editora Revista dos Tribunais, 2000.

———; GUEDES, Clarissa Diniz. Princípio do contraditório, cooperação e direito probatório. Revista de Processo | vol. 304/2020 | p. 17 - 37 | Jun / 2020.

ALVIM, José Eduardo Carreira. Elementos de teoria geral do processo. 7ª ed. Rio de Janeiro: Forense, 1999.

ANCHIETA, Natascha. Coluna garantismo processual #22 - Garantismo processual e teoria unitária do processo: breves reflexões. Disponível em : <https://bit.ly/3hjta9G>. Acesso em 20 ago.2020.

———, RAATZ, Igor. Coluna Garantismo Processual #31 - Contraditório em "sentido forte": uma forma de compensação das posturas judiciais instrumentalistas?. Disponível em < https://bit.ly/2MoWL3F>. Acesso em 03 jun.2020;

———; RAATZ, Igor. Coluna garantismo processual #50 - Cooperação processual: um novo rótulo para um velho conhecido. Disponível em : <https://bit.ly/3297JSy>. Acesso em : 20 ago.2020;

ANDRADE JUNIOR, Mozart Vilela. A desconsideração da personalidade jurídica para fins de responsabilidade: uma visão dualista da *disregard doctrine*. Revista de Processo | vol. 252/2016 | p. 59 - 77 | Fev / 2016.

ARAGÃO, Nilsiton Rodrigues de Andrade. A utilização da prisão civil como meio executório atípico. *In*: TALAMINI, Eduardo; MINAMI, Marcos Youji (Coords.). Medidas executivas atípicas. Salvador: Editora JusPodivm, 2018. pp. 93-109.

ARAÚJO, André Luiz Maluf de. As fases históricas do direito processual romano. *In*: COSTA, Eduardo José da Fonseca; *et al* (coords.). História do Processo. São Paulo : ABDPRO / Exegese, 2018. pp. 65-88.

ARAÚJO, Luciano Vianna. A atipicidade dos meios executivos na obrigação de pagar quantia certa. Doutrinas Essenciais - Novo Processo Civil | vol. 6/2018 |. Revista de Processo | vol. 270/2017 | p. 123 - 138 | Ago / 2017.

ARMELIN, Donaldo. Tutela jurisdicional diferenciada. Revista de Processo | vol. 65/1992 | p. 45 - 55 | Jan - Mar / 1992. Doutrinas Essenciais de Processo Civil | vol. 1 | p. 841 - 854 | Out / 2011.

ASSIS, Araken de. Cabimento e adequação dos meios executórios "atípicos". *In*: TALAMINI, Eduardo, MINAMI, Marcos Youji (coords.). Medidas executivas atípicas. Salvador: Editora JusPodivm, 2018, p. 125. pp. 111-133.

──────. Manual da Execução. 18. ed. São Paulo: Editora Revista dos Tribunais, 2016.

──────. Processo civil brasileiro, volume I: parte geral: fundamentos e distribuição de conflitos. São Paulo: Editora Revista dos Tribunais, 2015.

──────. Processo civil brasileiro, volume II: parte geral: institutos fundamentais. São Paulo: Revista dos Tribunais, 2016. Livro eletrônico.

AURELLI, Arlete Inês. A cooperação como alternativa ao antagonismo garantismo processual/ativismo judicial. Revista Brasileira de Direito Processual – RBDPro, Belo Horizonte, ano 23, n. 90, p. 73-85, abr./jun. 2015.

AUSTIN, J. L. *How to do things with Words. Second Edition.* Cambridge, Massachusetts: Harvard University Press, 1975.

ÁVILA, Humberto. Teoria dos princípios: da definição à aplicação dos princípios jurídicos. 16ª ed., rev. e atual. São Paulo: Malheiros Editores Ltda., 2015.

BARREIROS, Lorena Miranda Santos. Fundamentos Constitucionais do princípio da cooperação processual. Salvador: Juspodivm, 2013.

BARROSO, Luís Roberto. Constituição, Democracia e Supremacia Judicial: Direito e política no Brasil contemporâneo. *In*: FELLET, André Luiz Fernandes; PAULA, Daniel Giotti de; NOVELINO, Marcelo (orgs). As novas faces do ativismo judicial. Salvador: Editora Juspodium, 2ª tiragem. p. 225-250.

──────. Neoconstitucionalismo e constitucionalização do Direito. O triunfo tardio do Direito Constitucional no Brasil. Disponível em: <https://bit.ly/3cJbQsz>. Acesso em 18 mai.2020.

BAUMANN, Zygmunt. Modernidade líquida. Rio de Janeiro : Zahar, 2001.

BEDAQUE, José Roberto dos Santos. Direito e Processo: influência do direito material sobre o processo, 5. ed. São Paulo : Malheiros Editores, 2009.

———. Efetividade do processo e técnica processual. São Paulo: Malheiros, 2009.

———. Poderes instrutórios do juiz. 5. ed. rev., atual. e ampl. São Paulo: Editora Revista dos Tribunais, 2011.

BENEDUZI, Renato. Introdução ao processo civil alemão. Salvador: Juspodivm, 2015.

BERALDO, Maria Carolina Silveira. O dever de cooperação no processo civil. Revista de Processo | vol. 198/2011 | p. 455 - 462 | Ago / 2011.

BERMUDES, Sérgio. Introdução ao processo civil. Rio de Janeiro: Forense, 2006.

BORGES, Marcus Vinícius Motter. A efetividade da prestação jurisdicional executiva e as medidas coercitivas atípicas nas execuções pecuniárias: proposta de parâmetros mínimos para a aplicação adequada diante do caso concreto. Tese (doutorado) - Universidade Federal de Santa Catarina, Centro de Ciências Jurídicas, Programa de Pós-Graduação em Direito, Florianópolis, 2018. Disponível em < https://bit.ly/3jpAphJ>. Acesso em 20/07/2020. pp. 224-225.

BÜLOW, Oskar von. *Gesetz und Richteramt. Leipzig: Duncker and Humblot reprints*, 1885. Disponível em <https://bit.ly/2LnGFH0>. Acesso em 27 nov.2019.

———. *La teoria de las excepciones procesales y los presupuestos procesales*. Traducción de Miguel Angel Rosas Lichtschein. Argentina : Librería El Foro, 1868.

BUZAID, Alfredo. (1977). A influência de Liebman no direito processual civil brasileiro. Revista Da Faculdade De Direito, Universidade De São Paulo, 72(1), 131-152.

———. Exposição de motivos do código de processo civil, capítulo II – Do sistema do Código de Processo Civil vigente, item 3. p. 11. Disponível em < https://bit.ly/2VqmmyO>. Acesso em 20 abr. 2020.

CABRAL, Antonio do Passo. Imparcialidade e impartialidade. Por uma teoria sobre repartição e incompatibilidade de funções nos processos civil e penal. Revista dos Tribunais Online, Revista de Processo, v. 149, p. 339-364, jul./2007.

———. Nulidades no processo moderno : contraditório, proteção da confiança e validade *prima facie* dos atos processuais. 2. ed. Rio de Janeiro : Forense, 2010, pp. 211-212.

———. O processo como superego social: um estudo sobre os fins sociais da jurisdição. Revista de Processo | vol. 115/2004 | p. 345 - 374 | Maio - Jun / 2004.

CAETANO, Marcelo Miranda. A atipicidade dos meios executivos – coadjuvante com ares de estrela principal –, o art. 139, IV, CPC e o resguardo ao escopo social do processo. *In:* TALAMINI, Eduardo, MINAMI, Marcos Youji (coords.). Medidas executivas atípicas. Salvador: Editora JusPodivm, 2018, pp. 225-239.

CALAMANDREI, Piero. Direito processual civil. Tradução de Luiz Abezia e Sandra Drina Fernandez Barbiery. Campinas: Bookseller, 1999.

———. Premissas políticas do projeto de Código Processual Civil Italiano. *In:* Processo oral. 1ª série. Rio de Janeiro: Emprêsa Revista Forense, 1940. p. 165-170.

CÂMARA, Alexandre Freitas. A eficácia da execução e a eficiência dos meios executivos: em defesa dos meios executivos atípicos e da penhora de bens impenhoráveis. *In:* ALVIM, Arruda, *et al* (coords.). Execução civil e temas afins: do CPC/1973 ao novo CPC : estudos em homenagem ao professor Araken de Assis. São Paulo : Editora Revista dos Tribunais, 2014, pp. 13-18.

———. O princípio da patrimonialidade da execução e os meios executivos atípicos: lendo o art. 139, IV, do CPC. *In:* TALAMINI, Eduardo, MINAMI, Marcos Youji (coords.). Medidas executivas atípicas. Salvador: Editora JusPodivm, 2018. pp. 231-239.

CAMARGO, Luiz Henrique Volpe. O art. 139, IV, do CPC e os instrumentos de defesa do executado. *In:* TALAMINI, Eduardo, MINAMI, Marcos Youji (coords.). Medidas executivas atípicas. Salvador : JusPodivm, 2018. pp. 855-872;

CAMBI, Eduardo; BUENO, Filipe Braz da Silva. Segurança jurídica e efetividade processual. Revista dos Tribunais Sul | vol. 4/2014 | p. 175 - 190 | Mar - Abr / 2014. Revista dos Tribunais Sul | vol. 5/2014 | p. 175 - 190 | Maio - Jun / 2014.

———; HAAS, Adriane; SCHMITZ, Nicole. Princípio da cooperação processual e o novo CPC. Revista dos Tribunais | vol. 984/2017 | p. 345 - 384 | Out / 2017.

———; NEVES, Aline Regina das. Flexibilização procedimental no novo código de processo civil. Revista de Direito Privado | vol. 64/2015 | p. 219 - 259 | Out - Dez / 2015.

———. HAAS; Adriane. SCHMITZ, Nicole. Normas fundamentais no novo código de processo civil. *In:* Revista de Processo | vol. 290/2019 | p. 95 - 132 | Abr / 2019.

———. Neoconstitucionalismo e neoprocessualismo. *In:* FUX, Luiz. NERY JR., Nelson. WAMBIER, Teresa Arruda Alvim (coords.). Processo e constituição: estudos em homenagem ao professor José Carlos Barbosa Moreira. São Paulo: Editora Revista dos Tribunais, 2006. pp. 662-683.

CAMPOS, Francisco. Exposição de motivos do Código de Processo Civil. *In:* Processo oral. 1ª série. Rio de Janeiro: Emprêsa Revista Forense, 1940. p. 252-267.

CANOTILHO, J. J. Gomes. Direito constitucional e teoria da constituição. 6ª ed. Coimbra-Portugal: Almedina, 2002.

CAPPELLETTI, Mauro e GARTH, Bryant. Acesso à justiça. Porto Alegre, Fabris, 1998.

CARMONA, Carlos Alberto. O processo de execução depois da reforma. *In:* TEIXEIRA, Sálvio de Figueiredo (coord). Reforma do Código de Processo Civil. São Paulo : Saraiva, 1996, pp. 747-764.

CARREIRA, Guilherme Sarri, ABREU, Vinicius Caldas da Gama e. Dos poderes do juiz na execução por quantia certa: da utilização das medidas inominadas. *In:* TALAMINI, Eduardo; MINAMI, Marcos Youji (Coords.). Medidas executivas atípicas. Salvador: Editora JusPodivm, 2018, pp. 241-273.

CARVALHO FILHO, Antônio. Coluna Garantismo Processual #7 - Pequeno manual prático para o debate instrumentalistas (e afins) vs. garantistas processuais. Disponível em < https://bit.ly/2BvzHOK>. Acesso em 03 jun.2020.

———. Coluna Garantismo Processual #25 - Desmistificando o processo justo: pela reconstrução do devido processo legal. Disponível em: <https://bit.ly/2T-3Q9vx>. Acesso em 28 mai.2020.

———. Flexibilidade procedimental e (in)segurança jurídica. Texto ainda inédito e gentilmente cedido pelo autor. Consulta em 01 jul.2020.

———. Precisamos falar sobre o instrumentalismo processual. *In*: SOUZA JR, Antonio Carlos *et al.* (Orgs.). Diálogos de Teoria do Direito e Processo. Bahia: Editora JusPodivm, 2018, pp. 325-336.

———, CARVALHO, Luciana Benassi Gomes. Coluna Garantismo Processual #49 – Medidas executivas atípicas e processo justo: duas deturpações. Disponível em <https://bit.ly/2zIEEmS>. Acesso em 01 jun.2020.

———, ———. Falta de fundamentação como "estado de exceção": uma visão a partir da deficiência de endoprocessual e do ativismo judicial. *In*: PEGINI, Adriana Regina Barcellos [*et al*] (Orgs.). Processo e liberdade: estudos em homenagem a Eduardo José da Fonseca Costa. Londrina: Editora Thoth, 2019. pp. 123-143.

———; ———. Coluna Garantismo Processual #27 – Ativismo e déficit de fundamentação. Disponível em : < https://bit.ly/34tiXUu>. Acesso em : 20 ago.2020.

———; ———. Recuperação judicial e o voluntarismo judicial. Revista Brasileira de Direito Processual – RBDPro, Belo Horizonte, ano 27, n. 106, p. 83-95, abr./jun. 2019.

———. SOUSA, Diego Crevelin. PEREIRA, Mateus Costa. Réquiem às medidas judiciais atípicas nas execuções pecuniárias. Londrina-PR: Thoth, 2020.

CARVALHO, Luciana Benassi Gomes. Coluna Garantismo Processual #58 – Juízes representantes do povo?. Disponível em <https://bit.ly/2RQ6EdU>. Acesso em 11 jul.2020.

CHIOVENDA, Giuseppe. Instituições de direito processual civil. Campinas: Bookseller, 2000.

———. Procedimento oral. *In*: Processo oral. 1ª série. Rio de Janeiro: Emprêsa Revista Forense, 1940. pp. 39-68.

———. *Dell'azione nascente dal contrato preliminare*. *In*: Guiseppe Chiovenda, Saggi di diritto processuale civile, Milano: Guiffrè, 1993, vol. 1.

CINTRA, Antonio Carlos de Araújo; GRINOVER, Ada Pellegrini; DINAMARCO, Cândido Rangel. Teoria Geral do Processo. 16ª ed. rev. e atual. São Paulo : Malheiros Editores, 2000.

CIPRIANI, Franco. *El proceso civil entre viejas ideologias y nuevos eslóganes*. *In*: MONTERO AROCA, Juan (coord). *Proceso civil e ideología*. Valencia : Tirant lo blanch, 2006, pp. 81-95.

———. *El proceso civil italiano entre eficiencia y garantias*. In: CIPRIANI, Franco. *Batallas por la justicia civil*. Lima: Cultural Cuzco, 2003, pp. 117-129.

———. *El proceso civil italiano entre revisionistas y negacionistas*. In: MONTERO AROCA, Juan (coord.). *Proceso civil e ideología*. Valencia : Tirant lo blanch, 2006, pp. 51-64.

———. *En el centenario del reglamento de Klein (El proceso civil entre libertad y autoridad)"*. Disponível em < https://bit.ly/2KmdROU>. Acesso em 20 abr.2020.

COMOGLIO, Luigi Paolo. *Garanzie costituzionali e giusto processo (modelli a confronto)"*. In: Revista de Processo | vol. 90/1998 | p. 95 - 150 | Abr - Jun / 1998.

———. *Garanzie minime del "giusto processo" civile negli ordinamenti ispano-latinoamericani*. In: Revista de Processo | vol. 112/2003 | p. 159 - 176 | Out - Dez / 2003 Doutrinas Essenciais de Processo Civil | vol. 9 | p. 1035 - 1053 | Out / 2011.

———. *Il "giusto processo" civile nella dimensione comparatistica*. In: Revista de Processo | vol. 108/2002 | p. 133 - 183 | Out - Dez / 2002.

CORDEIRO, Carlos José. GOUVEIA, Raíssa Vieira de. A era neoprocessual do processo civil e a relação com a teoria tridimensional do direito, ilustradas pela análise do inciso IV do art. 139 do Código de Processo Civil. Revista dos Tribunais | vol. 989/2018 | p. 349 - 376 | Mar / 2018.

COSTA, Alexandre Araújo; COSTA, Henrique Araújo. Instrumentalismo x Neoinstitucionalismo: uma avaliação das críticas neoinstitucionalistas à teoria da instrumentalidade do processo. Revista Brasileira de Direito Processual RBDPro, Belo Horizonte, ano 18, n. 72, out./dez. 2010.

COSTA, Daniela Balan Camelo da; VAL, Flávia Trindade do. Aspectos polêmicos do art. 475-J do CPC e sua necessária interpretação sistemática em face dos arts. 461, 461-A e 620 do CPC para garantia de sua efetividade. Revista de Processo | vol. 162/2008 | p. 150 - 167 | Ago / 2008.

COSTA, Eduardo José da Fonseca. ABDPRO #8 - Ciência processual, ciência procedimental e ciência jurisdicional. Disponível em <https://bit.ly/2WjWchy>. Acesso em 11 mai.2020

———. ABDPRO#15 – Breves meditações sobre o devido processo legal. Disponível em <https://bit.ly/3eqmmW3>. Acesso em 28 mai.2020.

———. ABDPro #40 – Notas para uma garantística. Disponível em <https://goo.gl/Cifusf>. Acesso em 15 jan.2019.

———. ABDPro #71 – O poder judiciário diante da soberania popular: O impasse entre a democracia e a aristocracia. Disponível em : <https://bit.ly/3hwYFgw>. Acesso em 21 ago.2020.

———. As garantias arquifundamentais contrajurisdicionais: não-criatividade e imparcialidade. Disponível em : < https://bit.ly/34j80TG>. Acesso em 12 mai.2020.

———. Coluna Garantismo Processual #9. A natureza jurídica do processo. Disponível em <https://bit.ly/360Bfvr>. Acesso em 11 mai.2020.

———. Coluna garantismo processual #36 – Processo e razões de Estado. Disponível em : < https://bit.ly/34iN7K4>. Acesso em 19 ago.2020.

———. Coluna Garantismo Processual #42 – Imparcialidade como esforço. Disponível em : < https://bit.ly/34gYpig >. Acesso em 19 ago.2020;

———. Coluna garantismo processual #44 – Garantia: dois sentidos, duas teorias. Disponível em < https://bit.ly/3dGuth2>. Acesso em 03 jun.2020.

———. Coluna garantismo processual #75 – Processo como coisa. Disponível em : <_____. Garantismo, liberalismo e neoprivatismo. Disponível em <https://bit.ly/2yTlWs8>. Acesso em 13 mai.2020.

———. *Los criterios de la legitimación jurisdiccional según los activismos socialista, facista y gerencial*. *In*: Revista Brasileira de Direito Processual : RBDPro. – ano 21, n. 82, (abr./jun. 2013) – Belo Horizonte: Fórum, 2013.

———. O devido processo legal e os indevidos processos infralegal e extralegal. Disponível em <https://bit.ly/3cfLEom>. Acesso em 29 mai.2020.

———. O processo como instituição de garantia. Disponível em <https://bit.ly/2zmtvHP>. Acesso em 08 mai.2020.

———. Processo: garantia de liberdade [*freedom*] e garantia de «liberdade» [*liberty*]. Disponível em < https://bit.ly/2LiWGyf>. Acesso em 11 mai.2020.

———. Uma espectroscopia ideológica do debate entre garantismo e ativismo. *In*: DIDIER JR., Fredie, NALINI, José Renato, RAMOS, Glauco Gumerato, e LEVY, Wilson. Ativismo e garantismo processual. Salvador: Ed. Jus Podivm, 2013, pp. 171-186.

———; CREVELIN, Diego Sousa. Arts. 144 a 148. *In*: RIBEIRO; Sérgio Luiz de Almeida; GOUVEIA FILHO, Roberto P. Campos; PANTALEÃO, Isabel Cristina Pinheiro Cardoso; GOUVEIA, Lúcio Grassi (coords.). Novo Código de Processo Civil comentado. Tomo I – arts. 1º a 317. São Paulo: Lualri Editora, 2017.

DELFINO, Lúcio. ABDPRO #5 - A espetacularização do processo (uma preleção em família). Disponível em : https://bit.ly/2Q9Vxv0. Acesso em 20 ago.2020.

———.. ABDPRO #16 - À guisa de posfácio: a narrativa de uma ablução ou purificação doutrinária. o fenômeno de diluição do processual pelo jurisdicional e o esquecimento do ser constitucional do processo. o desprezo ao direito fundamental à legalidade e o brasil. Disponível em : < https://bit.ly/32dwkWm>. Acesso em 20 ago.2020.

———. Coluna Garantismo Processual #10 - O processo é um instrumento de justiça? (desvelando o projeto instrumentalista de poder). Disponível em : < https://bit.ly/304f8mB>. Acesso em : 20 ago.2020.

———. Coluna Garantismo Processual #24 - Poder judicial *versus* garantia fundamental à liberdade: recurso ordinário em habeas corpus n. 99.606 (ensaio crítico acerca do mau uso das medidas executivas atípicas). Disponível em < https://bit.ly/32FCPTB>. Acesso em 20 jul.2020.

———. Coluna garantismo processual #55 – Cooperativismo processual e o germe do autoritarismo. Disponível em : < https://bit.ly/3hlKcEs>. Acesso em 10 jul.2020.

———. Como construir uma interpretação garantista do processo jurisdicional? Revista Brasileira de Direito Processual – RBDPro, Belo Horizonte, ano 25, n. 98, p. 207-222, abr./jun. 2017.

———; COSTA, Eduardo José da Fonseca. Persiste a situação de desdém legislativo dos assessores judiciais. Disponível em <https://goo.gl/HdsqXr>. Acesso em 01 mai.2020.

———; ROSSI, Fernando F. Juiz contraditor?. Revista Brasileira de Direito Processual – RBDPro, Belo Horizonte, ano 21, n. 82, p. 229-254, abr./jun. 2013.

DIAS, Ronaldo Brêtas de Carvalho. Processo Constitucional e Estado Democrático de Direito. 2ª ed. Belo Horizonte: Del Rey, 2012.

DIDIER JR., Fredie. A reconstrução da teoria geral do processo. *In:* _____ (org.). Reconstruindo a teoria geral do processo. Salvador: Editora Jus Podivm, 2012. pp. 15-45.

———. Curso de direito processual civil: introdução ao direito processual civil, parte geral e processo de conhecimento. 17. ed. Salvador: Ed. Jus Podivm, 2015.

———. Palestra *online* proferida em 06 jun.2020, na plataforma Youtube. Disponível em: <https://youtu.be/z6k_T3438-k>. Acesso em 10 jul.2020.

———. Princípio da Cooperação. *In:* _____ [et. al.] (coords.). Normas fundamentais. Salvador : Juspodivm, 2016, pp. 345-358.

———, CUNHA, Leonardo Carneiro da, BRAGA, Paula Sarno, OLIVEIRA, Rafael Alexandria de. Curso de direito processual civil: execução. 7. ed. rev., ampl. e atual. Salvador: Ed. JusPodivm, 2017.

DIETRICH, William Galle. Coluna Garantismo Processual #53 - Ciência Jurídica e garantismo processual – 1ª parte. Disponível em : <https://bit.ly/3imakz8>. Acesso em 07 ago.2020.

———. Coluna Garantismo Processual #62 - Ciência Jurídica e garantismo processual – 2ª parte. Disponível em : <https://bit.ly/3dcSBYB>. Acesso em 07 ago.2020.

———. Coluna Garantismo Processual #72 - Ciência Jurídica e garantismo processual – 3ª parte. Disponível em : <https://bit.ly/2DuZ6cF>. Acesso em 07 ago.2020.

DIMOULIS, Dimitri, MARTINS, Leonardo. Teoria geral dos direitos fundamentais. 7ª ed. rev., atual. e ampl. São Paulo: Thomson Reuters Brasil, 2002.

DINAMARCO, Cândido Rangel. A instrumentalidade do processo. 14. ed. rev. e atual. São Paulo: Malheiros Editores, 2009.

———. Discurso de Posse do Professor Cândido Rangel Dinamarco. Disponível em: <https://bit.ly/2X299MT>. Acesso em 04 mar.2020.

———. Fundamentos do processo civil moderno. Tomo I. 3. ed. São Paulo: Malheiros Editores, 2000.

———. Instituições de direito processual civil, v. I. 4. ed. rev., atual e com remissões ao Código Civil de 2002. São Paulo : Malheiros Editores, 2004.

———. Nasce um novo processo civil. *In:* TEIXEIRA, Sálvio de Figueiredo (coord). Reforma do Código de Processo Civil. São Paulo : Saraiva, 1996. pp. 1-17.

———. Polêmicas do processo civil. Doutrinas Essenciais de Processo Civil | vol. 1 | p. 523 - 542 | Out / 2011;

———. Reflexões sôbre direito e processo. Doutrinas Essenciais de Processo Civil | vol. 1 | p. 543 - 566 | Out / 2011;

DOUTOR, Maurício Pereira. Medidas executivas atípicas na execução por quantia certa: o recurso à ponderação como técnica de solução das colisões e a constitucionalidade da regra do art. 139, IV, do CPC/2015. *In:* Revista de Processo | vol. 286/2018 | p. 299 - 324 | Dez / 2018.

ESTELLITA, Guilherme. O processo oral e sua adoção no Brasil. *In:* Processo oral. 1ª série. Rio de Janeiro: Emprêsa Revista Forense, 1940, pp. 81-83.

EXPÓSITO, Gabriela; LEVITA, Sara Imbassahy. A (im)possibilidade de suspensão de CNH como medida executiva atípica. *In:* TALAMINI, Eduardo, MINAMI, Marcos Youji (coords.). Medidas executivas atípicas. Salvador: Editora JusPodivm, 2018. pp. 349-370.

FERREIRA, Daniel. Infrações e sanções administrativas. *In:* DALLARI, Adilson Abreu, NASCIMENTO, Carlos Valder do, MARTINS, Ives Gandra da Silva (coords.). Tratado de direito administrativo, 1. São Paulo : Saraiva, 2013. Livro eletrônico.

———. Sanções administrativas: entre direitos fundamentais e democratização da ação estatal. Revista de Direitos Fundamentais e Democracia, Curitiba, v. 12, n. 12, p. 167-185, julho/dezembro de 2012.

———; CARVALHO, Luciana Benassi Gomes. Divisão funcional do poder do Estado: entre o ativismo judicial e o garantismo processual. Revista Brasileira de Direito Processual – RBDPro, Belo Horizonte, ano 28, n. 109, p. 69-91, jan./mar. 2020.

FERREIRA, Gabriela Macedo. Poder geral de efetivação: em defesa da constitucionalidade da técnica de execução dos direitos do art. 139, IV do Código de Processo Civil. *In:* TALAMINI, Eduardo; MINAMI, Marcos Youji (Coords.). Medidas executivas atípicas. Salvador: Editora JusPodivm, 2018. pp. 371-394.

FORNACIARI JÚNIOR, Clito. Atos atentatórios à dignidade da justiça. *In:* TEIXEIRA, Sálvio de Figueiredo (coord). Reforma do Código de Processo Civil. São Paulo : Saraiva, 1996, pp. 567-575.

GADAMER, Hans-Georg. Verdade e método I: traços fundamentais de uma hermenêutica filosófica. Tradução de Flávio Paulo Meurer; revisão da tradução de Enio Paulo Giachini. 15. ed. Petrópolis: Vozes, 2015.

GAJARDONI, Fernando da Fonseca. A revolução silenciosa da execução por quantia. Disponível em: <https://bit.ly/2YGVJG0>. Acesso em 15 jun.2020.

———; AZEVEDO, Júlio Camargo. Um novo capítulo na história das medidas executivas atípicas. Disponível em: <https://bit.ly/2Fz0XOn>. Acesso em : 17 Ago.2020.

GALVÃO, Jorge Octávio Lavocat. O neoconstitucionalismo e o fim do estado de direito. Tese (Doutorado em Direito do Estado) - Faculdade de Direito, Universidade de São Paulo, São Paulo, 2012. doi:10.11606/T.2.2012.tde-29082013-113523. Acesso em: 01 jun.2020.

GAVA FILHO, João Miguel, FAZANARO, Renato Vaquelli. Os novos ares da (a)tipicidade no processo civil: meios de prova e medidas executivas no CPC/2015. Revista dos Tribunais | vol. 1015/2020 | p. 213 - 239 | Maio / 2020;

GONÇALVES, Aroldo Plínio. Técnica processual e teoria do processo. Rio de Janeiro: Aide editora., 1992.

GOUVEIA, Lúcio Grassi de. Cognição processual civil: atividade dialética e cooperação intersubjetiva na busca da verdade real. *In:* DIDIER JR., Fredie (org.). Leituras complementares de processo civil. 4. ed. Salvador : Juspodivm, 2006, pp. 199-214.

———. O dever de cooperação dos juízes e tribunais com as partes: uma análise sob a ótica do direito comparado (Alemanha, Portugal e Brasil). Revista da Escola Superior da Magistratura do Estado de Pernambuco. Recife, Esmape, Ano 1, n. 01, jan.-jun., pp. 247-273, 2000.

GRECO FILHO, Vicente. Litigância de má-fé (art. 18 do CPC com a redação da Lei n. 8.952/94). *In:* TEIXEIRA, Sálvio de Figueiredo (coord). Reforma do Código de Processo Civil. São Paulo : Saraiva, 1996, pp. 577-580.

GRECO, Leonardo. Coações indiretas na execução pecuniária. *In:* TALAMINI, Eduardo, MINAMI, Marcos Youji (coords.). Medidas executivas atípicas. Salvador: Editora JusPodivm, 2018. pp. 395-420.

GRINOVER, Ada Pellegrini. Modernidade do direito processual brasileiro. Revista Da Faculdade De Direito, Universidade De São Paulo, v. 88, 1993, 273-298.

———. O magistério de Enrico Tulio Liebman no Brasil. Disponível em <https://bit.ly/36XR0U9>. Acesso em 29 out.2019.

———. Tutela jurisdicional nas obrigações de fazer e não fazer. *In:* TEIXEIRA, Sálvio de Figueiredo (coord). Reforma do Código de Processo Civil. São Paulo : Saraiva, 1996. pp. 251-269.

GUERRA, Marcelo Lima. Direitos fundamentais e a proteção do credor na execução civil. São Paulo: Editora Revista dos Tribunais, 2003.

GUIMARÃES, Luis Machado. O processo oral e o processo escrito. *In:* Processo oral. 1ª série. Rio de Janeiro: Emprêsa Revista Forense, 1940, pp. 15-24.

IPPOLITO, Dario. *Itinerari del garantismo*. Revista Videre, Dourados, MS, ano 3, n. 6, p. 53-67, jul./dez. 2011. Disponível em <https://bit.ly/2MnOD3y >. Acesso em 03 jun.2020.

KELSEN, Hans. Teoria pura do direito. 7. ed. São Paulo : Martins Fontes, 2006.

KOCHEM, Ronaldo. Introdução às raízes históricas do princípio da cooperação (*Kooperationsmaxime*). *In:* DIDIER JR., Fredie [et. al.] (coords.). Normas fundamentais. Salvador : Juspodivm, 2016, pp. 311-344.

LAURENTIIS, Lucas Catib de. A proporcionalidade no direito constitucional: origem, modelos e reconstrução dogmática. São Paulo : Malheiros, 2017.

LEAL, André Cordeiro. A instrumentalidade do processo em crise, 2008. Belo Horizonte: Mandamentos, Faculdade de Ciências Humanas, 2008.

LEAL, Rosemiro Pereira. Teoria Geral do Processo: primeiros estudos. 13. ed. Belo Horizonte: Ed. Fórum, 2016.

LEMOS, Vinicius Silva. A concessão de medidas atípicas de efetividade de ordem judicial e o necessário diálogo com as normas fundamentais do CPC/2015. *In:* TALAMINI, Eduardo, MINAMI, Marcos Youji (coords.). Medidas executivas atípicas. Salvador: Editora JusPodivm, 2018. pp. 471-496.

LIEBMAN, Enrico Tullio. Manual de Direito Processual Civil, v. I. Tocantins: Editora Intelectos, 2003.

———. Manual de direito processual civil, v. II. Editora Milano, 1981.

LISBOA, Leovanir Losso. Uma nova acepção da revelia à luz do modelo cooperativo de processo. Revista de Processo | vol. 287/2019 | p. 205 - 228 | Jan / 2019.

LUCON, Paulo Henrique dos Santos. Multa de 10% (dez por cento) na Lei 11.232/2005.Revista do Instituto dos Advogados de São Paulo | vol. 19/2007 | p. 247 - 257 | Jan - Jun / 2007.

LUNARDI, Fabrício Castagna. Judicialização da política ou "politização suprema"? O STF, o poder de barganha e o jogo político encoberto pelo constitucionalismo. *In* Pensar: Rev. Pen., Fortaleza, CE, Brasil. Vol. 24, n. 1, 2019.

MADUREIRA, Cláudio. Fundamentos do novo processo civil brasileiro: o processo civil do formalismo valorativo. Belo Horizonte: Editora Fórum, 2017.

———, ZANETI JR., Hermes. Formalismo-valorativo e o novo processo civil. Doutrinas Essenciais - Novo Processo Civil | vol. 1/2018 | Revista de Processo | vol. 272/2017 | p. 85 - 125 | Out / 2017.

MANCUSO, Rodolfo de Camargo. Tutela antecipada : uma interpretação do art. 273 do CPC, na redação conferida pela Lei Federal n. 8.952, de 13-12-1994. *In:* TEIXEIRA, Sálvio de Figueiredo (coord). Reforma do Código de Processo Civil. São Paulo : Saraiva, 1996. pp. 167-185.

MARINONI, Luiz Guilherme. A consagração da tutela antecipatória na reforma do CPC. *In:* TEIXEIRA, Sálvio de Figueiredo (coord). Reforma do Código de Processo Civil. São Paulo : Saraiva, 1996. pp. 113-128;

———. Controle do poder executivo do juiz. *In:* Revista de Processo | vol. 127/2005 | p. 54 - 74 | Set / 2005 Doutrinas Essenciais de Processo Civil | vol. 3 | p. 1317 - 1340 | Out / 2011.

———. Efetividade do processo e tutela antecipatória. Revista dos Tribunais | vol. 706/1994 | p. 56 - 60 | Ago / 1994. Doutrinas Essenciais de Processo Civil | vol. 5 | p. 359 - 366 | Out / 2011.

———. Efetividade do processo e tutela de urgência. Porto Alegre : Sérgio Antonio Fabris Editor, 1994.

———. O direito à adequada tutela jurisdicional. o caso da proibição da concessão das liminares e da execução provisória da sentença nas ações cautelares e no mandado de segurança. Revista dos Tribunais | vol. 663/1991 | p. 243 - 247 | Jan / 1991. Doutrinas Essenciais de Processo Civil | vol. 5 | p. 1005 - 1011 | Out / 2011.

———. Observações sobre a tutela antecipatória. Revista de Processo | vol. 79/1995 | p. 104 - 117 | Jul - Set / 1995. Doutrinas Essenciais de Processo Civil | vol. 5 | p. 367 - 385 | Out / 2011.

———. Proibição da concessão de liminares – inconstitucionalidade. Revista de Processo | vol. 60/1990 | p. 146 - 153 | Out - Dez / 1990.

———. Técnica processual e tutela dos direitos. São Paulo: Editora Revista dos Tribunais, 2004.

———, ARENHART, Sérgio Cruz. Curso de processo civil, volume 3: execução. São Paulo: Editora Revista dos Tribunais, 2007.

———, _____, MITIDIERO, Daniel. Novo Curso de Processo Civil: teoria do processo civil, v. 1. São Paulo: Editora Revista dos Tribunais, 2015.

———; _____; e _____. Novo Código de Processo Civil. 3ª ed. Ed. Revista dos Tribunais, 2017.

———; _____; e _____. Novo Código de Processo Civil. 2ª ed. Ed. Revista dos Tribunais, 2016.

———; _____; e _____. Novo Curso de Processo Civil [livro eletrônico]: tutela de direitos mediante procedimento comum, volume II. São Paulo: Editora Revista dos Tribunais, 2015.

———; MITIDIERO, Daniel. Item 5.1. Direito fundamental ao processo justo. In: SARLET, Ingo Wolfgang; _____; _____. Curso de direito constitucional. 7. ed. – São Paulo : Saraiva Educação, 2018.

MARTINS-COSTA, Judith. A boa-fé no direito privado : critérios para a sua aplicação. 2. ed. São Paulo : Saraiva Educação, 2018.

MATTIROLO, Luigi. *Autoritarismo y garantismo en el proceso civil (a propósito del art. 187, 3º párrafo, C.P.C.).* In: CIPRIANI, Franco. *Batallas por la justicia civil.* Lima: Cultural Cuzco, 2003, pp. 131-157.

MAZZEI, Rodrigo Reis; MERÇON-VARGAS, Sarah. Art. 833. In: CABRAL, Antonio do Passo e CRAMER, Ronaldo (orgs). Comentários ao Novo Código de Processo Civil. Rio de Janeiro: Forense, 2015.

———; ROSADO, Marcelo da Rocha. A cláusula geral de efetivação e as medidas indutivas no CPC/15. In: TALAMINI, Eduardo, MINAMI, Marcos Youji (coords.). Medidas executivas atípicas. Salvador: Editora JusPodivm, 2018, pp. 497-520.

MEDEIROS NETO, Elias Marques de; PINTO, Caroline Pastri. Notas sobre o princípio da cooperação. Revista de Processo | vol. 296/2019 | p. 63 - 88 | Out / 2019.

MEIRA, Silvio A. B. Instituições de direito romano. 3. ed., rev. e aumentada. São Paulo : Max Limonad, 1968.

MELENDO, Santiago Sentís. Calamandrei. O homem e a obra. *In:* CALAMANDREI, Piero. Direito processual civil. Tradução de Luiz Abezia e Sandra Drina Fernandez Barbiery. Campinas: Bookseller, 1999. p. 15-46.

MELLO, Marcos Bernardes de. Teoria do Fato Jurídico: Plano da eficácia, 1ª parte. 6. ed. São Paulo: Saraiva, 2010.

MELO, Gustavo de Medeiros. O acesso adequado à justiça na perspectiva do justo processo. *In:* FUX, Luiz. NERY JR., Nelson. WAMBIER, Teresa Arruda Alvim (coords.). Processo e constituição: estudos em homenagem ao processor José Carlos Barbosa Moreira. São Paulo: Editora Revista dos Tribunais, 2006, pp. 684-704.

MENDES, Gilmar Ferreira. Direitos fundamentais e controle de constitucionalidade : estudos de direito constitucional. 3. ed. rev. e ampl. São Paulo : Saraiva, 2004.

MENDES, Paulo. Segurança Jurídica e Processo, São Paulo : Editora Revista dos Tribunais, 2018.

MENGER, Anton. *El Derecho civil y los pobres. Versión Española con la autorización del autor y precedida de um estúdio sobre el derecho y la cuestión social por Adolfo Posada.* Madrid: Librería general de Victoriano Suárez, 1898.

MINAMI, Marcos Youji. Breves Apontamentos sobre a generalização das medidas de efetivação no CPC/2015 – do processo para além da decisão. *In:* Lucas Buril de Macêdo, Ravi Peixoto, Alexandre Freire (orgs.). Novo CPC doutrina selecionada, v. 5: execução. Salvador: Juspodivm, 2015.

———. Da vedação ao *"non factibile"*: uma introdução às medidas executivas atípicas. Salvador: Ed. JusPodivm, 2019.

———. Uma justificativa às medidas executivas atípicas – da vedação ao *"non factibile"*. *In:* TALAMINI, Eduardo, _____ (coords.). Medidas executivas atípicas. Salvador: Editora JusPodivm, 2018, pp. 59-74.

MIRANDA, Pontes de. Eficácia jurídicas, determinações inexas e anexas, direitos, pretensões, ações / Pontes de Miranda: atualizado por Marcos Ehrhardt Jr., Marcos Bernardes de Mello. – São Paulo: Editora Revista dos Tribunais, 2013. – (coleção tratado de direito privado: parte geral; 5).

———. Tratado das ações – Tomo VI – Ações mandamentais. Campinas: Bookseller.

MIRANDA, Pontes de. Tratado de direito privado: parte geral : bens, fatos jurídicos, atualizado por Ovídio Rocha Barros Sandoval. v. 2. São Paulo: Revista dos Tribunais, 2012, pp. 253 e ss.

MITIDIERO, Daniel. A colaboração como modelo e como princípio no processo civil. Doutrinas Essenciais - Novo Processo Civil | vol. 1/2018 |. Revista de Processo Comparado | vol. 2/2015 | p. 83 - 97 | Jul - Dez / 2015.

———. Colaboração no processo civil: pressupostos sociais, lógicos e éticos. 2ª ed. São Paulo: Editora Revista dos Tribunais, 2011.

———. Colaboração no Processo Civil: pressupostos sociais, lógicos e éticos. 2. ed. São Paulo: Editora Revista dos Tribunais, 2019, livro eletrônico.

———. O processualismo e a formação do código Buzaid. Revista de Processo | vol. 183/2010 | p. 165 - 194 | Maio / 2010.

MONNERAT, Fábio Victor da Fonte. Execução de títulos judiciais que reconhecem obrigação de pagar quantia. Revista de Processo | vol. 151/2007 | p. 26 - 58 | Set / 2007.

———. Tutela específica das obrigações de fazer, não fazer e entregar coisa. Revista Brasileira de Direito Processual RBDPro, Belo Horizonte, ano 18, n. 71, jul./set. 2010.

MONTELEONE, Girolamo. *El actual debate sobre las orientaciones publicistas del proceso civil*. In: MONTERO AROCA, Juan. (coord). *Proceso civil e ideología*. Valencia : Tirant lo blanch, 2006, pp. 173-197.

———. *Princípios e ideologias del proceso civil. Impresiones de un "revisionista"*. In: MONTERO AROCA, Juan (coord.). *Proceso civil e ideología*. Valencia : Tirant lo blanch, 2006, pp. 97-107.

MONTERO AROCA, Juan. *Del derecho procesal al derecho jurisdiccional. Justicia : revista de derecho procesal*. n. 2, 1984, pp. 311-348.

———. *El proceso civil llamado "social" como instrumento de "justicia" autoritária*. In: _____ (coord). *Proceso civil e ideología*. Valencia : Tirant lo blanch, 2006, pp. 129-165.

———. *La nueva Ley de Enjuiciamiento Civil española y la oralidade*. Disponível em < https://bit.ly/2RYA1L4>. Acesso em 21 abr.2020.

———. *Los princípios políticos de la nueva Ley de Enjuiciamiento Civil – los poderes del juez y la oralidad*. Valencia: Tirant lo Blanch, 2001.

———. Prólogo de *Proceso civil e ideología*. In: _____ (coord.). *Proceso civil e ideología*. Valencia : Tirant lo blanch, 2006, pp. 15-28.

MORBACH, Gilberto. ABDPRO #67 - A ambiguidade fundamental do instrumentalismo processual. Disponível em : < https://bit.ly/3hmCOZa>. Acesso em : 20 ago.2020.

MOREIRA, José Carlos Barbosa. A função social do processo civil moderno e o papel do juiz e das partes na direção e na instrução do processo. *In* Revista de Processo | vol. 37/1985 | p. 140 - 150 | Jan - Mar / 1985 Doutrinas Essenciais de Processo Civil | vol. 3 | p. 1187 - 1201 | Out / 2011.

———. *El neoprivatismo en el proceso civil*. In: MONTERO AROCA, Juan (coord). *Proceso civil e ideología*. Valencia: Tirant lo blanch, 2006, pp. 199-215.

———. Notas sobre o problema da "efetividade" do processo. *In*: _____. Temas de direito processual : terceira série. São Paulo : Saraiva, 1984, pp. 27-42.

———. Temas de direito processual: quarta série. São Paulo: Saraiva, 1989.

———. A garantia do contraditório na atividade de instrução. Revista de Processo | vol. 35/1984 | p. 231 - 238 | Jul - Set / 1984. Doutrinas Essenciais de Processo Civil | vol. 4 | p. 1111 - 1121 | Out / 2011.

———. Tendências contemporâneas do direito processual civil. Revista de Processo | vol. 31/1983 | p. 199 - 209 | Jul - Set / 1983.

MORELLO, Augusto Mario. *El proceso justo*. 2ª ed. La Plata : Editora Platense, 2005.

NALINI, José Renato. A rebelião da toga [Livro eletrônico]. 1. ed. São Paulo : Editora Revista dos Tribunais, 2015.

———. O juiz e o processo constitucional. Revista dos Tribunais | vol. 687/1993 | p. 243 - 246 | Jan / 1993.

NERY, Carmen Lígia. Decisão judicial e discricionariedade [livro eletrônico]: a sentença determinativa no processo civil. São Paulo: Editora Revista dos Tribunais, 2014.

NERY JUNIOR, Nelson. Princípios do Processo na Constituição Federal: (processo civil, penal e administrativo). 12. ed. rev., ampl. e atual. com as novas súmulas do STF (simples e vinculantes) e com o novo CPC. São Paulo : Editora Revista dos Tribunais, 2016.

———; ABBOUD, Georges. Direito constitucional brasileiro. São Paulo: Editora Revista dos Tribunais, 2017.

———; ———. O CPC/2015 e o risco de uma juristocracia: a correta compreensão da função dos tribunais superiores entre o ativismo abstrato das teses e o julgamento do caso concreto. Revista Brasileira de Direito Processual – RBDPro, Belo Horizonte, ano 24, n. 93, p. 225-254, jan./mar. 2016.

———; NERY, Rosa Maria de Andrade. Comentários ao Código de Processo Civil [livro eletrônico] – Novo CPC – Lei 13.105/2015. 1. ed. em *ebook* baseada na 1. ed. impressa. São Paulo. Editora Revista dos Tribunais, 2015.

NEVES, Daniel Amorim Assumpção. Medidas executivas coercitivas atípicas na execução de obrigação de pagar quantia certa – art. 139, IV, do novo CPC. *In*: Doutrinas Essenciais - Novo Processo Civil | vol. 6/2018 | | Revista de Processo | vol. 265/2017 | p. 107 - 150 | Mar / 2017.

NOGUEIRA, Pedro Henrique Pedrosa. O direito fundamental à tutela jurisdicional executiva e a técnica da ponderação. *In*: Revista de Processo | vol. 169/2009 | p. 38 - 61 | Mar / 2009 Doutrinas Essenciais de Direitos Humanos | vol. 1 | p. 869 - 889 | Ago / 2011.

NUNES, Dierle José Coelho. Processo jurisdicional democrático. 1ª ed. (ano 2008), 4ª reimpr. Curitiba: Juruá, 2012.

OLIVEIRA, Alexandro Adriano Lisandro de. Citação. Pessoa jurídica. Teoria da aparência. Revista de Processo | vol. 128/2005 | p. 185 - 206 | Out / 2005.

OLIVEIRA, Bruno Silveira de. A instrumentalidade do processo e o formalismo-valorativo (a roupa nova do imperador na ciência processual civil brasileira) Revista de Processo | vol. 293/2019 | p. 19 - 47 | Jul / 2019.

OLIVEIRA, Carlos Alberto Alvaro de. Do formalismo no processo civil: proposta de um formalismo-valorativo. 4. ed. rev., atual. e aumentada. São Paulo: Saraiva, 2010.

———. A garantia do contraditório. Revista da Faculdade de Direito da UFRGS, v. 15, 1998. Disponível em : <https://bit.ly/2Yj2DSJ>. Acesso em : 20 ago.2020.

———. Direito material, processo e tutela jurisdicional. *In:* FUX, Luiz, NERY JR., Nelson, WAMBIER, Teresa Arruda Alvim (coords.). Processo e Constituição : estudos em homenagem ao professor José Carlos Barbosa Moreira. São Paulo : Editora Revista dos Tribunais, 2006. pp. 758-778.

PAKTER, Walter Jay. *The origins of bankruptcy in medieval canon and Roman law. In:* LINEHAN, Peter. Monumenta Iuris Canonici, Series C: Subsidia, vol. 8, Città del Vaticano : Biblioteca Apostolica Vaticana, 1988, pp. 486-489. Disponível em <https://bit.ly/3iYHiqf>. Acesso em 13 jul.2020.

PASSOS, José Joaquim Calmon de. Cidadania e Efetividade do Processo. RDC Nº 1 Set.-Out/99. Disponível em <https://bit.ly/2YHNEm9>. Acesso em 07 mai.2020.

———. Conferência: efetividade do processo cautelar. *In:* _____. DIDIER JR., Fredie, BRAGA, Paula Sarno (Orgs.). Ensaios e artigos. V. II. Salvador : Juspodivm, 2016, pp. 191-204.

———. Direito, poder, justiça e processo: julgando os que nos julgam. Rio de Janeiro: Forense, 2000.

———. Há um novo moderno processo civil brasileiro?. Revista Brasileira de Direito Público – RBDP, Belo Horizonte, ano 7, n. 25, p. 161-169, abr./jun. 2009.

———. Instrumentalidade do processo e devido processo legal. *In:* Revista de Processo | vol. 102/2001 | p. 55 - 67 | Abr - Jun / 2001.

———. O magistrado, protagonista do processo jurisdicional?. Revista Brasileira de Direito Público – RBDP, Belo Horizonte, ano 7, n. 24, p. 9-17, jan./mar. 2009.

———. O magistrado, protagonista do processo jurisdicional. *In:* Ensaios e artigos, vol. II, Salvador: Editora JusPodivm, 2016, p. 38.

PAULA FILHO, Alexandre de; GOUVEIA, Lúcio Grassi de; PEREIRA, Mateus Costa. Tutela voltada ao ilícito, prescindibilidade do dano e limites da cognição judicial: estudo de caso envolvendo a transgressão reiterada da legislação de trânsito (ACP nº 5009543-84.2015.4.04.7204/SC) visando a inibir futuros equívocos. Revista Brasileira de Direito Processual – RBDPro, Belo Horizonte, ano 28, n. 110, p. 17-36, abr./jun. 2020.

PEREIRA, Mateus Costa. Coluna garantismo processual #33 - Processualidade, jurisdicionalidade e procedimentalidade (ii): a cooperação como "garantia" avessa ao processo. Disponível em : https://bit.ly/3hduUBv. Acesso em 19 ago.2020.

———. Introdução ao estudo do processo: fundamentos do garantismo processual brasileiro; coordenação da coleção por Antônio Carvalho Filho, Eduardo José Da Fonseca Costa. – Belo Horizonte : Letramento ; Casa do Direito, 2020.

———, PIMENTEL, Alexandre Freire, LUNA, Rafael Alves de. Da – suposta – provisoriedade da tutela cautelar à "tutela provisória de urgência" no novo Código de Processo Civil brasileiro: entre avanços e retrocessos. Revista de Processo Comparado | vol. 3/2016 | p. 15 - 40 | Jan - Jun / 2016.

PEREIRA FILHO, Benedito Cerezzo. A evolução da tutela executiva da obrigação de pagar quantia certa: do Código de Processo Civil de 1973 ao de 2015. In: Lucas Buril de Macêdo, Ravi Peixoto e Alexandre Freire (orgs.), Novo CPC doutrina selecionada, v. 5: execução, Salvador: Juspodivm, 2015.

PICARDI, Nicola. Le riforme processuali e sociali di Franz Klein. In: Historia et ius - rivista di storia giuridica dell'età medievale e moderna. 2/2012 – paper 16. Disponível em <https://bit.ly/3brjsiT>. Acesso em 21 abr.2020;

PICÓ I JUNOY, Joan. El derecho procesal entre el garantismo y la eficácia: Un debate mal planteado. In: MONTERO AROCA, Juan (coord). Proceso civil y ideología. Valencia: Tirant lo blanch. pp. 109-127.

PIEROTH, Bodo; SCHLINK, Bernhard. Direitos fundamentais. Tradução de António Francisco de Sousa, António Franco. 2. ed. São Paulo : Saraiva Educação, 2019. Edição Kindle.

PINHEIRO, Paulo Eduardo D'Arce. Poderes executórios do juiz. São Paulo: Saraiva, 2011. Livro eletrônico, versão do Kindle.

PINTO, Junior Alexandre Moreira. A defesa do executado no novo panorama executivo: primeiras impressões. Revista dialética de direito processual (RDDP), vol. 43. pp. 82-93. Outubro/2006.

PORTO, Sérgio Gilberto. Processo civil contemporâneo: elementos, ideologia e perspectivas. 2ª ed. rev., atual. e ampl. Salvador: Editora Juspodivm, 2020.

RAATZ, Igor. Autonomia privada e processo civil: negócios jurídicos processuais, flexibilização procedimental. 2. ed. rev., atual. e ampl. Salvador: Editora JusPodivm, 2019.

———. Coluna Garantismo Processual #28 – A resistência instrumentalista e o surgimento da doutrina brasileira do garantismo processual: uma breve análise em dois atos. Disponível em <https://bit.ly/3cyqNN4>. Acesso em 03 mai.2020.

———. Coluna Garantismo Processual #6 - O juiz defensor da moral, o juiz defensor da verdade e o juiz defensor da lei: instrumentalismo, cooperativismo e garantismo processual. Disponível em : <https://bit.ly/3298bAe>. Acesso em 20 ago.2020.

———; ANCHIETA, Natascha. Coluna Garantismo Processual #57 - Observações críticas a respeito do "processualismo científico" e das "fases metodológicas da história do processo". Disponível em: <https://bit.ly/32Ju37f>. Acesso em: 23 jul.2020.

———; _____. Coluna Garantismo Processual #69 – Um outro Liebman?. Disponível em: <https://bit.ly/3jHSDLH>. Acesso em: 27 jul.2020.

———; _____. Da capacidade de invenção dos juristas brasileiros e o fenômeno da transformação das ações condenatórias em mandamentais: ou o que Pontes de Miranda e Ovídio Baptista da Silva diriam a respeito das leituras (equivocadas) do art. 139, IV, do Código De Processo Civil Brasileiro. Doutrinas Essenciais - Novo Processo Civil | vol. 2/2018 | p. 299 - 327 | | Revista de Processo | vol. 276/2018 | p. 153 - 181 | Fev / 2018.

_____; _____. O juiz "arauto da moral" e o fim dos limites políticos da execução. Disponível em < https://bit.ly/2CLT8U1>. Acesso em 20 jul.2020.

_____; _____. Uma "teoria do processo" sem processo?: a breve história de uma ciência processual servil à jurisdição. Revista Brasileira de Direito Processual – RBDPro, Belo Horizonte, ano 26, n. 103, p. 173-192, jul./set. 2018.

RAMOS, Elival da Silva. Ativismo judicial: parâmetros dogmáticos. São Paulo: Saraiva, 2010, Edição do Kindle.

RAMOS, Glauco Gumerato. Aspectos semânticos de uma contradição pragmática. O garantismo processual sob o enfoque da filosofia da linguagem. Revista Brasileira de Direito Processual – RBDPro, Belo Horizonte, ano 21, n. 82, p. 217227, abr./jun. 2013.

_____. Ativismo e garantismo no processo civil: apresentação do debate. In: DIDIER JR., Fredie, NALINI, José Renato, _____ e LEVY, Wilson. Ativismo e garantismo processual. Salvador: Ed. Jus Podivm, 2013, pp. 273-286.

RAMOS, Newton. Poderes do juiz no processo civil e sua conformação constitucional. Salvador : Juspodivm, 2019.

REDONDO, Bruno Garcia. Art. 833. In: ALVIM, Teresa Arruda, DIDIER JUNIOR, Fredie, TALAMINI, Eduardo e DANTAS, Bruno (orgs). Breves Comentários ao Novo Código de Proceso Civil. São Paulo: Ed. Revista dos Tribunais, 2015.

RIBEIRO, Leonardo Ferres da Silva. Prestação jurisdicional efetiva: uma garantia constitucional. In: FUX, Luiz. NERY JR., Nelson. WAMBIER, Teresa Arruda Alvim (coords.). Processo e constituição: estudos em homenagem ao processor José Carlos Barbosa Moreira. São Paulo: Editora Revista dos Tribunais, 2006, pp. 153-166.

RIZZARDO, Arnaldo. Teoria da aparência. Ajuris 24/222-223, Porto Alegre-RS, mar. 1982; SOUZA, Gelson Amaro de. Teoria da aparência e a fraude à execução. Revista de Processo | vol. 112/2003 | p. 268 - 277 | Out - Dez / 2003.

RODOVALHO, Thiago. O necessário diálogo entre a doutrina e a jurisprudência na concretização do NCPC, art. 139, inc. IV (atipicidade dos meios executivos). In: TALAMINI, Eduardo; MINAMI, Marcos Youji (Coords.). Medidas executivas atípicas. Salvador: Editora JusPodivm, 2018, pp. 717-732.

RODRIGUES JR., Otávio Luiz. Direito civil contemporâneo: estatuto epistemológico, constituição e direitos fundamentais. 2. ed., rev., atual. e ampl. Rio de Janeiro : Forense Universitária, 2019.

RODRIGUES, Marcelo Abelha. Elementos de direito processual civil, vol. 1, 2ª ed, São Paulo : Editora Revista dos Tribunais, 2000.

_____. O que fazer quando o executado é um cafajeste? Apreensão de passaporte? Da carteira de motorista?. In: TALAMINI, Eduardo; MINAMI, Marcos Youji (Coords.). Medidas executivas atípicas. Salvador: Editora JusPodivm, 2018. pp. 75-92.

ROSSI, Júlio César. Garantismo processual versus "neoprocessualismo": as iniciativas probatórias oficiosas são constitucionais? Revista Brasileira de Direito

Processual – RBDPro, Belo Horizonte, ano 28, n. 109, p. 319-341, jan./mar. 2020.

RÜCKERT, Joachim. Ponderação – a carreira jurídica de um conceito estranho ao direito ou: rigidez normativa e ponderação em transformação funcional. Tradução do artigo por Thiago Reis. Revista Direito GV | São Paulo | V. 14 N. 1 | 240-267 | JAN-ABR 2018.

SAMPAIO, Patrícia Regina Pinheiro, NOGUEIRA, Rafaela, SILVA, Gabriela Borges. Superendividamento e insolvência civil no Brasil: oportunidade de reforma no marco regulatório. Revista de Direito do Consumidor | vol. 118/2018 | p. 293 - 329 | Jul - Ago / 2018.

SANT'ANNA, Lara Freire Bezerra de. Judiciário como guardião da Constituição : democracia ou guardiania? Rio de Janeiro: Lumen Juris, 2014.

SANT'ANNA, Paulo Afonso de Souza. Primeiras observações sobre o novo art. 475-J do CPC. Revista de Processo | vol. 139/2006 | p. 156 - 181 | Set / 2006.

SANTIAGO, Nestor Eduardo Araruna, PONTE, Marcelo Dias; ANDRADE, Mariana Dionísio de. Cooperação processual, duração razoável do processo e taxa de congestionamento: uma solução (possível) para o poder judiciário. Revista de Processo | vol. 278/2018 | p. 89 - 110 | Abr / 2018.

SANTOS, Bruno Aguiar. Neoconstitucionalismo e ativismo: a ideologia fadada ao fracasso do arbítrio. Disponível em http://bit.do/ePtzD. Acesso em 15 abr.2019.

SANTOS, Clarice, MARANHÃO, Ney, COSTA, Rosalina Moitta Pinto. Instrumentalismo e formalismo-valorativo em ciência processual: há algo de novo sob o sol? Revista dos Tribunais | vol. 1003/2019 | p. 359 - 391 | Maio / 2019.

SARMENTO, Daniel. O neoconstitucionalismo no Brasil: riscos e possibilidades. In: NOVELINO, Marcelo (org.). Leituras complementares de Direito Constitucional – Teoria da Constituição. Salvador: Ed. Jus Podivm, 2009.

SCHLINK, Bernhard; MARTINS, Leonardo. Liberdade mediante resistência à intervenção estatal: reconstrução da função clássica dos direitos fundamentais. Revista de Direito Civil Contemporâneo | vol. 11/2017 | p. 261 - 297 | Abr - Jun / 2017.

SILVA, Bruno Campos, SOUSA, Diego Crevelin de, ROCHA, Jorge Bheron. Medidas indutivas inominadas: o cuidado com o fator shylockiano do art. 139, IV, CPC. In: TALAMINI, Eduardo, MINAMI, Marcos Youji (coords.). Medidas executivas atípicas. Salvador: Editora JusPodivm, 2018, pp. 703-715.

SILVA, Luís Virgílio Afonso da. O proporcional e o razoável. Revista dos Tribunais | vol. 798/2002 | p. 23 - 50 | Abr / 2002.

SILVA, Ovídio Baptista da, GOMES, Fábio Luiz. Teoria geral do processo civil. Jaqueline Mielke Silva, Luiz Fernando Baptista (atualizadores). 6. ed. rev. e atual. São Paulo: Editora Revista dos Tribunais, 2011.

SILVA, Ricardo Alexandre da. Atipicidade dos meios executivos na efetivação das decisões que reconheçam o dever de pagar quantia no novo CPC. In: DIDIER JR., Fredie (coord. geral), MACÊDO, Lucas Buril de, PEIXOTO, Ravi, FREIRE,

Alexandre (orgs.). Novo CPC doutrina selecionada, v. 5: execução. Salvador: Juspodivm, 2015. pp. 427-452.

SILVEIRA, Felipe Feliz da. Proteção à probidade e celeridade processual: análise da multa prevista no art. 475-J do CPC e da nova redação do art. 600, IV, do CPC, como novas ferramentas no combate à má-fé processual. Revista de Processo | vol. 165/2008 | p. 157 - 184 | Nov / 2008.

SILVEIRA, Marcelo Pichioli, SOUSA, Diego Crevelin de. ABDPRO #65 - Entre alma e corpo: o que diz o garantismo processual sobre as competências legislativas dos arts. 22, I, E 24, XI, CRFB. Disponível em <https://bit.ly/3fSK79P>. Acesso em 24 jun.2020.

SIMONASSI, Mauro. O denominado princípio da utilidade da execução e sua incompatibilidade com o direito fundamental do credor à efetividade da tutela executiva cível. *In*: Revista dos Tribunais | vol. 951/2015 | p. 263 - 283 | Jan / 2015.

SOUSA, Artur César de. O princípio da cooperação no projeto do novo código de processo civil. Revista de Processo | vol. 225/2013 | p. 65 - 80 | Nov / 2013;

SOUSA, Diego Crevelin de. ABDPRO #10 - O caráter mítico da cooperação processual. Disponível em: <https://bit.ly/2YVuI3w>. Acesso em: 20 jul.2020.

———. ABDPPRO #35 - Dever (ou garantia) de (não) provar contra si mesmo?(!) o dilema em torno do art. 379, CPC. Disponível em <https://bit.ly/3eqY52u>. Acesso em 24 jun.2020.

———. Coluna garantismo processual #17 - Do dever de auxílio do juiz com as partes ao dever de auxílio do juiz com o processo: um giro de 360º. Disponível em : <https://bit.ly/34hlReZ>. Acesso em 19 ago.2020.

———. O contraditório como critério para a definição da titularidade das funções processuais: a divisão funcional de trabalho entre partes e juiz. Dissertação de Mestrado defendida na Universidade Federal do Espírito Santo, em Julho/2020, p. 28. Trabalho ainda inédito e gentilmente cedido pelo autor.

———. Segurando o juiz contraditor pela imparcialidade: de como a ordenação de provas de ofício é incompatível com as funções judicantes. Revista Brasileira de Direito Processual – RBDPro, Belo Horizonte, ano 24, n. 96, p. 49-78, out./dez. 2016.

SOUSA, Miguel Teixeira de. Estudos sobre o novo processo civil. 2. ed. Lisboa : Lex, 1997, pp. 65-66.

———. Omissão do dever de cooperação do tribunal: que consequências? Disponível em: <https://bit.ly/39Iyl05>. Acesso em: 31 jul.2020.

———. Sobre o sentido e a função dos pressupostos processuais (algumas reflexões sobre o dogma da apreciação prévia dos pressupostos processuais na ação declarativa). Revista de Processo | vol. 63/1991 | p. 64 - 87 | Jul - Set / 1991.

SPRUNG, Rainer. Os fundamentos do direito processual civil austríaco. *In:* Revista de Processo | vol. 17/1980 | p. 138 - 149 | Jan - Mar / 1980.

STRECK, Lenio Luiz. Dicionário de hermenêutica.: quarenta temas fundamentais da teoria do direito à luz da crítica hermenêutica do Direito. Belo Horizonte : Letramento: Casa do Direito, 2017.

———; NUNES, Dierle. Como interpretar o artigo 139, IV, do CPC? Carta branca para o arbítrio?. Disponível em https://bit.ly/2ANEbAj. Acesso em 10 jul.2020.

———; MOTTA, Francisco José Borges. Um debate com (e sobre) o formalismo-valorativo de Daniel Mitidiero, ou "colaboração no processo civil" é um princípio? Revista de Processo, São Paulo, RT, v. 213, p. 13-34, nov. 2012.

TALAMINI, Eduardo. Poder geral de adoção de medidas coercitivas e sub-rogatórias nas diferentes espécies de execução. *In:* Revista de Processo | vol. 284/2018 | p. 139 - 184 | Out / 2018;

TAVARES JÚNIOR, Homero Francisco. Execução por quantia certa contra devedor insolvente: as interfaces de um procedimento comumente esquecido pelos operadores do direito. Revista de Processo | vol. 120/2005 | p. 9 - 41 | Fev / 2005.

TEIXEIRA, Welington Luzia. A instrumentalidade técnica do processo. Revista Brasileira de Direito Processual _ RBDPro, Belo Horizonte, ano 15, n. 60, p. 5983, out./dez. 2007.

THEODORO JÚNIOR, Humberto. As inovações no Código de Processo Civil, em matéria de processo de conhecimento. *In:* TEIXEIRA, Sálvio de Figueiredo (coord). Reforma do Código de Processo Civil. São Paulo : Saraiva, 1996.

———. Tutela específica das obrigações de fazer e não fazer. Revista de Processo | vol. 105/2002 | p. 9 - 33 | Jan - Mar / 2002 Doutrinas Essenciais de Processo Civil | vol. 8 | p. 761 - 789 | Out / 2011.

THIBAU, Vinicius Lott. Garantismo e decisão jurídica imparcial. Belo Horizonte, 2017. Tese de doutorado – Pontifícia Universidade Católica de Minas Gerais. Disponível em < https://bit.ly/2A0IEPv>. Acesso em 03 jun.2020.

TORNAGHI, Hélio. Instituições de processo penal. Vol. 3. 1. ed. São Paulo : Forense. 1959.

TUCCI, José Rogério Cruz e. Garantia do processo sem dilações indevidas: responsabilidade do Estado pela intempestividade da prestação jurisdicional. Revista Da Faculdade De Direito, Universidade De São Paulo, 97, 323-345. Disponível em: <https://bit.ly/3f9mZDm>. Acesso em: 10 jul.2020.

———; AZEVEDO, Luiz Carlos. Lições de história do processo civil romano. São Paulo : Editora Revista dos Tribunais, 1996.

VICTOR, Alexandre Gois de. Art. 833. *In:* STRECK, Lenio Luiz, NUNES, Dierle, CUNHA, Leonardo Carneiro da (orgs). Comentários ao Código de Processo Civil. São Paulo: Saraiva, 2016.

VIEIRA, Luciano Henrik Silveira. Atipicidade dos meios executivos: da discricionariedade à violação de preceitos garantidores do Estado Democrático de Direito. *In:* TALAMINI, Eduardo; MINAMI, Marcos Youji (Coords.). Medidas executivas atípicas. Salvador: Editora JusPodivm, 2018, pp. 451-470.

WALDRON, Jeremy. A dignidade da legislação, tradução Luís Carlos Borges : revisão da tradução Marina Appenzeller. São Paulo: Martins Fontes, 2003.

WAMBIER, Luiz Rodrigues. Anotações sobre o princípio do devido processo legal. Revista dos Tribunais | vol. 646/1989 | p. 33 - 40 | Ago / 1989.

———; WAMBIER, Tereza Arruda Alvim; MEDINA, José Miguel Garcia. Breves comentários à nova sistemática processual civil, II: Leis 11.187/2005, 11.232/2005, 11.276/2006, 11.277/2006 e 11.280/2006. São Paulo : Editora Revista dos Tribunais, 2006.

WATANABE, Kazuo. Acesso à justiça e sociedade moderna. *In:* GRINOVER, Ada Pellegrini. DINAMARCO, Cândido Rangel. _____ (coords.). Participação e processo. São Paulo: Revista dos Tribunais, 1988, pp. 128-135.

———. Tutela antecipatória e tutela específica das obrigações de fazer (arts. 273 e 461 do CPC). *In:* TEIXEIRA, Sálvio de Figueiredo (coord). Reforma do Código de Processo Civil. São Paulo : Saraiva, 1996. pp. 19-51.

ZANETI JR., Hermes. A constitucionalização do processo. 2ª ed. rev., ampl. e alt. São Paulo : Editora Atlas, 2014.

———. A legalidade na era da proteção das necessidades de tutela. *In:* DIDIER JR., Fredie, NUNES, Dierle, FREIRE, Alexandre (coords.). Normas fundamentais. Salvador: Juspodivm, 2016, pp. 175-196.

———. Comentários ao Código de Processo Civil, vol. XIV, São Paulo, Ed. Revista dos Tribunais, 2016.

———. O modelo constitucional do processo civil brasileiro contemporâneo. *In:* DIDIER JR., Fredie (org.). Reconstruindo a teoria geral do processo. Salvador: Editora Jus Podivm, 2012. pp. 89-131.

———; MADUREIRA, Claudio. Formalismo-valorativo e o novo processo civil. *In* Revista de Processo | vol. 272/2017 | p. 85 - 125 | Out / 2017.

ZAVASCKI, Teori Albino. Antecipação da tutela e colisão de direitos fundamentais. *In:* TEIXEIRA, Sálvio de Figueiredo (coord). Reforma do Código de Processo Civil. São Paulo : Saraiva, 1996. pp. 1-17, pp. 143-166.

- editoraletramento
- editoraletramento
- grupoletramento
- editoraletramento.com.br
- company/grupoeditorialletramento
- contato@editoraletramento.com.br

- casadodireito.com
- casadodireitoed
- casadodireito